U0022763

朱熹與戴震孟子學之比較研究
——以西方詮釋學所展開的反思

羅雅純 著

封面設計：
實踐大學教務處出版組

出版心語

近年來，全球數位出版蓄勢待發，美國從事數位出版的業者超過百家，亞洲數位出版的新勢力也正在起飛，諸如日本、中國大陸都方興未艾，而臺灣卻被視為數位出版的處女地，有極大的開發拓展空間。植基於此，本組自民國93年9月起，即醞釀規劃以數位出版模式，協助本校專任教師致力於學術出版，以激勵本校研究風氣，提昇教學品質及學術水準。

在規劃初期，調查得知秀威資訊科技股份有限公司是採行數位印刷模式並做數位少量隨需出版〔POD＝Print on Demand〕（含編印銷售發行）的科技公司，亦為中華民國政府出版品正式授權的POD數位處理中心，尤其該公司可提供「免費學術出版」形式，相當符合本組推展數位出版的立意。隨即與秀威公司密集接洽，雙方就數位出版服務要點、數位出版申請作業流程、出版發行合約書以及出版合作備忘錄等相關事宜逐一審慎研擬，歷時9個月，至民國94年6月始告順利簽核公布。

執行迄今，承蒙本校謝董事長孟雄、陳校長振貴、黃教務長博怡、藍教授秀璋以及秀威公司宋總經理政坤等多位長官給予本組全力的支持與指導，本校諸多教師亦身體力行，主動提供學術專著委由本組協助數位出版，數量逾40本，在此一併致上最誠摯的謝意。諸般溫馨滿溢，將是挹注本組持續推展數位出版的最大動力。

本出版團隊由葉立誠組長、王雯珊老師、賴怡勳老師三人為組合，以極其有限的人力，充分發揮高效能的團隊精神，合作無間，各司統籌策劃、協商研擬、視覺設計等職掌，在精益求精的前提下，至望弘揚本校實踐大學的校譽，具體落實出版機能。

實踐大學教務處出版組　謹識

2012年2月

自序

朱熹與戴震上承孔孟之志，下救來茲之弊，千載沉霾，一朝復旦，不愧蔚為推尊宋、清二代鴻儒。二先生思想巨擘，卓然成家，各領一代風騷，通經明道，探其性理與天道之宗傳，合義理、考據、文章為一事，苞羅旁魄，凡六經聖道，小學訓詁，名物象數，靡不統宗會元，窮源知變歸於義理，垂戒萬世，梯梁後學，二家門庭徑路雖異，然同歸於聖人之道，千古遙契聖賢之心，厥功偉矣。

南朝梁．劉勰《文心雕龍．詮賦》：「序以建言，首引情本」。本書凡六章，第一章緒論，立足宋／清孟學發展史關鍵，提出問題意識與研究進路；第二章，省察現當代研究成果，援「西」釋「中」，展開中西詮釋學對話；第三章，朱熹《孟子》詮釋之理解；第四章，戴震《孟子》詮釋之理解，探源歷史意識，追問隸屬在不同背景下的孟學義理；第五章，評騭朱熹／戴震孟學詮釋，從宋明理學「向內體證理路」趨向清代「向外道德實踐」，從西方詮釋學觀點展開另一參照系統；殿以第六章，總結研究成果之回顧。

本書立基融合傳統與當代，參鑑中西互為體用，盼能不失中國經典解釋權，進與西方詮釋學對話，中西學術思潮相侔合，正是本書期能廓清之任務。然後學學殖尚淺，高山景行，有所嚮往，然仰之彌高，鑽之彌堅，僅素會心，實難窺其堂奧，考究二家學術之全，則姑俟諸異日。《莊子．養生主》：「吾生也有涯，而知也無涯。」後學不揣謭陋，率爾命篇，撰述《朱熹與戴震孟子學之比較研究——以西方詮釋學所展開的反思》一書，欲為台灣學界於朱熹與戴震研究略盡棉薄之力，然檮昧不才，疏漏訛誤難免，尚祈博雅方家，先進賢達，幸垂教焉。

羅雅純 謹誌於觀心齋

2012年5月1日

目次

第一章　緒論

儒家成為主導中國思想界的主流意識，從歷史流傳清楚說明了儒家與統治階層的形影不離，二者之間相輔相成密切相關。儒家倫理鞏固了尊君觀念；而封建宗族的社會制度、經學學統的延傳亦是維持儒家綱常，二千多年來須臾未離。經典智慧載以千古聖賢之語，在經學的流變中承先啟後，體現了政統與學統間剪不斷的糾葛張力，一部經典詮釋的歷史，可說是全幅思想變革的歷史。儒學隨世而變，史實永遠超越思想而客觀存在，每個時代自有其不同的際遇與課題，也促使思想家提出回應之道。這時代的主題，與時推移變革的軌跡，往往又扣緊著下個時代另一個跫音而發，蘊藏在學術貫穿政治之間的弔詭關係，當是我們理解儒學解經之演繹歷史中，所必須正視的重要環節。

中國經典發軔於春秋戰國，諸子百家參與時代變革，百家爭鳴建立起經典的原創。儒學於漢武帝定於一尊，經書便在學術史上成為連綿不斷的正統，從歷代浩瀚經解的解釋方法來看，包括詞法學、音韻學、語源學、語法學、詮釋學等，實涉相當複雜的理論。依現代學術觀點來看，詮釋學任務即在理解文本，那麼中國經典的理解方式也可謂為詮釋學的一種展現。如何從經典掌握歷史本懷，種種牽涉因素皆不可忽略，應從何視野重探經典詮釋？德國哲學家海德格（Martin Heidegger）曾將學科研究切割與重構架構言：「雖說研究的重心始終在這種實證性之中，但研究所取得的進步卻主要不靠收集結論或把這些結論堆積到『手冊』裏面，而主要靠對各個區域的基本狀況提出疑問。」[1]這說明研究並非一味援引材料填實學科框架，而是必須對研究議題提出省思與詰問才是論題意義之所在，相應於此，本論文擬提出新的問題視野，匯通析辨，再探儒學經典意蘊。

[1] 馬丁・海德格（Martin Heidegger）著，王慶節、陳嘉映譯：《存在與時間》（台北：桂冠圖書出版，1994年），頁14。

第一節　孟子學發展史綜論

孟子生當周室衰微，教化陵夷民不聊生之際，排異端、息邪說、以正人心宏揚聖道為己任。其思想主張人性本善，教人居仁由義，知言養氣以證本善之論，進而明人禽之分、正義利之辨、析王霸之別，勸說諸侯息霸業行正道，其憂也深，其言也切！儒學大道得以綿延恢宏於世，孟子德業，儼然居功厥偉！然孟子思想的地位在當時並未受到正視，未為當時士林所倚重。自孟子歿後，孟學脈絡並不甚清晰，直至東漢末年趙岐才在《孟子題辭》中概述：

> 孟子既歿之後，大道遂絀，逮至亡秦，焚滅經術，坑戮儒生，孟子徒黨盡矣！其書號為諸子，故篇籍得不泯絕。漢興，除秦虐禁，開延道德，孝文皇帝欲廣遊學之路，《論語》、《孝經》、《孟子》、《爾雅》皆置博士。後罷傳記博士，獨立五經而已。訖今諸經通義，得引《孟子》以明事，謂之博文。[2]

從這引文足以見《孟子》地位的起伏，秦始皇「焚書坑儒」，以吏為師，孟子徒黨受到重大打擊，在漢文帝時曾被置為傳記博士，甚能與《論語》相提並論。但依趙岐的脈絡敘述有些語焉不詳，尚未說清《孟子》作為諸子之一，又為何在當時沒有「得不泯絕」？縱然，文獻闕如，然我們至少可確知，值至東漢《孟子》已不為當世普及，以致有人引用《孟子》以明事時，卻被視為「博文」。細揆趙岐之意，既然引以明事而「謂為博文」，無論其影響顯微，尚可證實孟學思想至兩漢延續的概況未而中斷。儒學發展，孔子之後，雖紹繼者多，然就思想調適上遂不過寥寥如孟荀二家為前瞻，若依思想純正而言，孟子則被視為與孔子並列儒家正宗代表，其後思想家常以孔孟之道並稱，起而矯正還擊背道而馳的歧論。大致而言，孟子在西漢並未獲得普遍認同，然此情況到東漢趙岐作《孟子章

---

[2] 趙岐《孟子題辭》收錄於清・焦循：《孟子正義》（北京：中華書局，1987年），頁16-17。

句》，孟子地位得以空前的高揚。趙岐始譽孟子為「亞聖」[3]，對孟子其人其書推崇備至：

> 包羅天地，揆敘萬類，仁義道德，性命禍福，粲然靡所不載，帝王公侯遵之，則可以致太平，頌清廟；卿大夫士蹈之，則可以尊君父，立忠信；守志勵操者儀之，則可以崇高節，抗浮雲。有風人之托物，《二雅》之正言，可謂直而不倨，曲而不屈，命世亞聖之大才者也。[4]

趙岐贊謂孟子「守志勵操者儀之，則可以崇高節，抗浮雲」發前人之所未發，以別異傳統經學的方式來詮解孟子，這對其後孟學詮釋史上的分野有著深遠的文化意蘊。這贊頌除了推許孟子精神，更有一份自身獨持的情感在其內：

> 知命之際，嬰戚於天，遘屯離蹇，詭姓遁身，經營八紘之內，十有餘年，心剿形瘵，何勤如焉！嘗息肩弛擔於濟、岱之間，或有溫故知新，雅德君子，矜我劬瘁，眷我皓首，訪論稽古，慰以大道。余困吝之中，精神遐漂，靡所濟集，聊欲繫志於翰墨，得以亂思遺老也。惟六籍之學，先覺之士，釋之辯之者既已詳矣。儒家惟有孟子，閎遠微妙，縕奧難見，宜有條理之科。[5]

顯然，趙岐《孟子章句》是在逃亡途中所著，感佩孟子縕奧難見閎遠微妙的精神是慰以支持的力量，是以「崇高節，抗浮雲」以自勉。趙岐效志節以自許，清・焦循也譽稱：「古之精通《易》理，深得伏羲、文王、周公、孔子之旨者莫如孟子，生孟子後而能深知其學者莫如趙氏。」[6]此譽當為公允！《孟子》自趙岐注孟後地位升格。自茲之後，漢魏之際歷經頻繁

3 此僅是趙岐讚頌之語，值至官方正式承認則在元文宗至順元年（公元1330年）。參見楊志玖：《元史三論》，《元史・文宗紀三》及卷七十六《祭祀志五》（上海：人民出版社，1985年）。

4 同註2，（北京：中華書局，1987年），頁13。

5 同前註，頁24-25。

6 同前註，頁7。

戰亂，經、子之學漸衰，值至南北朝玄學興起，孟子之學終未為世之重，反映了儒學歷史地位的沉浮。

隋、唐期間，無論經、史、文學乃至佛學均卓然有成，雖此時之際，孟學未能升登經學之列，然沉寂已久的孟學，已漸受儒林所重，為《孟子》作注者或考證者輩出。其中以唐、肅宗禮部侍郎楊綰上疏請以《孟子》為兼經；德宗至憲宗間，韓愈[7]、李翱與柳宗元之推崇；懿宗時，皮日休請廢《莊子》、《列子》等書，以《孟子》為主科選考同明經，科舉影響至大。[8]據清末・甘鵬雲《孟子學源流第十四・經學源流考》載述：

> 唐、裴日休、丁公著、韓愈、李翱、熙時子陸善經、張鎰皆為之注。[9]

> 皮日休又嘗請以《孟子》為學科。劉軻則作《翼孟》三卷，以申微尚。周廣業曰：「魏、晉而降，聖證述子居為字之義；士緯識門人所記之書；王劭稱受子思；傅玄謂體擬論語；袁氏揭誨無倦之旨；法琳發劇談垂美之論；鈔自仲弓，錄由孝緒。證經史者，孔、賈、李、顏；原性道者，韓、李、林。」繹周氏所指陳，皆以綜述魏、晉至唐，稱述孟子學之故事也。[10]

甘氏之綜述，足以觀魏晉至隋唐之際，孟子學已漸復甦之概況。然唐自黃巢之亂後，政局紛擾不安，藩鎮坐大，終致唐亡，自始之後進入「五代十國」。五代十國形成南北對峙，前後約動盪五十四年（西元907-960年），南方腐敗為崛起北方之趙宋統一。孟學在此時，蜀主孟昶於廣政元年（西元938年）命宰相龍門、毋昭裔依雍者舊本九經，外加《孝經》、《論

---

7 韓愈〈原道〉云：「吾所謂道也，非向所謂老與佛之道也。堯以是傳之舜，舜以是傳之禹，禹以是傳之湯，湯以是傳之文、武、周公，文、武、周公傳之孔子，孔子傳之孟軻。軻之死，不得其傳焉。」另外於〈送王塤序〉中推《孟子》一書為聖教之入門。

8 林漢仕：《孟子探微》（台北：文史哲出版，1978年7月），第七篇第二章。

9 按：裴日休之注，早佚；丁公著《孟子手音》二卷，已佚。清同治有《孟子丁氏手音》一卷。陸善經《孟子注》七卷，已佚。清同治年間有《孟子陸氏注》一卷。張鎰《孟子音義》二卷，已佚。清同治刊有《孟子張氏音義》一卷。

10 清・甘鵬雲：〈孟子學源流第十四〉，《經學源流考》（台北：學海出版社，1967年）。

語》、《爾雅》、《孟子》，凡十三經予以校訂，並延張德釗為書，刻石於成者學堂[11]，堪值一提，此乃歷史上《孟子》初登經部地位之始也。孟學在隋唐五代之際，自諸子之列，始登經學之尊，由沉寂漸為士林之所重，也為後至宋代孟學之興盛開啟先聲。縱覽孟學流變，《孟子》一書始終沉浮於經、子二部之間，中唐之世，韓愈闢佛老，倡古文運動標舉儒學之「道統」，推尊孟子，孟學開始遂漸為世所曉。

逮乎於宋，前後三百餘年，《孟子》非但躋登經學之列，孟子學說也普遍為儒者所倡。北宋，自太祖開基至仁宗慶曆之前約八十年，學術發展繼承唐五代以來義疏之學，漸捨章句訓詁，逐漸轉變為疑經、改經[12]，學術方向已然趨向直抒胸臆，以發明經旨析說為主。就孟學發展而言，也有了重要的階段突破，就政治因素影響所致，宋初施行「重文輕武」強化文官制度；真宗大中祥符五年（西元1012年），又詔命孫奭校定《孟子》為《孟子正義》[13]，列《孟子》刊入十三經頒布天下，擴大科舉取士，優渥文士，儒者紛紛致力於典籍之編校。逮至神宗時，王安石當權更是議定《論語》、《孟子》同科取士，令太學生必讀《孟子》，孟子備受尊崇，外緣因素催化所致，推波助瀾地提昇了孟子地位[14]，孟學思想亦隨之而廣布。北宋前期佛老盛行，也激發了名儒志士捍衛道統[15]，周敦頤、張載、程顥、程頤，稟志道德使命感，宏揚儒學正統，以孔孟思想[16]作為建立社會行為規範，為孟學「道統」先導，斥異端，倡儒學，改革弊端厚其風俗。此時，

[11] 清・馮登府嘗根據殘碑遺字考核異文，今日足以在馮登府《石經考異》上，可見「蜀石經」刻有：《易》、《書》、《詩》、《三禮》、《三傳》、《孝經》、《論語》、《爾雅》、《孟子》凡十三經。清・馮登府：《石經考異》收入《石經叢刊》初編第二冊（台北：信誼書局，1994年6月）。

[12] 仁宗初期，疑經之風盛，儒士不獨固守注疏，進而疑經，主要人物有：孫復、胡瑗、石介、歐陽修、劉敞、王安石等人。清・紀昀著：《四庫全書總目提要》卷二十六，劉敞《春秋傳》條（台北：台灣商務印書館，2001年5月）。

[13] 宋・晁公武《郡齋讀書志》云：「孫奭等采唐、張鎰、丁公著所，參附益其闕。今注孟子者，趙氏之外，有陸善經，奭撰正義以趙注為本，其不同者，時時兼取善經，如謂子莫執中，為子等無執中之類。大中祥符中書成，上於朝。」宋・晁公武：《郡齋讀書志》收入影印文淵閣《四庫全書》（台北：台灣商務印書館，1983年）。

[14] 針對慶曆年間之後學術發展至鉅，錢穆先生曾詳文作一精要之剖析。參見錢穆：《中國學術思想史論叢》（五），〈初期宋學〉（台北：東大出版，1991年8月）。

[15] 宋・葉適：《習學紀言序目》卷四十七〈皇朝文鑑〉一〈敕〉條引（北京：中華書局，1977年）。

[16] 明・柯維騏：《宋史新編》卷四百二十七，〈道學傳序〉（台北：新文豐出版，1974年11月）。

孟子學說儼然在諸儒大力標榜道統下，雖在少數非孟、疑孟激盪下[17]，仍無損思想價值，反而逐漸振興，孟學學術地位已然屹立不搖。

北宋中葉之後，道學興起，心性論成為學者探討之要。至神宗元豐八年（西元1085年）晉州州教授陸長愈請以兖、鄒二公配享文宣王，議定孟子冠服位同顏回，天下孔廟均塑孟子像，席位在兖國公顏回之次。[18]至徽宗、崇寧年間，詔謚孟子為鄒國公[19]，立廟恭祀，弟子十八人均獲謚侯、伯。由此可見，北宋孟子地位趨於尊崇穩固。衣冠南渡之後，承前餘緒，儒學發展漸由「外王」走向「內聖」，鴻儒輩出，書院名師講授直探理氣心性，道學大為蓬勃蔚然成風，朝廷多方推尊理學，諸儒倡談孟學心性、養氣之說，臻於鼎盛。南宋期間，孟學廣為學者關注，昂然成為當代顯學，尤以孝宗淳熙年間，朱熹承二程表彰《大學》、《中庸》、《論語》、《孟子》分章句並作集註，合而編之成《四書》：

> 仁宗明道初年，程顥及弟寔生，及長，受業周氏，已乃擴大其所聞，表彰《大學》、《中庸》二篇，與《論》、《孟》並行，於是上自帝王傳心之奧，下至初學入德入門，融會貫通，無復餘蘊。[20]

> 迄宋南渡，新安朱熹得程式正傳，其學加親切焉。大抵以格物致知為先，明善誠身為要。凡詩書六藝之文，與夫孔孟之遺言，顛錯於秦火，支離於漢儒，幽深於魏、晉、六朝，至是皆煥然而大明，秩然而各得其所。此宋儒之學，所以度越諸子，而上接孟氏者歟。[21]

南渡之後，博鴻碩儒倡論儒學，朱熹集註更確立了《孟子》正統地位。朱熹在世時，《孟子》編入《四書集註》其影響力浩瀚，曾一度讓南宋統治

---

[17] 此期非孟、疑孟乃緣於疑經之風的餘緒，推尊崇孟或刪孟非詆、非孟者有之，為之注疏，或引申揚孟，不計其數矣。參見清・朱彝尊：《經義考》卷二百三十三，《四部備要》本（台北：中華書局，1981年）。

[18] 清・俞樾：《茶香室續鈔》（台北：世界書局，1963年），頁4452。

[19] 同註8，第七篇第二章。

[20] 同註16。

[21] 同註16。

者疑慮，甚而採取柔性防堵，意圖削弱使其影響力不再擴大。但是，朱熹一代宗師的地位日益穩固，不降反昇，朱熹歿，朝廷更以《四書》立於學官。[22]孟學大盛，士子無不奉為圭臬，學者趨之若鶩，孟學著作大增，僅論孟史志著錄即近百家之多，其注孟詮孟者甚眾，如：楊時《孟子義》、尹焞《孟子解》、林之奇、程俱、李撰、黃榦、李彖、蔡元鼎等人均有孟子講義之作；再者，葉夢得《孟子通義》、上官愔《孟子略解》、汪琦《孟子說》、羅從彥《孟子師說》，張栻《孟子詳說》與《癸巳孟子說》、程迥《孟子章句》、陳禾《孟子傳》、王居正《孟子疑難》；鄭剛中、趙敦臨、劉季裴、張九成、徐存、章服、徐响、袁甫、陳易、陳藻等均有孟子解之作；鄭耕老《孟子訓釋》、黃開作《孟子辨志》、朱熹《孟子集註》之外，又續作《孟子集義》、《孟子或問》、《孟子問辨》、《孟子要略》、《讀余氏尊孟辨說》等、輔廣《孟子答問》、張顯父《孟子問答》；此外，徐時動、許升、黎天祐、王萬、王奕等人亦均作孟子說……等等，誠不勝枚舉。[23]足以見，南宋孟學盛況空前，成果斐然，可謂發展達至鼎盛。

孟學發展至元代，由於理學在孟子思想中找到理論依據，朱熹學成為學術主流，盛行不衰，也加深了孟學的傳播。元代延祐年間欽定《四書集註》為科舉依據，程朱理學成為「官學」，《孟子》成為儒家正統經典，朱熹配享入孔廟，與孔孟同祀。此期孟學發展，大多皆延承朱註孟學脈絡，重要治孟名儒有：金履祥疏文著《孟子集註考證》[24]、趙悳《孟子箋義》[25]為朱註孟學詳述考證名物制度、歷史事實；胡炳文《孟子通》[26]為朱熹孟學之疏；詹道傳《孟子纂箋》[27]仿古經箋疏之體，對朱註孟學進行箋疏，足以見，朱熹孟學的影響力，方興未艾。

---

[22] 馬宗霍：《中國經學史》第十篇〈宋之經學〉（北京：商務印書館重印本，1998年）。

[23] 同註17，卷二百三十四、卷二百三十五，《四部備要》本。

[24] 元‧金履祥：《孟子集註考證》，影印文淵閣《四庫全書》第202冊（台北：台灣商務印書館，1983年）。

[25] 元‧趙悳：《孟子箋義》，影印文淵閣《四庫全書》第203冊（台北：台灣商務印書館，1983年）。

[26] 元‧胡炳文：《孟子通》，影印文淵閣《四庫全書》第203冊（台北：台灣商務印書館，1983年）。

[27] 元‧詹道傳：《孟子纂箋》，影印文淵閣《四庫全書》第204冊（台北：台灣商務印書館，1983年）。

明代承元代崇朱政策，朱學奉為學術與治術之道統，官方哲學籠罩，影響明代學風至巨，科舉《四書集註》試士子，明、清兩代沿習不變。明代治孟學者，多承宋儒傳人，其釋孟成果不多，不出宋元孟學。明成祖永樂十三年（西元1415年）胡廣任文淵閣大學士奉詔纂修《五經大全》、《四書大全》、《性理大全》，這奉詔之書為明成祖為統一思想為科舉考試之用，胡廣《孟子集注》即為其一部：

> 使天下之人，獲睹經書之全，探見聖賢之蘊。由是窮理以明道，立誠以達本，修之於身，行之於家，用之於國家，而達之天下。使家不異政，國不殊俗，大回淳古之風，以紹先王之德，以成熙皡之治。[28]

胡廣《孟子集注》由於明成祖贈序頒詔，加以科舉重用，此書顯著地影響明代治孟詮釋，加深朱學尊為官學的桎梏枷鎖，「以《四書》義為重，故五經率皆庋閣，所研究者惟《四書》，所辨定者亦惟《四書》。後來《四書》講章浩如煙海，皆是編為之濫觴。」[29]其他註孟詮釋，如出一轍，皆不出此書模式。明英宗時期，理學研究出現反對朱熹理學，陸九淵心學興起，明代學風為之嬗變，陳獻章、湛若水、王陽明等人先後提出批判及新釋。王陽明倡「致良知」與「知行合一」，天地萬物皆在我心，心學盛行一時，程朱理學變得沉寂。明亡後，學者有感束書不觀，游談無根，遂起而倡「經世致用」之學。

值至清初，王學未歇而程朱之學漸興，理學家為了平息朱、陸之爭，轉進疏釋義理經典著手，期能平議這長達百年的義理之爭，考據學氛圍順勢而生。輔以清人高壓統治，文化思想專制，屢興文字獄，羈絡士子，士林學者恐避政治壓迫，將畢生精力投注「樸學」古籍輯佚校勘、考證音韻字義、名物訓詁，「考證學」大盛於乾隆、嘉慶兩朝。隨著學術方向轉變，釋孟方向已然跳脫宋元孟學，轉向考據疏證。尤以，戴震異軍突起獨

[28] 《四庫全書・五經四書性理大全序》，影印文淵閣《四庫全書》（台北：台灣商務印書館，1983年）。

[29] 同註12，卷三十六，《四書大全》。

樹一幟，批判程朱理學，展開一系列孟學著述從《原善》、《緒言》、《孟子私淑錄》到《孟子字義疏證》立志返歸孔孟之道：

> 孟子辯楊、墨；後人習聞楊、墨、老、莊、佛之言，且以其言汨亂孟子之言，是又後乎孟子者之不可已也。苟吾不能知之亦已矣，吾知之而不言，是不忠也，是對古聖人賢人而自負其學，對天下後世之仁人而自遠於仁也。吾用是懼，述《孟子字義疏證》三卷。韓退之氏曰：「道於楊、墨、老、莊、佛之學而欲之聖人之道，猶航斷港絕潢以望至於海也。故求觀聖人之道，必自孟子始。」嗚呼，不可易矣！[30]

> 孟子以閑先聖之道為己任，其要在言性善，使天下後世曉然於人無有不善斯不為異說所淆惑。[31]

> 烏呼，今之人其思亦弗思矣。聖人之道，使天下無不達之情，求遂其欲而天下治。後儒不知情之至於纖微無憾是謂理；而其所謂理者，同於酷吏之所謂法。酷吏以法殺人；後儒以理殺人：浸浸乎舍法而論理。人各巧言理，視民如異類焉，聞其呼號之慘而情不相通。死矣更無可救矣！[32]

> 漢儒訓詁有師承，亦有時傅會；晉人傅會鑿空益多；宋人則恃胸臆為斷，故者襲取者多謬，而不謬者在其所棄。我輩讀書，原非與後儒競立說，宜平心體會經文。有一字非其的解，則於所言之意必差，而道從此失。[33]

---

30 清・戴震：《孟子字義疏證・序》，《戴震全書》（六）（安徽：黃山書社，1995年10月），頁147-148。

31 同前註，《孟子私淑錄》卷上，《戴震全書》（六），頁37。

32 同前註，〈與某書〉，《戴震全書》（六），頁496。

33 同前註，〈與某書〉，《戴東原先生之文》，《戴震全書》（六），頁495。

僕生平論述，最大者為《孟子字義疏證》一書。此正人心之要。今人無論正邪，盡以意見誤名之曰「理」而禍斯民，故《疏證》不得不作。[34]

戴震何以力挽狂瀾不得不作《孟子字義疏證》？何以大肆撻伐「盡以意見誤名之曰『理』而禍斯民」？感嘆五百多年宋儒談玄說理，論理流於空疏之失，僅恃胸臆識斷，襲取多所荒謬，以致酷吏峻法以理殺人。戴震歸咎這一切肇因於宋儒捨法論理，然批判宋儒「以理殺人」僅是對儒學自身正名？其實並不盡然！進行孟學的詮釋，亦是對孔孟原初精神的揭示，將數百年來長期籠罩在理學「存理去欲」遮蔽下的孟學解放出來，這才是戴震孟學揭竿起義真正的革命之處。

戴震釋孟影響了其後焦循，宋元明歷代之治孟，多以疏解朱熹《孟子集註》為中心，然焦循服膺戴震之學，其《孟子正義》[35]匯集諸說為釋文疏註，突破漢唐疏不破注，展示考據新疏而成，梁啟超謂此書：「在清儒諸經新疏中為最佳本。」[36]不愧為清代孟學新疏之作。其後，展現釋孟新視野者不多，桐城派後繼，清末民初姚永概《孟子講義》[37]堪為特殊。其學也受戴震治孟影響，不僅併循訓詁與義理，一改宋明義理闡發，轉進考據實學為證，結合《孟子》散文特點，收入時人著作，也反映清代孟學走入樸學嚴謹的治學之風。清末，西風東漸外來列國入侵中國，危機日益加深，康有為撰《孟子微》[38]中西兼采，以經世關懷救亡圖存，透過闡孟調融中西思想，在孟學發展史上步入近現代詮釋，別有殊義。

綜觀歷代孟子學術地位，在其研究專著方面有不少亡佚，故難以做出較完整的評價，僅依循經學史的主軸進行論述。顯然可見，唐代中期前關於孟子的義疏研究，大致上僅有東漢・趙岐注《孟子》贊譽「亞聖」啟而備注，孟學研究量明確不足。隨後，《孟子》關鍵發展，隋唐五代自

[34] 同前註，〈段茂堂等十一札〉第十札，《戴震全書》（六），頁543。

[35] 清・焦循：《孟子正義》（北京：中華書局，1987年）。

[36] 梁啟超：《國學入門書要目及其讀法》見《梁啟超國學講錄二種》（北京：中國社會科學出版，1997年），頁97-98。

[37] 清・姚永概：《孟子講義》（六）（安徽：黃山書社，1999年）。

[38] 清・康有為：《孟子微》（台北：台灣商務印書館，1970年8月）。

「諸子」之列始登「經學」之尊，中唐古文運動「道統」推尊，漸為士林所重，為其後宋代孟學鼎盛開啟先聲。南宋・朱熹集註《四書》大成，更推波助瀾確立孟子正統地位，朱學籠罩歷經元、明，科舉附庸奉為官方理學，孟學為列，蔚為顯學之要。至清・戴震重返孔孟，擺脫理學僵化的桎梏流弊，揭櫫數百年御用官學下的孟學，啟後孟學新義理接軌邁入近現代。歷來治孟、註孟、釋孟各有千秋，在詮釋的角度上我們可以說孟學發展史即是對《孟子》文本進行詮釋的歷史記載，因此展開一部《孟子》經典，即是展開了一部「解構」[39]又「重構」的孟學詮釋史。

第二節　問題意識提出

儒學經典的學術文化有著獨特發展模式與解釋傳統，它雖沒有西方知識概念的解釋理論，然在二千多年來的注經活動中始終貫徹著實踐的理性精神，為歷代思想家、學問家著書依據，這種本於聖人王者之言的注釋傳統，滲透著濃厚的詮釋學意味。事實上，經學與儒學原非同一概念，一般而言，視經學為儒學正統，始於西漢・漢武帝定儒家經籍為「經」，「罷黜百家、獨尊儒術」，建立「五經博士」落實尊儒政策，儒學躍為學術正統，經學興起大勢。東漢・光武帝中元元年（西元56年）「宣布圖讖於天下」，更將讖緯解經視為東漢治國法典，乃至於唐代以降，歷朝中央政府以官方制立五經、七經、九經、十一經、十三經石刻碑文等等，均是將經學加以「經典化」的方式。從此，經學便作為儒學的一種表現形式，成為各個時代、儒家不同學派，學者闡明思想學說之具體材料。[40]

揆至當代，面對學術演變之軌跡，哲學研究之學者，紛紛提出以「詮釋」概念解釋中國經學的發展，認為哲學就在於先秦諸子學說與典籍的不

[39] 解構在西方被稱為是一種閱讀與闡釋的方法及一種哲學策略。德西達認為：「傳統哲學的一個二元對立命題中，除了森嚴的等級高低，絕無兩個對項的和平共處，一個單項在價值、邏輯等等方面統治著另一個單項，高居發號施令的地位。解構這個對立的命題歸根到底，便在一特定時機，把它的等級秩序顛倒過來。」職是，孟學發展史是對孟子文本進行詮釋的歷史，首先表現在治孟者的批判精神，即後世詮孟者對前世孟學者的一種解構批判，亦是可以如此視之。卡勒：《論解構》（北京：中國社會科學出版，1998年），頁72。

[40] 夏傳才：《十三經概論》（台北：萬卷樓圖書出版，1996年），頁27。

斷詮釋中演變，而中國儒學史的發展亦是如此。[41]這脈絡說明了，經典詮釋的觀點反映了整個歷史文化的核心，時代的變革帶領著思想家，以不同的提問方式，對經典進行重新的詮釋形式而展開。因此，對儒學經典詮釋，亦是對中國歷史傳統的詮釋。這詮釋活動的表現，為詮釋者對當代關懷的直接參與，從而扣緊文化脈絡而發，是以「詮釋」不是一種「複現的過程」，而是一種「創造的闡釋」。然而，經典具有「原意」是作為一個自明性的前提存在，它的生命通過了解經、注經者的語言文字屹立於歷史解讀長河，所繁衍的意義，超越了詮釋者主觀理解而永遠客觀存在。如同《孟子》經典，孟子以挺立道德主體為價值判斷，回應周文疲弊時下的社會課題，也延伸突顯了政治領域與道德領域二者間的關係，這一關係，對繼後孟學文本的發展演繹，提供了許多詮釋空間。因此，這說明了歷代的詮釋者只能再次地揭櫫《孟子》經典意涵，卻不能定經典於一義！換言之，每部經典展開的意義是開放性，是隨著每個時代被聆聽而召喚，永遠推陳出新，故而注經、解經、詮經的參與，即是思想家回應當代的關懷意識，帶入文本的一種詮釋活動。

綜觀孟學兩千多年來的沉浮來論，這說明了孟學精神屹立不衰，其開啟性深宏博遠，其思想性浸潤在每個時代的變局中，一再地被歷代治孟、註孟、釋孟者加以詮釋。雖然，經典的發展自有其存在價值，然時代環境與學術趨勢，卻又是那麼密切相繫不可分離。經典做為官方的正統思想，如何保持其旺盛的生命力，隨時代變異給予闡釋新的道德標準、政治依據、治國方略，影響著不只是經典的地位，置於學術與政治之間拉鋸的詭譎關係，更是牽動了整體學術的演變，箇中義蘊，尋繹因果，皆應細繹考察，不容忽視。

就孟學發展脈絡可見，《孟子》與經學興衰榮辱相伴，與政治氛圍相為表裡，從這脈絡中也提供了尊孟、排孟者為其政治行為尋求理論依據，在詮釋的過程中注入了孟學道德意涵，為其影響著整個時代的歷史變革。首先，從孟學註疏的理路來看，除了先秦原創時期，東漢趙岐以降，迄至宋、元、明、清，歷代詮釋注疏豐碩，注孟、釋孟之輩眾多。自朱熹《四

[41] 余英時：〈古代知識階層的興起與發展〉，《中國知識階層史論（古代篇）》（台北：聯經出版事業公司，1980年），頁4-108。而這特質在儒家經典中表現更為深刻。

書》為註，科舉加冕下，更是開啟孟學詮釋前所未有的興盛景況，後繼者踵武前修，出新解於陳編，不僅相關研究及著作粲然可觀，眾多經傳注疏也均以《孟子》為文本。再者，從孟學思想的理路溯跡而尋，最具特殊性當屬南宋・朱熹註孟，其後歷史詮釋者以朱註注疏箋解著作為多，直至清儒・戴震開闢蹊徑，詮釋轉折才開始有了較大不同之理解。戴震卓然自立，開啟孟學新義，斥佛老、反程朱，從其詮釋系統亦可窺探宋至清孟學變化之大端，其透顯之義理重要性，在孟學詮釋史上當為關鍵之所在！

朱熹立基在宋代視域，也是孟學發展史上承先啟後的重要關鍵，繼「漢學」舊例下開「宋學」新風，《孟子》由子部升為經部，也鋪陳了註孟意識的萌生，成功地延續千載不傳的使命，《四書集註》體現唐至宋傳承轉化的經學體系，以義理作為經學主體重振儒學。朱熹以「集大成 」貫通姿態確立道統傳承，皓首窮經近五十年心血，開書院、辦教育創造轉化新儒學，建立《四書》與儒學五經比肩，建立影響了中國思想逾七百年的重要經典，厥功甚偉。朱熹弘道心性內聖之學，恢復儒學正統接續道統歷史，闡揚「明天理／滅人欲」、「人心／道心」之辨，詮釋演繹成《孟子集註》。朱熹歿，朝廷以《四書》立於學官，孟學大盛士子趨之若鶩，孟學著作盛況空前成果斐然，論孟相關的史、志、著錄即近百家之多，遂此更確立《孟子》在學統上的正統地位。以《四書集註》為代表的程朱理學是宋、元後七百年間官方權威的統治思想，因此經典地位被視為判別正謬的唯一標準。直至元延祐年間，頒定《四書集註》科舉應試士子，政統牽制學統更強化了經典的權威地位，因此孔孟思想由此詮解而被肯定，時至此朱熹原意詮釋與文本以外的發揮，實際上已超越了經典自身而形成另一個權威的新根源。其後，朱學籠罩歷經元、明，政治、科舉附庸奉為官方理學，舉世罕匹而無人出其右。明、清沿習不變，孟學也因《四書集註》蔚為顯學，推波助瀾地普及在經學思想上，朱熹思想的影響力極為深廣，至今仍方興未艾。

戴震立足在清代視域，政權重創了華夏正統，科舉形成功利的假相，數百年側重天道性理的道德理學，遂淪為官衙化統治者的教條工具，以理之名行統治之實，道德囹圄社會失序「以理殺人」。戴震身處夷夏文化衝擊，政統與治統淪陷，學統不彰聖人之道異說淆惑，感時憂國的有志之士何以廓清儒學道統？在時代課題的夷夏之辨下興起一股反省，「求觀聖人之道，必自孟子始」便由這一提問所呈現重振儒學的進路考察，追溯「道統」的意識淵源。這反省從理學末流，束書不觀的游談無根再思考，重新建立以經世實學做為挽救空疏之風下的人文關懷。戴震立足在思潮典範從舊傳統跨入新典範轉移，關懷著眼回到安身立命的客觀經驗世界上提出孟學新釋，從《原善》、《緒言》、《孟子私淑錄》到《孟子字義疏證》，以「註疏體」的「疏證」體例重返孔孟，建立起孟學義理新構。

本書問題意識，立足在孟學發展史上之歷史關鍵點，以宋／清孟學發展轉折切入，以朱熹／戴震做為研究對象，探究二家思想之間的關聯性，從思想史脈絡的溯源，試予還原對比其思想義理，從二個不同時代、二種不同詮釋風格、二種不同詮釋體式，不論從《孟子》註釋文本流傳或就思想分期轉折性來論，朱熹／戴震孟學之比較，當是宋至清代孟學系譜中最具代表性的例子！歷來對於朱熹、戴震孟學的各種詮釋論點不一，至現代學界研究成果更是呈顯眾說紛紜的局面。因此，本書研究動機欲進一步了解這二家詮釋的差異緣由為何？能否針對分歧的歷史背景，進而追溯構成詮釋殊異之因，再從西方詮釋學的新視野，展開反思二家釋孟評議為本書研究目的。再者，朱熹註孟為當代儒學的重要論題，而清代孟學義理之重要性始終較為學界所忽視，若能藉由朱熹／戴震孟學比較以揭櫫詮釋所透顯的孟學發展，以此溯源宋至清孟學系譜的脈絡，進能檢別學術如何演變轉化，勾勒孟學何能從宋明理學「向內體證理路」轉而趨向清代義理「向外道德實踐」而展現不同蘊趣，此工作之廓清當為本書研究之價值。

第三節　研究進路與論述方式

回顧孟學詮釋的發展，歷代衍生了許多注釋疏箋的體例[42]，雖然尚未充分展開方法論之反省與建構，未能形成有如西方知識系統的詮釋理論，然漫長的中國經典註疏歷史其內容可謂汗牛充棟，「經學今古文之爭」、「漢學與宋學之爭」、「訓詁明或義理明」、「我注六經或六經注我」，

[42] 中國詮釋經典大抵可分二種：一是「注疏體」：訓詁、注箋、疏證、章句、正義；一是「議論體」：記、傳、外傳、語錄及其他經義的子學。

一直是治經方法上學術爭論的焦點。伽達默爾（Hans-Georg Gadamer）曾言：「理解的歷史悠久而古老，只要在任何地方表現的一種真正的理解藝術，我們就承認有解釋學。」[43]職此以觀，環諸近十年來，西方詮釋學（Hermeneutik / hermeneutics）譯介和傳播成為當代最具活力的哲學思潮，以詮釋學為參照背景的中國哲學正悄然展開，中國幾千年累積相當豐厚經典註釋，若能從「詮釋學」角度重新梳通，待以時日，對經典的闡揚必然可提供更多創造的新契機。朱熹云：「問渠那得清幾許，為有源頭活水來」，儒家經典千年之文化總匯，博大恢宏而卷帙浩瀚，正可為日新又新豐盈不竭的源頭活水。

至於如何以新視野重探孟學流變？而這問題正可從西方詮釋學的觀點上獲得啟發。伽達默爾言：「一切文字性的東西都是一種異化了的講話，因此他們需要把符號轉換成講話和意義。正因為通過文字性就使意義遭受一種自我異化，因此把文字符號轉換成講話和意義就提出了真正的詮釋學任務。」[44]果如是，當「意義」從「文字符號」到「詮釋學任務」，透過文字轉換產生意義異化。那麼我們當可說，朱熹／戴震跨越時空，透過立言之體而與《孟子》相知相遇，藉由註孟、釋孟與孟子遙契，相印於心。因此，藉由彰顯出孟學之不同意蘊，正是朱熹／戴震孟學的詮釋任務，其異趣當是必然之義！依循著詮釋者的歷史意識，揭示背後隱蘊的因素，那麼異化所造成的詮釋差異，當是合理可理解。持以這觀點來看，詮釋者對經典原意的改造任務，深刻地扣緊著當代的關懷意識，這相對於經典的「原意」，亦是展現另一種「不同理解」。亦同乎，伽達默爾所言：「理解的語言性是效果歷史意識的具體化」[45]，那麼，歷史意識則是放在詮釋的脈絡上，這脈絡在任何文化傳統中，載以詮釋者的思維表述，因此不論還原甚而檢證，皆應依循經典的語言，理解方可客觀。這事實上說明了經典與詮釋者間的辯證關係，若能予以檢別，相信必能衡定經典自身更高的評價。正印合了傅偉勳先生所言：「真實的詮釋學探討必須永遠帶有辯證開放的

[43] 伽達默爾（Hans-Georg Gadamer）著，夏鎮平、宋建平譯：《哲學解釋學》（上海：上海譯文化出版，1994年），頁23。

[44] 伽達默爾（Hans-Georg Gadamer）著、洪漢鼎譯：《真理與方法》（台北：時報文化出版，1999年），頁504-505。

[45] 同前註，頁500。

學術性格，也必須不斷地吸納適時可行的新觀點、新進路，形成永不枯竭的學術活泉。」[46]

《孟子》經典性是永恆開放，惟是開放，經典本身敞開探索的多元可能性，正因經典本具無限開展之可能，故沒有獨一亙古不變的解釋，它始終以開放視域為立足，追問著聖賢之道的當代意義。這意味在詮釋學看來，《孟子》即是一種文本範例，它的意義與歷代詮釋者相覷對坐，如何敞開意義的創造？則必須透過朱熹／戴震不斷提問，通過文字載體的表達，「經典」／「詮釋者」／「當下存在」相融合，經典意涵才能向時代源源不竭地昭顯。詮釋活動正也通過這浸潤身心的生命表達，詮釋者才能進入孟子生命的體驗，因此「體驗」、「理解」與「表達」相互為輔，成為詮釋活動中所不可或缺的實踐要件。

受制於詮釋者的歷史性，詮釋的開展自不免限囿於時代變異的隔閡，其所造成語義的差異亦屬必然，然而吾人仍應忠於經典文本的語義，掌握文本，始能追問這不同理解詮釋背後所預設的理論根據。「問題視域」就決定了文本的詮釋，這不僅是朱熹／戴震追問孟子；吾人在研究立場亦也是跟隨追問著朱熹／戴震。這即是說，本書不僅立基二家於孟學系統的疏通上，更是寄望探討：孟學詮釋的根源性動力為解答什麼問題？在撰著中又是如何立言抒志？在義理的重構下是否別蘊深意？針對諸多問題提出一個後設性的反省。對於朱熹／戴震二家詮釋的通貫與評騭，在這過程中往往逼顯問題才是主要任務，期能客觀評議二家孟學地位。然而，任何一種詮釋活動必然有其主客交融的情境，不離詮釋者主觀限制，因此難以視朱熹／戴震孟學為《孟子》原典之原意展現，由此看來，似乎也很難獲致絕對的判準評定二家詮釋之優劣。因此，對於此研究當然也無法求其絕對性的還原，那麼如何儘可能地掌握二家詮釋？即在研究對象的詮釋是否能客觀進行分析。誠如，袁保新先生所言：

1. 一項合理的詮釋，其詮釋本身必須在邏輯上是一致的。

[46] 傅偉勳：《從創造的詮釋學到大乘佛學》（台北：東大圖書出版，1990年7月），頁3。

2. 一項合理的詮釋必須能夠還原到經典中，取得文獻的印證與支持，而其詮釋觀點籠罩的文獻愈廣，則詮釋就愈成功。
3. 一項合理的詮釋應該儘可能運用經典本身無疑義的文獻來解釋有疑義的章句，用清楚的觀念來解釋不清楚的觀念。
4. 一項合理的詮釋應該將經典本身視為在思想上一致和諧的整體，避免將詮釋對象導入自相矛盾的立場。
5. 一項合理的詮釋，必須一方面將詮釋主題置於它們隸屬的特定時代與文化背景來了解，但另一方面也要能夠抽繹出它不受時空拘限的思想觀念，而且儘可能用現代語言與哲學經驗傳遞給讀者。
6. 一項合理的詮釋，對其詮釋方法與原則應有充分的意識，並願意透過與其他詮釋系統的對比，調整修正其方法與原則。[47]

果如是，詮釋的客觀掌握必須還原於經典，置於詮釋者隸屬的特定時代文化背景來理解，取得文獻脈絡的印證與支持，透過其他詮釋系統的對比，抽繹出它不受時空拘限的思想觀念，始能獲致合理邏輯性的詮釋。鑑於此，本書茲以二種研究方法進行分析：首先，近代西方詮釋學（Hermeneutik / hermeneutics）哲學方法論。[48]當今西方思潮的發展，詮釋學可謂是二十世紀歐陸哲學繼現象學（Phanomenologie / phenomenology）餘緒，承前啟後開啟當代最重要的哲學思潮之一。論其詮釋學源由，其方法理論所開展的哲學歷史思辯，可謂淵遠流長其來有自，它不僅是長久蘊藉於西方聖經傳述翻譯的解經傳統當中，十九世紀又與人文精神科學發展結下不解之緣，始終與文化背景的歷史承襲有著深厚依存關係。詮釋學問題不僅發生在各時代，舉凡神話、史事、文化乃至經典文本的詮釋，皆論及人自身存在的歷史性問題，更使得它日漸成為當代哲學討論所不得不正視的一門學問。西方詮釋學尤重哲學詮釋學「語言性」（linguisticality）理解的觀點，本書職是側重此「語言性」觀點，援引此詮釋學方法論以展開朱熹／戴震孟學探討，在比較的基礎上提供對話借鑒之道。其次，另一研究方法則以沈清松先生所提出「對比研究法」：

---

[47] 袁保新：《老子哲學之詮釋與重建》（台北：文津出版社，1991年9月），頁77。

[48] 有關近代西方詮釋學的哲學方法論，於此節簡述先預作伏筆，將於第二章第二節中專文詳論。

> 所謂對比（contrast），是指同與異、配合與分歧、採取距離與共同隸屬之間的交互運作，使得處在這種關係的種種的因素，相互敦促，而共現於同一個現象之場，並隸屬於同一個演進之韻律。簡言之，對比乃決定經驗、歷史與存有的呈現與演進的基本律則。[49]

每個詮釋都有其自身的歷史性，因此回到思想史的脈絡中去徵定義理性格，透過對比研究展開對照，從而分析《孟子》文本中不同之異同點，以呈現統一性與差異性，希冀援引二方法交叉共融以運用，以做為本書方法學的理論依據。

綜合前述，本書論述進路首先立基於歷史發展脈絡，忠於朱熹／戴震孟學文獻的解讀，盡可能掌握經典語義，探源詮釋中所關懷的歷史意識，經由導引出詮釋系統的架構成形，衡定評騭其義理價值。其次，對比研究朱熹／戴震孟學思想，追問何以造成這不同理解的根據，再從西方詮釋學的觀點展開貫串分析，提供另一參照系統。本書不僅說明二家註孟特色，更站在中西互為體用的立場，援「西」釋「中」探析孟學的各種可能，期對中國孟學詮釋的脈絡提供更佳的論述角度。再者，疏理西方詮釋學在解釋傳統問題的特點，既是當代研究無法逃避的前提，則如何接引與西方詮釋話語，又不失中國傳統經典的解釋權，融合傳統與當代，進能與西方學術思潮相侔合，正是本書應予廓清之任務。

49 沈清松：〈導論：方法、歷史與存有〉，《現代哲學論衡》（台北：黎明文化事業股份有限公司，1990年3月），頁3。

第二章　研究成果之省察與方法學的調適上遂

歷來孟學研究不乏其人，其成果與著述儼然成為一專學，本書研究擬以朱熹、戴震孟學做為對照軸心，試圖奠基在前人研究成果上而能有進一步地反省抉發。任何研究運用只要涉及人為的主觀詮釋便不免有其限制，本書研究亦不例外，對於所採取詮釋方法在研究過程中亦必有所預設。至於方法實際執行是否能適切運用，方法的操作貼切與否，中西詮釋方法如何應用等，皆為本書所正視之課題。

本章研究範圍以朱熹、戴震二家孟學做為中心，針對此論題統觀前人研究成果。茲以二節開展：首節，舉凡關涉此論題之學界重要前賢，據其論點主張進行理解詮釋，在前輩睿見的基礎上期以開創朱熹、戴震孟學重建的可能內容。次節，則切入詮釋學的研究視域，探討綿延千古、豐富不竭的儒家經典是否也能開展屬於中國經典的詮釋學。從當代學者研究成果之省察到方法學的調適上遂，將為本章論述之進路。次節從儒家經典的註疏傳統出發，對照西方詮釋學的理論方法，深入區分別異會通，撐開中西對話的詮釋語境，以此視野開啟孟學不同理解的可能性，此工作之廓清與當代學者諸說之探討，將為本書研究開展前所必備之前理解。

第一節　研究成果之考察

一、前賢諸說之省察

對於本書研究的前人研究成果概況，在台灣學界專論朱熹／戴震孟學比較專書並不多見，大多以闡述專家議題而論。而事實上就本論題比較研究，在戴震孟學的理解上自不免必須先對朱熹孟學有所認識，然所見卻多是諸家論述性概論，罕見直探二家孟學詮釋不同之所致的真相本懷。雖是如此，對於研究工作舉凡學界關涉此論題之重要前賢，提出的論點理解與審識皆納為研究開展前必備之探討，期能奠基在前輩睿見的基礎上，於本書研究中開顯朱熹、戴震孟學理解另一種創造可能。因此，本節先後就朱熹／戴震次序，臚列舉說當代重要前賢觀點做為省察，將此成果視為研究開展之前理解，茲以此分述置在首節中先後做為討論。

首先，就朱熹孟學研究專論亦少見，然而相關朱熹專學的研究則卷帙浩翰，就當代學界對於朱熹學研究專著所見，有著述為立或以概念範疇為主題：如理氣論、心性論、道器論等等；或以經典詮釋的主要概念分章闡述：如中和說、仁說、格物致知說、太極陰陽說等等；或為以哲學問題分章主題：如形上學、宇宙論、功夫論、政治哲學等等，諸多討論之所繁鉅無法一一論述。關於此論題之當代重要前輩如：陳榮捷先生對於朱熹文獻之考證及詮釋見解，即由「太極」、「理」、「氣」、「天」、「格物」闡述朱熹進路種種問題，與張南軒、呂東萊、陸象山、陳亮、佛教談朱熹學派敵友間的關係。[1]而劉述先先生的《朱子哲學思想的發展與完成》一書，即「中和」與「仁」說探討朱熹經典詮釋脈絡的哲學創作，由「心性情」及「理氣」範疇論朱熹的形上學觀點。[2]此外，金春峰先生即由「中和」、「仁說」、「太極」、「格物致知」論朱熹經典詮釋脈絡下的心學思想，此中並論及本體功夫、心性情論問題、格物致知的功夫次第問題，亦由朱熹與二程、象山、湖湘、禪佛學派的敵友關係綜合為題討論朱熹學，其《朱熹哲學研究》[3]一書更可見其試圖為朱熹學提出調適上遂之說。另外，大陸陳來先生所著《朱熹哲學研究》[4]即以「理氣論」討論天地萬物的存有論問題，以「心性論」討論道德實踐主體的概念架構，以「格物致知論」討論《大學》詮釋與功夫次第，以「朱陸之辨」討論朱熹與敵論的往來問題，論見亦見詳述。除此之外，大陸張立文先生所著《朱熹思想研究》、《朱熹評傳》[5]則由傳統概念綱領談「理氣道器」、「宇宙天文」、

---

1 陳榮捷相關朱學著書如下：如：《朱子門人》（台北：學生書局，1982年）、《朱子新探索》（台北：學生書局，1988年）、《朱熹》（台北：東大圖書股份有限公司，1990年）。

2 劉述先：《朱子哲學思想的發展與完成》（台北：學生書局，1982年）。

3 金春峰：《朱熹哲學研究》（台北：東大圖書股份有限公司，1998年）。

4 陳來：《朱熹哲學研究》（台北：文津出版社，1991年）。

5 張立文：《朱熹思想研究》（台北：谷風出版社，1986年）、《朱熹評傳》（南京：南京大學出版社出版，1998年）。

「形神魂魄」、「鬼神屈伸」、「動靜變化」、「格致持敬知行」、「心性才情」、「天地氣質」等，其精心安排之論述，若非對中國傳統義理精熟者實難見問題意識的重點。

除此之外，當代朱熹學研究的爭議，另有三個重要主要型態必須探討：三型態分述為牟宗三先生、勞思光先生、馮友蘭先生之睿見。[6]首先，就牟宗三先生型態而言，認為朱熹「性即理」理是即存有而不活動的理與陸王之「心即理」是有別之路線。[7]牟宗三先生言：「宋明儒學中有新的意義而可稱為『新儒學』者實只在伊川朱子之系統。大體以論、孟、中庸、易傳為主者是宋明儒之大宗，而亦較合先秦儒家之本質。伊川朱子之以大學為主則是宋明儒之旁枝，對先秦儒家之本質言則為歧出。」[8]另見：「惟積極地把握此義者是橫渠、明道、五峰與蕺山，此是承中庸易傳之圓滿發展而言此義者之正宗。伊川朱子亦承認此義，惟對於實體性體理解有偏差，即理解為只是理，只存有而不活動，此即喪失於穆不已之實體之本義，亦喪失能起道德創造之性體之本義。象山陽明則純是孟子學，純是一心之申展。此心即性，此心即天。如果要說天命實體，此心即是天命實體。」[9]，對於程朱之學歧出另創儒學系統，因此判教以「別子為宗」另為一系說。

其次，勞思光先生型態則以形上學、宇宙論闡述朱熹哲學主要特色，以「心性論」說明陸王哲學，而以「心性情與成德功夫」說朱熹學，如此別異程朱形上學、宇宙論與陸王心性論明確區分思想分野。雖說如是，然必須細繹地再論，程朱側重形上學、宇宙論確為事實，雖是側重在形上

6 當代朱熹學研究進路，根據杜保瑞先生所分析歸於此三種主要型態。杜保瑞：〈朱熹哲學研究進路〉，《哲學與文化》第三百七十四期（2005年7月），頁106-109。

7 關於牟宗三先生詮釋宋明儒學的相關討論，杜保瑞則提出不同的看法，其認為就形上學存有論問題而言，朱熹對於理的只存有不活動的特性的認知，是對理概念的存有論討論的經典之作，是有開發儒學義理世界的創造性貢獻之作，當問題意識是針對形上道體或個別存有原理的存有特徵作討論時，則此理便只能是朱熹所論之義，這就和老子所論於道體的抽象性徵的思路是一致的，這就是一個獨立地針對概念本身來思考這個概念的抽象性徵的問題，這就是概念分析的抽象思辨進路存有論問題。參見杜保瑞：〈對牟宗三宋明儒學詮釋體系的方法論探究〉，《哲學雜誌》第三十四期（2001年4月），頁120-143。另外，杜保瑞：〈當代宋明儒學研究與中國形上學問題意識〉，《輔大哲學論集》第三十四期（2001年7月），頁147-192。

8 牟宗三：《心體與性體》（一）（台北：正中書局，1995年12月），頁31。

9 同前註，頁31-32。

學的探討，但依然有勞先生所指稱的心性論意涵，其義理之闡釋的重要性絲毫不讓，與其論程朱學僅是形上學、宇宙論的建樹，毋寧說是即本體即功夫之學。因此，就勞先生所評議程朱不是心性論說的型態界定是容許再商榷的。再者，勞先生論朱熹成德功夫「窮理」、「居敬」、「格物」、「致知」即具有心性論意旨，倘若以勞先生「孔孟是心性論傳統」的哲學理路來判，那麼朱熹論「涵養」、「持守」、「力行」、「為學」等命題，更可見勞先生之主體意志貫徹的心性論宗旨。[10]因此，當判定朱熹「性即理」與陸象山「心即理」有所差異，此差異的優劣檢擇當可略去，因為根據經典詮釋的脈絡來進行分判程朱、陸王，一向是勞先生哲學架構中的主體地位。若依其自身的哲學理解，判定程朱、陸王及孔孟的型態區分，此界定義當為勞先生之洞見當予尊重。然事實上，誠如接受勞先生定位中國哲學心性論在孔孟、陸王學，然這也並不代表程朱學即缺乏勞先生所謂心性論的哲學陳述繼承與發揮。[11]因此就勞先生型態之觀點，也再一次證明仍可再商榷。

復次，就馮友蘭先生的型態而言，其以理學主要特徵來掌握朱熹學[12]，因此晚年所作《中國哲學史新編》討論朱熹章節仍論及「性心情才」與「修養方法」[13]此類即是理學中所欲建立的工夫問題。然朱熹學系統確有理學也有心學內涵，理學當為朱熹哲學極為重要的闡述，但以此定型朱熹甚或分別陸王是否公允就值得再榷。換言之，程朱、陸王理學系統，論「心」的概念可置形上存有論的脈絡下，論及心的工夫實踐亦也包涵善惡的修養問題，所以，「心／性／氣／才／情／欲」的關係定位，未必僅是陸王本體工夫而已，這即是以二家概念範疇進路的區分。至於，對於哲學關懷的掌握分歧，即就此可明白「理」在形上學存有論脈絡下是抽象原理概念，但在朱熹系統中「理」以仁義禮智為心的主體貫徹內涵，雖心不即理，然

10 勞思光：《新編中國哲學史》（三上）（台北：三民書局，1995年9月），頁357-358。

11 關於勞思光先生宋明儒學詮釋的意見，參見杜保瑞：〈對勞思光宋明儒學詮釋體系的方法論反省〉，《世界中國哲學學報》第七期（2003年1月），頁55-105。另外，杜保瑞：〈當代宋明儒學研究與中國形上學問題意識〉，《輔大哲學論集》第三十四期（2001年7月），頁147-192。

12 同註3，金春峰先生認為馮友蘭以理學說朱熹學是有誤差的，金先生認為朱熹學也是心學。此義當是金先生的定位。

13 馮友蘭：《中國哲學史新編》（第五冊）（台北：藍燈文化事業股份有限公司，1991年12月）。

「理」即就存有而活動，牟宗三先生系統即是持此觀點，因此論理學亦非不可論心的本體工夫，相對來看馮友蘭先生之觀點則待進一步討論了。

概括而言，承前前輩學者觀點審識朱熹學，大都就概念範疇的研究進路討論心學或理學的取決問題，亦如前賢各自表述的己見也彰顯了中國哲學義理的不同風貌。辜且不論，諸家定見孰是孰非，研究進路依據的判準為何，如果能兼顧朱熹哲學系統的範疇、經典詮釋的進路、朱熹與敵友關係的影響以及哲學基本問題的掌握，則朱熹哲學之底蘊即易為顯豁，否則以朱熹一生著作浩瀚體系如此龐大之實況，當代學者之研究成果無論再如何窮首皓經闡述詳實，亦難見朱熹學思巨擘之原貌。這即是說明了，掌握朱熹系統的全面理解實屬大不易，更由此意義可證前輩學者蓽路藍縷之開創之功實是厥功甚偉。

誠然，前輩學者對於朱熹哲學的掌握各抒其意彰顯精彩，然專述於朱熹孟學的詮釋大多著意在心性論上闡釋，而事實上朱熹之所註孟，確有其獨特所關切的著述之因，其經典詮釋的開展亦也是基於歷史課題老、釋思潮的挑戰，闢異端、返儒學正統的脈絡下而發。因此，朱熹選擇扣緊挑戰以哲學回應時代，身為後輩研究朱熹學者，如何在其經典詮釋的理路下，準確地還原朱熹孟學之創作本意，轉而為當代朱熹學之爭辯提出另一種觀點的假設可能，即為本書研究最為關切目的。遂此奠基此認知，依其思想史的歷史溯源，以此脈絡追溯朱熹立身歷史氛圍，就其詮釋之因、詮釋架構、詮釋所開創孟學意涵一一探源。當然本書研究亦應自我反省進路的預設，對於前輩諸說的論點皆視為珍貴創見予以尊重，不涉入諸說義理歧異之評議，而所著意是如何藉由問題意識的釐清，使各家殊異不同創造皆為對朱熹學的不同理解。因此，舉凡當代重要學者的睿見承上做一考察，據其論點進行理解與審識，諸此做為朱熹孟學進路開展前之認識。

其次，就戴震孟學研究專論來看，二十世紀戴震學曾備受學界關注，以戴震二百週年誕辰紀念（西元1924年1月19日）為契機曾掀起一股戴學研究熱潮。梁啟超先生對於戴震學著述用力最深，其《飲冰室文集》收入相關戴震論述載有：《戴東原生日二百年紀念會緣起》、《戴東原先生傳》、《戴東原哲學》、《東原著述纂校書目考》、《戴東原圖書館緣起》，這些文章皆是撰寫於紀念會前後。梁啟超先生於《戴東原哲學》自述其用心：

「接連三十四點鐘不睡覺趕成。」[14]足以見，其對戴震的推崇極至。不僅如此，梁啟超先生更鄭重其事特地去信邀請胡適先生共襄盛會，胡適先生欣然赴邀並撰寫《戴東原哲學》，此文「中間屢作屢輟，改削無數次，凡歷二十個月方才脫稿」，於西元1925年8月完成全書長達七萬言。[15]揆諸戴學研究所見，梁啟超、胡適二位先生為弘揚戴學之兩大主將，當之無愧。

梁啟超、胡適二先生肯定戴震視「理」為事物之則走向知識科學的方法，其實事求是無徵不信的實證精神，梁啟超先生贊曰：「科學界的先驅者。」[16]胡適先生也深表認同，評定戴震深通「科學方法」得「清學真精神」不愧為「清學的宗師」[17]，贊其治學既是「科學家求知目的」又具「科學家態度與精神」。[18]因此，胡適先生學術之路的開展深受戴震影響，視清代樸學分為文字學、訓詁學、校勘學、考訂學等等，歸納清代治學方法總括二點：（1）大膽假設（2）小心求證，影響至今學術治學的理念甚深，由此足以見，二位先生對戴震的推崇皆著眼在治學方法的科學性。辜且不論，戴震學是否堪稱與近現代科學實證方法相同，然必須強調的是，二位先生皆以西方實證主義立場解釋戴震考證精神，目的皆在回應中西哲學的會通上，立足中國，肯定西方科學精神。尤其胡適先生更是以科學方法中「演繹」與「歸納」交互作用做為解讀清代學術，提倡「大膽假設，小心求證。」這呼籲實然發源自身對戴震學的啟發肯定上，宣揚戴震為清代學術之泰斗，終為二先生之共同理念。

梁啟超先生除了讚許戴震治學的科學態度，實然也是寄託一種對實證主義的理想，賦予新啟蒙精神思潮，比擬歐洲文藝復興的翻版，又是哲學界的革命家。[19]胡適先生更是深受戴震影響，推崇備至實踐在自身的社會運動上，成為民初以科學整理國故，抨擊禮教吃人的反玄學大將。有鑑此

[14] 梁啟超：《飲冰室文集》收入《飲冰室合集》（五）（北京：中華書局，1989年），頁77。

[15] 胡適：《戴東原哲學》（上海：商務印書館，1927年），頁197。

[16] 同註14，〈戴東原生日二百年紀念會緣起〉，《飲冰室文集》之四十，收入《飲冰室合集》（五），頁38-39。

[17] 胡適：《清代學者的治學方法》，見葛懋春、李興芝編輯《胡適哲學思想資料選》（上）（上海：華東師範大學出版社，1981年），頁208-211。

[18] 同註15，頁64-65。

[19] 梁啟超：《清代學術概論》（台北：商務印書館，1994年1月），頁38。又同註14，〈戴東原生日二百年紀念會緣起〉，《飲冰室文集》之四十，收入《飲冰室合集》（五），頁40。

的感佩，對戴震的理解勾勒不僅是反理學的理智主義者，更是啟蒙的革命家形象。雖是如此，如實地突顯了戴震的智識傾向，然並不能視戴震侷限定位在理智主義立場，縱然「理智」不可或缺是戴震學重要論點，也是心性論中情、欲不流於失的合理化保證，但更值得注意的是，這絕不是戴震義理學所欲彰顯的最終目的。因為，即就戴震孟學一生的著作理路來看，先後著述《原善》、《緒言》、《孟子私淑錄》、《孟子字義疏證》，即明確地彰顯動機在於返歸聖人之道的孟子思想，廓清宋儒理欲觀念的失衡為孟學詮釋首當任務。所以，戴震「理存乎欲」力辯宋儒「存理滅欲」，倘若據此論定戴震是位理智主義的哲學家，不如說他更是著意提倡情欲解放的倫理家，針對此點，梁啟超先生實然早已洞悉，評議《孟子字義疏證》一書：

> 字字精粹，右所錄者未盡其什一也。綜其內容，不外欲以「情感哲學」代「理性哲學」並就此點論之，比擬於「歐洲文藝復興時代之思潮之本質絕相類」、「戴震蓋確有見於此，其志願確欲為中國文化轉一新方向；其哲學之立腳點，真可稱二千年一大翻案；其論尊卑順逆一段，實以平等精神，作倫理學上一大革命。其斥宋儒之糅合儒佛，雖帶含蓄，而意極嚴正，隨處發揮科學家求真求是之精神；實三百年間最有價值之奇書也。[20]

> 宋明以來之主觀的理智哲學，到清初而發生大反動，但東原以前大師所做的不過破壞工夫，卻未能有所新建設，到東原之提出自己獨重情感主義，卓然成一家言。[21]

誠如梁啟超先生所言，戴震發揮科學求真求是精神，以「情感」概念涵攝「情欲」，「欲為中國文化轉一新方向」實以平等視人性為倫理學上大革命，為二千年一大翻案更彰顯戴震學的貢獻。揆諸至此，二位先生各有所

---

[20] 同前註，梁啟超：《清代學術概論》，頁68。

[21] 同註19，〈戴東原生日二百年紀念會緣起〉，《飲冰室文集》之四十，收入《飲冰室合集》（五），頁40。

睿智，各言其是，何者才合乎戴震哲學的本懷？依循思想史的脈絡追溯，當應還原乾嘉時代背景以貼切戴震孟學創作之因。值得一提，胡適先生尤以肯定「戴氏論性，論道，論情，論欲，也都是用格物窮理的方法，根據古訓作護符，根據經驗作底子，所以能摧破五六百年推崇的舊說，而建立他的新理學。」讚許戴震可謂是「宋明理學的根本革命」，亦是「新理學的建設——哲學的中興。」[22]事實上，胡適先生其所強調理智的科學精神，實然也是受戴震的啟發下，宣揚科學方法提倡理智主義，為民初中國所規劃的發展路向，故側重於客觀實證的治學以突顯其一生心繫的理想：

> 戴震在中國哲學史上雖有革命的大功和建設的成績，不幸他哲學只落得及身而絕，不曾有繼續發達的機會。現在事過境遷，當日漢宋學爭門戶的意氣早衰歇了，程朱的權威也減削多了，「漢學」的得失也更明顯了，清代思想演變的大勢也漸漸清楚了，我們生在這個時代，對於戴學應取什麼態度呢？戴學在今日能不能引起我們中興哲學的興趣呢？戴震能不能供給我們一個建立中國未來的哲學的基礎呢？[23]

揆由此理解，便更能掌握胡適先生對戴震哲學的用心，提倡理智哲學再次地相應科學精神主張的重要性。胡適先生以輿論家為志業，引領中國跨入新舊思潮衝擊的交替世代，為建立中國未來的新哲學基礎做出呼籲的苦心。

除了梁啟超、胡適二先生推崇戴學，戴震學於二十世紀的三十年間確曾為學術界關注的熱學思潮，而錢穆先生首當其衝更是不可或缺戴震研究之重鎮，其相關戴學論述皆集中在《中國近三百年學術史》、《國學概論》和《國史大綱》，實然也是其文化理念中重要闡述。其後弟子余英時先生也出版專著《論戴震與章學誠》一書，其中一半篇幅皆論及戴震，戴震學至今仍能引起學界之研究，也反映戴震思想影響性至今仍屹久不衰。縱然有前輩學者梁啟超、胡適二先生推崇戴震科學的治學精神，然亦有反對者如錢穆先生則持不以為然：

22 同註15，頁82-83。

23 同註15，頁138。

然其（戴震）精神所注，卒均不脫於其所謂聖人之遺經，而惟日孳孳於故訓與典章制度之間。[24]

故彼輩之所謂「實是求是」者，實未能實事以求是，乃考古以求是也。推其極，終不出亭林「經學即理學」之一語。[25]

亭林只以知恥立行，而別標博學於文，將學、行分兩橛說，博學遂與心性不涉。[26]

今綜觀有清一代學術，則顧氏「經學即理學」一語，不可不謂其主要之標的。彼輩欲於窮經考古之中，發明一切義理，其愚而無成，可弗待言。[27]

錢穆先生認為戴震恪守名物故訓，始終不脫聖人遺經乃不出顧炎武治經的觀點，窮經考古而學行兩橛，博學與心性不涉為此評議戴學。然事實上推溯戴震時代，經學治經彼輩者皆通過群經為治，雖然戴震治經實事求是考稽名物字義，佐訓詁證其義理，然而戴震孟學的治經人業絕不僅侷限在字義的考據上，德資於學終其目的為去蔽顯德，返歸聖人之道，因此博學與心性並未兩橛實是一體，持此以觀錢穆先生此評價仍需再榷。此外，錢穆先生雖多著意戴學音韻訓詁、六書九數上批判拘泥之弊，然其弟子余英時先生則提出不同看法，顯見《論戴震與章學誠》一書，彰顯戴震重智立場，推之為儒家智識主義高峰的典型，其言：「戴學在全部儒學系統中佔據的地位如何姑置不論，但從學術思想發展史的觀點來說，它的基本傾向確是要把知識從傳統的道德糾纏中解放出來。這是宋、明以來儒家論知識問題所未達到過的新境界。」[28]雖指出戴學以知識聞道傾向，此見卓然無誤，然其評論戴學亦留有其師之孑遺，仍不免在「純考據」觀點下評論戴震學術。

[24] 錢穆：《國學概論》（北京：商務印書館，1997年），頁286。

[25] 同前註，頁293。

[26] 同前註，頁267。

[27] 同前註，頁311。

[28] 余英時：《論戴東原與章學誠》（台北：東大圖書，1996年11月），頁34-35。

而值得重視的是，戴震思想體系最大的貢獻即對宋儒「以理殺人」的批判上，然余英時先生卻在《論戴震與章學誠》書中慽而未論未置一喙，實然洞悉戴震智識主義的開創，然對於孟學真正創作動機卻未論，此乃為全書最大不足之處。而相對戴震孟學批判所向，錢穆先生則不惜立基宋儒義理立場重墨進行反批判，其批評戴震根據有二：首先，認為戴震所闡述孟學實與孟子仁義禮智擴充修養的成德工夫大相逕庭，「全由私人懷生畏死飲食男女之情仔細打算而來，若人類天性，不復有一種通人我泯己物之情。」[29]其次，另一批評則認為程朱「存理滅欲」不僅針對下層百姓也直指富貴的上位者，所以論戴震抨擊宋儒是「近深文」之嫌。[30]然戴震強調懷生畏死果真如錢穆先生所批評？飲食男女之情違背「通人我泯己物之情」人類天性？然而戴震早已明說：

> 孟子言「今人乍見孺子將入井，皆有怵惕惻隱之心」，然則所謂惻隱，所謂仁者，非心知之外別「如有物焉藏於心」也，己知懷生而畏死，故怵惕於孺子之危，惻隱於孺子之死，使無懷生畏死之心，又焉有怵惕惻隱之心？推之羞惡、辭讓、是非亦然。使飲食男女與夫感於物而動者脫然無之，以歸於靜，歸於一，又焉有羞惡，有辭讓，有是非？此可以明仁義禮智非他，不過懷生畏死，飲食男女，與夫感於物而動者之皆不可脫然無之，以歸於靜，歸於一，而恃人之心知異於禽獸，能不惑乎所行，即為懿德耳。古賢聖所謂仁義禮智，不求於所謂欲之外，不離乎血氣心知。[31]

即如是，戴震明言「己知懷生而畏死，故怵惕於孺子之危，惻隱於孺子之死，使無懷生畏死之心，又焉有怵惕惻隱之心？推之羞惡、辭讓、是非亦然。」這不正是「通人我泯己物之情」？其次，宋儒理欲之辨，樹立的「理」規範所向為何？「存理滅欲」到底抑制上位者貪欲抑或規範下位

[29] 錢穆：《中國近三百年學術史》（上冊）（台北：商務印書館，1996年7月），頁362。

[30] 同前註，頁361。

[31] 清・戴震：《孟子字義疏證》卷中〈性〉，《戴震全書》（六）（安徽：黃山書社，1995年10月），頁184。

者，此不可一概而論應均有之。此正如胡適先生所言：「理與勢攜手時，勢力借理之名，行私利之實，理就成為勢力的護身符，那些負屈含冤的幼者弱者就無處申訴了。」[32]而應正視的是當理欲之辨成為抑制黎民百姓，以理之名行統治壓迫之實，戴震「以理殺人」之批判就名符其實，相顯之下錢穆先生對戴震思想之反批就顯得無力恐應再榷了。

縱上前輩睿智以觀，梁啟超、胡適二位先生肯定戴學，分別以「情感哲學」、「理智科學精神」備至推崇，而梁啟超先生著力闡揚戴震「情感哲學」論點，相顯其他思想之闡述則略有所偏，囿於篇幅終未能有更深入地彰顯。而錢穆先生與余英時先生則對戴震思想之剖析，以理學立場批評戴震，未能區分掌握戴震之所異於宋儒義理之貢獻，遂而未能深刻理解其所抨擊宋儒重建孟學著述之用意，縱然錢穆先生於戴學用力雖深，然對戴學宗旨之理解反不如胡適先生掌握得深。

二、論文成果之回顧

本節並不企圖從巨細靡遺目錄學式的臚列回顧，而是以重要問題導向方式，針對朱熹／戴震為主題，省察目前研究成果，尤以特別集中在孟學研究範圍，以檢討現有成果，歸納主要的問題意識以展望本書研究新議題。

首先，在朱熹學研究部分，依學界前人豐碩的成果看來，朱熹大儒巨擘成就影響至今，研究風潮熱絡不衰，舉凡從文獻資料整理、詩文搜集、事跡考察、文集點校、思想研究等等，成果卷帙浩繁多樣盡而精微，實難以網羅殆盡一一闡述。就朱熹學的研究梗概以觀，其重要性的關鍵從二十世紀至二十一世紀，根據張立文先生言：「廿世紀的朱子學研究大體上可分前五十年與後五十年兩階段。學術界對朱熹思想的詮釋，在朱熹哲學是理氣二論還是理一元論、關於哲學系體中天理人欲之辨、心性論在朱熹哲學中的地位、關於朱熹思想的歷史評估問題等方面存在著一定的分歧。」[33]而此期學者

[32] 同註15，頁55。

[33] 張立文：〈超越與創新——20世紀朱子學研究的回顧與展望〉，《朱子學的回顧與二十一世紀的展望學術研討會論文集》（2000年12月22-23日），頁75。

「大多依傍西方哲學從哲學定義的界說、內容的分類、問題的範疇、概念的運用、文本的解釋等方面試圖會通中西哲學與西方接軌，以回應中西哲學的衝突，求得中國哲學現代化的問題化解。」[34]所幸朱熹學思想資料之彙編，「大陸華東師範大學古籍所出版《朱熹全書》；四川教育出版社1996年出版了由郭齊、尹波點校的《朱熹集》，這些都大大方便了朱子學的進一步深入的研究。《朱熹全書》是當前最完備的朱子著作的匯集。」[35]

整體而言，二十世紀朱熹學研究成果主要側重在經學、史學、哲學、文學等多方面，而值得重視的是最後二十年朱熹學研究的活動大為熱絡，學界分別召開了四次大型國際會議。首先，1982年在美國夏威夷大學首度召開「國際朱子學會議」，這是繼大陸文革後國際間朱熹學的一大盛會，由於馮友蘭、徐復觀等學界大老參赴與會，因此其活動備受注目。在此之後，大陸學界1987年在廈門，1990年在武夷山分別召開了二次朱熹學的國際學術會議。1992年，台灣中央研究院中國文哲所籌備處也首度在台召開國際朱熹學會議。十七年間，兩岸三地共開四次朱熹學會議，表面上看其次數可謂頻繁。[36]朱熹學在二十世紀轉換哲學思想研究，可謂是受西方學術傳入影響，學者多以西方分類概念分析朱熹學成為必然取向，經過學者們的戮力，兩岸三地皆有了重大的豐碩研究成果。[37]

邁入二十一世紀，國際世局發展趨於多元化，面對世紀交替的思潮，朱熹學的研究熱潮始終未減，繼前人研究成果更拓展遍及朱熹生平、經學、教育、政治、文學、史學、藝術等範圍呈現更顯著的新氣象。2000年適逢朱熹逝世八百週年紀念，台灣「朱子學與東亞文明研討會」召開更是

---

34 同前註。

35 同前註，頁78。

36 楊儒賓：〈導論〉，《朱子學的開展——東亞篇》（台北：漢學研究中心，2002年），頁vi-vii。

37 學者戮力所成，請參見各種評述所載，如蔡仁厚：〈《心體與性體》的義理綱脈〉，牟宗三先生七十壽慶論文集編輯組編：《牟宗三先生的哲學與著作》（台北：學生書局，1978年），頁627-680。辛冠潔：〈朱熹研究回顧〉，《朱子學新論——紀念朱熹誕辰860周年國際學術會議論文集》（上海：三聯書店，1991年12月）。鄭宗義：〈大陸學者的宋明理學研究〉收入劉述先主編《儒家思想在現代東亞：中國大陸與臺灣篇》（台北：中央研究院中國文哲研究所籌備處，2000年），頁123-159。鍾彩鈞：〈現代日本學者有關中國朱子學研究之概況〉，收入黃俊傑主編《儒家思想在現代東亞：日本篇》（台北：中央研究院中國文哲研究所籌備處，2000年），頁333-379。

邀請海外兩岸三地、歐、美、日、韓國際間學者們共襄盛舉，分別以「朱熹學與近代東亞」、「朱熹與閩台儒學」、「朱熹與經典詮釋」、「朱熹與科學」四個子題探討朱熹學。這些研究成果藉著會議的展示交流，加以學者倡導下，朱熹學的影響力已逐漸向國際性拓展[38]，也宣示了現代朱熹學研究，儼然成為世界性的學術課題，至今國際間朱熹學會議仍持續不斷，這不僅說明朱熹融鑄一生的思想大業，也論證其影響性極具深遠。朱熹學深受國內外學術界重視，無論就國際會議召開或論文發表，其研究主題的多元性或內容複雜性，都足以證明朱熹學研究的蓄涵力仍深具潛力。

依現在學界豐碩的研究成果看來，針對朱熹孟學專論則相顯甚少，台灣學界自1977年宋淑萍先生發表〈《孟子集注》補正〉[39]一文之後，張樹榮先生〈《孟子》朱《注》性命論綜釋〉[40]、黃俊傑先生亦有一系列孟學思想史論述加以討論[41]，先後發表〈從《孟子集注》看朱子思想中舊學與新知的融會〉[42]、〈朱子對孟子知言養氣說的詮釋及其迴響〉[43]透顯此論題討論的重要性。楊雅婷先生〈朱子對於孟子中心性觀念的詮釋〉[44]、楊祖漢先生〈朱子對孟子學的詮釋〉[45]、黃瑩暖先生〈朱子對孟子心性觀及功夫論的理解〉[46]這些都是七十年代到九十年代的研究成果。值至，吳展良先生於2002年教育部追求卓越計畫「東亞近世儒學中的經典詮釋傳統之研究」之「理學的世界觀與認知方式之基本特質：以朱子的經典詮釋為中心」的研究，先後發表〈朱子理氣論新詮：以朱子對北宋經典之

38 陳榮捷：〈歐美之陽明學〉，《陽明學論文集》（台北：中華學術院，1972年）；〈歐美之朱子學〉，《朱學論集》（台北：學生書局，1982年4月），頁421-459。也可見田浩：〈八十年代中葉以來美國的宋代思想史研究〉，《中國文哲研究通訊》第三卷第四期（1993年12月），頁63-70。鍾彩鈞：〈西方朱子學論著兩種述評〉，《朱子學刊》第一輯（1995年），頁219-251。

39 宋淑萍：〈《孟子集注》補正〉，《中國書目季刊》第十一卷第一期（1977年6月）。

40 張樹榮：〈《孟子》朱《注》性命論綜釋〉（台北：政治大學中國文學系碩士論文，1976年6月）。

41 黃俊傑：《孟學思想史論》卷二（台北：中央文哲所籌備處，1997年6月）。

42 黃俊傑：〈從《孟子集注》看朱子思想中舊學與新知的融會〉，《史學評論》第五期（1983年1月）。

43 黃俊傑：〈朱子對孟子知言養氣說的詮釋及其迴響〉，《清華學報》第十八卷第二期（1988年12月）。

44 楊雅婷：〈朱子對於孟子中心性觀念的詮釋〉，《中國文學研究》第六期（1992年5月）。

45 楊祖漢：〈朱子對孟子學的詮釋〉收錄在黃俊傑編：《孟子思想的歷史發展》（台北：中央研究院中國文哲所籌備處，1995年5月）。

46 黃瑩暖：〈朱子對孟子心性觀及功夫論的理解〉，《國立台灣師範大學國文研究所集刊》第三十九期（1995年6月）。

詮釋為中心〉[47]、〈合符於聖人之心：朱子以生命解經的中心目標〉[48]依其史學的脈絡闡述朱熹優入聖域的生命解經，其論甚詳。其後，又發表〈聖人之書與天理的普遍性：論朱子的經典詮釋之前提假設〉[49]指出朱熹經典詮釋是以認識天理與追求聖人本意為目標，論證朱熹體現千古不易天理亦即體認聖人之道。

朱熹學域的寬闊，引領著學術俊傑踵武前修地投入研究，在浩瀚的研究成果中相關本書研究堪殊一談，即就黃俊傑先生〈東亞儒家經典詮釋傳統研究的現況及其展望〉[50]一文所歸納指出，朱熹學研究諸多命題在經典詮釋工作中可被運用區分「正統」與「異端」，據其考察指出：John B. Henderson認為宋、明、清理學家在經典詮釋中有三個「試金石」，分為「人性論」、「理一分殊」、「危微精一」十六字真傳分辨儒佛異同，其與朱熹學派有密切關係。[51]Matthew Arnold Levey指出朱熹讀書法所強調是讀者，最終目的在於超越文本的字面意義，其歸旨與「道」合而為一。[52]Jonathan R. Herman也針對朱熹讀書功夫與Schleiermacher與Wilhelm Dilthey的詮釋理論比較，指出朱熹讀書目的即將讀書的個別之「理」與宇宙萬物所見的「理」印證，從讀書過程中重構作者創作的思想經驗。[53]而就朱熹讀書方法與《大學》經典的解讀之間關係的探究，John Berthrong[54]

[47] 吳展良：〈朱子理氣論新詮：以朱子對北宋經典之詮釋為中心〉，《中國的經典詮釋傳統第十次學術研討會論文集》（台北：台灣大學，2002年12月）。

[48] 吳展良：〈合符於聖人之心：朱子以生命解經的中心目標〉，《新宋學》第二期（上海：復旦大學出版，2003年）。

[49] 吳展良：〈聖人之書與天理的普遍性：論朱子的經典詮釋之前提假設〉，《台大歷史學報》第三十三期（2004年6月）。

[50] 黃俊傑：〈東亞儒家經典詮釋傳統研究的現況及其展望〉，《臺灣東亞文明研究學刊》第一卷第一期（2004年6月），頁21-22。

[51] John B. Herderson, "Touchstones of Neo-Confucian Orthodoxy", in Ching-i Tu ed, Classics and Interpretations: the Hermeneutic Traditions in Chinese Culture, pp.71-84.

[52] Matthew Arnold Levey, "Chu His Reading the Classics: Reading to Taste the Tao-'This is a Pipe' After All" in Ching-i Tu ed, Classics and Interpretations: the Hermeneutic Traditions in Chinese Culture, pp.245-271.

[53] Jonathan R. Herman, "To Know the Sages Better than They Knew Themselves: Chu His's Romantic Hermeneutics'" in Ching-i Tu ed, Classics and Interpretations: the Hermeneutic Traditions in Chinese Culture, pp.71-84.

[54] John Berthrong, "Expanding the Tao: Chu Hsi's Commentary on the Ta-hsueh" in Classics and Interpretations: the Hermeneutic Traditions in Chinese Culture , pp.3-21.

與成中英先生[55]都集中在此討論朱熹治經方法中重編《大學》的解釋關係。

此外，劉述先先生對朱熹「仁說」思想考訂，據其論點成於癸巳年正值朱熹四十四歲，推證「仁說」對其一生思想體系的完成居其關鍵。[56]此外，李明輝先生則進一步指出「仁說」與張栻湖湘學派的辯論關係，影響朱熹中和新說的確立，循藉朱熹／張栻仁說的比較以突顯二者不同的義理闡釋。[57]其次，香港鄭宗義先生〈論朱子對經典解釋的看法〉分從「考證」、「經世」、「為己功夫」三進路分析朱熹解經的重要面向，進而以存有詮釋學（ontological hermeneutics，philosophical hermeneutics）角度對其解經方法詳作發揮，此文頗多精闢見解，然對於朱熹認知經典是聖人之書，何以解經與義理系統貫通卻未能再深入細探，故未能充分論證朱熹解經與西方存有詮釋學根本差異。[58]再者，美國邵東方先生〈朱子讀書解經之詮釋學分析——與伽達默爾之比較〉，從存有詮釋學的角度分析朱熹解經態度，指出朱熹追求文本原意與存有詮釋學主張作者原意不可得，二者比較之下大為不同，堪為此文之創見，然也因此對於朱熹何以解經其背後的歷史因素探討尚乏深入闡釋，相顯地對朱熹解經特色似嫌單薄。[59]而大陸蔡方鹿先生則著眼朱熹經學理論，將經學詮釋與哲學詮釋提出一個完整的本體論詮釋體系，分述「以訓詁與義理相結合法」、「歷史還原法」、「因時結合法」、「古為今用法」、「直闡本義法」等為方法論原則探討，此文對朱熹經學範例的具體分析甚詳。[60]

---

55 Chung-ying Cheng, "The Daxue at Issue: An Exercised of Onto-Hermeneutics (On Interpretation of Interpretations) "in Classics and Interpretations: the Hermeneutic Traditions in Chinese Culture, pp.23-44.

56 劉述先：《朱子哲學思想的發展與完成》（台北：學生書局，1982年），頁139。

57 李明輝：〈朱子的「仁說」及其與湖湘學派的辯論〉，《中國詮釋學》第一期（濟南：山東人民出版社，2003年10月），頁63-87。

58 鄭宗義：〈論朱子對經典解釋的看法〉，《朱子學與東亞文明研討會——紀念朱子逝世八百週年朱子學會議論文》（台北：漢學研究中心，2000年11月），頁16-18。收入在鍾彩鈞主編：《朱子學的開展——學術篇》（台北：漢學研究中心，2002年），頁95-130。

59 邵東方：〈朱子讀書解經之詮釋學分析——與伽達默爾之比較〉，《朱子學與東亞文明研討會——紀念朱子逝世八百週年朱子學會議論文》（台北：漢學研究中心，2000年11月），頁16-18。收入在鍾彩鈞主編：《朱子學的開展——學術篇》（台北：漢學研究中心，2002年），頁69-94。

60 蔡方鹿：〈朱熹經典詮釋學之我見〉，載《文史哲》第二期（2003年），頁42-47。

其次，考察戴震學的前人研究成果，自戴震逝世後二百餘年來也始終未斷，回顧研究概況自清至民國，略分三期：第一期——戴震逝世前後，此期戴學研究多針對其思想提出批判或肯定。抨擊者如：彭紹升首先責問戴震《原善》、《孟子字義疏證》「不知天，其何以知天？是故外天而言人，不可也。」[61]；姚鼐指斥戴震「意乃欲與程、朱爭名，安得不為天之所惡？故毛大可、李剛主、程錦莊、戴東原，率皆身滅嗣絕，此殆未可以為偶然也。」[62]；翁方綱批評：「近日休寧戴震，一生畢力於名物象數之學，博且勤矣，實亦考訂一端耳。乃其人不甘以考訂為事，而欲談性道以立異於程朱。就其大要，則言理力詆宋儒，以謂理者是密察條析之謂，非性道統挈之謂，反目朱子性即理也之訓，謂入於釋、老真宰真空之說，竟敢刊入文集。……蓋特有意與朱子立異，惟恐人援此二文以詰難之，而必先援二經語以實其密理條析之說，可謂妄矣！」[63]。

此期雖有抨擊者亦有擁戴者，如他的弟子段玉裁就曾言：「東原之學，苞羅旁蒐於漢、魏、唐、宋諸家，靡不統宗會元，而歸于自得。名物象數，靡不窮源知變，而歸于理道，本朝之治經者眾矣，要其先之以古訓，折之以群言，究極乎天地人之故，端以東原為首。」[64]；洪榜亦贊曰：「先生之言，平正通達，近而易知。博極群書，而不少馳騁，有所請，各如其量以答之。凡見先生者，未嘗不有所得也。先生之學，雖未設施於時，既沒，其言之，所謂不朽者與！」[65]；凌廷堪也謂：「先生所著書，文辭淵奧，兼多微見，其端留以俟學者之自悟。今取其發古人所未發者，稍稍表出之，非敢謂能舉其大也，亦非敢有所損益去取也。」[66]；焦循言：「《孟子字義疏證》性道之譚，如風如影，先生明之，如昏得朗。先生疏之，如示諸掌。」[67]；章學誠更讚許東原：「時人方貴博雅考訂，見其訓詁

[61] 清・彭紹升：〈與戴東原書〉，《二林居集》卷三，收入《戴震全書》（七），頁134。

[62] 清・姚鼐：〈再復簡齋書〉，《惜抱軒全集》卷六，收入《戴震全書》（七），頁157。

[63] 清・翁方綱：〈理說駁戴震作〉，《復初齋文集》卷七，收入《戴震全書》（七），頁296。

[64] 清・王昶：〈戴東原先生墓志銘〉，《春融堂集》卷五十五，收入《戴震全書》（七），頁32-33。

[65] 清・洪榜：〈戴先生行狀〉，《二洪遺稿初堂遺稿》，收入《戴震全書》（七），頁12。

[66] 清・凌廷堪：〈戴東原先生事略狀〉，《校禮堂文集》卷三十五，收入《戴震全書》（七），頁22-23。

[67] 清・焦循：〈讀書三十二贊〉，《雕菰樓集》卷六，收入《戴震全書》（七），頁295。

名物，有合時好，以謂戴之絕詣在此。及戴著《論性》、《原善》諸篇，於天人理氣，實有發前人所未發者；時人謂空說義理，可以無作，是固不知戴學者矣。」[68]。

第二期戴學研究——多追溯戴震思想淵源或肯定駁斥程朱，而此期亦開始有學者抉發另一番新義。如：章太炎先生肯定戴震勇於批判程朱之理：「震自幼為賈販，轉運千里，復具知民生隱曲，而上無一言之惠，故發憤著《原善》、《孟子字義疏證》，專務平恕，為臣民訴上天，明死于法可救，死于理即不可救。……夫言欲不可絕，欲當為理者，斯固埩政之言，非飭身之典矣。」[69]；劉師培先生對於戴震學術亦備感推崇，其言：「近代以來，鴻儒輩出，鄞縣萬氏、蕭山毛氏，漸知宋學之非，或立說著書以與宋儒相詰難。而集其成者，實惟東原戴先生。東原之書以《原善》、《孟子字義疏證》為最著。」[70]。

第三期——約為八十年代之後，此期研究煥發勃勃生機，領域也漸漸擴大，論著也增多。尤其大陸近年戴學熱的興起，戴震家鄉戴學研究者在徽州師專方前、葉光立、方利山、王昭義、胡槐植等先生的倡議下，召開紀念戴震誕辰260周年學術座談會，編輯紀念專刊，除此之外，也在師專學報上開闢戴震研究專欄。1986年4月在戴震故鄉安徽省召開戴震學術討論會，更成立了第一個專門研究的學術團體——戴震研究會。此期大陸許多學者紛紛投入，發表比較系統性的探究，陸續撰寫一系列文章，如：王茂、李錦全、趙士孝、童寶剛、蒙培元、張茂新、張岱年、王德中、許紹雄等先生多以數學、科學、教育學、心理學、文學、美學等等論題，通過綜合比較將戴震學術進行廣泛性探討。[71]因為，大陸戴震研究會的成立，亦也加深推動了戴震學的研究，此期完成了兩套戴震著作集，即《戴震全書》與《戴震全集》的編輯出版，堪為戴震學研究之一大佳事。首先，《戴震全書》全套共七冊，前六冊是戴震全文，第七冊則是附錄，即研究資料選編收錄自清中期名家研究資料，書末附有《戴震全書人名索引》，

[68] 清・章學誠、葉瑛校注：〈書朱陸篇後〉，《文史通義校注》（上）（台北：里仁書局，1984年9月10日），頁275。

[69] 清・章炳麟：〈釋戴〉，《章氏文錄》卷一，收入《戴震全書》（七），頁337。

[70] 清・劉師培：〈東原學案序〉，《左盦外集》卷十七，收入《戴震全書》（七），頁246。

[71] 方利山、杜英賢：《戴學縱橫》（中國文聯出版社，1999年10月），頁292。

由安徽省古籍整理出版規劃委員會編訂，由張岱年先生擔任主編，黃山書社出版。[72]而另一《戴震全集》是由戴震研究會、徽州師專古籍所及戴震紀念館，三方共同聯合編纂，由葉光立先生主編，由清華大學出版社出版。[73]全集分六冊，大致按著作性質分類，新刊有戴震未刊著作十二部及散篇，並附有圖片近六十幅。整體以觀，兩套戴震學著作集各有特點，從不同角度提供了戴震研究者文獻依據的方便性。

反觀台灣、香港、美國的戴震研究熱度雖不比大陸學界，但仍有學者注意戴震學術，對此提出更多創見。錢穆先生《中國近三百年學術史》追溯思想淵源，考定戴震與顏習齋、李剛主思想之傳承。「今考東原思想最要者，一曰自然與必然之辨，一曰理欲之辨，此二者，雖足與顏、李之說相通，而未必為承襲。至從古訓中明義理，明與習齋精神大背。若徒以兩家均斥程朱、謂其淵源所自，則誣也。」[74]其次，熊十力先生則持以批判，其認為：「戴震本不識程朱所謂理，而以私見橫議，吾於此不及深論。」[75]再者，唐君毅先生則將清代思想型態略分七種，歸判戴震為第三型態，認為其反宋儒「得于天而具于心，以天理與人欲相對」、「自然而合必然之則」其展理義理，進于宋儒者甚少，更不免於理之見有所偏。[76]後有，勞思光先生認為戴震思想未能分辨「性」與「善」，其一面取形上學觀點，將「善」視為存有義，作超經驗之肯定；另一又把「善」解為經驗中之利害意義，只作經驗事實的描述。認為此中「普遍」與「特殊」、「規範」與「事實」等等衝突皆無法消融。[77]而美國方面學者成中英先生認為：「戴東原乃視為明清之際，批判的儒學之建設性高峰的代表人物。其哲學則可視為囊括了傳統儒家哲學的第四期亦即最後階段之根本特色。因此，我們絕不可忽略東原及其哲學在儒家思想之演變歷程中所占的重要地位。」[78]。

---

[72] 清・戴震、張岱年主編：《戴震全書》（一）至（七）冊（安徽：黃山書社出版，1995年10月）。而本論文研究依此版本為據，相關戴震引文皆是引自於此。

[73] 清・戴震、戴震研究會等編纂：《戴震全集》（北京：清華大學出版社，1991年4月）。

[74] 同註29，頁392。

[75] 熊十力：《讀經示要》（台北：樂天出版社，1973年10月），頁18。

[76] 唐君毅：《中國哲學原論——原教篇》（台北：學生書局，1990年9月），頁701；以及《中國哲學原論——導論篇》（台北：學生書局，1980年9月），頁7及頁63-67。

[77] 勞思光：《新編中國哲學史》（三下）（台北：三民書局，1995年9月），頁841。

[78] 成中英：〈儒家思想的發展與戴震的「善的哲學」〉，《知識與價值——和諧、真理與正義的探

在台灣學界相關的前人成果，如：黃懿梅先生認為戴震與王船山思想具有互通性，針對二家義理異趣做一比較[79]，鮑國順先生則針對戴震治學著作進行考述[80]；再者，周昌龍先生專文探討胡適智識主義與東原哲學的關係[81]、林安梧先生撰文藉由戴震批評哲學理路對道德教化展開檢討[82]、岑溢成先生則將戴震思想劃分孟學一路來檢定戴震思想基礎[83]。黃俊傑先生則注意戴震孟學在中國傳統思想下另一解釋與涵義[84]，更參照中日韓孟學詮釋做一比較[85]，而楊海文先生則探討孟學與戴震性善做一對比[86]，另外其他散見綜論戴震思想之評析等等。[87]

無庸置疑，前輩學者之睿見功不可沒，然反思目前學界論文成果，雖頗有定見然多以扼要論述，有其優亦不免有其失，而能夠提出開創性見解的亦為難矣，蓋多未能完盡戴震學術成就。首先，王梓凌先生碩士論文《戴震孟子字義疏證研究》[88]，其書內容流暢、平順明晰呈現《孟子字義疏證》之梗概，其貢獻亦不容置疑。但若以嚴謹角度評議，全書思想深度及分析方法似猶未能深究，又限於早期論文格式，註解過簡亦不免多處不詳多所訛誤。其次，羅聖先生碩士論文《戴震性善論研究》[89]全書以性善觀點切入戴震思想，充分探討思想價值形上之根據，鎖定以「性」做為命題，

索》（台北：聯經出版，1989年10月），頁236-237。

79 黃懿梅：〈王船山與戴東原哲學之異同〉，《國際中國哲學研討會論文集》（台北：國立台灣大學哲學系，1985年11月3-7日），頁537-555。

80 鮑國順：〈戴東原著作考述〉上，《孔孟學報》第五十九期（1990年3月），頁241-276。又見鮑國順：〈戴東原著作考述〉下，《孔孟學報》第六十期（1990年9月），頁161-202。

81 周昌龍：〈戴東原哲學與胡適的智識主義〉，《漢學研究》第十二卷第一期（1994年6月），頁27-60。

82 林安梧：〈「以理殺人」與道德教化——環繞戴東原對於朱子哲學的批評而展開對於道德教化的一些理解與檢討〉，《中國近現代思想觀念史論》（台北：學生書局，1995年9月），頁95-121。

83 岑溢成：〈戴震孟子學的基礎〉，收入黃俊傑所編《孟子思想的歷史發展》（台北：中央研究院中國文哲研究所籌備處，1995年），頁191-215。

84 黃俊傑：〈戴震的孟子學解釋及其涵義〉，《孟學思想史論》卷二（台北：中央研究院中國文哲研究所籌備處，1997年6月），頁332-371。

85 黃俊傑：〈戴東原、伊藤仁齋、丁茶山的孟學解釋——中日韓近世儒學史比較研究〉，《韓國學報》第一期（1981年4月），頁1-24。

86 楊海文：〈戴東原：重構孟子的性善論〉，《漢學研究》第七十四期（1997年9月），頁125-137。

87 林文華：〈戴東原哲學析論〉，《中國文化月刊》第二百二十期（1998年7月），頁90-115。

88 王梓凌：《戴震孟子字義疏證研究》（台北：台灣大學中文研究所碩士論文，1975年6月）。

89 羅聖：《戴東原性善論之研究》（台北：台灣大學哲學研究所碩士論文，1983年6月）。

討論性之能、性之事與自然、必然的可能性，著重取證在文獻以闡明戴震考證求真的精神，堪稱為本書之優處。但若就章節論證與陳述，全書正文僅七十一頁，亦不免對戴震思想論述稍嫌過簡，殊以為憾。

復次，劉錦賢先生博士論文《戴震思想析論》[90]全文貫覽用字精簡，敘述次第涵攝層面與章節綱領皆完備詳盡，其廣度性囊括戴震思想全面向度。然也因此思想論述篇幅甚廣，相對地論證結構上略顯鬆散，似未能彰顯義理思辯之旨趣。再者，柯雅卿先生碩士論文《戴震孟子學研究》[91]其全篇結構簡明扼要，思路鋪陳亦也明確，但論述上未能進行辨析，故「述」者勝於「論」者多，雖意圖釐定戴震孟學，然觀其宗旨隱而不彰。倘若欲以釐正戴震孟學，那麼戴震孟學與孟學之異同，是否應就其主題做主軸性的辨析？追溯孟子原意始能衡定戴震孟學之原貌。然此論文內容似乎不顯主題意識之開創，遂未能掌握戴震思想之堂奧，論述者多而發明者少堪為所憾。最後，趙世瑋先生碩士論文《戴震倫理思想研究》[92]其論文結構上，中西文獻取材甚廣，試圖以整合性觀點以剖析倫理思想，論文題目賦有新意，相關資料也蒐羅殆盡是其優點。但也正因文獻牽扯太廣，顯得行文龐雜稍顯紊亂，結構蕪駁且註解處甚多不詳，此皆為其所失。然雖如此，此文能以新視野開展另一探索角度，實屬趙文慧見而應予肯定。後學回顧前人研究成果進行淺薄之裁量反思，終其目的為衡定本書研究範圍領域，雖有所評議然仍秉持虛心學習，對於前輩俊彥們之睿見仍持以尊重與肯定。

綜上，對於當代朱熹學、戴震學列舉重要成果進行回顧，截至目前所見梗概總論：首先，就朱熹學部分，研究成果多集中解明學術思想及特定論題的研究，以「格物致知」論、「仁說」、「中和說」等等綱題為文，也有以心性論、理氣論為章專論，此誠屬朱熹學思大宗概念探討，也呈顯出朱熹學術多元的研究趨向。朱熹學的表述進路綜合北宋諸儒，自鑄建立宏偉的思想體系，因此經典詮釋活動絕對是朱熹學思形成的重要歷程。換言之，探究朱熹孟學創作必須理解實是建立在傳統儒學解經的活動中形成，當以問題意識進入朱熹文本分疏哲學大貌同時，也須將其詮釋歷史背

90 劉錦賢：《戴東原思想析論》（台北：師範大學國文研究所博士論文，1989年5月）。

91 柯雅卿：《戴震孟子學研究》（台南：成功大學中文研究所碩士論文，1996年6月）。

92 趙世瑋：《戴震倫理思想研究》（高雄：中山大學中文研究所碩士論文，1995年1月）。

景一併理解，何以影響朱熹集註《論語》、《孟子》、《中庸》、《大學》四書大成以回應當代課題。而必須強調的是，朱熹學成就並不僅侷限於某特定範疇，尤以其《四書》博大精深對其治學影響甚大，而朱熹註《孟子》為例，更是在孟子學表述歷史上蔚居關鍵地位，從子部到經部升格變遷，也代表了孟學思想發展的歷程性，朱熹孟學專論卻在研究成果中罕少。其次，戴震學部分，戴震紹述孔孟批判程朱所向，從孟學詮釋中扭轉宋明理學「存理去欲」，重新將形上道德領域轉向形下客觀經驗世界，在經驗世界的場域中通向人我生活世界，所展現迥然宋代孟學不同的異趣。問題是，何以造成朱熹／戴震孟學差異？這不但意味著詮釋者重構新意應予以正視，也印合「文本的開放性」更應是客觀持守的應然態度，此亦為本書研究所奠基探討之觀點。

無庸置疑，前輩學者們的研究努力厥功甚偉，雖不乏重要深刻的睿見提出，然比較之下就孟學專論的研究成果上多著眼疏解其大體，諸多細節卻未深究，尤以朱熹／戴震的孟學比較更是罕論，對中國思想史的研究總體而言，不能不說是個缺憾。而值得注意的是，就目前學界定位評論孟學，對於朱熹學多持以褒意，相對地戴震學的評價則持以貶意居多。這樣評議是否客觀？而我們不僅預做保留而更要追問的是，何以二家詮釋皆以重建孟學自述「返回道統」，在標榜儒學的道統立場下又何以皆持「力闢異說」？展現的孟學詮釋卻開創出與《孟子》原意之不同理解樣貌？此之間所牽涉歷史背景、時代課題、脈絡意義之影響性甚大。然遺憾的是，這論題的研究成果上卻所見甚少，對於朱熹／戴震孟學歷史溯源，造成詮釋不同之旁盤根錯節因素亦顯不彰，倘若欲探其源勢必進行思想史的釐清，故本書研究觀點鑑於此，期於提出新視野。

值至今日，當代西方詮釋學是現代哲學的重要方法論，如能恰當運用對照中西哲學展開朱熹／戴震孟學比較，毫無疑問奠基在前賢研究成果上，提出詮釋學的視野交流，亦盼能對朱熹、戴震何以治孟、註孟的詮釋理路當能更明確地掌握。故總收其義，聚焦於二家孟學的探究上，追究經典詮釋的傳統，釐清心性情概念闡揚孟子性善論的種種論證，對於孟學傳統詮釋的發揮如何開創出不同的理解。因此，本書研究當為事所必至在前人成果的考察基礎上，歸納現有問題意識，奠基前輩睿見展望另一個新的論點可能，冀能更全面性衡定二家孟學詮釋的不同意涵，堪為本書研究所須窮盡致力之職責。

第二節　西方詮釋學與中國經典詮釋學

一、中國儒家經典的註疏傳統

中國經典初軔原創於春秋戰國時代，先哲聖賢回應周文疲弊時代課題，參與社會變革自覺性地整理文化經典，百家爭鳴從而孕育中國深具特色的經典詮釋。隨著社會的轉型，知識分子的崛起，哲學思辨的創造性，挾帶著春秋戰國獨有的時代性，促動了經典文化的發展與催生。無論是謀臣策士或是哲人學者，皆本著社會關懷的意識解說文化經典為要務，或著賦詠《詩經》於會盟之時；或引述《尚書》於廟堂之上；或解爻《周易》決斷大事；或賞析《禮記》、《樂記》抒發胸懷，經典與生活息息相關。諸子百家參與經典解釋，從文化傳承中解釋經典，大放異彩而也紛呈確立了各家思想，繼孔子開啟，其後老子、墨子、孟子、莊子、荀子等聖哲先後建立經典在世界的東方噴薄初生，諸子思想為重建人文價值秩序奠基了思想原創的發軔，也啟後了中國經典解釋歷史的淵源。

根據清・皮錫瑞《經學歷史》一書開宗明義即言：「經學開闢時代，斷自孔子刪定《六經》為始。孔子以前，不得有經；猶之李耳既出，始著五千之言；釋迦未生，不傳七佛之論也。」[93]孔子整理《六經》揭開了儒家詮釋的序幕。從這儒家經典的詮釋傳統來看，自先秦孔子奠基開創儒家學派，經典的解釋自此之後在歷史上廣袤地發展，經解的活動深刻地反映每個朝代政治與社會變遷，其所牽涉的種種關係與歷史氛圍密不可分。歷代思想家焚膏繼晷闡釋經典，抉發意涵以回應時代課題，在悠悠千古繼往開來而綿延不斷，這說明了經典始終是開放性，在歷史的長河中召喚著詮釋者，相激相盪，出新解於陳編，一部汗牛充棟的儒學發展史，可謂是圍繞著經典解釋而展開的儒家經典詮釋史。

[93] 清・皮錫瑞：《經學歷史》（台北：藝文印書館，1996年8月），頁19。

秦漢之際因秦火焚書，儒家經典歷經此浩劫散佚極為嚴重，這其中包括經典本身的失而復現，錯亂殘缺急需再編，無論是今文經立場或是古文經立場，從解經的角度來看，實際上皆歷劫一場革命性的文本性質大變革，經典「舊貌」換「新貌」與先秦原典相比，由口頭的記載成了書寫文本，已不可同日而語了。隨之而來，展開探求經典本意的權威大戰，圍繞著經典作者身分的迷茫與文本的權威確認，從西漢到東漢二百多年，曠日持久的今古文爭論，不得不訴諸全力於考據註疏之途來平議這場風波。這治經方法的提出，輔以儒家經典自身的變化，加劇了經典意義理解的複雜，使得經典文本進行再詮釋成為急迫性的問題。經學解釋的權威正式定位於漢代，獨尊儒學立《五經》博士學官，提出更系統制度化的要求，經解開始賦予經緯天地的權威意味，於是以「經」為核心，以「傳」、「記」為輔翼[94]，「注解」、「章句」、「義疏」則為治經眾星拱之，經學性質上的轉向開啟了經解表達形式的多元化，在推尊經學為正統之際，學統獨尊地位也於焉產生。

儒學獨尊政統與學統，漢儒解經如火如荼地開展，為重探天人之際體驗先哲生命，投入於經典章句的整理、編纂、傳述、疏解來展開思考。漢儒以「傳」、「記」發揮經義，名為解經實為借題闡述，從經義上引申問題從而自圓成篇獨創新義，對於經典本身而言，反有拾遺補缺之效益。然漢儒這些創造的經解，以文字訓詁為主的註疏之作，各有側重名目不一，體例所呈十分繁雜，雖有效仿經典「傳」、「記」之意，除了解字釋詞外依文意作一番串講，然也因捨本逐末易流於煩瑣而不得要領。因此，從漢代章句之學到魏晉六朝經注之學的產生，儒者遍注群經的活動中又衍生了「箋」、「集解」之體，就義旨而言雖體例不同，然皆是為了經解創造的方法。入唐後，融合繼承南北朝義疏之學的成果，由孔穎達主撰《五經正義》和賈公彥、楊士勛等人經疏之後，註疏之學可謂是走入墨守之規。輔以科舉之附庸，士人重進士科而輕明經科，經書的整理編纂又為官方所壟斷，使得唐代經解承襲多而開創少，以經為本的儒家詮釋逐漸走向經解窠臼的侷限。

[94] 「孔子所定謂之經；弟子所釋謂之傳，或謂之記；弟子展轉相授謂之說。」參見同前註，頁67。

唐代經解除了經學話權為官方所壟斷，而更大的危機來自於佛、道二家思想的挑戰，唐之前魏晉時代何晏、王弼崇尚玄學，註《老子》解《論語》、《易經》皆以援道入儒，玄學註經實與漢儒解經涇渭分別。但就儒家經典型態的根源性，玄學家尚未徹底造成顛覆，然外來佛教文化系統的衝擊，卻對華夏傳統文化造成極大的考驗，面對佛教系統的挑戰，儒學樹立「夷夏之辨」大旗以重建華夏經典根本性的權威地位。此外，從中唐開始疑經風氣漸始，陸淳《春秋微旨》、《春秋集傳辨疑》、柳宗元《論語辯》二篇，皆針對經解提出疑經的觀點。劉知幾《史通》打破經書的神聖性，將《尚書》做為記言之史，視《春秋》為記書之史，認為《易傳》、《詩經》、《禮記》亦屬於普通史籍[95]，開啟了「《六經》皆史」的先河。

此疑經、辨偽風潮，入宋後尤盛[96]，伴隨《五經》權威地位的失落，《易傳》、《論語》、《孟子》、《大學》、《中庸》開始備受關注，其重要性逐漸取代《五經》地位成為新的詮釋中心。除此，宋儒更大力推舉《孟子》、《大學》、《中庸》，尤以《孟子》升格更推至詮釋的高峰，《孟子》升格運動說明了由「經」到「傳」的時代性沉浮轉折，雖唐、宋之前曾有漢文帝置為傳記博士、東漢趙岐作《孟子章句》始譽孟子「亞聖」[97]，然總體而言《孟子》地位僅是列為子部之一。而自中唐韓愈「道統說」表彰孟子，孟子地位得以空前高揚，晚唐懿宗之時，皮日休請廢《莊子》、《列子》，明確提出《孟子》升經，以《孟子》主科選考同明經科舉，在經北宋尊孟、貶孟之短兵較量之後，《孟子》尊奉於儒家經典的地位始為確定。[98]此期治經的方向也已然趨向直抒胸臆，以發明經旨析說為

[95] 唐・劉知幾《史通》有〈疑古〉、〈惑經〉兩篇，對《尚書》、《春秋》二經多非議之語詞「許其疑事，以著於篇。」通過考證，對其記言述事的錯謬之處進行指正，以事實破除經的神聖性。

[96] 宋・王應麟：〈經說〉，《困學記聞》收入「新世紀萬有文庫本」卷八（瀋陽：遼寧教育出版社，1998年），頁190-191。

[97] 趙岐對孟子其人其書推崇備至，此僅為趙岐讚頌之語，值至官方正式承認則在元文宗至順元年（西元1330年），參見楊志玖：《元史三論》（上海：人民出版社，1985年）《元史・文宗紀三》及卷七十六《祭祀志五》。

[98] 據清末・甘鵬雲《孟子學源流第十四・經學源流考》載述：「唐、裴日休、丁公著、韓愈、李翱、熙時子陸善經、張鎰皆為之注。皮日休又嘗請以《孟子》為學科。劉軻則作《翼孟》三卷，以申微尚。周廣業曰：『魏、晉而降，聖證述子居為字之義；士緯識門人所記之書；王劭稱受子

主，逮至神宗時王安石當權，更是議定《論語》、《孟子》同科取士，令太學生必讀《孟子》，更推波助瀾地提昇了孟子地位。[99]整體而言，北宋前期佛老盛行，也激發了名儒志士捍衛道統，周敦頤、張載、程顥、程頤等解經創造詮釋，紛紛對儒家經典戮力闡釋，一掃漢代易學的象數之學，轉而由宋代理學詮解《易傳》，北宋義理詮釋的重要轉向奠定了宋明理學的本體論基礎，更為儒家義理之學命脈之所在。

儒家經典經過這歷史的變革，經學的升降變化陣勢也已大為不同，經學地位的權威轉移，由《五經》系統的隱退儼然轉向《四書》傳記系統。以傳記為中心解釋系統，挾古自重不必舉三代「周孔」，以「孔孟」並稱為聖人之道權威代表，體現在朱熹集註《論語》、《孟子》、《中庸》、《大學》，更是推向儒家大成其屹立不搖的歷史性高峰：

> 迄宋南渡，新安朱熹得程式正傳，其學加親切焉。大抵以格物致知為先，明善誠身為要。凡詩書六藝之文，與夫孔孟之遺言，顛錯於秦火，支離於漢儒，幽深於魏、晉、六朝，至是皆煥然而大明，秩然而各得其所。此宋儒之學，所以度越諸子，而上接孟氏者歟。[100]

從經典地位的轉移性質來看，《五經》系統轉向《四書》系統，實際上代表兩個截然不同的時代，宋儒通過對《四書》的詮解匯聚，抵禦佛、老衝擊挑戰，重新樹立儒家自身價值的根源性權威，這不僅代表著返回儒學的正統，也是建立一套新的解釋話語。更重要的是，宋儒對《四書》傳記詮釋，除了延續傳統經注的一般方法，更著意文本義理的闡釋發揮，結合經典詮釋與哲學體系的邏輯性，創造開展系統性的編排，其發揮儒家義理的成就皆是以往漢、唐經學所無法比擬的。而此期治經，「傳記」已是儒家經典詮釋的中心，相對地「經」反而退居於邊緣地位，尤以南渡後，博

思；傅玄謂體擬論語；袁氏揭誨無倦之旨；法琳發劇談垂美之論；鈔自仲弓，錄由孝緒。證經史者，孔、賈、李、顏；原性道者，韓、李、林。』」觀此之綜述，足以知魏晉至隋唐之際，孟子學已漸復甦之概況。

99 針對慶曆年間之後學術發展至鉅，錢穆先生曾詳文作一精要之剖析。參見錢穆：《中國學術思想史論叢》（五），〈初期宋學〉（台北：東大出版，1991年8月）。

100 明・柯維騏：《宋史新編》卷四百二十七〈道學傳序〉（台北：新文豐出版，1974年11月）。

鴻碩儒倡講儒學，推尊《四書》傳記地位，〈宋史・道學傳序〉表彰：「《大學》、《中庸》二篇，與《論》、《孟》並行，於是上自帝王傳心之奧，下至初學入德入門，融會貫通，無復餘蘊。」[101]儒學在理學的詮解下，綜集在經解的詮釋層面上別開一境，融會貫通儼然自足地完備架構。

然而這儒家《四書》系統在歷經朱學奉為官學化，科舉為尊的元、明時代，已步步走向官衙化、教條化的僵固封閉，文本詮釋的視野受到限制，經解與傳記詮釋的權威性也面臨邊緣化的危機。除了官方尊舉程朱理學為主流，民間心學流衍、復古旗幟所號召的考據實學，均以不同方式對經典的解經活動注入多元化的色彩。如何重振儒家經典解釋的權威意識，在每個朝代始終不變，而清代考據學家可謂是作了最後搏擊，在文字、音韻、訓詁小學領域總結成就，在典籍校勘、辨偽輯佚等等方面更是做出輝煌的貢獻，此貢獻遠非超越宋、明治經者所能比，至乾嘉時代更達至高峰。時至晚清，更是掀起另一股聲勢浩大的托古改制運動，以康有為所代表的今文經學，「輕古經重時政」喜以經術作政論，借以考據形式抒發對社會政治變革的理想，然經解與社會運動的結合已超出傳統治經的經解範圍。無過乎，梁啟超先生《清代學術概論》中總結晚清今文學對中國思想界的影響，其云「漢學、宋學，皆所吐棄」為學術另闢蹊徑。[102]在乾嘉考據一派以「復古為解放」的主張，崇尚東漢古文、追溯西漢今文，實際上早已超越經學的藩籬，對兩千年以來的儒家經典解釋造成一大顛覆。這顛覆隨之而來是對「夷孔子於諸子之列」普遍性非聖毀經，則標誌著儒家經典權威的徹底失落。而建基在傳統儒學詮釋系統也已全面崩潰，儒家詮釋學逶迤二千餘年的漫長歷程也就此宣告了結束。[103]綜此以知，經解傳統在每個朝代皆有其鮮明歷史性，所反映不同治經發展的趨向，亦是說明經典背後的時代氛圍與經注詮解環環相扣。

就儒家經解歷史看來，漢代今文家經解注重經典文本的微言大義、古文家經解則注重本意的追求、魏晉經解「援道入儒」玄學意味濃厚、至宋

---

[101] 同前註。

[102] 梁啟超：《清代學術概論》（上海：古籍出版社，1998年），頁72。

[103] 景海峰：〈儒家詮釋學的三個時代〉，收入李明輝編《儒家經典詮釋方法》（台北：喜瑪拉雅基金會發行，2003年7月），頁140。

代義理又呈現另一種證理、談氣、論心性的新氣象、值至清代則呈顯考據實證經解的風尚。從這經解的更迭變革看來，似乎都是建立對前代經解立場的批判基礎上所展開，如漢代古文家經解「信而有證」則是對今文家微言大義的批判；唐代「疏不破注」則是對南朝註釋之風墨守的揚棄。之後宋代義理治經「六經注我」又是對前朝漢、唐經解的否定，從而清代「實事求是」考據之風盛行，也是針對宋、元、明空臆求理的批判，值到晚清今文學派「托古改制」的推動，伴隨而來是對清代古文學派的攻擊。這梗概的變革以觀，可說是每一種註疏解經方法下蘊涵深厚的批判性意涵，換言之，從經解活動與政治牽制相關，以不同朝代的交替來推舉經解話語的權威性，表面上看來是經解方向的不同，然實際上卻與政治詭譎權力、文化思想領域的爭論，息息相關。正如錢穆先生所言：「然一時代之學術，則必有其一時代之共同潮流與其共同精神，此皆出於時代之需要，而莫能自外。逮於時代變，需要衰，乃有新學術繼之代興。」[104]足以見，經典的解釋與治經者所身處的時代背景、思想文化、學術氛圍是緊密聯繫而密不可分。

從這漫長的儒家經典發展史上，因詮釋所需克服古今隔閡的解釋，治經方式也形成許多體例，所開展的進路面向更是不容忽視。治經者在經典脫亂訛闕下為求證經典作者的原意，拾遺補缺衍生「傳」、「注」、「箋」、「解」、「義疏」的方式，求證聲韻校勘、名物制度、訓詁考據的方式，於是治經體例與規則透過「小學」的通曉考證，便成為儒家經典詮釋傳統中的一項重要進路。然這本是做為理解與解釋的技藝之學，因而成為治經的解釋方法，對此方法創生的立題來看，其中關係必須加以釐清：首先，聲韻校勘、名物制度、訓詁考據皆可獨立專學，毋庸置疑地皓首窮經依字義的考據也是一種治經方式，然放諸經典解釋的角度來看，文本考據並不等同文本意義的確證，依其訓詁通義只是終為聞道必備的技藝工具。若衡以儒家成德之教的終極境界來看，若僅限於瑣碎句讀之學是學不見道的末梢，仍未能窮究經典背後先聖賢哲的本懷精神。其次，訓詁達

[104] 錢穆：《兩漢經學今古文評議》（台北：商務印書館，2001年），頁4。

證經典義理，力圖治經方法上「訓詁明而後義理明」，最顯明者則是清代考證大師——戴震：

> 言者輒曰：「有漢儒經學，有宋儒經學，一主于訓故，一主于理義。」此誠震之大解也者。夫所謂理義，苟可以舍經而空憑胸臆，將人人鑿空得之，奚有于經學之云乎哉？惟空憑臆之卒無當于賢人聖人之理義，然後求之古經。求之古經而遺文垂絕，今古懸隔也，然後求之訓故。訓故明則古經明，古經明則賢人聖人之理義明，而我心之所同然者乃因之而明。賢人聖人之理義非它，存乎典章制度者是也。松崖先生之為經也，欲學者事於漢經師之故訓，以博稽三古典章制度，由是推求理義，確有據依。[105]

很顯然，戴震指出治經之道為避免「舍經而空憑胸臆，將人人鑿空得之」，因此跨越今古懸隔，求之訓故。這突顯了經典的治經，由尊重經典進乎強調治經關係中「訓詁」、「理義」的重要性，由「訓故明則古經明」終其目的「古經明則賢人聖人之理義明」，從通曉文字到義理掌握，求之貫通的經解過程才是治經目標的最終圭臬。這彰顯了儒家經典詮釋傳統，唯通過「訓詁考據」小學之途，始是達至義理聞道前的第一個重要進路，而這正也說明了經典詮釋逐漸由文本的字義訓詁走向經典義理的理解，因詮釋的重心不同，從考證式轉向體證式的領會。

其次，儒家經典詮釋的第二個進路「通經致用」，如漢代董仲舒藉「《春秋》無達辭，從變從義」[106]的方法論主張，借《公羊傳》闡述大一統、天人感應、受命改制的思想以切合政治變革致用。然這值得注意的是，通經致用的解經在追求致用的前提下，往往據其個人解經領悟的微眇意義，得魚忘荃的前提下，必然超越文本字義的解讀，此時便會衍生「經典作者原意」與「解經者之意」的不同。那麼做為通經致用的經解目的，治經當下已達成某種意義上的致用，是否合乎經典聖哲的原意？是否仍能

[105] 同註72，〈題惠定宇先生授經圖〉，《戴氏雜錄》，《戴震全書》（六），頁505。

[106] 《春秋繁露・精華第五》云：「曰：所聞《詩》無達詁，《易》無達占，《春秋》無達辭，從變從義，而一以奉人。」參見清・蘇輿：《春秋繁露義證》（北京：中華書局，1992年），頁95。

扣緊當下時代課題其穩合與否就值得再論。雖然，解經者皆力圖重建經典「作者原意」，不斷趨使接近作者本意詮釋，然同時又深深知道，經典文本「原意」難以完全再現，而隨著時間變革也構成了經典自身所賦予的豐富歷史意涵。因此，追求經典原意的考據，已無法填補解經者對於經典「言外之意」的期待，曉豁經典的「通經致用」才是治經首要之任務。於是，解經者總在解釋活動中有所闡明，以「學以致用」、「經世致用」精神沿著經典「作者原意」視域所向，實踐經典義理的創造轉化。所以，整體來看其解釋方法，本質上是重建文化經典「作者原意」，然實是貫通「古／今」；「先哲聖賢／解釋者」視域而走向意義融合的一種文本詮釋活動。

最後，從理解與解釋的技藝之學，銜接到治己修身的工夫修養就開啟了儒家經典詮釋的第三個進路。這進路乃以經典解釋為生命成德工夫，以孔子為首倡，其後理學家推舉孔子為己之學更為彰顯這面向。這面向闡揚孔子「述而不作」達至修身實踐成德，如〈憲問篇〉：「子曰：『古之學者為己，今之學者為人。』」[107]朱熹註解此語以引程子之言云：「為己，欲得之於己也。為人，欲見知於人也。古之學者為己，其終至於成物。今之學者為人，其終至於喪己。」下又加按語云：「聖賢論學者用心得失之際，其說多矣，然未有如此言之切而要者。於此明分辨而日省之，則庶乎其不昧於所從矣。」[108]即可明白，所彰顯解經乃是為己成德的工夫進路。總括而言，就這三進路「考據訓詁」、「通經致用」、「成德實踐」可謂是解經活動中共融三面向，次序分明而層層上透，相互貫通融鑄合一，立足在經典視域的融合過程中展開各家經解創造，形成經典詮釋輝煌豐碩，這脈絡疏解的探源，對儒家經典詮釋學的建立，無疑是值得關注的命題。

二、西方詮釋學方法論

詮釋學是在西方孕育發展出來的一門學科，英文稱hermeneutics，源於希臘語hermeneu，又稱為詮釋學、釋義學、闡釋學等，是一門探討理解

[107] 楊伯峻：《論語譯注》（北京：中華書局，1980年），頁154。

[108] 宋・朱熹：〈憲問第十四〉，《四書章句集注》（上海：古籍出版社，2001年12月），頁182。

與闡釋如何可能以及如何發生的一門學問。「詮釋學的工作就是一種語言轉換，一種從一個個世界到另一世界的語言轉換，一種從神的世界轉換到人的世界的語言轉換，一種從陌生的語言世界到我們自己的語言世界的轉換」。[109]當今看西方思潮的發展，詮釋學可謂是二十世紀歐陸哲學繼現象學（Phanomenologie / phenomenology）餘緒，承前啟後開啟當代最重要的哲學思潮。論其詮釋學源由，其方法理論所開展的一系列哲學思辯思索，可謂淵遠流長其來有自，它不僅是長久蘊藉於西方聖經傳述翻譯的解經傳統當中，值至十九世紀又與人文精神科學發展結下不解之緣，始終與文化背景的歷史承襲有著深厚依存關係。揆諸看來，詮釋學問題不僅發生在各時代，舉凡神話、史事、文化乃至經典文本的詮釋，都論及所牽涉關於人自身存在的歷史性問題，更使得它日漸成為當代哲學討論所不得不正視的一門學問。

眾所周知，「詮釋學」已是當代哲學重要顯學，其所指涉詮釋、講解、說明與傳譯相關問題皆是不容小覷的論題。這追溯到詮釋學的歷史發展，詮釋學（Hermeneutik）詞源赫爾默斯（Hermes），希臘神話諸神的信使名字，它的任務迅速傳遞諸神消息指示，來往奧林匹亞山上諸神與人世間的凡夫俗子間，因二者語言不同因而需要翻譯和解釋，這說明做為早期詮釋學是一門關於理解翻譯和解釋的技藝學。[110]「理解」處於「解釋」之前，這是早期階段既定的看法，然就它的發展史上不單僅就詮釋而論，早在浪漫主義時期F. E. D. Schleiermacher施萊爾馬赫更重視「理解」（Verstehen / understanding）層面。施萊爾馬赫認為「理解」本身就是「解釋」，理解通過解釋才能實現，進行解釋的語言和概念也被認為是理解的一種內在構成要素，語言問題從它的偶然邊緣位置進入到哲學中心。[111]這特點突顯了通過「詮釋」的中介達成「理解」，分判了當代詮釋學不同於古典詮釋學的特性，然也因此引起陳義過高的批評，缺乏對於詮釋活動自身進行過程中具體可徵的詳實描述，也因此區判了詮釋學前後的分野。

從十九世紀開始，詮釋學發展經歷了幾個不同階段，從確定性經過對歷史性的強調走向不確定性，在「獨斷的詮釋學」（die zetetische

[109] 洪漢鼎：《詮釋學——它的歷史和當代發展》（北京：人民出版社，2001年9月），頁3。

[110] 同前註，頁1-2。

[111] 同前註，頁3-4。

Hermeneutik）與「探究型詮釋學」（die dogmatische Hermeneutik）間不斷地交錯中前進往復。根據洪漢鼎先生《詮釋學——它的歷史和當代發展》疏濬來說，「獨斷的詮釋學」主張：代表一種認為作品的意義是永恆固定不變和唯一客觀主義的詮釋學態度，作品的意義只是「作者的意圖」，解釋作品的意義只是發現作者的意圖，主要代表性人物——施萊爾馬赫。施萊爾馬赫強調做為理解和解釋的方法，是重構或複制作者的意圖，而理解本質是不斷趨近作者原意的「更好理解」（besserverstehen）。[112]而相對地，「探究型詮釋學」則是主張作品意義只是構成物的歷史主義的詮釋學態度，作品所說的事情本身即它的真理內容。作品的真正意義並不存在作品本身之中，而是存在它不斷地再現與解釋中，作品的意義構成物永遠具有一種不斷向未來開放的結構，主要代表性人物——伽達默爾。其觀點主張理解和解釋的方法是過去與現在的中介，作者視域與解釋者視域融合，理解的本質是「不同理解」（Adverserverstehen）。理解不只是一種複制行為，而始終是一種創造性的行為。[113]

在「獨斷的詮釋學」與「探究型詮釋學」不斷往復之間，詮釋學作為理解和解釋的發展，於是產生了六種性質規定，分別為：「作為聖經注釋理論的詮釋學」、「作為語文學方法論的詮釋學」、「作為理解和解釋科學或藝術的詮釋學」、「作為人文科學普遍方法論的詮釋學」、「作為此在和存在理解現象學的詮釋學」、「作為實踐哲學的詮釋學」。根據洪漢鼎先生的分述，依這六種性質所側重面來說：一、「作為聖經注釋理論的詮釋學」，代表人物為丹恩豪爾於西元1654年出版《聖經詮釋學或聖書文獻注釋方法》，總結詮釋學長期被用於聖經的注釋，所以視詮釋學為聖經詮釋學。二、「作為語文學方法論的詮釋學」，代表人物為德國語文學家邊耶爾、阿斯特，其主張伴隨著理性主義的發展，從十八世紀語文學（Philologie）語言學與文獻學角度，發展了語法解釋和歷史解釋，對古典文本進行分析疏解。三、「作為理解和解釋科學或藝術的詮釋學」，其代表人物是施萊爾馬赫，主張詮釋目的「首先要像作者一樣好地理解文本，然後甚至要比作者更好地理解文本。」施萊爾馬赫以「設身處地」的理論

112 同前註，頁20。

113 同前註，頁20-21。

來解釋，認為作者與讀者乃是同一精神的表現，這亦即說理解就是重新構造作者的思想和生活。詮釋學發展至此，可以說作為一門普遍技藝學的定義是由施萊爾馬赫來完成。

四、「作為人文科學普遍方法論的詮釋學」，代表人物狄爾泰主張人文科學的對象是過去精神或生命的客觀化物，而理解是通過此去理解過去生命的表現。因此，提出「體驗」（Erleben）和「再體驗」（Nacherleben），從本己自我向某種生命表現總體的轉移，至此已預示以後海德格的本體論轉向。詮釋發展至二十世紀末發展了第五種性質，乃是「作為此在和存在理解現象學的詮釋學」，而此期代表人物是海德格，《存在與時間》一書的出版經歷了從認識論到本體論的根本轉向。這詮釋學的轉向，視理解是此在本身的存在方式，指對人的存在本身的現象學闡釋，因此視此在存在方式理解現象稱為「實存性詮釋學」。隨之而來，產生第六種性質是「作為實踐哲學的詮釋學」，代表人物伽達默爾主張「詮釋學是哲學，而已是作為實踐哲學的哲學」是一門綜合理論與實踐雙重任務的哲學，是「規定人之為人知識和活動問題，是對於人之為人以及對『善』的選擇最為至關緊要的『最偉大的』問題」。[114]

縱上六種性質的衍生階段，總括了西方詮釋學史的發展，說明中世紀之後三百多年來詮釋學的歷史進程，極具複雜時代背景下演繹了豐富的詮釋意涵，而在這發展過程中歷經了三大轉向：第一次轉向「從特殊詮釋學到普遍詮釋學；局部詮釋學到一般詮釋學轉向」，對象從聖經和羅馬法特殊文本到一般世俗文本的轉向；從神聖作者到世俗作者的轉向，作為解釋科學和藝術解釋規則體系的轉向。施萊爾馬赫為代表人物，主張由獨斷詮釋學到普遍詮釋學，對真理內容理解變成對作者意圖的理解，扭轉了理解基本方向的演變。[115]第二次轉向則是「從方法論詮釋學到本體論詮釋學；從認識論到哲學轉向」。狄爾泰、海德格、伽達默爾為代表人物。狄爾泰以詮釋學為精神科學之奠定，使詮釋學成為人文科學的普遍方法論；海德格則對「此在」進行存有論分析的本體論，詮釋學對象是人的此在本身，是對人存在方式的揭示，詮釋學則是被規定對文本所展示的存在世界

---

[114] 根據洪漢鼎先生論述，筆者分述整理觀點如上，詳文參見同前註，頁21-27。

[115] 同前註，頁27-28。

的闡釋。而伽達默爾最後完成了哲學詮釋學的轉向，認為「理解從來就不是一種對於某個所與對象的主觀行為，而是屬於效果歷史，這就是說，理解屬於被理解東西的存在。」[116]這第三次的轉向從「作為本體論哲學詮釋學到實踐哲學詮釋學轉向」，也是從理論哲學詮釋學到作為理論與實踐雙重任務詮釋學的轉向，這可謂是二十世紀哲學詮釋學發展達至高峰。作為理論與實踐雙重任務的詮釋學在於恢復亞里斯多德的「實踐智慧」（phronesis）概念，以實踐參與作為人文社會科學的最高評判標準。正因此概念，以實踐參與做為評判標準，以詮釋學作為哲學就是一種「實踐哲學」，其主張研討的問題，即決定人類存在和活動問題，那些決定人之為人以及對善的選擇最偉大的問題。[117]

詮釋學這三大轉向，由施萊爾馬赫完成了詮釋學的第一次轉向，將一般性解釋的課題從對各種文本的詮釋活動中分解出來，把原聖經注釋提升到「技藝學」的境界。狄爾泰則進一步深化把解釋對象從文字形式的意義，轉到文本中所表達的生活經驗，展現理解和解釋更深刻的意涵。海德格本體論更開始了詮釋學的第二次轉向，將詮釋學指向不再僅是語言範疇方法，而是對精神科學所據以建立的本體論基礎來說明。海德格的這轉向對詮釋學的轉折意義甚大，所以利科爾認為：「他們的貢獻不能被看做是對狄爾泰工作的純粹和簡單的延伸；而應該被看做是企圖在認識論的研究之下深掘，以揭示其真正本體論的條件。」[118]這一變革在伽達默爾《真理與方法》之後，哲學詮釋學的系統形式被確定了。隨著詮釋學的哲學轉向，突顯了「一般詮釋學」的技藝規則退隱了，而文本解釋的問題也不再那麼注重，自狄爾泰之後，海德格、伽達默爾承續這「從方法論詮釋學到本體論詮釋學」的轉向，詮釋學便通往哲學思辨的理路，隨之而來，各種詮釋學領域便也展開了激烈的角逐爭議。

隨著這些爭議進入當代，當代詮釋學的發展劃分成：作為「方法的詮釋學」、「哲學的詮釋學」、「批判的詮釋學」等三類。義大利史學家貝蒂（E. Betti）繼承了施萊爾馬赫、狄爾泰以來的方法論原則，尋求詮言的

---

[116] 同前註，頁28。

[117] 同前註，頁29。

[118] 利科爾著、陶遠華等譯：《解釋學與人文科學》（河北：人民出版社，1987年），頁42。

功效性，肯定解釋具有客觀上的正確規則和公認方法，因而否定哲學詮釋學的本體論轉向與主張哲學詮釋學的伽達默爾展開了爭論。詮釋學哲學主要以海德格、伽達默爾之師徒二人及新教神學家布爾特曼（R. Bultmann）為代表，其中以伽達默爾的哲學詮釋學最為圓熟影響也至大。而作為批判詮釋學則是以阿佩爾（K. O. Apel）和哈伯瑪斯（Harbermas）等人為代表的。阿佩爾稱自己學說為「先驗詮釋學」，實際上綜合了康德以來的先驗哲學、語言分析哲學、實用主義等流派的思想而所形成；哈伯瑪斯則強調詮釋學的社會意識批判維度，並就此與伽達默爾展開論戰。而在此二派之外，法國利科爾（Paul Ricoeur）則另闢新途，表現更宏大的視野與綜合，既有當代法國哲學複雜交織的背景，又和現象學、結構主義、精神分析學等重要思潮形成了深層次的互動。[119]

針對當代西方哲學的發展性來看，上述詮釋學發展與爭議特別指由狄爾泰、胡塞爾之後，由海德格、伽達默爾所發展脈絡的「哲學詮釋學」（philosophische hermeneutik / philosophical hermeneutics）。但實際上，詮釋學就它整體所開展側面而論，早已遠遠超過這簡述一派之言，應該說詮釋學從六十年代初一躍成為歐陸思考的顯學開始，迄至今三、四十年來經歷無數地變化，不但詮釋學大師伽達默爾曾歷經各方挑戰，展開一連續的對話或爭論，亦有直接重返詮釋學原貌的方法論詮釋學，亦即繼續以客觀性理念和方法論運作為主要思考課題的詮釋學；或是法國利科爾的詮釋學思考等等，諸說紛紜都各自孕育出另一番不同風格對於詮釋學的見解。而且更富意義的是近餘年來，各種後伽達默爾時代的詮釋理論與詮釋思考也更見紛陳並進，各具特色，蔚就出和上述那些古典及當代詮釋學都大異其趣的嶄新學說來。[120]從這樣的背景來看，西方詮釋指的是一切和詮釋（Interpretation）活動有關理論，而它所包括的意義範圍都極為寬廣，結合新舊學說所成的詮釋學歷史複雜難以一一細繹，也遠遠超出本書所能置喙。

[119] 景海峰：〈中國哲學的詮釋學境遇及其維度〉，《天津社會科學》第六期（2001年），頁18-19。

[120] 張鼎國：〈詮釋學、詮釋論、詮釋哲學〉，《國立政治大學哲學學報》第四期（1997年12月），頁117。

而本書所要強調的是，當代西方詮釋學定位中，意義問題即是詮釋學中心，它涉及「文本」意義是否可求、「理解」怎得以實現、「解釋」是否忠實文本意義。詮釋的活動究竟是忠於作者「原意理解」？抑或「更好理解」？或是揭櫫「不同理解」？這些提問所連帶勾勒出詮釋學的三角結構：「作者」、「文本」、「理解者」關係，所以詮釋學爭議與詮釋任務的賦予，在三者之間取裁而衡量。無論上述詮釋學分歧的爭議所衍繹，皆是為了說明「詮釋學關注的焦點是理解問題，理解問題涉及意義的掌握，而意義的掌握的關鍵——以詮釋學的面向來看——必須展開為作者、文本與讀者三方的各自定位，以及彼此相互間關係的釐清。」[121]而分歧爭議之所在，皆一致目標為了討論「理解」如何可能？論證所主張的詮釋立場是建立「更好理解」、「不同理解」或逼近客觀作者「原意理解」與文本意義的理解方法，因此各自側重代表了不同詮釋態度的立場。

而我們可理解，西方詮釋學從關注理解與解釋中的語言文字，發展至今詮釋向度遠遠超出對文字語言的界限，而直指人類身處更廣闊的生活視域，指涉關注的是人「在於此世」（Being-in-the-world）的語言性表達，它不僅強調詮釋理論的建構，而更著意文本意義與生活視域開顯的探討。「在伽達默爾看來，語言展開了世界和自我的先行關係，並使兩者相互和諧。世界不再是事物的存在，而是特定的『在世存在』的境遇，我們可以經由語言的理解而參與世界的過程。至此，詮釋學就具有了事件性質或事件特徵（Geschehenscharakter），意義的理解乃是一種參與事件。按照伽達默爾的看法，詮釋學最終應當作為一種實踐哲學。」[122]揆諸至今，詮釋學值至當代也備受學界關注，面對中國綿延千古注釋傳統，如何探討理解與詮釋的問題，可否建立中國詮釋學的問題也獲得學界熱烈討論。[123]

---

[121] 林維杰：〈主觀與客觀解釋——徐復觀文史論述中的詮釋學面向〉，《「當代儒學與西方文化」國際研討會》（台北：中央研究院中國文哲研究所，2003年1月15-17日），頁1。

[122] 同註109，頁15。

[123] 湯一介：〈能否創建中國的解釋學？〉，《學人》第十三期（1998年3月）及〈再論創建中國解釋學問題〉，收入劉述先主編《中國文化的檢討與前瞻》（美國：八方文化企業公司，2001年），頁76-94。

三、孟學新理解的展開

從儒家漫長的經典發展史上，因詮釋所需在經典脫亂訛闕下求證經典作者的原意，拾遺補缺而創造「傳」、「注」、「箋」、「解」、「義疏」體例，衍生聲韻校勘、名物制度、訓詁考據的方式，通曉經典文本的考證，便成為經典詮釋傳統的重要進路。然這本是做為理解與解釋的技藝之學，因而成為治經的解釋方法，隨之展開詮釋的三面向：即「考據訓詁」、「通經致用」、「成德實踐」，訓詁明後義理明，終為通往聖賢之道的聞道之途。事實上，儒家經註傳統定基在「尊經」的前提上，以解釋聖賢言論所記載的文本作為聞道的憑據，所以做為「載以聞道」的經典就成為聖人之道權威的文本標準，「注不破經，疏不破注」就成為解經、治經者的理解與解釋的依據。因此，以經傳文本為圭臬，詮釋任務即力求聖賢「原意理解」，依句詮解，逼近聖賢作者原意的語境，詮釋出「詮釋者」再解釋的意涵。因此，總括而言，中國經典的註疏形式就成為求聖哲之道所衍生經解的詮釋學。

相對來看，西方詮釋學發軔於歐洲中世紀背景下從求聖經文本的翻譯傳統，所衍生詮釋學三大轉向，從施萊爾馬赫革命性地把聖經注釋提升技藝學層次，將一般性解釋課題從文本的詮釋活動中分解出來，進而狄爾泰更延伸人文科學研究方法論，從此解釋對象，從文字意義轉到文本中所表達的生活經驗，更展現了理解和解釋深刻的探尋，至此發展與原來聖經釋義的傳統則走向涇渭分明。海德格更將詮釋學指向不僅語言範疇，而直指精神科學所據以建立的本體論基礎來說明。隨著詮釋學所注入哲學轉向，原做為技藝解釋文本一般詮釋學退隱，繼而伽達默爾更承續方法論詮釋學到本體論詮釋學的轉向，通往哲學思辨開展詮釋學的實踐意涵。隨著這些發展進入當代詮釋學劃分成：作為「方法的詮釋學」、「哲學的詮釋學」、「批判的詮釋學」等三類，從這脈絡發展來看，中西詮釋學傳統皆有其豐富的脈絡意涵，在不同的時代課題下追問著對文本語言的意義探索，在解讀方法上衍生了各所側重的詮釋學理論。

自古以來，中國經典的註疏傳統並沒有「詮釋學」一詞，而兩岸三地學界的海外學者對西方詮釋學的中譯也頗不一致，成中英先生譯為「詮釋學」；洪漢鼎先生也譯為「詮釋學」；湯一介先生、夏鎮平先生、宋建平先生譯為「解釋學」；錢鐘書先生、張隆溪先生譯為「闡釋學」；張汝倫先生則譯為「釋義學」；殷鼎先生則譯為「理解學」或「理解哲學」。[124]而西方（Hermeneutics）一詞源其希臘文的（Hermes）赫爾默斯，是古希臘神話諸神的信使名字，它的任務傳遞諸神消息指示翻譯和解釋，對於神諭加以解釋與闡發。二十世紀以來，通過德國哲學家海德格與伽達默爾的努力，Hermeneutics已上升為一種具有存在論意義的哲學研究，在伽達默爾的「哲學詮釋學」（philosophical hermeneutics）更由「解釋」層次轉移至「詮釋」層次。相對來說，「解釋」側重於作者原意的忠實傳達，這和中國經註傳統中的「傳」、「注」、「箋」、「解」、「義疏」體例義旨相同，皆為求「作者原意」的理解；而「詮釋」則偏重於對「作者原意」、「經典文本」的闡揚發揮，這和中國經註傳統「集註」、「疏證」、「注不破經，疏不破注」治經相近，中西詮釋相照對比似乎有其異曲同工之妙。

然值得強調的是，中國經註傳統中關於理解詮釋如何可能與註經背景探討，從來不侷限在經典原意的理解，更重要是探源詮釋活動背後，所蘊涵解經者個人生命寄寓心志的歷程，因此中國經註不同於西方特點，是做為解經者的詮釋結合「認知」與「實踐」理解過程，包括「解釋」作者原意與「詮釋」解經者的創造，二者緊密結合。換言之，這由對中國經典的歷史和詮釋方法進行系統梳理，比較中西註釋經典的同與異，始可歸納出中國經註的特點。這一特點彰顯了中西對話的張力，呈顯中國治經、解經、註經的詮釋傳統，作為詮釋者自是無法規避「理解」與「認知」，就此意義而言「認知」理解進而「實踐」，以達「詮釋」乃環環相扣密不可

124 成中英主編：《本體論詮釋學》（北京：三聯書店，2000年）；洪漢鼎：《詮釋學史》（臺北：桂冠圖書，2002年）；湯一介：〈能否創建中國的解釋學？〉，《學人》第十三期（1998年3月）及〈再論創建中國解釋學問題〉，收入劉述先主編《中國文化的檢討與前瞻》（美國：八方文化企業公司，2001年），頁76-94；夏鎮平、宋建平：《哲學解釋學》（上海：譯文出版社，1994年）；錢鍾書：《管錐編》（北京：中華書局，1986年），頁171；張隆溪：《道與邏各斯》（四川：人民出版社，1998年），頁3-4。張汝倫：《意義的探究——當代西方釋義學・引言》（遼寧：人民出版社，1986年）；殷鼎：《理解的命運》（北京：三聯書店，1988年），頁44。

分。這是因為中國文化傳統中思想哲學離不開經典，經典也離不開詮釋，特別是儒家經典的經註傳統。這密不可分關係，從認知到詮釋的轉入，實又隱含二層意涵：一做為經典文本的認知理解；另一是詮釋者內在思維顯題化，由內在認知轉化文字的實踐著述，進行註經詮釋活動的開展。此意誠如黃俊傑先生《孟學思想史論》一書所言：

> 中國詮釋學的性質是一種認知活動還是一種實踐活動？這個問題中所謂的「認知活動」，是指中國歷代經典解釋者，在經典註釋的事業中所展現探索未知思想世界的興趣的驅使之下，將經典視為研究的對象，從而進行各種知識的活動；所謂「實踐活動」，是指經典解釋者將經典註疏的事業視為從「觀念世界」通往「行動世界」的手段。在上述的定義之下，我要指出：中國詮釋學是以「認知活動」為手段，而以「實踐活動」為其目的。「認知活動」只是中國詮釋學的外部形式，「實踐活動」才是它的實際本質。中國詮釋學實以「經世」為本。[125]
>
> 這裡所謂「實踐活動」實兼攝內外二義：（一）作為「內在領域」（inner realm）的「實踐活動」，是指經典解釋者在企慕聖賢、優入聖域的過程中，個人困勉掙扎的修為工夫。經典解釋者常在註釋事業中透露他個人的精神體驗，於是經典註疏就成為迴向並落實個人身心之上的一種「為己之學」。朱子、陽明對孟子學之解釋皆以自己的精神體驗加以貫穿，別創新解。（二）作為「外在領域」（outer realm）的「實踐活動」，則是指經典解釋者努力於將他們精神或思想的體驗或信念，落實在外在的文化世界或政治世界之中。南北宋知識分子之爭辯孟子政治思想，固然是一種外在意義的「實踐活動」；清末的康有為引民主、自由概念入孟子學，更是一種「實踐活動」。[126]

[125] 黃俊傑：〈結論：論中國詮釋學的特質〉，《孟學思想史》（卷二）（台北：中央研究院中國文哲研究所，1997年），頁481。

[126] 同前註，頁482。

明乎此，中國經典註疏傳統在訴諸於文字的知識活動之下，實是潛藏著治經者的內在動機，而展開詮釋「認知活動」實是為「實踐活動」所滲透轉化，它與治經者的生命融注合一。在詮釋過程中，經典與治經者藉由詮釋活動的開展，將個人「認知活動」跨越歷史鴻溝與經典結合，成為親身踐履的生命體驗之學，而這樣的體驗與治經者內在思維認知緊密相繫，便成為互為主體的詮釋迴向身心，如是不僅是知識詮釋，更是生命與經典對話的相互體證。亦在此意義下，治經者內在認知展現在註經的實踐活動，治經、註經傳統所彰顯的實踐意涵，其源遠流長的特質正是大異於西方文字知識的詮釋學理論。更明確地說，中國經典詮釋雖沒有西方詮釋學的系統理論，當然也不存在西方爭議點「方法論詮釋學到本體論詮釋學」轉向，亦不存在作為「哲學詮釋學」轉向，但是中國經典的註疏傳統理路實是蘊涵著豐富的詮釋學實踐，此是毋庸置疑的。

中國經典註疏傳統雖沒西方「詮釋學」之名，卻有詮釋學之實，相對西方詮釋學已走過近兩千年漫長發展，至今當代的哲學詮釋學逐步占據現代哲學的重要殿堂，相較之下，近年來國內外學界也有志於推動建立中國詮釋學，紛紛提議建立中國的詮釋學而戮力。值得正視的，中國經典語境不乏有深厚歷史文獻傳統，而梳理經學詮釋對於建立中國詮釋學就突顯了它的重要性，中國詮釋話語典型以圍繞著「經學」為主而展開進行哲學思想體系的重構，這方式包含著客觀地解釋經典「作者原意」與建立詮釋者抉發經典之「更好理解」或「不同理解」的可能。因此，以西方詮釋學的視野正可為中國經解傳統之「原意理解」或「更好理解」、「不同理解」化解詮釋背離與否的緊張問題，借鑒西方提供新解釋論證，當有利發展中國的詮釋學，跨文化參照另一新的對話視域來努力。

隨著詮釋學的傳播研究日益深入，作為一種具有普遍意義的文本詮釋方法，漸受學術界重視。除了兩岸的譯介闡發西方詮釋學理論之外，海內外學者也試圖在普泛化理解的背景下，將詮釋學和中國傳統思想研究結合，並嘗試建立具有中國特色的詮釋論體系和詮釋學方法。中西學對比關係是重建中國詮釋學的基本問題 ，而中國詮釋學的合法性及其正名問題，回顧經典註疏發展脈絡來看，這問題也是國內外學界至今仍是熱絡分歧討論的課題，實際上自傅偉勳先生「創造的詮釋學」[127]、成中英先生「本體詮釋學」、[128]湯一介先生「中國解釋學」[129]先後地提出建構中國詮釋學的構想後，學界支持或質疑反對聲音從未停止。殊堪一提，台灣學者張鼎國

[127] 傅偉勳先生是最早將解釋學理論引入中國哲學研究和中西哲學比較的先驅，早在1972年，他因探討老子之「道」所蘊含的哲理而首次觸發詮釋學的構想。1974年在哥倫比亞大學任教授時宣讀《創造的詮釋學：道玄與海德格》。1983年在長篇學術自傳《哲學探求的荊棘之路中首次用簡易的文字記述了「創造的詮釋學」的架構。1984-1988年間，在海峽兩岸多次以「創造的詮釋學」為題發表正式演講。1989年撰成《創造的詮釋學及其應用——中國哲學方法論建構試論之一》為此說最具系統之長篇。隨後，應用創造的詮釋學方法於大乘佛學及儒學的研究，先後發表了多篇論文。傅偉勳的「創造的詮釋學」方法論建構具有十分廣闊的學術背景，除了現代西方哲學方法論的一般化吸納外，還結合了中國傳統考據學和義理之學。創造的詮釋學（Creative Hermeneutics）共分為五謂層次。先後為「實謂」、「意謂」、「蘊謂」、「當謂」、「必謂」五層次既具區別功能又相互連貫性，即可以視需要從不同層次探討。這些分別見於書籍。傅偉勳：《從創造的詮釋學到大乘佛學》（臺北：東大圖書公司，1990年）、《佛教思想的現代探索》（臺北：東大圖書公司，1995年）、《學問的生命與生命的學問》（臺北：正中書局，1994年）、《從西方哲學到禪佛教》（北京：三聯書店，1989年）。

[128] 成中英先生提出「本體詮釋學」（Onto-Hermeneutics）特別重視詮釋的本體論意蘊，較接近海德格、伽達默爾等哲學解釋學理路。將詮釋分為兩種，一種是「基於本體的詮釋」，一種是「尋找本體的詮釋」。西方的ontology或古典形而上學體系，均屬於前者。就是先有一個本體的概念，然後用來解釋外部的世界。而後者是沒有任何預設和前置的，只是在反思的過程中形成一套世界觀，這個世界觀與個人自我觀結合在一起，就成了「他」的本體。這個本體是個人詮釋、找尋、歸納外在世界的依據，當「境」不斷轉化時，本體概念的內容也隨之發生改變。所以這種本體是動態的「自本體」，而不是靜止的「對本體」。基於對中國哲學本體論的特殊理解，劃分為兩大階段，一是「本體意識的發動」階段，二是「理性意識的知覺」階段。這些原則囊括了對形式與本體、經驗與理性的整全思考，構成一個層級累進的有機網路系統。從具體的詮釋進路來看，這些原則又呈現為現象分析、本體思考、理性批判、秩序發生等四個階段。參見成中英：《世紀之交的抉擇——論中西哲學的會通與融合》（上海：知識出版社，1991年）、《中國文化的現代化與世界化》（中國：和平出版社，1988年）、成中英主編：《本體與詮釋》（北京：三聯書店，2000年）。

[129] 湯一介先生先後發表四篇論文，探討「中國解釋學」創建問題，在學術界引起了很大反響。他認為中國有很長解釋經典的歷史傳統，有非常豐富的解釋經典的文獻資源，如何發掘這一傳統和有效利用這些資源，是中國哲學在新時代謀求發展的重要課題。而西方解釋學的生成背景和發展歷程恰能作為一種切近的參照，可以給我們提供一些傳統轉化的思路和方法論上的啟迪。只要很好地研究西方解釋經典歷史，以及自施萊爾馬赫、狄爾泰等人以來解釋學理論的發展情況，對中國注釋經典的歷史作出系統的梳理，各種注釋體例的細微末節和來龍去脈，既有紮實的文字、音韻、訓詁等小學功夫，又有宏觀的比較視野和先進的理論方法。那麼，中國經典的解釋問題就可以得出一些系統的說法，創建「中國解釋學」就是有可能的。參見湯一介：〈能否創建中國的解釋學？〉載於《學人》第十三輯（江蘇：文藝出版社，1998年）、〈再論創建中國解釋學問題〉，《中國社會科學》第一期（2000年）。及〈三論創建中國解釋學問題〉，《中國文化研究》（2000年）夏之卷。及〈關於僧肇注《道德經》問題——四論創建中國解釋學問題〉，《學術月刊》第七期（2000年）。

先生支持，其文〈經典詮釋與修辭：一個西方詮釋學爭論的意義探討〉，針對中西詮釋學與修辭學的同源同體，進行回顧主張對中國經典可提供若干啟發。[130]大陸學者方漢文先生也支持，其〈中國傳統考據學與西方闡釋學〉一文指出，西方詮釋學與中國考據學的原理相通，在不同的文化語境中可形成不同的詮釋學。[131]大陸學者賈紅蓮先生則質疑，她認為作為現代意義的知識系統和學科分類的「中國詮釋學」是中西文化交流後的產物，以西方詮釋理論解讀中國經典，究竟是建立「中國解釋學」本身？或是「解釋學在中國」？[132]針對學界此一情況，海峽兩岸學者余敦康、黃俊傑、洪漢鼎、李明輝四位先生在〈中國詮釋學是一座橋〉[133]討論中，皆一致強調就詮釋學的本意而言，既應與經典的傳統保持對話、溝通的過程，也有一個與避免無政府主義、相對主義之詮釋前提下，進行自由發揮與自由創造的訴求。尤其，洪漢鼎、余敦康先生堅持「中國詮釋學」在中西的脈絡下進行綜合性說明，面對建立中國詮釋學的遠景，分別認為：

> 洪漢鼎：我認為西方詮釋學最重要的一點啟示就是，經典的普遍性並不在於它的永恆不變，而在於它不斷翻新，永遠是活生生的，永遠與現代和我們的生活聯繫。經典作為一種文本，無論是歷史的，還是文學的或是其他的等等，都只是一種材料，都是要不斷地獲釋。可以毫不誇張地講，詮釋學是人文學科的生命力。[134]

> 余敦康：重建中國詮釋學，肯定要回到傳統，回到經典。對我們自己而言，就是回到先秦與《五經》，為什麼呢？這是由經典本身的特質與品性要求決定的。第一，經典必須具有原創性。它是通過把

---

130 張鼎國：〈經典詮釋與修辭：一個西方詮釋學爭論的意義探討〉，載於洪漢鼎：《中國詮釋學》（第一輯）（山東：人民出版社，2003年），頁12-27。

131 方漢文：〈中國傳統考據學與西方闡釋學〉載於《安徽師範大學時報》第四期（2003年），頁380-388。

132 賈紅蓮：〈中國解釋學與解釋學在中國化〉，載於《江海學刊》第四期（2003年），頁57-63。

133 余敦康、黃俊傑、洪漢鼎、李明輝：〈中國詮釋學是一座橋〉，載於洪漢鼎：《中國詮釋學》（第一輯）（山東：人民出版社，2003年10月），頁247-254。

134 同前註，頁249。

百姓日用而不知的東西進行自覺的定型化、規範化而提升出來的。第二，經典具有自己的開放性和發展性。它並不是固定化的死的文本，而是可以不斷衍生的。第三，經典包含著一定的核心價值觀。這主要體現在實踐層面、制度層面，而不僅僅限於觀念。第四，經典不是指文本，而是著重于文本之中、文本背後所蘊含的原典性、基礎性意義。這種意義具有自己的張力結構，它是所有歷史行動的動力源。這樣看來，作為先秦經典的《五經》才是我們所要著力的主要資源。[135]

這種理解及定位，已獲得海峽兩岸大多數學者的支持響應，中國詮釋學雖沒西方宗教背景，然中西詮釋理念是相通的，就其意義建構的理念與方法加以檢驗，如何還原重建勢必肯定要返回經典的傳統，著重文本之中、文本背後所蘊含的原典性、基礎性意義，回到經典自身抉發詮釋意涵。當然，此要強調絕非鼓吹西方學說來附比穿鑿附會，更非妄自菲薄以為中國經典註疏傳統必須在西方詮釋學中找到相似表述才能確定價值。而必須強調的是，中國經典豐碩歷史傳統，累積了不少解釋的方法，對解經活動本身以至於理解體例「傳」、「注」、「箋」、「解」、「義疏」、「集註」、「疏證」為求「作者原意」、「經典文本」的闡揚發揮，這關涉到詮釋者背後的顯題化反省，始終未有達至似西方詮釋學發展的系統性，此乃不爭之事實。而西方詮釋學揭櫫的諸多觀點，若援引入中國的經解傳統，確實可更清楚揭示出解經歷史中諸多隱而未顯的理論面向。

因此參照西方詮釋系統，探源中國浩瀚經解的歷史結構動力，讓經學進入現代學術新視野，透過中西對話的交流拓展，釐清解經傳統中「名實之辨」、「言意之辨」、「義理與考據之辨」各家詮釋論題，梳理中國詮釋學範域，重建人文學科新契機和研究領域前提上，釐清傳統，創新開拓文化，此誠乃不失為借鑑之道。追根溯源中國經典悠久歷史，自先秦孔子「述而不作」編纂六經以來，前後相繼值至清末，詮釋的系譜始終附於經學的發展上，這代有解人的經註傳統，皆承續「述而不作」的經解一貫宗

[135] 同前註。

旨，闡發義理成為經註發展的主流。於是「經典註疏」與「哲學建構」往往結伴而行，解經的過程中創新思想，朱熹與戴震釋孟活動即是典型代表之一。朱熹與戴震孟學詮釋分別以「集註」、「疏證」方式，追隨孔孟聖賢，企慕聖賢優入聖域以聞道，在貼近「作者原意」的視域，探尋與作者視域融合的可能，揭櫫經典中深厚的言外意蘊。所以，環諸現今研究的文獻所見皆不離是藉助講學、問答、書信、辯難等方式，對「經典註疏」進行自身義理體系的「哲學建構」。

這特點呈顯，「述而不作」與「寓作於述」的經典解釋是相合的，因此詮釋者總是在「述」中之「作」逼近作者原意，而詮釋並非原創「作者原意」的完全再現，而是融鑄了詮釋者創造「更好理解」或「不同理解」。因此，在中國註疏傳統上，思想家多圍繞「經典」來展開經註作為自身義理的理論依據，二者互為主體，所以經學家也大多是哲學家，這也是中國哲學詮釋不同於西方哲學的一個重要特點。因此在此前提理解下，欲以理解朱熹、戴震孟學的本懷，勢必通過對經典「經典註疏」的文獻還原，歷史考察、義理分析，始能由「哲學建構」探知還原二家「寓作於述」孟學詮釋的歷史背景、理解分殊之因。

因此，本書研究即就西方詮釋學路數為基準，展開研究主題的反思辯證，與其說這進路裨益釐清朱熹／戴震孟學定位；毋寧說透過此參照探討朱熹／戴震孟學詮釋，究竟是「原意理解」？亦「更好理解」？或「不同理解」？援以此觀點展開研究視野。這一方面啟發對經典文本理解應有的反省態度，另一方面則透過中西語境的參照，對比朱熹／戴震孟學，藉此視野提供孟子學系譜另一面思考向度。當然在不同預設立場下隱藏中西哲學視野的差異，但詮釋本是一種「視域融合」，這並不意味絕對意義下的封閉，反是「視域融合」下開放性的實踐過程。值至今日，全球化是當今文明發展時勢所趨，中西哲學會通亦是這股潮流之象徵，以對話展開研究視野誠如哲學詮釋學所表述意義，本書研究對於中西觀點的理解，如同某個視角下正在發生理解，而進行研究的過程意義亦如同一切存有般在「理解者」自身的存有網絡中，如其所是地開顯其存有。當透過語境的敘述，勾勒思想脈絡，詮釋理解的當下亦超越了文本原有意義進入歷史性的延展，而展開與研究主題、研究對象、經典文本間的不斷地辯證，亦如共同地融合參與這詮釋創造意義的召喚過程，此亦是題中啟發之意。

第三章　朱熹《孟子》詮釋之理解

經學歷史的演繹奠基在聖哲語錄與成德士儒的互動上，經典一方面做為價值思想的源生，啟發修德治身的典範；另一方面，企慕聖賢的經典解釋者，在潛心擘所的勉志上，也透露了稟志的生命體驗。於是，做為經典註疏的詮釋活動，成為了迴向身心實踐的為己之學，使得歷代經典開啟意涵豐盈不竭。細繹經學的歷史發展，顯然易見宋代經學是孟學發展史上承先啟後的重要關鍵[1]，既繼往「漢學」舊風又下開「宋學」新風，由子部推尊「經部」[2]，這不僅說明《孟子》地位的升格，也突顯孟學歷史上的重要性。南宋・朱熹便是立足此交織共生的氛圍下，黽勉為志展開儒學《四書》集大成的詮釋活動。

本章以宋代經學和孟子升格發展作一對比，推溯時代變革影響朱熹理學註孟之因，何以造成註孟以道統為尊，重張儒學大旗，傳承經學志業回應佛老挑戰，遂此做為論述進路。本章論述立足還原宋代經學發展面貌，以經學背景考察《孟子》在經學／子學間的歷史變革，追溯朱熹如何綰合經學與義理為治重釋孟學新意。擬二節分析：首先，就朱熹建構《四書》系統緣由取代《五經》核心，於此節提出歷史脈絡的探源切入道統傳承立場。再者，融併漢學、宋學扭轉隋、唐經傳箋注，通經明理展開理學新孟學，表彰《大學》、《中庸》、推尊《孟子》、《論語》開啟後百年孟學發展的歷史高峰，確立了經學史上孟子屹立不搖的正統地位。除此，掌握朱熹以理釋孟，建構知識思辨孟學，本章也將援引西方詮釋學理論做為參照對比，試予上述課題提出解釋，諸此皆為討論之所要。

1　「最近幾年來宏論中國文化傳統影響於近代者，也每每以十一、十二世紀作為中國文化的座標，以宋代作為傳統文化的代表。一方面是先秦、漢、唐以來儒家傳統文化的總結，一方面又是近代中國文化的開端。」陳植鍔：《北宋文化史述論》（北京：中國社會科學出版社，1992年），頁1。

2　周予同在其《群經概論》中提到此一名詞，以《孟子》原歸屬「子部」，到了宋代則升為「經部」的過程。參見周予同：《周予同經學史論著選集》（上海：人民出版社，1996年），頁289。

第一節　朱熹註孟釋經之革故鼎新

一、經學志業傳承儒學道統

經學發展為儒家文化論述之主流，它不但呈顯著歷史文化的思潮，也載有時勢因革損益的變化，伴隨著政治上的紛擾而與封建制度緊密結合，成為統治者定思想為一尊的最佳工具。儒家發展至兩漢定為獨尊，統一經義，以經學做為儒學詮釋系統，經學躍然為升成為中國學術文化的正統，即便歷經了魏晉玄學、隋唐佛道的衝擊挑戰，始終蔚為官方檯面上的強力背書。經學的發展在長期科舉附庸的推波助欄下，蔚為風潮甚至占有思想的獨霸地位，成為博鴻碩儒治經入門的圭臬。這政治與學術糾葛的詭譎關係，在中國以經學為主幹的背景下，主導著學術的解釋權，習焉不察的內在規律性，牽制著經典意識的詮釋走向，也呈顯了詮釋者集體的當代意識，是不容輕覷的力量。這種種過渡的前提，不但形成唐至宋代百年來的經學發展，也鋪陳了孟學地位的浮沉。

孔子歿後儒分為八，孟子捍衛孔說為八派中之代表，至秦始皇統一中國焚書坑儒，孟子學說大受打壓，雖漢文帝設立《孟子》的「傳記博士」，後有東漢・趙岐開宗立範注《孟子》[3]，然「亞聖」之名卻始終不為官方所認可。中國帝制社會的思想文化結構，從兩漢儒術獨尊、魏晉玄學興盛、隋唐儒釋道三教鼎足而立，孟學發展至宋，終於有了史無空前歷史性的大轉換。唐帝國建立後，經學發展總結前朝，實施儒教並獎政策，一方面以政治手段統一儒家經典注疏，令孔穎達等奉欽編定《五經正義》[4]；另一方面，加強了儒學主導性，頒定天下成為科舉應試依據，一時蔚然成風，士子莫不奉為至上圭臬。然值到盛唐，儒佛文化共時呈顯，佛學鼎盛時期甚至出現了天台、法相、華嚴、禪宗、淨土、律宗等若宗派。一時高僧大德輩出，尤其是中國化的禪宗後來居上影響力甚囂塵上，更呈現佛學為盛的繁榮景象。佛學博大精深的哲學體系，對於中國宗法制度下的百姓

[3] 清・焦循：《孟子正義》（北京：中華書局，1987年），頁13及頁16-17。

[4] 唐・孔穎達疏：《五經正義》（台北：藝文印書館，1997年8月）。

及其知識分子有了極大的精神寄託，服膺的信徒不斷增多。相對地，儒學內在思想發展漸衰，除了經學《五經正義》注疏的整理，理論上卻缺少有力的哲學層面，僅能擔起維護倫理綱常的傳統優勢，卻未能開創出回應時代課題之道，對於外來佛學的來勢洶洶，群臣儒生起而憂切，揭竿起義力主排佛，「韓愈」則為此思潮發軔之先聲。

儒學繼長期衰微之後，「韓愈」[5]、「李翺」[6]首能舉起儒學大旗，提出儒者鮮明性的歷史任務，從而成為儒學再一次復興的先導。韓愈力斥排佛，呼籲恢復儒學「道統」的必要性；而李翺則實際地進行儒學與佛學的消融，他們分就時代的不同角度，強調孟子的歷史重要性：

> 「斯吾所謂道也，非向所謂老與佛之道也。」堯以是傳之舜，舜以是傳之禹，禹以是傳之湯，湯以是傳之文武周公，文武周公傳之孔子，孔子傳之孟軻。軻之死，不得其傳焉。[7]

> 退之之作《原道》，實闡正心、誠意之旨，以推本之於《大學》；而習之（李翱字）論復性，則專以羽翼《中庸》。[8]

時勢所趨，韓愈面對佛老盛勢的局面，標舉孟子思想遙承孔孟道統，作為儒學更新的實踐根源。其在《原道》中首先提出道統傳承的系譜：堯、舜、禹、湯、文、武、周公、孔子、孟子，載於《詩》、《書》、《易》、《春秋》等經典，所傳之道是仁義之道，具體表現為禮樂刑政等社會政制。依此來看，儒家的「道」是泛愛眾而博施於民的內聖外王之

5 「道統」一詞，是朱熹在《中庸章句序》中首次明確提出，然就其觀念而言，在韓愈那裏已具雛形。另外於〈送王塤序〉中推《孟子》一書為聖教之入門。

6 李翱是一位典型的儒臣，思想史上的最大貢獻是從哲學的高度援佛入儒、以儒融佛，自覺意識到要「以佛理證心」（《與本使楊尚書請停修寺觀錢狀》即用佛家的方法來修養儒家的心性，並且寫下了著名的《復性書》上中下三篇。《復性篇》以孟子性善說和《中庸》性命說為依據，吸收禪宗「見性成佛」的觀點和「無念為宗」修習方法，建造了自己獨特的「性情論」和「修身論」。除此，李翱推崇孟子、著力闡揚《中庸》對其後宋明儒學影響性極大。

7 唐・韓愈：〈原道〉，謝冰瑩等編譯：《古文觀止》（台北：三民書局，1971年），頁401。

8 清・全祖望：〈李習之論〉，《鮚埼亭集外編》朱鑄禹彙校集注（上海：上海古籍出版，2000年12月），卷37。

道。《原道》中明言：「斯吾所謂道也，非向所謂老與佛之道也」才提出與之抗衡的儒家傳道——「堯以是傳之舜，舜以是傳之禹，禹以是傳之湯，湯以是傳之文、武、周公，文、武、周公傳之孔子，孔子傳之孟軻」。這道統之先發意識是儒者文化承當的表現，正是受到韓、李啟示，隨後肅宗禮部侍郎楊綰上疏，建議朝廷併《孟子》、《論語》、《孝經》為「兼經」；懿宗時，皮日休請廢《莊子》、《列子》等書，列《孟子》納為科舉選考同明經。[9]

這舉足輕重史上的變革，孟子歷史地位的轉變，韓愈、李翺二人的推舉，對孟子地位的提升，厥功甚偉。清儒・趙翼就曾贊曰：「宋人之尊孟子，其端發于楊綰、韓愈，其說暢于（皮）日休也。」[10]此說頗為確切。韓愈在尊孟的前提下，提出了儒家「道統」說，官方始而初步承認《孟子》一書，這指標似乎也代表了官方心態改變的開始。其後，蜀主孟昶於廣政元年（西元938年）命宰相龍門、毋昭裔依舊本九經，外加《孝經》、《論語》、《爾雅》、《孟子》凡十三經予訂，令張德釗為書刻石於成者學堂[11]，《孟子》始登經學之部。雖中唐之世韓愈力排佛老，強調儒家正統、倫理綱紀、夷夏之辨，孟學遂漸為世所曉。然其主張尊孟子斥異端，卻未能達到真正根除如日中天的佛老思想，也未能建構起儒學「本體論」和「心性論」的思想體系，嚴格說來，並無法真正切中時代之弊。原因在於，當時中國哲學的高峰仍在佛學，雖尊孟而振衰起弊，仍無法對治佛學之勢，因此自唐至宋初，佛老思想始終稱霸整個思想主流。

經學發展至北宋，在新舊經學的相互激盪下，經學揚棄了漢唐的注疏之學，轉而闡發義理直探聖人本意，治經逐漸轉為疑經、改經[12]，趨向直抒胸臆，發明經旨析說為尚，這種種內外原因的催化，也促使孟學地位有

9 林漢仕：《孟子探微》（台北：文史哲出版，1978年7月），第七篇第二章。

10 清・趙翼：《陔餘叢考》（台北：新文豐出版，1975年）。

11 清・馮登府嘗根據殘碑遺字考核異文，今日足以在馮登府《石經考異》上，可見「蜀石經」刻有：《易》、《書》、《詩》、《三禮》、《三傳》、《孝經》、《論語》、《爾雅》、《孟子》凡十三經。清・馮登府：《石經考異》收入《石經叢刊》初編第二冊（台北：信誼書局，1994年6月）。

12 仁宗初期，疑經之風盛，儒士不獨固守注疏，進而疑經，主要人物有：孫復、胡瑗、石介、歐陽修、劉敞、王安石等人。清・紀昀著：《四庫全書總目提要》卷二十六，劉敞《春秋傳》條（台北：台灣商務印書館，2001年5月）。

了重要的突破。就政治因素影響所致，宋初施行「重文輕武」強化文官制度；真宗大中祥符五年（西元1012年），又令孫奭校定《孟子正義》[13]，列《孟子》刊入十三經頒布天下，優渥文士，擴大科舉取士，此時儒者紛紛致力於典籍編校。逮至神宗，王安石當權更是議定了《論語》、《孟子》同科取士，孟子正式配享孔廟，推波助瀾地提升了孟子地位[14]，王安石的振興之功，孟學思想亦隨之廣布。孟學地位的抬高，思想內部也有了發揮，北宋前期佛老仍盛，卻也激發了博儒志士捍衛道統為志[15]，宋初三先生胡瑗與孫復、石介，開啟宋代理學先河。其後，北宋五子周敦頤、邵雍、張載、程顥、程頤，皆以振興儒學為治學之本，建立起社會的行為規範。[16]

北宋中葉道學興起，心性論成為學者探討之要。至神宗元豐八年陸長愈請以兗、鄒二公配享文宣王，議定孟子冠服位同顏回。[17]徽宗崇寧年間，詔謚孟子為鄒國公[18]，立廟恭祀，北宋孟子地位趨於尊崇穩固，孟學思想也隨之議題化。至衣冠南渡之後，儒學顯然由「外王」走向「內聖」，書院名師講授理氣心性論，道學大為蓬勃，鴻儒輩出，一時蔚然成風。朝廷也多方推尊理學，諸儒倡論孟學心性、養氣之說臻於鼎盛。理學家通過提倡理學，義理闡發，注疏儒經，以經學為學術型態的表現，孟學的經疏尤為興盛，昂然成為當代之顯學，尤以朱熹經學大師之姿，集註大成之出現，更是開啟了後數百年來孟學發展的鼎盛蓬勃。

朱熹尤以感佩韓愈有志之士，力挽狂瀾倡「道統」振興儒學，闢佛老斥異端，也據此之源，加強了他註孟意識的萌生：

---

[13] 宋・晁公武《郡齋讀書志》云：「孫奭等采唐、張鎰、丁公著所，參附益其闕。今注孟子者，趙氏之外，有陸善經，奭撰正義以趙注為本，其不同者，時時兼取善經，如謂子莫執中，為子等無執中之類。大中祥符中書成，上於朝。」宋・晁公武：《郡齋讀書志》收入影印文淵閣《四庫全書》（台北：商務印書館，1983年）。

[14] 針對慶曆年間之後學術發展至鉅，錢穆先生曾詳文作一精要之剖析。參見錢穆：《中國學術思想史論叢》（五），〈初期宋學〉（台北：東大圖書公司出版，1991年8月）。

[15] 宋・葉適：《習學紀言序目》卷四十七〈皇朝文鑑〉一〈敕〉條引（北京：中華書局，1977年）。

[16] 明・柯維騏：《宋史新編》卷四百二十七，〈道學傳序〉（台北：新文豐出版，1974年11月）。

[17] 清・俞樾：《茶香室續鈔》（台北：世界書局，1963年），頁4452。

[18] 同註9。

如《原道》之言，雖不能無病，然自孟子以來，能知此者（指推尊孟軻），獨愈而已。[19]

韓子曰：堯以是傳之舜，舜以是傳之禹，禹以是傳之湯，湯以是傳之文、武、周公，文、武、周公傳之孔子，孔子傳之孟軻，軻之死不得其傳焉。……惟孟軻師子思，而子思之學出於曾子。自孔子沒，獨孟軻氏之傳得其宗。故求觀聖人之道者，必自孟子始。[20]

道統不僅是一種系譜的言說，也蘊涵了詮釋者的個人心志，很顯然朱熹透過認同韓愈「道統」所賦予的傳承使命，「求觀聖人之道者，必自孟子始」明確地道出孟學詮釋的必然性，將薪火相傳的職志置入了道統的言說型態，更上溯到孟子：

孟子曰：由堯舜至於湯，五百餘歲；若禹、皋陶，則見而知之；若湯，則聞而知之。由湯至於文王，五百有餘歲，若伊尹、萊朱、則見而知之；若文王，則聞而知之。由文王至於孔子，五百有餘歲，若太公望、散宜生，則見而知之；若孔子，則聞而知之。由孔子而來至於今，百有餘歲，去聖人之世，若此其未遠也；近聖人之居，若此其甚也。然而無有乎爾，則亦無有乎爾。[21]

孟子闢楊墨；韓愈闢佛老，朱熹效於此精神高度，以經典作為道統傳承的象徵。孟子自述承統孔子之志，朱熹也將自己理解詮釋納為繼孔孟之統，隱述地於此篇下注，也恰成為孟子有此「不得辭」的代言。朱熹云：

愚按此言，雖若不敢自謂已得其傳，而憂後世遂失其傳，然乃所以自見其有不得辭者，而又以見夫天理民彝不可泯滅，百世之下，必

---

[19] 唐・韓愈撰、宋・朱熹考異：《朱子校昌黎先生集傳》（北京：北京圖書館出版，2006年12月）。

[20] 宋・朱熹撰、徐德明校點：〈孟子序說〉，《四書章句集注》（上海：古籍出版社，2001年12月），頁231。

[21] 同前註，〈孟子盡心章句下〉，《四書章句集注》，頁446。

> 將有神會而心得之者耳。故於篇終，歷序群聖之統，而終之以此，所以明其傳之有在，而又以俟後聖於無窮也，其指深哉！有宋元豐八年，河南程顥伯淳卒。潞公文彥博題其墓曰：「明道先生。」而其弟頤正叔序之曰：「周公歿，聖人之道不行；孟軻死，聖人之學不傳。道不行，百世無善治；學不傳，千載無真儒。無善治，士猶得以明夫善治之道，以淑諸人，以傳諸後；無真儒，則天下貿貿焉莫知所之，人欲肆而天理滅矣。先生生乎千四百年之後，得不傳之學於遺經，以興起斯文為己任。辨異端，辟邪說，使聖人之道渙然復明於世。蓋自孟子之後，一人而已。然學者於道不知所向，則孰知斯人之為功？不知所至，則孰知斯名之稱情也哉？」[22]

很明確地，朱熹認為孟子感憂後世遂失其傳，體認天理民彝不可泯滅，雖若不敢自謂已得其傳，然乃以「所以自見其有不得辭」之故回應當代。儼然，不僅深刻地體會孟子心志，也將「必有神會而心得之者耳」寄託於自身的傳承使命。所以，引述程頤序曰：「辨異端，辟邪說，使聖人之道渙然復明於世。蓋自孟子之後，一人而已。」來論證孟軻歿，聖人之學不傳。朱熹有鑑於此道不行，百世無善治；學不傳，千載無真儒，給了自己繼孔孟正統，興起斯文為己任的詮釋依據。

朱熹闡述孟學心志已明，何以稟志承擔起這儒學繼統的使命？〈孟子序說〉中似乎找不到闡述其志的證明，然〈大學章句序〉、〈中庸章句序〉已代其顯說：

> 及孟子沒而其傳泯焉，則其書雖存，而知者鮮矣！……天運循環，無往不復。宋德隆盛，治教休明。於是河南程氏兩夫子出，而有以接乎孟氏之傳。實始尊信此篇而表章之，既又為之次其簡編，發其歸趣，然後古者大學教人之法、聖經賢傳之指，粲然復明於世。雖以熹之不敏，亦幸私淑而與有聞焉。[23]

[22] 同前註，〈孟子盡心章句下〉，《四書章句集注》，頁447。

[23] 同前註，〈大學章句序〉，《四書章句集注》，頁2。

中庸何為而作也？子思子憂道學之失其傳而作也。蓋自上古聖神繼天立極，而道統之傳有自來矣。其見於經，則「允執厥中」者，堯之所以授舜也；「人心惟危，道心惟微，惟精惟一，允執厥中」者，舜之所以授禹也。堯之一言，至矣，盡矣！而舜復益之以三言者，則所以明夫堯之一言，必如是而後可庶幾也。……夫堯、舜、禹，天下之大聖也。以天下相傳，天下之大事也。……自是以來，聖聖相承…及曾氏之再傳，而復得夫子之孫子思，則去聖遠而異端起矣。子思懼夫愈久而愈失其真也，於是推本堯舜以來相傳之意，質以平日所聞父師之言，更互演繹，作為此書，以詔後之學者。蓋其憂之也深，故其言之也切；其慮之也遠，故其說之也詳。其曰「天命率性」，則道心之謂也；其曰「擇善固執」，則精一之謂也；其曰「君子時中」，則執中之謂也……自是而又再傳以得孟氏，為能推明是書，以承先聖之統，及其沒而遂失其傳焉。則吾道之所寄不越乎言語文字之閒，而異端之說日新月盛，以至於老佛之徒出，則彌近理而大亂真矣。然而尚幸此書之不泯，故程夫子兄弟者出，得有所考，以續夫千載不傳之緒……熹自蚤歲即嘗受讀而竊疑之，沉潛反復，蓋亦有年，……雖於道統之傳，不敢妄議，然初學之士，或有取焉，則亦庶乎行遠升高之一助云爾。[24]

很顯然，朱熹隱而不顯的詮釋宗旨，透過對儒家經書的集註，謙遜地訴說「道統之傳，不敢妄議」遂使其以不得不已的詮釋，除了「以續夫千載不傳之緒」擔起傳承職志，更明確地說是來自更深的詮釋使命。而誘使朱熹詮釋實踐的開展，乃自於所立基的時代詮釋視域：「去聖遠而異端起」。因此，感於佛老異端之說的日新月盛，彌理大亂之勢，身為儒者的朱熹闡志祖述二程，其憂也深其言也切，寄志於文字言語之載，通過集註詮釋活動的開展，聖聖相承。朱熹展開了力振儒學，重樹道統大旗，從而在理學義理中建構起儒學完整的道德價值，回應當代佛老的衝擊挑戰，以承續千載聖哲之道統。

[24] 同前註，〈中庸章句序〉，《四書章句集注》，頁17-18。

概論而言，「孟子升格的變遷」、「疑經思潮的延續」、「宋明理學的開展」以己意「尊孟」，續承學術上「道統」萌志，這步步地構成了朱熹集儒學大成的詮釋意識。這強烈的詮釋意識，在整個經學大業的開展中，昭然若揭。南宋・孝宗淳熙年間，朱熹經典立述與傳承聖賢之統的職志，展開了上承孔孟，集儒學綰於一身的詮釋活動，表彰《大學》、《中庸》、《論語》、《孟子》分章句並作集註，合而編之成《四書》：

> 仁宗、明道初年，程顥及弟寔生，及長，受業周氏，已乃擴大其所聞，表章《大學》、《中庸》二篇，與《論》、《孟》並行，於是上自帝王傳心之奧，下至初學入德入門，融會貫通，無復餘蘊。[25]

> 迄宋南渡，新安、朱熹得程式正傳，其學加親切焉。大抵以格物致知為先，明善誠身為要。凡詩書六藝之文，與夫孔孟之遺言，顛錯於秦火，支離於漢儒，幽深於魏、晉、六朝，至是皆煥然而大明，秩然而各得其所。此宋儒之學，所以度越諸子，而上接孟氏者歟。[26]

朱熹直探孔孟，完成了理學思想的總結，建構起儒學的核心價值，上接孔、孟、周、張、二程道統傳承，集儒學之大成[27]取代了傳統《五經》地

---

[25] 同註16。

[26] 同前註。

[27] 朱熹（西元1130年-1200年4月23日），字元晦，又字仲晦，號晦庵，又號晦翁，謚文，世稱朱文公。生於南宋高宗建炎四年，卒於寧宗慶元六年，享年七十一。朱子原籍安徽婺源，而生於福建，先僑寓崇安，晚年居建陽，後世稱其學曰閩學。程氏洛學，由楊龜山，而羅豫章，而李延平以至於朱子而益發昌盛，後世合稱程朱。朱子遍註群經，易有本義、啟蒙，詩有集傳，儀禮有經傳通解，書則囑門人蔡沈撰為集傳，於春秋亦有通鑑綱目以發其意，至於論孟集註、學庸章句，其影響尤為深遠。宋季元明以來，士人所誦習之四書五經，皆為朱學之義理所籠罩。至於北宋諸儒之文獻，朱子既有近思錄、二程遺書之編輯，又為通書、太極圖說、西銘作解義，並持續而廣泛地講各家之學（具見語類）。此外，撰小學，修禮書，編名臣言行錄，作楚辭集注，舉凡儒家經典文獻，與一般之文教學術、政事禮俗，幾乎皆與朱子有了關涉。故宋元以來文化學術，無論縱的傳承或橫的傳播，朱子皆居極為重要之地位。尤其對於韓國、日本之影響，在宋明儒中，無人可比。朱子門庭廣大，傳衍久遠，形成一個新的學統；尤其從文獻之纂輯註釋，學術之廣泛議論，與禮俗教化之影響上看，朱子確有「集大成」之規模樣態；但若謂朱子集北宋「理學」之大成，便涉及「義理系統、工夫入路」諸問題，此則不可以含混籠統，而必須明辨異同，乃能得宋明六百年學術思想之真相。

位[28]，此一創舉在經學史上尤有其重要影響。其弟子黃幹贊譽曰：「由孟子而後，周、程、張子繼其絕，至熹而始著。」[29]以朱熹為孔孟後之續統者，此當仁不讓。然我們也由此發現，朱熹孟學詮釋的形成之初，並不僅純粹為解釋《孟子》文本的意義與孟子原意，而是透過對經典的詮釋，提供一個儒學回應時代課題的倫理秩序。

更清楚地說，朱熹闡幽發微由得「聖賢之意」而立「自得之意」，正是借鑑孔孟之道的意義視域，以經典上的解釋權，為理學發聲，建構起宋代理學體系。其集註《四書》的儒學語境，正為了直探孔孟道統的傳承，而這樣的詮釋連繫正可謂一種往返於歷史上的訴求，譜下了相當明確的貫通之跡。亦同如黃俊傑先生所指出，儒家常將他們所主張的「現在」以及「未來」的「應然」與過去歷史上的「實然」（to be）結合為一，並且常常在「應然」基礎上論述「實然」。所以，儒家歷史思維常常表現出：「歷史」與「歷史解釋者」由於互相融合、互相滲透而達到所謂「互為主體性」的狀態。[30]換言之，朱熹開啟的經學志業，除了回應當代佛老的挑戰，也唯有對歷史聖賢的創造闡發，重新建立起經典新釋。這新釋表明了一個強烈的實踐應用，這應用做為已述的明志，不但說明了自身精神遙契的體驗，在引證先聖賢哲的言述下，更突顯了延續道統的詮釋使命，在這互為主體滲透的詮釋上，實際上也說明了經學集註體系的大作上，功不可沒地成功完成了道統傳承的使命。[31]

[28] 錢穆：〈朱子學術述評〉收於《中國學術通義》，（台北：學生書局，1975年），頁98-100。

[29] 宋・黃幹：《宋史》道學三，卷429（台北：台灣商務印書館，1983年），頁20。

[30] 黃俊傑：〈中國古代儒家歷史思維的方法及其運用〉刊《中國文哲集刊》第三期（台北：中央研究院中國文哲研究所籌備處，1993年3月），頁372。

[31] 值得一談，現今儒家學者都普遍視程、朱、陸、王是繼孔孟思想的正統學說，而在道統傳承的系譜中，也發現道統繼承的地位從王者、重臣至師道，到了宋代程朱陸王，理學又分為「格物窮理」和「致良知」兩進路而開展。顯然，從堯舜至孔孟的正統之道，至程朱、陸王心性論的發展，呈現出雙線的闡述，這足也說明朱熹孟學詮釋的重要對儒學發展影響性甚大。

二、《四書章句集註》兼采漢宋融舊鑄新

經學是一個總體歷史性的動態詮釋，它外延的不僅是時間性的過程；內延的思想更載具了豐富聖賢智慧。依「思想性」的觀點看經學系統可分為二，其一的《五經》系統：《詩》、《書》、《易》、《禮》、《樂》、《春秋》，主要論述夏、商、周三代先王之政的歷史文獻。相對地，《四書》系統《論語》、《孟子》、《大學》、《中庸》則是記載了春秋、戰國儒家學派其後的思想論著，不僅是奠基在三代基礎上所闡發，而是統攝了所有政治、倫理、教育、宗教、哲學等等的一套完整學說。就呈顯意義而言，《五經》是歷史文獻為主；《四書》則是以思想論著為主。

然從另一個「歷史性」的觀點來看，經學發展從五經、七經、九經、十三經到四書集成，這種種隨著時代的變異而衍生遞嬗更迭的過程，不但扣緊著所有朝代的興衰，也透顯了經典在不同時代所彰顯的不同面貌。而立足在此間的理解，必然註定這無所逃避的難題——「時間的變異」。這問題正也說明了「經典文本」與「詮釋者」間始終存在著鮮明的歷史性，時代的差別、文字的隔閡、意涵的理解皆構成了詮釋活動中的種種挑戰。而這二者之間的差異，就必須透過理解的方式來進行原典疏解，即在此「文獻——語言」的文本型態下，治經方式便開展了豐碩如：訓詁、章句、注、疏、解、箋、傳、記等等的詮釋方法。

毋庸置疑，春秋戰國是經學的原創時期。兩漢經學解經方式，鑑於年代之久遠，又逢秦火焚書而衰的經學困境，展開了兩漢今古文經的反省與整理，此期學術側重在文獻的章法考證訓詁，因此多以傳、注方式探求古人原意。[32]值至魏晉，隨著玄學思想的發展，治經方式除了打破漢代典章訓詁的藩籬外，對傳、注的體會也有了進一步的深化，不限囿於儒家經典，轉而對道家老莊思想闡述。魏晉疏解經義，也伴著玄學興起而生，時

---

[32] 關於兩漢經學的今古學的特色及今古學之爭非本書討論中心，詳論參見錢穆：〈兩漢博士家法考〉，《兩漢經學今古文評議》（台北：商務印書館，2001年）及林慶彰：〈兩漢章句之學重探〉，《中國經學史論文選集冊》（台北：文史哲出版社，1992年10月）。

風所趨而清談思想之普遍，相顯的儒家經學發展中衰。[33]隋唐之際，因隨著外來佛學傳入一時僧徒講論大增，加上佛典的翻譯引入，治經學風呈現新局。大唐帝國統一，鑑於前朝章句雜亂，又因漢末後長期變亂導致典籍散佚，文理多乖錯且師說多門，上位者為適應科舉取士和維護政治統一的需要，詔令陸德明《經典釋文》[34]定經學為尊。而後孔穎達總集南北朝義疏之作[35]，編纂撰修《五經正義》[36]統一南學、北學，使六朝以來經學思想殊途而歸一，是後代相繼編纂官方經學解釋的濫觴。值至高宗頒行科舉明經考試的依據，自此之後政治牽制著學統的糾葛關係，至此不離。

雖然孔穎達《五經正義》已完成了統一經義，然其解經的方法仍沿襲著漢代傳統章句的注疏之學，以致治經者大多拘限於訓詁，墨守古義。如此解經「注不駁經、疏不破注」[37]，嚴重地束縛了思想自身的辯證性創造，也導致儒學內部的義理發展停滯不前。而這樣的狀況，值至宋初才開始有了變化，針對唐代經學墨守章句舊說的現狀，宋代學者治經已然轉移，由「漢學」轉進「宋學」漸漸萌起。[38]漢、唐解經「漢學」發展至極，在群經義疏獨為一統的主流勢力下，隱然地醞釀起另一波「宋學」風潮的開始，一股研經、疑經的反動力量應時而生。在這疑經、惑傳、求經的風氣瀰漫下，成為「漢學」向「宋學」轉化的重要環節，如何兼采融合而調適上遂，就成為朱熹註孟方法的思索。

朱熹立志於儒學傳承，嚮往聖賢之道，在這時間變異上追問著歷代聖賢如何回應當代儒學衰微的歷史定位。當這思索形成一種論述時，如何能千年相與謦欬於一堂，其詮釋的進路必然走向於千載聖哲的經典，由對經典的新釋，始能上承續統學闊的唯一法門。而朱熹深刻地體認這一點，對於能獲得經典意涵的解讀方法有了思索，何以在「漢學」章句訓詁「注

---

33 皮錫瑞稱魏晉時期的經學為「中衰時期」。清・皮錫瑞：《經學歷史》第五章〈經學的中衰期〉（台北：藝文印書館，1996年8月）。

34 唐・陸德明：《經典釋文》三十卷校勘記三卷（台北：藝文印書館，1996年8月）。

35 皮錫瑞稱唐時期的經學為「經學統一時代」，參見註33。

36 同註4。

37 同註33，頁215。

38 「漢學」，實指漢以來以考據為主治經的訓詁學派；「宋學」，實指宋以來以闡釋義理為主治經的訓詁學派。

不駁經、疏不破注」立基上再次抉發儒學語境新意，以義理做為疏義之基的「宋學」，就成了朱熹引領進入經典詮釋的入門之法。嚴格說來，朱熹《四書》歷史地位取代傳統《五經》，從《五經》到《四書》典籍的異動，除了說明治經由「漢學」過渡到「宋學」，也代表唐代經學向宋代經學轉化的標志。然我們卻要更清楚地揀別，單從經書地位變異的現象來看，自不能純粹視它為經學本然變化的歷史現象，這除了蘊藏著當局政治力量的箝制外，何以能應合時代思潮？這深層原因與佛學外來傳入，息息相關，而這也融入了朱熹註孟思想的語境，不即不離，因此應當推溯當時視域的語彙——「理學」，始能探索朱熹註《四書》的詮釋方法。

還原理學的發展始知，宋代理學闡述孔孟心性重心由「本體論」向「心性論」向度深化，實際上早在魏晉南北朝至隋唐佛學之際時，已然漸漸地實踐在儒學內在的轉換。佛教般若學依附在玄學談「空」論「無」得以闡發，至盛唐佛學獲得獨立發展，涅槃佛性之說尤為勃興，這思想的轉化，即明確的說明了中國哲學由「本體論」向「心性論」探索的轉變，隨著佛學如日中天的繁盛，心性之學蔚為當時主流的語彙系統。而相對之下，此期儒學心性論亦顯貧乏，乃源自於兩漢儒學始終與讖緯學合流，是故隱而不彰，而洞明此道的韓愈、李翺不但倡儒、尊孟，更著力於《大學》、《中庸》的闡揚，轉以「心性論」角度重新審視儒家原典。韓愈、李翺二人發軔之影響，重要地啟發了其後宋代學術思潮，展開了一場聲勢浩蕩尋求儒家心性原典的闡述，這思潮所代表的運動則為「理學」。

面對隋唐佛學大盛之勢，除了代表歷史遞嬗思想融合的必然，也正代表了儒學復興的新時代也即將來臨。從宋初胡瑗、孫復、石介三先生首開理學之先河，講倡心性本體論。其後，學派輩出，北宋五子周敦頤、邵雍、張載、程顥、程頤的義理闡述，迥異於漢唐拘泥的注疏之風，更開啟了六經注我的風潮，使得宋代經學面貌為之一變。直至南宋・朱熹之際，儒學體系已趨完備規模，理學體系已臻成熟，而朱熹介於本體論到心性論轉換，應時而生提出儒家大成。因此，就思想趨勢論《五經》到《四書》，「宋學」義理解經當為必然結果，這無疑性是受佛學思想的影響，所帶給儒學自身挑戰的轉化。從儒學自身來看，佛學心性論的挑戰，不但引發了思想語彙重心的改變，更是啟發治經者返回儒家原典，由對漢唐經學批判中，重而反省建立起闡釋義理為主的學派──「理學」。因此，由漢唐經學到唐宋經學，再衍生宋代理學，這正是代表了唐宋之際思想演變的軌跡，而儒家經典的重要性，也正在此趨勢下而日益顯現，治經者紛紛返求孔孟之道，儒家經典也遂為廣布。無疑地立足於此，朱熹《四書》詮釋的活動，不僅奠基在傳統漢唐經傳箋注的基礎上，更是融合「儒學／佛學」；兼采「漢學／宋學」，超越舊有經學藩籬，展開了浩大宏偉的理學治經。這從朱熹甚篤教誨的讀書態度即可看出：

> 以一書言之，則其篇章句字、首尾次第，亦各有序而不可亂也。量力所至，約其程課而謹守之。字求其訓，句索其旨，未得乎前，則不敢求乎後；未通乎此，則不敢志乎彼。如是循序而漸進焉，則意定理明，而無疏易凌躐之患矣。是不惟讀書之法，是乃操心之要，尤始學者之不可不知也。[39]

> 學者觀書，先須讀得正文，記得注解，成誦精熟。注中訓釋文意、事物、名義，發明經指，相穿紐處，一一認得，如自己做出底一般，方能玩味反覆，向上有通透處。[40]

> 程先生云，涵養須用敬，進學則在致知。此最精要。方無事時，敬以自持。心不可放入無何有之鄉，須是收斂在此，及應事時，敬於應事。讀書時，敬於讀書，便自然該貫動靜，心無不在。今學者說書，多是攃合來說，卻不詳密活熟。此病不是說書上病，乃是心上病。蓋心不專靜純一，故思慮不精明。須要養得虛明專靜，使道理從裏面流出方好，其居敬持志之說如此。[41]

---

39 宋・朱熹：〈記解經〉，《晦庵先生朱文公文集（五）》卷七十四，收入《朱子全書》二十四冊（上海：古籍出版社，2002年12月），頁3583。

40 同前註，〈讀書法下〉，《朱子語類》（一）卷十一，收入《朱子全書》十四冊，頁349。

41 同前註，〈讀書法下〉，《朱子語類》（一）卷十一，收入《朱子全書》十四冊，頁350。

朱熹強調對經文「字求其訓，句索其旨在前」而「意定理明」為後，循序漸進而相輔相成，方能「志定理明，而無疏易陵躐之患」。教人讀書不僅要切己體察，讀得正文更要記得「注解」，書中篇章的句字、首尾、次第，皆不可躐等。尤其必須細繹注中訓釋出的「文意」、「事物」、「名義」，仔細成誦精熟，玩味反覆直到通透。為避免之患，朱熹認為必守讀書之精要，精要懸握在於「心」，讀書必先收斂其心，待心能專靜純一「涵養須用敬，進學則在致知」方能闡述經旨，虛心涵泳領悟經義的「道理」。足以見，朱熹超越漢學、宋學的對立樊籬，結合訓詁與義理，以作為其經典詮釋方法的創新，不僅承襲「漢學」注疏的基本精神，更是融注「宋學」闡發義理的方法。

在這教人讀書之法中不難發現，朱熹除了強調注疏的主要功用，也兼重闡發己義的重要性，詳盡地詮說了經典語文各層面的意蘊，如是讀書與經典義理方能相融合一，如此說來注解經文的基本要訣，便在能適切地涵詠抉發道理。朱熹認為讀書的目的，在於瞭解聖人在經典中闡發的義理，因此：「經之有解，所以通經。經既通，自無事於解，借經以通乎理耳。理得，則無俟乎經。」[42]透過經典內的「文意」、「事物」、「名義」至「經旨」的詮說掌握，「道理」自能接契聖賢之意。而針對墨守傳統注疏之學的不讀經，朱熹也特別指出詮說之弊：

> 傳注，惟古注不作文，卻好看。只隨經句分說，不離經義，最好。疏亦然。今人解疏，只圖要作文，又加解說，百般生疑。故其文雖可讀，而經意殊遠。程子《易傳》亦成作文，說了又說。故今人觀者更不看本經，只讀傳，亦非所以使人思也。[43]

朱熹強調古注與今注的差異，強調「傳注」是為了解經，它的價值僅與經文融為一體始能體現，所以不應只重傳注。在朱熹的理解中，古注在於隨經文解意蘊，讀經方能契合領會經旨，雖今人有今注可觀，然卻離聖賢

---

[42] 同前註，頁350。

[43] 同前註，頁351。

「經義」甚遠，因此教人要返回經典文本，始能獲得經義的義理。那麼，如何融鑄「經義」、「傳注」之二者，朱熹則進一步提出解決之道：

> 凡解釋文字，不可令注腳成文。成文則注與經各為一事，人唯看注而忘經。不然，即須各做一番理會，添卻一項工夫。竊謂須只似漢儒毛、孔之流，略釋訓詁名物及文義理致尤難明者，而其易明處，更不須貼句相續，乃為得體。蓋如此，則讀者看注，即知其非經外之文，卻須將注再就經上體會，自然思慮歸一，功力不分，而其玩索之味，亦益深長矣。[44]

> 大抵讀書當擇先儒舊說之當於理者，反復玩味，朝夕涵泳，便與本經正言之意通貫浹洽於胸中，然後有益。不必段段立說，徒為觀美而實未必深有得於心也。講學正要反復研窮，方見義理歸宿處，不可只略說過便休也。[45]

顯然，朱熹為了防範「看注而忘經」、或經注分殊而讀「添卻一項工夫」之患，強調兼融二者為治。此治當不失「漢學」訓詁，遵循古注隨文說明關鍵處，然簡易之處則不必墨守注解格式，教人「須將『注』再就『經』上體會」，自然思慮歸一於經。從此權宜相治的治經之法，朝夕涵泳玩味經典聖賢之語「反復研窮，方見義理歸宿處」，經典內在所意蘊的聖賢義理自能通貫浹洽於胸中。

朱熹鑑於歷代治經強作其解，又感世人讀書的不解，歪曲蒙蔽了經典本義，自覺擔負起經典集註的工作，實然也是責無旁貸的時代使命。如何教人抉發經文本義，達知天下殊理之本然，也就必須透過對經典進行重新的一番闡釋整理：

44 〈記解經〉，《晦庵先生朱文公文集（五）》卷七十四，收入《朱子全書》二十四冊，頁3581。

45 〈答陳明仲〉，《晦庵先生朱文公文集（三）》卷四十三，收入《朱子全書》二十二冊，頁1945。

示喻讀書遺忘，此士友之通患，無藥可醫。只有少讀深思，令其意味浹洽，當稍見功耳。讀《易》亦佳，但經書難讀，而此書為尤難。蓋未開卷時，已有一重象數大概工夫；開卷之後，經文本意又多先儒硬說殺了，令人看書意思局促，不見本來開物成務活法。廷老所傳鄙說，正為欲救此蔽。[46]

朱熹認為「欲救此蔽」下學上達的道路，堅持以「讀書」為教示人，這即是為什麼現存留下的文字言論絕大部分皆與經典釋讀有關，足以見其對《四書集註》所投入的畢生心血。[47]可以說，經典釋義是朱熹返回儒學道統，上承孔孟為學為教的途徑，也因此形成了一生集註、講學成就豐富的詮釋思想。這影響集註動力之所致，正是因為朱熹認為經文本意並不是超越的客觀知識，而是「開物成務的活法」，這意味著作為詮釋者的自身，不能如注釋者自外於它。所以在朱熹的詮釋活動看來，解釋不是訓詁[48]，雖然進行詮釋自然離不開訓詁方法，然真正詮釋的目的，並不再只是獲得經典文本的原意，而是顯豁經典自身所回應給讀經者當代安身立命的義理、天下萬世不易之大法。而朱熹透過解經的活動，即在通過對經典的解釋，使得聖賢之理皆能於讀經者的生命中浹洽融貫，如此讀書自能「解說聖賢之言，要義理相接去，如水相接去，則水流不礙。」[49]

因此，朱熹整個集註《四書》的詮釋方法，融舊「漢學」校勘訓詁章句文義，依文解句地進行解經，更是兼采「宋學」為鑄新，併合以闡發經義為達天下之理。所以，詮釋活動透過讀經、解經返歸自身涵詠於心，更進一步彰顯「天理在人，亙萬古而不泯，恁甚如果蔽固，而天理常自若，無時不自私意中發出，但人不自覺。正如明珠大貝，混雜沙礫中，零零星

---

46 〈答陳明仲〉，《晦庵先生朱文公文集（三）》卷四十三，收入《朱子全書》二十二冊，頁1946。

47 我們從《朱子語類》中可以看到，朱熹自「三十歲便下工夫」，到六十七八還「改猶未了」，前後經過「四十餘年理會」（《朱子語類》卷十九）。他在七十一歲臨死前一天還在修改《大學》誠意章的注。正因為下了如此用心的工夫，朱熹對《四書集注》非常自負，聲稱「添一字不得，減一字不得。」「一字是一字，其間有一字當百十字底。」皆見《朱子語類》卷十九。

48 「漢魏諸儒只是訓詁，《論語》須是玩味。」《朱子語類》卷十九。這兩句話清楚表明在朱子那裏訓詁與釋義有明確的分殊。

49 〈論孟綱領〉，《朱子語類》（一）卷十九，收入《朱子全書》十四冊，頁655。

星逐時出來。但只於這個道理髮見處，當下認取，簇合零星，漸成片斷。到得自家好底意思日長月益，則天理自然純固。」[50]由是可知，朱熹透過註經的展開，並非尋求自身之外的客觀知識，而詮釋真正的目的在於顯豁經典文本所蘊涵的義理，達到天理一貫、物我一理的境地。

三、理學治經「以意逆志」通經以明理

朱熹雖被後人視為理學家，然其治經在傳統小學訓詁方面的成就，無論比之漢儒抑或清儒，皆毫不遜色。錢穆先生曾言：「清儒治經，菲薄宋儒，自號曰漢學，以與宋學劃疆界，樹門戶。然余觀朱子治經，其識解之明通，意趣之宏深，既已遠超於清儒之上。清儒自負以校勘訓詁為能事，然朱子於此諸項，並多精詣，論其成績，亦決不出清儒之下。」[51]此言允為至當。然我們必須再進一步細分，朱熹所依循訓詁方法與清儒訓詁是迥然不同，「清儒所謂訓詁，旁通之於爾雅說文，以求得此一字之義，而每非此字在書中說特殊含蘊之義理深微所在」。[52]然而朱熹相反，其治經總先以「義理」角度為主，再辨明字義，對朱熹而言非僅憑古注或爾雅說文，治經首重在義理，非明字義以明義理。[53]因此最反對目無義理，為訓詁而訓詁，雖注解繁多卻離經典義理甚遠：

> 至於文字之間，亦覺向來病痛不少。蓋平日解經最為守章句者，然亦多是推衍文義，自做一文字，非惟屋下架屋，說得意味淡薄，且是使人看者將注與經作兩項功夫做了，下稍看得支離，至於本旨，全不相照。以此方知漢儒可謂善說經者，不過只說訓詁，使人以此訓話玩索經文，訓詁、經文不相離異，只做一道看了，直是意味深長也。[54]

---

[50] 〈訓門人五〉，《朱子語類》（五），卷一百一十七，收入《朱子全書》十八冊，頁3678。

[51] 錢穆：《朱子新學案》（下冊）（成都：巴蜀書社，1986年），頁1724。

[52] 同前註，頁1416。

[53] 同前註，頁1421。

[54] 〈答張敬夫〉，《晦庵先生朱文公文集（二）》卷三十一，收入《朱子全書》二十一冊，頁1349。

顯然，朱熹也肯定漢儒訓詁為解，「漢儒可謂善說經者，不過只說訓詁，使人以此訓詁玩索經文」，但重點若只注重訓詁，而將注與經作兩項功夫，讀經功夫便支離不顯經典本旨。因此，強調「訓詁、經文不相離異」要人融會貫通一併以治，始能滲透經典的意味深長。所以，朱熹治經的方法是先解「字義」，再解「文義」，最後貫通闡發得出所悟的「義理」。誠如，前引錢穆先生所言，是「根據義理大節目以辨字義」、「乃解說一番道理，非解說一個字義而已也。」[55]

這樣的方法，若依西方詮釋學「詮釋學循環」說，理解整體即是理解部分來看，顯然朱熹「訓詁／義理」共置於解經方法的地位是不對等，因為詮釋立場始終「以義理定訓詁，不以訓詁定義理。」[56]訓詁是為達到詮釋的方法，義理才是真正的目的。正因為朱熹以「義理」為詮釋最終目標，雖然一再地強調文本和字義，但卻不是僵化的文本主義者，也不拘泥在字句字義上解經。「大凡朱子說經主求本義，本義既得，乃可推說，一也。經之本義只有一是，不能二三其說，二也。有非經之本義二說自可存者，三也。」[57]他始終明確表示：「大抵談經只要自在，不必泥於一字之間。」[58]而在「漢學」與「宋學」之間的權宜斟酌，朱熹更深刻地提出反省：

> 竊謂秦漢以來，聖學不傳，儒者惟知章句訓詁之為事，而不知復求聖人之意，以明夫性命道德之歸。至于近世，先知先覺之士始發明之，則學者既有以知夫前日之為陋矣。[59]

明乎此，道德性命之歸是「尊德性」，而章句訓詁乃是「道問學」，因此朱熹詮釋方法的道問學乃是為尊德性而顯。「尊德性」復求聖人之意，道德性命才是真正的詮釋核心，那麼做為詮釋者的朱熹，如何權衡這二者貫通置於經典活動？《論語・述而》注中則進一步云：

---

55 同註51，頁1417。

56 同註51，頁1434。

57 同註51，頁1438-1439。

58 〈易十〉，《朱子語類》（三）卷七十四，收入《朱子全書》十六冊，頁2502。

59 〈中庸集解序〉，《晦庵先生朱文公文集（五）》卷七十五，收入《朱子全書》二十四冊，頁3640。

述，傳舊而已。作，則創始也。故作非聖人不能，而述則賢者可及。竊比，尊之之辭。我，親之之辭。老彭，商賢大夫，見大戴禮，蓋信古而傳述者也。孔子刪《詩》、《書》，定《禮》、《樂》，贊《周易》，修《春秋》，皆傳先王之舊，而未嘗有作也，故其自言如此。蓋不唯不敢當作者之聖，而亦不敢顯然自附於古之賢人。蓋其德愈盛而心愈下，不自知其辭之謙也。然當是時，作者略備，夫子蓋集群聖之大成而折衷之。其事雖述，而功則倍於作矣。此又不可不知也。[60]

顯然朱熹以孔子為自道，以「述而不作」為榜樣，認為孔子其德愈盛而心愈謙，蓋集群聖之大成，其事雖「述」，然所立之功則倍於「作」矣。很明確的，朱熹唯從對孔子詮釋精神的贊歎來做為「尊德性」的自我標舉，因此整個詮釋活動的開展，特別著力在聖賢之載的經典上進行「述」的解釋。

經典既是載以聖賢的實踐紀錄，則讀經便是相契經典之理境，是以經解非為一純粹認知的活動，實是一種返歸心靈精神的踐履。鑑因於此，朱熹以聖賢德性為尊，強調經典解釋是一種成德工夫，主張治經必先讀經，讀經必然遵循經典文本的字義，以聖賢意涵為所歸旨：

讀書如《論》、《孟》，是直說日用眼前事，文理無可疑。先儒說得雖淺，卻別無穿鑿壞了處。如《詩》、《易》之類，則為先儒所鑿所壞，使人不見當來立言本意。此又是一種功夫，直是要人虛心平氣，本文之下打疊，交空蕩蕩地，不要留一字先儒舊說，莫問他是何人所說，所尊所親、所憎所惡，一切莫問，而唯文本本意是求，則聖賢之指得矣。[61]

[60] 同註20，〈論語集注〉卷第四，《四書章句集注》，頁108。

[61] 〈答呂子約〉，《晦庵先生朱文公文集（三）》卷四十八，收入《朱子全書》二十二冊，頁2213。

講習孔孟書。孔孟往矣，口不能言。須以此心比孔孟之心，將孔孟之心作自己心。要須自家說時孔孟點頭道是方得。不可謂孔孟不會說話，一向任己見說將去。[62]

朱熹注意到「解經者」與「聖賢立言本意」之間存在著「先儒舊說」，因此要探求「聖賢之指」必須超越先儒舊說，「一切莫問，而唯文本本意是求」。這以經典文義為準繩，唯文本本意方可達至聖賢的本旨，似乎深具濃厚的文本主義意味。然事實上，這必須進一步釐清「文本本意」與「聖賢之指」間的關係為何？這關係的探討在西方詮釋學的傳統脈絡下，始終存在著爭議。究竟詮釋的目標是「文本原意」？抑或是作者理解本然存在著分歧的「不同理解」？依此來分，古典詮釋學顯然是前者；而現代哲學詮釋學則是主張後者。若依「文本本意是求，則聖賢之指得矣」來看，朱熹顯然是持古典詮釋學的立場，對作者原意的理解，建立在對文本理解基礎上的深化，講習孔孟書「須以此心比孔孟之心」移情達至作者本意。雖說如此，然若僅以此斷然論定朱熹所持是古典詮釋學立場，卻又淪為武斷有失公允性，因為朱熹的詮釋立場又不僅限於此：

人道《春秋》難曉，據某理會來，無難曉處。只是據他有這個事在，據他載得恁地。但是看今年有甚麼事，明年有甚麼事，禮樂征伐不知是自天子出，自諸侯出，自大夫出，只是恁地。而今卻要去一字半字上理會褒貶，卻要去求聖人之意，你如何知得他肚裏事？[63]

孔子但據直書而善惡自著。今若必要如此推說，須是得魯史舊文，參校筆削異同，然後為可見，而亦豈復得可也？[64]

---

[62] 〈論孟綱領〉，《朱子語類》（一）卷十九，收入《朱子全書》十四冊，頁649。

[63] 〈綱領〉，《朱子語類》（四）卷八十三，收入《朱子全書》十七冊，頁2831。

[64] 〈綱領〉，《朱子語類》（四）卷八十三，收入《朱子全書》十七冊，頁2833-2834。

問：「諸家《春秋解》如何？」曰：「某盡信不及。如胡文定《春秋》，某也信不及，知得聖人意裏是如此說否？今只眼前朝報差除，尚未知朝廷意思如何？況生乎千百載之下，欲逆推乎千百載上聖人之心！況自家之心，又未如得聖人，如何知得聖人肚裏事？」某所以都不敢信諸家解，除非是得孔子還魂親說出，不知如何。[65]

很顯然，朱熹明確理解《春秋》難解，經典「文本本意」其意難曉；又「求聖人之意，你如何知得他肚裏事」即便是孔子又豈可復見？也道出「聖賢之意」難獲。況乎千百載之下，歷代注經者之心，又何以能「欲逆推乎千百載上聖人之心！」又更是說明了詮釋的目的不在作為經典原意之理解。因此「以此心比孔孟之心」移情的作用，對朱熹而言只是接契聖賢之心進入經典世界之途。由此而別，二者立場迥然不同。對於西方詮釋學而言，通過移情理解暫時成了讀者進入作者精神世界，而至於心理主觀意識上的作者原意是如何，朱熹顯然很明確已給了答案：「除非是孔子還魂親說出，不知如何。」

既然「文本本意難曉」、「作者原意不可得」，那麼朱熹如何遙契聖賢之道？詮釋活動唯通過對「以意逆志」的運用發揮，依循聖賢之經，通經明理，領會尋求蘊涵在經典內的聖賢之道，朱熹云：

今人觀書，先自立了意後方觀，盡率古人語言入做自家意思中來。如此，只是推廣得自家意思，如何見得古人意思。須得退步者，不要自作意思，只虛此心將古人語言放前面，看他意思倒殺向何處去。如此玩心，方可得古人意，有長進處。且如孟子說《詩》，要「以意逆志，是為得之」。逆者，等待之謂也。如前途等待一人，未來時且須耐心等待，將來自有來時候。[66]

[65] 〈綱領〉，《朱子語類》（四）卷八十三，收入《朱子全書》十七冊，頁2844。

[66] 〈讀書法下〉，《朱子語類》（一）卷十一，收入《朱子全書》十四冊，頁336。

經之有解，所以通經。經既通，自無事於解，借經以通乎理耳。理得，則無俟乎經。[67]

讀書，且須熟讀玩味，不必立說，且理會古人說教通透。如《語孟集義》中所載諸先生語，須是熟讀，一一記放心下，時時將來玩味，久久自然理會得。[68]

這即是說明，朱熹治經始終以通經做為明「理學」的途徑，所以解經不在追求客觀知識，而是依循著孟子「以意逆志」的解釋途徑[69]，熟讀聖賢之語，理會聖賢之意，自能獲得安身立命天地之理。更明確地說，朱熹意謂的本意除了是文本呈現的意義、作者的原意外，還有更深地指向：「永恆普遍的天道性命之理」。雖依循訓詁的方式為治經所必要，然繁瑣餖飣依字解經，「理得則無俟乎經」究其目的乃是為了達乎義理。因此，借經以通乎理，達到讀經者自我領悟和修養，熟讀玩味，聖人之理自然得以通透，以聖賢之意觀天下之理，這才是朱熹理學詮釋的真正目的。朱熹不僅如此更是自我反省身心親證：

人之為學，也是難。若不從文字上做工夫，又茫然不知下手處；若是字字而求，句句而論，不於身心上著切體認，則又無所益。且如說「我欲仁，斯仁至矣」，何故孔門許多弟子，聖人竟不曾以仁許之？雖以顏子之賢，而尚不違於三月之後，聖人乃曰「我欲斯至」。盍亦於日用體驗，我若欲仁，其心如何？仁之至不至，其

[67] 〈讀書法下〉，《朱子語類》（一）卷十一，收入《朱子全書》十四冊，頁350。

[68] 宋・朱熹：〈論孟綱領〉，《朱子語類》（一）卷十九，收入《朱子全書》十四冊，頁659。

[69] 「以意逆志」語出《孟子・萬章上》是孟子在與咸蒙丘談話時，提出關於閱讀和理解詩歌思想感情的一種解詩方法。咸丘蒙曰：「舜之不臣堯，則吾既得聞命矣。詩云：『普天之下，莫非王土；率土之濱，莫非王臣。』而舜既為天子矣，敢問瞽瞍之非臣如何？」曰：「是詩也，非是之謂也，勞於王事而不得養父母也。曰：『此莫非王事，我獨賢勞也。』故說詩者，不以文害辭，不以辭害志；以意逆志，是為得之。如以辭而已矣，〈雲漢〉之詩曰：『周餘黎民，靡有孑遺。』信斯言也，是周無遺民也。孝子之至，莫大乎尊親；尊親之至，莫大乎以天下養。為天子父，尊之至也；以天下養，養之至也。詩曰：『永言孝思，孝思維則。』此之謂也。」參見：同註20，〈孟子集注〉卷第九，《四書章句集注》，頁361。

意又如何？又如說非禮勿視、聽、言、動，盍亦每事省察何者為非禮，而吾又何以能勿視勿聽？若每日如此讀書，庶幾看得道理自我心而得，不為徒言也。[70]

大抵觀書先須熟讀，使其言皆若出於吾之口；繼以精思，使其意皆若出於吾之心，然後可以有得爾。至於文義有疑，眾說紛錯，則亦虛心靜慮，勿遽取捨於其間。先使一說自為一說，而隨其意之所之，以驗其通塞，則其尤無義理者，不待觀於他說，而先自屈矣。複以眾說互相詰難，而求其理自所安，以考其是非，則似是而非者，亦將奪於公論而無以立矣。[71]

只是這一件理會得透，那一件又理會得透，積累多，便會貫通。不是別有一個大底上達，又不是下學中便有上達。須是下學，方能上達。今之學者於下學便要求玄妙，則不可。[72]

朱熹認為「若是字字而求，句句而論，不於身心上著切體認，則又無所益」，因此詮釋兼采漢學／宋學堅持依經演繹，其雖如此，但值得注意的是朱熹詮釋活動中，注經和解經絕不是亦步亦趨，相反的是他從不放棄身心實踐對經義的闡發。朱熹謹守下學上達，反身自躬繼以精思熟讀觀書，其言皆出於吾口、其意皆出吾心，虛心靜慮待豁然貫通，方求其可應驗所安之理。朱熹讀書之勤，治學之嚴謹，毫無疑問的是宋代治經學者之表率，在解經的過程中始終強調經典的本義必須細繹熟讀，縱然它不是作者的原意，然其所揭櫫出源源不竭的義理實乃歸根於「自我心而得」，是身心體認，實踐一體流行的「理」。

因此，對朱熹而言「讀書以觀聖賢之意，因聖賢之意，以觀自然之理」[73]，所以「惟聖人無人欲之私而全乎天理。」[74]經典所載不是聖人作

[70] 〈論孟綱領〉，《朱子語類》（一）卷十九，收入《朱子全書》十四冊，頁653。

[71] 〈讀書之要〉，《晦庵先生朱文公文集（五）》卷七十四，收入《朱子全書》二十四冊，頁3583。

[72] 〈莫也知我夫章〉，《朱子語類》（二）卷四十四，收入《朱子全書》十五冊，頁1568-1569。

[73] 〈讀書法上〉，《朱子語類》（一）卷十，收入《朱子全書》十四冊，頁314。

[74] 〈答胡廣仲〉，《晦庵先生朱文公文集（三）》卷四十二，收入《朱子全書》二十二冊，頁1896。

者意識之說，而是宇宙間無所不在的普遍之理。因為聖人之意，根源萬殊歸一的「天地之理」，所以「若吾之心即與天地聖人之心無異矣，則尚何學之為哉？故學者必因先達之言以求聖人之意，因聖人之意以達天地之理。」[75]這很明確地道出，朱熹治經的根本目的乃是為了達乎天地之理。因天地之理普注在經典，所以做為聖人之載「理」的經典，就成為朱熹掌握聖賢之意的文本，將己心比聖人心，領悟經典所蘊涵的天地之理。換言之，對朱熹而言詮釋目的，不在於經典作者原意，而是使讀經者「以意逆志」通經明理，達到渾然一體「讀書著意玩味，方見得義理從文字中迸出。」[76]因此，既尊重讀經者和詮釋者的意識——「意」，又強調詮釋最終不能背離對作者和文本原意——「志」的理解。

由此看來，在朱熹理解中讀經者「意」與經典蘊涵「志」，通過「以意逆志」相互交融獲至聖賢之理。總括地說，朱熹將讀書解經視為己身切要工夫，在繼承漢學基礎上以理學熔訓詁考證於一爐，這是解經基本立場。然這立場不可否認進行解經前已預取的理解，若以哲學詮釋學而言即是「前理解」（preunderstanding）、「成見」（prejudice）。[77]依此前理解既不是詮釋者主觀任意選取，亦不是純然客觀地由詮釋者歷史背景所賦予，更準確地說它是由詮釋者參與貢獻並涉身其中傳統（tradition）相互作用而形成一種共通感（commonality）。[78]與其說，朱熹身為儒生尊經的認知外，毋寧說解經為修身治己的工夫，更來自浸潤整個宋代理學背景下，形成傾聽經典、註經詮釋，進與作者視域融合（Horizontverschmelzung）[79]，實踐「自身置入」（transposing ourselves）[80]的經典意義世界。

---

[75] 〈答石子重〉，《晦庵先生朱文公文集（三）》卷四十二，收入《朱子全書》二十二冊，頁1920。

[76] 〈讀書法上〉，《朱子語類》（一）卷十，收入《朱子全書》十四冊，頁327。

[77] 伽達默爾（Hans-Georg Gadamer）著、洪漢鼎譯：《真理與方法》（第一卷）（台北：時報文化出版公司，1999年），頁357-358。

[78] 同前註，頁31。

[79] 同前註，頁401。

[80] 「這樣一種自身置入，既不是一個個性移入另一個個性中，也不是使另一個人受制於我們自己的標準，而總是意味著向一個更高的普遍性的提升，這種普遍性不僅克服了我們自己的個別性，而且也克服了那個他人的個別性。『視域』這一概念本身就表示了這一點，因為它表達了進行理解的人必須要有的卓越的寬廣視界。獲得一個視域，這總是意味著，我們學會了超出近在咫尺的東西去觀看，但這不是為了避而不見的東西，而是為了在一個更大的整體中按照一個更正確的尺度去更好地觀看這東西。」同註77，頁399。

毫無疑問的，朱熹這「自身置入」經典世界，視經學治經與成德之教相結合，不是純粹為了知識性的理論操作，而是巍然樹立一種迴向身心「以意逆志」切會經典的實踐工夫。這實踐形成了朱熹經典詮釋與歷史意識的「視域融合」，融會漢儒、宋儒治經而推陳出新，提出了一個別異大功的經解詮釋，治經並非只為經解知識的增進，更是對自我生命達乎明理的實踐，正可謂「學問豈以他求，不過欲明此理而力行之耳。」[81]所以，透過不斷與經書聖人之意交流對話的方式，「以意逆志」主客交融互為主體，建立起對天理的體會。這對經典的理解，形成了一種在「經典文本」和「作者原意」與「讀者體驗」之間的理解循環，這循環構成了二個功能：一將所理解的意涵逆反於身，切己深思，以己身體驗來印證聖人之意；另一則是將聖賢之言化為己志理想，做為治己修身行為的準則。明乎此，朱熹通經明理的實踐治學與哲學詮釋學的精神頗為相近，以這樣的詮釋原則，以「理學」做為理論核心，「理」遍注儒經，將《四書》闡發義理為最高目標，建構起「哲學詮釋」與「經學詮釋」綰合為一的思想體系。

四、孟子正統地位之確立

綜上分析即已明瞭，朱熹透過切身實踐的途徑與方法來詮釋經典，力圖消弭經典歷史與讀經者間的時間鴻溝，以實現「聖人之言」，求「聖人之意」融通於「天地之理」的境界。很顯然，朱熹成功地延續千載不傳的使命，從《四書》集註大成之作來看，經典所昭顯的歷史意義，既體現了唐至宋傳承轉化的經學體系，又以義理作為經學之主體，重振了儒學道統。這不僅切合了當代學術思潮，也完備地建構起儒學思想體系，《四書章句集註》榮登官學，蔚為主導中國主流思潮長達數百餘年之久，其影響性從宋代孟子正統地位的確立即可看出。

孟子地位值至北宋中葉後，因理學興起，神宗元豐八年（西元1085年）以兗、鄒二公配享文宣王，議定孟子冠服位同顏回，天下孔廟均塑孟

[81] 〈答郭希呂〉，《晦庵先生朱文公文集（四）》卷五十四，收入《朱子全書》二十三冊，頁2566。

子像[82]，北宋孟子地位趨於尊崇穩固。南渡之後，承前餘緒，儒學「內聖」心性論為尚，鴻儒輩出，朝廷又多方推尊理學，書院名師講授理氣心性，二者相輔相成道學大為蓬勃，諸儒倡談孟學心性、養氣之說，值至南宋孟學更是臻達鼎盛。朱熹立基在孟學發展史上承先啟後的重要關鍵，既繼往「漢學」舊風又下開「宋學」新風，《孟子》由子部升為「經部」[83]，《孟子》地位的升格，也鋪陳了朱熹註孟詮釋意識的萌生。朱熹反思儒學道統的傳承，孔子歿，獨孟子傳得其宗，其後不得其傳：

> 韓子曰：堯以是傳之舜，舜以是傳之禹，禹以是傳之湯，湯以是傳之文、武、周公，文、武、周公傳之孔子，孔子傳之孟軻，軻之死不得其傳焉。……惟孟軻師子思，而子思之學出於曾子。自孔子沒，獨孟軻氏之傳得其宗。故求觀聖人之道者，必自孟子始。[84]

這具體的道統系譜，自承唐・韓愈〈原道〉就首次提出。「自孔子沒，獨孟軻氏之傳得其宗」，就儒學正統意識而言，韓愈認為：「孔子之道，大而能博，門弟子不能遍觀而盡識也，故學焉而皆得性之所近。其後離散，分處諸侯之國，又各以其所能授弟子，源遠而末益分。」[85]孔氏歿後，儒分為八，究竟哪派得其孔子正傳？韓愈認為：「孟軻師子思，子思之學，蓋出曾子。自孔子沒，群弟子莫不有書，獨孟軻氏之傳得其宗。」[86]這表明了韓愈對於儒家傳承的理解，上傳孔子思想的原意，當以孟子的解釋為圭臬，因此「故求觀聖人之道，必自孟子始」。[87]韓愈確認了孟子歸屬儒學道統系譜的地位，對此之論，朱熹極力推崇韓愈，贊曰：

---

[82] 清・俞樾：《茶香室續鈔》（台北：世界書局，1963年），頁4452。

[83] 周予同在其《群經概論》中提到此一名詞，以《孟子》原歸屬「子部」，到了宋代則升為「經部」的過程。參見同註2，頁289。

[84] 同註20，〈孟子序說〉，《四書章句集注》，頁231。

[85] 唐・韓愈：〈送王秀才序〉《韓昌黎全集》卷二十（北京：中國語言文化大學出版社，1990年）。

[86] 同前註。

[87] 同前註。

看聖賢代作，未有孔子，便無《論語》之書；未有孟子，便無《孟子》之書；未有堯、舜，便無《典》、《謨》；未有商、周，便無《風》、《雅》、《頌》。此道更前後聖賢，其說始備。自堯舜以下，若不生個孔子，後人去何處討分曉？孔子後若無個孟子，也未有分曉。孟子後數千載，乃始得程先生兄弟發明此理。今看來，漢、唐以下諸儒說道理見在史策者，便直是說夢！只有個韓文公依稀說得略似耳。[88]

對於朱熹而言，韓愈的道統說好似石破天驚，喚醒了儒家長期沉睡的道統意識，也因標舉道統說的影響，面對佛老的挑戰，儒學發展至理學，道統重振的呼籲猶為急迫性。朱熹從經典註疏入門，給了自己一個孟學詮釋具體的傳承理由：「求觀聖人之道者，必自孟子始」將道統所包含的認同意識、正統意識及弘道的使命皆具體地表達。於是朱熹求觀聖人之道，切入孟學，便立足在此氛圍下皓首窮經地展開孟學詮釋，潛心犫所「以意逆志」《孟子》經典的實踐，黽勉為志而重張儒學旗幟，承擔起道統的使命。然傳承之有系統，但何謂「道」？

蓋自上古聖神繼天立極，而道統之傳有自來矣。其見於經，則「允執厥中」者，堯之所以授舜也；「人心惟危，道心惟微，惟精惟一，允執厥中」者，舜之所以授禹也。堯之一言，至矣，盡矣！而舜復益之以三言者，則所以明夫堯之一言，必如是而後可庶幾也。[89]

歷選前聖賢之書，所以提挈綱維，開示蘊奧，未有若是之明且盡者也。自是而又再傳以得孟氏，為能推明是書，以承先聖之統，及其沒而遂失其傳焉。則吾道之所寄，不越乎言語文字之間，而異端之說明新月盛，以至於老、佛之徒出，則彌近理而大亂真矣。然而尚幸此書之不泯，故程夫子兄弟者出，得有所考，以續夫千載不傳之緒；得有所據，以斥夫二家似是之非。……熹自蚤歲嘗受讀而竊欵

[88] 〈孔孟周程〉，《朱子語類》（四）卷九十三，收入《朱子全書》十七冊，頁3096。

[89] 同註20，〈中庸章句序〉，《四書章句集注》，頁17。

> 之，沉潛反復，蓋亦有年，一旦恍然似有以得其要領者，然後乃敢會眾說而折中，既為定著章句一篇，以竢後之君子。[90]

對朱熹而言，道統之「道」乃是二程道學之一脈相傳，《尚書‧大禹謨》「人心惟危，道心惟微，惟精惟一，允執厥中」這十六字心傳，為堯舜道統相傳之開始，神會而心得，便是理學家們所據說的「心傳」。朱熹因承韓愈「軻之死，其不得傳焉」，所以認為儒家道統一度出現斷裂，而接續道統只能通過心傳。因持此說，所以朱熹推尊二程，既孟子後以承先聖之統，續夫千載不傳之緒者，賦予崇高的肯定，上接聖賢與孔孟相提並論，並在《四書集註》篇末推二程定於一尊。

朱熹奉二程為道統傳人後，儒學道統意識油然而生，在進行這樣的表述時，實然已跳出傳統經解的註者身分，超越經典之外以自身歷史視域進行經典新釋。換言之，朱熹注解的不僅是經學，更是道統上的貫通，其自述：「吾少讀程氏書，則已知先生之道學德行，實繼孔孟不傳之統。」[91]又在《大學章句序》中云：

> 天運循環，無往不返。宋德隆盛，治教休明。於是河南程氏兩夫子出，而有以接乎孟氏之傳，實始尊信此篇而表章之，既又為之次其簡編，發其歸趣，然後古者大學教人之法、聖經賢傳之指，粲然復明於世。雖以熹之不敏，亦幸私淑而與有聞焉。[92]

明乎此，朱熹將二程之學「有以接孟氏之傳」，而自謂「亦幸私淑而與有聞焉」，委婉含蓄地道訴己身為二程道統之嫡傳，效於聖經賢傳，續統明志昭然若揭。其後，弟子黃幹則更明確地表述，其師朱熹乃為道統之繼傳：

[90] 同註20，〈中庸章句序〉，《四書章句集注》，頁18-19。

[91] 〈建康府學明道先生祠記〉，《晦庵先生朱文公文集（五）》卷七十四，收入《朱子全書》二十四冊，頁3732。

[92] 同註20，〈大學章句序〉，《四書章句集注》，頁2。

竊聞道之正統，待人而後傳，自周以來，任傳道之責，得統之正者，不過數人，而能使斯道章章較著者，一二人而止耳。由孔子而後，曾子、子思繼其微，至孟子而始著。由孟子而後，周、程、張子繼其絕，至先生而始著。[93]

堯、舜、禹、湯、文、武、周公生，而道始行；孔子孟子生，而道始明；孔孟之道，周、程、張子繼之；周、程、張子之道，文公朱先生又繼之。此道統之傳，歷萬世而可考也。[94]

由此而考，「道之正統，待人而後傳」朱熹是道統傳承之集大成者。足以見當朱熹標榜自己為正統時，所捍衛的不僅是自己的傳承地位，更重要的是捍衛儒學正統的思想本質。朱熹闡幽發微，以承續道統而自命，借孔孟視域以經學接續道統，此乃義不容辭的學術使命。然當這強烈的衛道意識，面對外來佛老挑戰時，捍衛道統之心便油然而生，上傳二程以追溯道統，於是註經之學就成為朱熹弘道實踐的途徑。因而「吾道之所寄，不越乎言語文字之間」，朱熹憂慼異端之說日新月盛，後世遂失其傳，因此云：

愚按：此言，雖若不敢自謂已得其傳，而憂後世遂失其傳，然乃所以自見，其有不得辭者，而又以見夫天理民彝不可泯滅，百世之下，必將有神會而心得之者耳。故於篇終，歷序群聖之統，而終之以此，所以明其傳之有在，而又以俟後聖於無窮也，其指深哉！有宋元豐八年，河南程顥伯淳卒。潞公文彥博題其墓曰：「明道先生。」而其弟頤正叔序之曰：「周公歿，聖人之道不行；孟軻死，聖人之學不傳。道不行，百世無善治；學不傳，千載無真儒。無善治，士猶得以明夫善治之道，以淑諸人，以傳諸後；無真儒，則天

93 宋‧黃幹：〈朱子行狀〉，《黃勉齋先生文集》卷八，影印文淵閣《四庫全書》（台北：台灣商務印書館，1983年）。

94 同前註，宋‧黃幹：〈徽州朱文公祠堂記〉，《黃勉齋先生文集》卷五，影印文淵閣《四庫全書》。

下貿貿焉莫知所之，人欲肆而天理滅矣。先生生乎千四百年之後，得不傳之學於遺經，以興起斯文為己任。辨異端，闢邪說，使聖人之道渙然復明於世。蓋自孟子之後，一人而已。然學者於道不知所向，則孰知斯人之為功？不知所至，則孰知斯名之稱情也哉？」見夫天理民彝，不可泯滅，百世之下，必將有神會而心得之者耳。故於篇終，歷序群聖之統，而終之以此，所以明其傳之有在，而又以俟後聖於無窮也，其指深哉！[95]

朱熹由祖述二程之功，見天理民彝泯滅，人欲肆而天理滅，起而辨異端、闢邪說，使聖人之道渙然而復明於世。鑑於「道不行，百世無善治；學不傳，千載無真儒」，朱熹興起斯文為己任，《孟子集注》篇末便明示以孟學為傳之志，清楚地道出孟學詮釋的目的終在群聖賢之統以傳承後聖，其旨顯然。雖說理學家創造的經典有古經今注也有叢書形式，然若以內在相繫來看思想根源，這就必須追溯到詮釋者的詮釋意識。以此意義而言，「集註」才是朱熹四書詮釋的靈魂，就集註《四書》的理學背景來看，充滿著強烈的外延因素，老學、玄學合流，佛學衝擊；就內容因素來看，經學發展至北宋，從唐孔穎達箋注《五經正義》經解定為一統，時至宋代已遭群起非議，時勢已然，舊儒學的崩塌也正代表了新儒學轉化的契機來臨。

所以，面對整個歷史課題的變遷，思想衝突又何能融合，儒學衰微該如何振興中土？朱熹扣緊了這時代課題，透過集註、刊訂《四書》以實踐道統的延續。朱熹以「集大成」的貫通姿態，確立了道統傳承的儒學歷史，皓首窮經近五十年心血，其苦心之致非其他註疏所能比，開書院、辦教育[96]，兼融漢、宋之學以創造轉化新儒學，建立了《四書》與五經比肩，影響中國思想逾七百年的重要經典，詮釋之職志厥功甚偉。從詮釋的立場來看，朱熹以集註《四書》的形式重返道統，扳回儒學正統之勢，既

---

[95] 同註20，〈盡心章句下〉，《孟子集注》卷第十四，《四書章句集注》，頁447。

[96] 宋代學校建制大體沿襲唐制，國子監所屬有國子學和太學，另為皇族幼童設宗學，在外僑集中的廣州、泉州設「蕃學」。由於朝廷只注重科舉取士，學校教育受到嚴重影響，從此日漸衰落。在這種形式下，書院得到長足的發展，學者紛紛創辦書院。隨著書院的發展和興盛，宋初逐漸形成了一批在當時及對後世產生很大影響的代表性書院，如湖南衡陽石鼓書院、江西廬山白鹿洞書院、河南商邱應天府、湖南長沙嶽麓書院、河南登封嵩陽書院、江蘇南京茅山書院等。

是應然也是必然的治經途徑，在表彰《大學》、《中庸》作為心性之學的綱領，與《論語》、《孟子》並行合為一輯，重在闡揚理學義理，在訓釋體例上全不似漢、唐注家，足可謂最能代表宋代經學解經的精神。在經學的實踐中，以理學雄姿重振儒學，取代傳統《五經》地位[97]，朱熹集註《四書》大成之功，實可謂功不可沒。

朱熹弘道心性內聖之學，恢復儒學正統，接續道統歷史，闡揚「明天理，滅人欲」、「人心／道心」之辨，創造地演繹所成《孟子集注》。朱熹在世時，因《孟子》編入《四書集註》，孟學影響力浩瀚，曾一度讓南宋統治者疑慮，甚而採取柔性防堵，意圖削弱使其影響力不再擴大，但是朱熹一代宗師的地位日益穩固，不降反升，朱熹歿，朝廷更以《四書》立於學官。[98]孟學大盛，士子莫不奉為圭臬，孟學著作蔚為大增，論孟史、志、著錄即近百家之多，成果斐然盛況空前，注孟詮孟者甚眾，誠不勝枚舉[99]，遂此更確立了《孟子》的正統地位。以《四書集註》為代表的程朱理學，成為宋、元以後七百年間官方至尊的統治思想，從此便成為判別正謬的權威標準。直至元代延祐年間，科舉頒定《四書集註》應試士子，政統牽制學統，更進一步強化經典權威的力量。《四書》的獨尊，實際上體現在註經者——朱熹的注上，因此孔孟思想由此詮解而被肯定，所以朱熹詮釋的意義與文本以外的發揮，實際上已超越了經典自身，而形成另一個權威的新根源。其後，朱學籠罩歷經元、明，政治、科舉附庸為官方理學，影響極為浩大，舉世罕匹而無人出其右。明、清沿習不變，孟學也因《四

[97] 漢唐諸儒以「六經」為儒經主體，重訓詁輕義理的研習《詩》、《書》、《禮》、《易》、《春秋》等經典，二程為建立儒家「道統」思想體系，不僅把《大學》、《中庸》從《禮記》中提取出來而使之成為二部獨立的經典，又將《孟子》由「子」升為「經」提高其地位，而且還將這三部書與反映孔聖言行風貌、本就具有權威性的《論語》並列，合為「四書」作為整個儒家經典的基礎，認為「四書」最能體現聖人作經之意，甚至聖人之道就載於這「四書」之中。在朱熹看來「六經」本義並不在直接闡發義理，如《易》之本義是占筮；《詩》之本義是「感物道情，吟詠情性」而「《尚書》收拾於殘闕之餘，卻必要句句義理相通，必至穿鑿」；「《春秋》直截當時之事，要見當時治亂興衰，非是於一字上定褒貶」；《儀禮》不過講「儀法度數」而已。總之，「《詩》、《書》是隔一重兩重說，《易》、《春秋》是隔三重四重說。」故就探求經文義理即「聖人之道」角度比較，《語》、《孟》工夫少，得效多；六經工夫多，得效少。

[98] 馬宗霍：《中國經學史》第十篇〈宋之經學〉（北京：商務印書館重印本，1998年）。

[99] 清・朱彝尊：《經義考》卷二百三十四、卷二百三十五，《四部備要》本（台北：中華書局，1981年）。

書集註》蔚為顯學，更推波助瀾地普及在經學思想上，影響力極為深廣，至今仍方興未艾。

第二節　朱熹孟子學之詮釋

一、「性即理」之以理釋性

朱熹畢生投入《四書集註》不遺餘力，曾充滿自信云：「某於《論》、《孟》四十餘年理會。中間逐字稱等，不教偏些子。學者將注處，宜子細看」[100]，又云：「某《語孟集註》添一字不得，減一字不得」[101]、「若與孟子不合者，天厭之！天厭之！」[102]朱熹對《四書集註》的信心，其後整個學術思想的發展確也環繞此書而展開，足以證朱熹確有先見之明。宋末儒者・趙順孫（1215-1276）在《四部纂疏》〈序〉中亦推崇：「朱子《四部》注釋，其意精密，其語簡嚴，渾然猶經也。」《四書集註》的權威性已然取得學術典範的地位，而朱熹詮釋之大成，也由此貞定了儒家思想系統的解釋。尤其，朱熹深入地探討以形上價值的本體論[103]「性即理」做為闡明孟子性善的基礎，進而在人之為道德實踐主體的概念架構下論述了「心統性情」，安頓了心、性、情關係，其系統中最具有哲學意義的當屬於探討整體思想中的理氣問題。

從哲學發展的規律來看，當一個哲學命題從舊有的境遇中，調適上遂轉變成為更大範疇的普遍命題，這可說是思想上的跳躍，一種質的變化。但鑑於中國哲學的實踐本質，命題往往缺乏純粹知性的理性與形而上學的內在張力，因而這跳躍性的變化，自不能囿於自身傳統內而完成，它需有賴外

[100] 〈語孟綱領〉，《朱子語類》（一）卷第十九，收入《朱子全書》十四冊，頁655。

[101] 〈語孟綱領〉，《朱子語類》（一）卷第十九，收入《朱子全書》十四冊，頁655。

[102] 〈公孫丑上之上〉，《朱子語類》（二）卷第五十二，收入《朱子全書》十五冊，頁1719。

[103] 中國哲學的形上學問題意識中，關於終極價值意義的問題在傳統上就是以本體這個概念在指稱的，因此以本體論的概念使用作為形上學終極價值意識之學是恰當的。這樣就初步確定了在中國形上學問題意識脈絡中的本體論與宇宙論概念，在所討論的問題項目上的明確區隔，一為終極價值意義問題，一為具體時空材質問題。在中國哲學的形上學問題中還有關於整體存在界的總原理的概念定義，即「理、氣、心、性、情、才、欲」概念間的關係，而涉及價值意識的本體論問題，幾乎等於形上學這個概念，而本書所持此概念乃著意於此。

來的衝擊刺激而改變，這從整個宋代理學的發展背景中即可看出。「佛教傳入中原，本屬純粹道德倫理學說，進而發展成為一個極為重要的形而上學哲學命題。而儒家哲學本是一種入世哲學，著重關懷在於此世的生活世間，當佛教論說此世虛幻，嚮往彼世之說的提倡，無疑的是對儒家思想理論的一個挑戰，這促使了儒家必須在宇宙論上論證『理』和『氣』；在本體論上論證『形而上』和『形而下』；在人倫世界上論證『理』和『事』的兩重統一，為儒家入世哲學的理論打下形而上學的基礎。」[104]因此，宋代理學的興起可說是由此而發展，而朱熹詮釋學正可謂是面對外來思想的衝擊，從而對漢、唐經學反省而創造，尤以對孟學心性論的闡釋上。朱熹孟學這別具深意的詮釋，實際上籠罩在整個宋代理學的框架上，對朱熹而言「性」是「理」進一步內在化的表現，因為「性只是此理」[105]、「性是許多理散在處為性」[106]，其差別性在於人的靈明昏濁而有所分殊：

> 性，即理也。天以陰陽五行化生萬物，氣以成形，而理亦賦焉，猶命令也。於是人物之生，因各得其所賦之理，以為健順五常之德，所謂性也。[107]

> 性則就其全體而萬物所得以為生者言之，理則就其事事物物各有其則者言之。到得合而言之，則天即理也，命即性也，性即理也。[108]

> 性即理也。在心喚做性，在事喚做理。[109]

> 性者，心之理；情者，心之動；心者，性情之主。[110]

---

[104] 洪漢鼎：〈從詮釋學看中國傳統哲學『理一而分殊』命題的意義變遷（上）〉，《北京行政學院學報》2002年第二期，頁76。

[105] 〈性情心意等名義〉，《朱子語類》（一）卷第五，收入《朱子全書》十四冊，頁216

[106] 〈性情心意等名義〉，《朱子語類》（一）卷第五，收入《朱子全書》十四冊，頁216。

[107] 同註20，〈中庸章句〉，《四書章句集注》，頁20。

[108] 〈性情心意等名義〉，《朱子語類》（一）卷第五，收入《朱子全書》十四冊，頁215。

[109] 〈性情心意等名義〉，《朱子語類》（一）卷第五，收入《朱子全書》十四冊，頁216。

[110] 〈性情心意等名義〉，《朱子語類》（一）卷第五，收入《朱子全書》十四冊，頁224。

朱熹將性解為理，性具有形而上的性格是作為超越的根據，所以人物得以為性。天即理也，命即性也，在心喚做性，在事喚做理，天賦陰陽五行化生萬物，因此萬物稟氣成形，而理亦呈現。所以人與物各得所賦之理，為健順五常之德，朱熹認為這皆是性的表現，性源於天所命，性即理也，性者乃是心之理。換言之，性只是心之理，既非心也非情，所以性作為靜態之理存有而不活動。這即是說在朱熹的理解下，性即為理的表現，是全體萬物所得以為生的依據，所以事事物物各有其則。在此理解下，朱熹心性論的系統建構，關於理氣概念的個別界定及兩者關係就成為必須安頓的問題，理氣關係如何架構，孟子性善說的命題關係，朱熹又當如何詮解？

> 性不可言。所以言性善者，只看他惻隱、辭遜四端之善則可以見其性之善，如見水流之清，則知源頭必清矣。四端，情也，性即理也。發者，情也，其本則性也，如見影知形之意。[111]

> 或問心、情、性。曰：「孟子說『惻隱之心，仁之端也』一段，極分曉。惻隱、羞惡、是非、辭遜是情之發，仁義禮智是性之體。性中只有仁義禮智，發之為惻隱、辭遜、是非，乃性之情也。如今人說性，多如佛、老說，別有一件物事在那裏，至玄至妙，一向說開去，便入虛無寂滅。吾儒論性卻不然。程子云『性即理也』。此言極無病。『孟子道性善』，善是性合有底道理。然亦要子細識得善處，不可但隨人言語說了。」[112]

顯然，朱熹以儒者的立場，當是反駁佛老之學虛無寂滅、至玄至妙論心性，從而上溯道統，以孟子性善說來挺立儒家心性論。朱熹順著四端之心善以言性，強調仁義禮智為性之本體，四端是情之發，乃性之情也，以「四端之善」做為性善的前提基礎。然而，在孟子的立場中，善惡是作為價值意識的人性主張，必然可為善的部分是交由心善以說性，而為惡的部

[111] 〈性情心意等名義〉，《朱子語類》（一）卷第五，收入《朱子全書》十四冊，頁224。

[112] 〈性情心意等名義〉，《朱子語類》（一）卷第五，收入《朱子全書》十四冊，頁227。

分則交由氣的存在來說明。孟子原意的闡釋在朱熹理解下，「善」成為性的所有綜合道理，道理所成如同四端之情比擬水源之清，推證性體必為清，在「性即理」的結構保證下，說明了終極價值意義，論證了孟子性善的必然性，以理釋性地完備架構起「性即理」的心性論。

明乎此，朱熹視「性」成為萬物所以得生的根據，而「理」則是事事物物各有其則。在以理釋性的架構下，「性即理」做為萬物所得生之原理，人物所生皆稟受天賦之理，更是萬物創生之根源。然既是性即理，朱熹論性又何以得區分「天命之性」、「氣質之性」？朱熹又云：

> 問：枯槁之物亦有性，是如何？曰：「是他合下有此理，故云天下無性外之物。」因行街，云：「階便有磚之理。」因坐，云：「竹椅便有竹椅之理。枯槁之物，謂之無生意，則可；謂之無生理，則不可。如朽木無所用，止可付之爨灶，是無生意矣。然燒甚麼木，則是甚麼氣，亦各不同，這是理元如此。[113]

> 性只是仁義禮智。所謂天命之與氣質，亦相袞同。才有天命，便有氣質，不能相離。若闕一，便生物不得。既有天命，須是有此氣，方能承當得此理。若無此氣，則此理如何頓放。天命之性，本未嘗偏。但氣質所稟，卻有偏處，氣有昏明厚薄之不同。[114]

> 人之所以生，理與氣合而已。天理固浩浩不窮，然非是氣，則雖有是理而無所湊泊。故必二氣交感，凝結生聚，然後是理有所附著。凡人之能言語動作，思慮營為，皆氣也，而理存焉。故發而為孝弟忠信仁義禮智，皆理也。然而二氣五行，交感萬變，故人物之生，有精粗之不同。自一氣而言之，則人物皆是氣而生；自精粗而言，則人得其氣之正且通者，物得其氣之偏且塞者。[115]

[113] 〈人物之性氣質之性〉，《朱子語類》（一）卷第四，收入《朱子全書》十四冊，頁189。

[114] 〈人物之性氣質之性〉，《朱子語類》（一）卷第四，收入《朱子全書》十四冊，頁192-193。

[115] 〈人物之性氣質之性〉，《朱子語類》（一）卷第四，收入《朱子全書》十四冊，頁194。

論天命之性，則專指理言；論氣質之性，則以理與氣雜而言之。未有此氣，已有此性。氣有不存，而性卻常在，雖其方在氣中，然氣自是氣，性自是性，亦不相夾雜。[116]

朱熹認為形上根源的天理浩浩不窮，有理便有氣不能相離。理須有此氣的湊泊方能承當此理，理有所附著才可頓放凝結聚成萬物。雖然，天命之性與氣質之性，亦同來自天理，然因氣質昏明厚薄不同而有所分殊。因此，對朱熹而言天命之性專指「理」而言，人之性仁義禮智雖也是理，然人的形體卻必須依形著氣的結聚而生成，理氣不離不雜，方能思慮營為有所言語動作，此一切皆是「氣」的形成歸之於「理」，如此而言，朱熹論天命之性、氣質之性仍在一個理氣共構的結構上來論。

換言之，在朱熹的概念使用中細繹來論，事實上有兩種不同類型的理，但是朱熹卻混而用之未加區別。其一，是做為終極價值原理，即孝弟忠信仁義禮智的儒家基本價值，此亦為朱熹繼承性善論的本體論立場。其二，則為一切具體事物的本質原理，如桌椅器物之形式原理，此理又與氣化中的陰陽五行積聚。而顯然在朱熹的理氣論上，第二種理的意義乃是依第一種理意義的目的而存在，因此，朱熹所真正關心的還是做為終極關懷的道德性原理。

易言之，朱熹置性理蘊涵在理氣的形上學架構中，「性」一方面做為形上超越理的「天命之性」；另一方面又內在於形氣中，是人物具載因精粗不同而有別的「氣質之性」。如是，性即理落在形氣中，以天地之理做為性；天地之氣做為形。性是形而上；形氣是形而下，在運行凝聚的過程中產生的分異就有千差萬別，雖人物同天地之理至善純一，然「人物性本同，只氣稟異。」[117]因氣稟之異遂而有清濁之分，所以自然衍生人物氣稟「氣質之性」的分殊相：

「氣是那初稟底；質，是成這模樣了底。如金之鑛，本之萌芽相似。」又云：「只是一個陰陽五行之氣，袞在天地中，精英者為

[116] 〈人物之性氣質之性〉，《朱子語類》（一）卷第四，收入《朱子全書》十四冊，頁196。
[117] 〈人物之性氣質之性〉，《朱子語類》（一）卷第四，收入《朱子全書》十四冊，頁185。

人，查滓者為物；精英之中又精英者，為聖為賢；精英之中查滓者，為愚，為不肖。[118]

卻看你稟得氣如何，然此理卻只是善。既是此理，如何得惡。所謂惡者，卻是氣也。孟子之論，盡是說性善。至於不善，說是陷溺，是說其初無不善，後來方有不善耳。若如此，卻似「論性不論氣」，有些不備。卻得程氏說出氣質來接一接，便接得有首尾，一齊圓備了。[119]

性只是理。然無那天氣地質，則此理沒安頓處。但得氣之清明則不蔽固，此理順發出來。蔽固少者，發出來天理勝；蔽固多者，則私欲勝；便見得本原之性無有不善。孟子所謂性善，周子所謂純粹至善，程子所謂性之本，與夫反本窮源之性，是也。只被氣質有昏濁，則隔了，故氣質之性，君子有弗性者焉。學以反之，則天地之性存矣。故說性，須兼氣質說方備。[120]

顯然，朱熹主張稟氣定數論，認為人和物都是稟氣所成，精英者為人、為聖為賢；查滓者為物、為愚、為不肖，一切只是稟氣所不同。「氣是那初稟的，質是成這模樣了底」，這即是說，陰陽五行之氣在運行過程中不斷地積聚各種形質，精英之氣積聚得形質是人，渣滓積聚得形質是物，所以稟其清明純粹者為人；相反地，稟氣昏濁偏駁則為物，遂有人物之別。如是，氣稟存在的價值意涵仍是善，惡只是因氣稟偏頗過度所致，而在此理解下，朱熹則認為孟子絕對至善的性善論「論性不論氣」，幸有二程提出「氣質之性」，兼具了「天地之性」，二者綰合論性方才圓備。這即是在朱熹「性即理」的理論架構下，分析了人與物的區別，有理必有此氣，理即為氣的原理規範，論證人／物皆同於理，說明稟氣差異的不同，遂有理／氣；善／惡之分。如是，朱熹立基在「性即理」的理論架構上，從而對儒學史上所有的人性論進行徹底的反省，為「氣」的安頓尋找一個著力點：

[118] 〈序〉，《朱子語類》（一）卷第十四，收入《朱子全書》十四冊，頁430-431。

[119] 〈人物之性氣質之性〉，《朱子語類》（一）卷第四，收入《朱子全書》十四冊，頁193。

[120] 〈人物之性氣質之性〉，《朱子語類》（一）卷第四，收入《朱子全書》十四冊，頁195。

> 孟子只論性，不論氣，便不全備。論性不論氣，這性說不盡，論氣不論性，性之本領處又不透徹。荀、揚、韓諸人雖是論性，其實只說得氣。荀子只見得不好人底性，便說做惡。揚子見半善半惡底人，便說善惡混。韓子見天下有許多般人，所以立為三品之說。就三子中，韓子說又較近。他以為仁義禮知為性，以喜怒哀樂為情，只是中間過接處少個「氣」字。[121]

朱熹反省檢討儒學各家人性論，認為這理氣架構可合理解決人性論根本問題，在性善論中又能合理地說明人有為惡現象的可能。朱熹理解孟子論性而不就氣說，只論天命之性而不論氣稟便不完備；荀子性惡說只看氣一邊，未看到天命之性的絕對性善。對於揚雄善惡混說，亦即性氣兩邊都看但得一偏不全。至於，韓愈性三品則似近而實遠，因氣稟賦形所呈現人的差異又何止三品。由此評議可知，在朱熹理論架構下，「性即理」論性顯然必兼理／氣二面，「理」做為萬物存在依據，理超越萬物而為一，然這理卻不能直接創造萬物，是故依附形質基礎的「氣」來生發，形氣絪縕交感而所生萬物。如此，「性」之理透過氣質積聚變化始能呈現，所以在人的氣稟外湊泊一物附著者為「性」，雖「氣質之性」為一性，然因駁雜不齊自不能別有一理，必然消融在「天地之性」中得以復歸根源「理」，如是「天地之性」與「氣質之性」，各有所指卻又相互依存，綰合於一「理」。

朱熹由對儒學史上人性論取得徹底解釋，論證人必然為善的形上原理，詮解氣質之性安頓在理學架構中，在性善價值追求上，藉由「氣」概念說明天地萬物存在結構。其中最具創造對於德性實踐中討論性善的可能，藉由「氣」的存在結構來說明原因，讓惡於性中存在可能，由「理」的保存做為趨善的保證，這才是朱熹以理釋性真正的理論貢獻。朱熹由肯定孟子性善扣合「性即理」，透過「天地之性／氣質之性」論述人與物的差異，建立必然為善的形上學，以理釋性地解釋理氣，架構起性情形上學宇宙論解析[122]，別具匠心確為孟學史上首先提出形上意涵的孟學，格外深具意義。

---

121 〈人物之性氣質之性〉，《朱子語類》（一）卷第四，收入《朱子全書》十四冊，頁209。

122 馮友蘭論於朱熹理氣論時即指出：「朱熹很像亞理士多德」，馮友蘭《中國哲學史新編》第五冊

二、「心統性情」建構存理去欲的終極價值

朱熹將「性」安頓於「理」上，最終使其以理為本的人性論得以確立，立足在孟子性善說的詮釋主體上，表明了上承道統繼孟的立場。因而，詮釋進路反省了前賢對於人性論的看法，既而提出「氣質之性／天命之性」以說明理氣關係，從理論上融合諸家論性的可能。顯然地，這樣的進路藉由結合心性論與本體論，為儒家人性論尋求一個形上的根據，將形上本體與心性結合，得以論證人為性善的道德屬性，以理釋性地闢佛老，為儒家孟學性善論作了新的表述。毫無疑問的，朱熹以「性」做為形上之理確立了性的來源與內容，從而對「心」進行分析解釋：

> 性便是心之所有之理，心便是理之所會之地。[123]

> 心以性為體，心性做餡子模樣。蓋心之所以具理是者，是有性故也。[124]

> 心，主宰之謂也。動靜皆主宰，非是靜時無所用，及至動時方有主宰也。言主宰，則混然體統自在其中。心統攝性情，非儱侗與性情為一物而不分別也。[125]

朱熹對於心性情的界定，也不離性即理的形上學架構，性是理的主觀化，性理是存在物的超越根據，心與情都只是氣。而在朱熹的心性理解上，心雖為氣，然性具在於心，心統攝性情為主宰，是混然體統性理呈現的主要

（台北：藍燈文化事業股份有限公司出版，1991年12月），頁179。牟宗三論朱熹形上學時言：「此則有類於廣義的柏拉圖型的系統，尤類於聖多瑪也。此則自不合先秦儒家論孟中庸易傳之型範，自此而言，謂其為歧出不算過分。」牟宗三：《心體與性體》（一）「性情之形上學的宇宙論的解析」（台北：正中書局，1995年12月），頁451。

[123] 〈性情心意等名義〉，《朱子語類》（一）卷第五，收入《朱子全書》十四冊，頁223。

[124] 〈性情心意等名義〉，《朱子語類》（一）卷第五，收入《朱子全書》十四冊，頁223。

[125] 〈性情心意等名義〉，《朱子語類》（一）卷第五，收入《朱子全書》十四冊，頁229。

憑藉。如是，心與性的關係如同理氣體用一如，值得注意的是，心可具性理，但卻不是性理的本身。那麼心何以為主宰？朱熹認為：

> 所覺者，心之理也；能覺者，氣之靈也。心者，氣之精爽。[126]

> 蓋道無形體，只性便是道之形體，然若無個心，卻將性在甚處？須是有個心，便收拾得這性，發用出來。[127]

> 後來看橫渠「心統性情」之說，乃知此話大有功，始尋得個「情」字著落，與孟子說一般。孟子言：「惻隱之心，仁之端也。仁，性也；惻隱，情也，此是情上見得心。又曰「仁義禮智根于心」，此是性上見得心。蓋心便是包得那性情，性是體，情是用。『心』字只一個字母，故『性』、『情』字皆從『心』。」[128]

> 心之全體湛然虛明，萬理具足，無一毫私欲之間；其流行該遍，貫乎動靜，而妙用又無不在焉。故以其未發而全體言之，則性也；以其已發而妙用者而言，則情也。然「心統性情」，只就渾淪一物之中，指其已發、未發而為言爾。[129]

「心統性情」實乃張載首先提出[130]，然並未對其展開系統性的論述，直至朱熹於四十歲中和新說中漸漸地底定了思想脈絡，不斷地反覆議論，為「心統性情」說提出了一套完善的理論。[131]朱熹認為心具有知覺認知判

---

[126] 〈性情心意等名義〉，《朱子語類》（一）卷第五，收入《朱子全書》十四冊，頁219。

[127] 〈人物之性氣質之性〉，《朱子語類》（一）卷第四，收入《朱子全書》十四冊，頁192。

[128] 〈性情心意等名義〉，《朱子語類》（一）卷第五，收入《朱子全書》十四冊，頁226。

[129] 〈性情心意等名義〉，《朱子語類》（一）卷第五，收入《朱子全書》十四冊，頁230。

[130] 張載云：「心統性情者也。有形則有體，有性則有情，發於性則見於情，發於情則見於色，以類而應也。」參見宋・張載：〈性理拾遺〉，《張載集》（台北：漢京文化事業有限公司，1983年），頁374。

[131] 朱熹於四十歲時，在中和新說中漸漸地底定了思想脈絡，接下來二、三年中更不斷地反覆議論此說，於四十三歲時撰成《仁說》。提出伊川主張「仁性愛情」作為指導，此後更推翻他中和舊說

斷，湛然虛明而妙用，萬理具足而妙用無所不在。對朱熹而言，心做為全體所能覺乃是心之理，能覺者乃是氣之靈，故心能覺知為一身之主宰。換言之，心為主宰而理具於心，心便是理所會之地，是故情透過心的作用在知覺上發用。此即是說明朱熹所謂的心，既是形下者的知覺認知之用，又是形上者的超越本體之心，即是理也是性。所以就張載「心統性情」基礎上，朱熹予以發揮性是體，情是用，性上見得心，如是三分心性情，即就已發／未發區分情／性，論述心性情渾淪一物，既講體用之分，又論性情之合，二者收攝統一於「心」。

顯然，朱熹相當肯定心的靈明認知，其言：「大凡道理皆是我自有之物，非從外得。所謂知者，便只是知得我底道理，非是以我之知去知彼道理也。道理固本有，用知，方發得出來，若無知，道理何從而見。」[132]心因靈明妙用始能認知判斷，性理則因心之知而能彰顯，如是心為主宰工夫義，便可主乎性而行乎情：

> 性不可言，所以言善者，只見他惻隱、辭遜四端之善則可以見其性之善，如見水流之情，則知源頭必清矣。四端，情也，性則理也。發者，情也，其本則性也，如見影知形之意。[133]

> 在天為命，稟於人為性，既發為情。此其脈理甚實，仍便分明易曉。唯心乃虛明洞徹，統前後而為言耳。據性上說「寂然不動」處是心，亦得；據情上說「感而遂通」處是心，亦得。故孟子說「盡其心者，知其性也」，文義可見。性則具仁義禮智之端，實而易察。知此實理，則心無不盡，盡亦只是盡曉得耳。如云盡曉得此心者，由知其性也。[134]

「心為已發，性為未發」的主張。中和新說提出了：「性是未發，情是已發」的主張，此後更進一步將心性情三分，以張載「心統性情」說來開展他的心性論詮釋。相關論述，請參見牟宗三：《心體與性體》（三）（台北：正中書局，1995年12月），頁407-464。

132 〈古之欲明明德於天下一段〉，《朱子語類》（一）卷第十七，收入《朱子全書》十四冊，頁584。

133 〈性情心意等名義〉，《朱子語類》（一）卷第五，收入《朱子全書》十四冊，頁224。

134 〈性情心意等名義〉，《朱子語類》（一）卷第五，收入《朱子全書》十四冊，頁224-225。

性是未動，情是已動，心包得已動未動。蓋心之未動則為性，已動則為情，所謂「心統性情」也。[135]

心者，主乎性而行乎情。故「喜怒哀樂未發謂之中，發而皆中節則謂之和」。心是做工夫處。[136]

事實上，朱熹心性論實然環繞著孟子學說而闡述，以己意釋孟，將孟子性善說轉化安置在「性即理」的架構系統上，以水流之清知源頭，比喻四端之善來論證本性之善。在孟子「盡其心者，知其性也」的脈絡上，朱熹推舉「心」做為虛明洞徹的主宰，以「心」貫通「性」、「情」之動靜。如是「性」成為形上之理存在不活動；「情」見影知形，為性之所發，性情二者關係在「性即理」的論述下，成為性為未動，情是已動，心包涵已動、未動。當心未動、未發則為「性」，是形而上本體存在做為寂然不動「性」的本然狀態，然當心已動、已發則為「情」之用，本體在感而遂通的「情」中實現了存在。理穩具於心，人因心的靈明認知依理而行，喜怒哀樂情所發皆中節合乎本然之理，心為樞紐，心兼性情貫通已發未發，主乎性而行乎於情，朱熹「心統性情」實然扣緊「性即理」，調適上遂而所發。

朱熹的性情體用架構下，性無所動，情之動乃依性而動，實然指的是「心」的體用。由是顯見，孟子「心即理」的道德主體論述，在朱熹「性即理」的詮釋下三分心、性、情，如此一來，性成為純然至善之性；心成為靈明認知心；情則成為性理之所發。性做為形上靜態「只存有而不活動」之理[137]，於是做為道德實踐的工夫便落到心上發用，透過心的明覺認知統攝，遂此「心統性情」架構已定。換言之，朱熹心統性情

135 〈性情心意等名義〉，《朱子語類》（一）卷第五，收入《朱子全書》十四冊，頁229。

136 〈性情心意等名義〉，《朱子語類》（一）卷第五，收入《朱子全書》十四冊，頁230。

137 牟宗三先生判宋明理學為三系說：「五峰蕺山系」、「伊川朱子系」、「象山陽明系」，而據分系說的關鍵乃針對朱子在宋儒上地位的分判，提出朱子學統上承伊川，以《大學》為主，而與《中庸》、《易傳》、《論語》、《孟子》、所論之道體、性體產生偏離與轉向，僅收縮在「只存有而不活動」之本體論之理，相形之下與明道、五峰承《中庸》、《易傳》，陸王之學承《論語》、《孟子》之道德工夫進路不同，在偏離與轉向上特重後天之涵養與格物致知的修養進路，針對此之修養工夫之殊異，牟先生因而判「伊川朱子系」為「橫攝系統」、「靜涵靜攝系統」，而言伊川朱子系之「理」是「只存有而不活動」。相關之見請參見同註122，頁58-59。

的架構下，「心」成為道德實踐主體的主宰，它的價值意識是由天命之性的理為終極，它的存在是氣化賦形於人後的「情」來顯現。如是，論心的存在面交由「氣」來說，落在心上由情發顯；相對地，論於心的主導面則交由「理」上來說，此理在心則為性。因此，「心統性情」即是朱熹在所建構的理氣論上，為人性論做為工夫實踐進路的一種表述。所以，心做為靈明認知的涵蓋下，如是心與理為二，心與性亦為二，在性理為一的架構下，朱熹心性論的闡釋自然走上「性即理」。

職是，朱熹「心統性情」的統攝下，透過「即情見性」的推論，展示了孟學四端之情的意涵——由情善知性善。所以「性」為心之性，心的主體稟受天理，性即心之理，也就扣合了朱熹「性即理」的心性論。很明確地，朱熹「性即理」即就性的概念存有意義開展，奠基在理氣架構上的理而言，推論出「心有善惡，性無不善」。[138]如是，理就成為系統中的形上根據，存有而不動的純善，性亦純善，如是「性是心之道理，心是主宰於身者。四端便是情，是心之發見處。四者之萌皆出於心，而其所以然，則是此性之理所在也。」[139]因此，在這樣的架構籠罩下，「性」具備了「理」在存有論上的所有特徵，端緒分明。但值得注意的是，朱熹不忘了強調「在天為命，稟於人為性」，「性即理」即更重要說明心的靈明認知之作用，雖然氣稟之影響因而呈顯善性有智愚、賢不肖、清濁高下之別，但做為氣稟的本身，並不能決定人心主體之為惡或為善，而交由已發活動的「情」上來彰顯：

> 性纔發，便是情。情有善惡，性則全善。心又是一個包總性情底。[140]

易言之，「由情以知性之有」是朱熹性情關係的一個重要命題，形上之性透過形下者之情來實現，就這意義來看朱熹無疑是性情統一論者。雖是如此，但這並不代表朱熹簡單就情上說惡，而是就情的感而遂發上論善惡的

---

[138] 〈性情心意等名義〉，《朱子語類》（一）卷第五，收入《朱子全書》十四冊，頁223。

[139] 〈性情心意等名義〉，《朱子語類》（一）卷第五，收入《朱子全書》十四冊，頁225。

[140] 〈性情心意等名義〉，《朱子語類》（一）卷第五，收入《朱子全書》十四冊，頁225。

可能性。更精確說，情是做為主體的心的已發狀態，是主體的心所為，遂有善惡之別：

> 心有體用。未發之前是心之體，已發之際乃心之用，如何指定說得。蓋主宰運用底便是心，性便是會恁地做底理。性則一定在這裏，到主宰運用卻在心。情只是幾個路子，隨這路子恁地做去底，卻又是心。[141]

> 問性、情、心、仁。曰：「橫渠說最好，言：『心，統性情者也。』孟子言：『惻隱之心，仁之端；羞惡之心，義之端。』極說得性、情、心好。性無不善。心所發為情，或有不善。說不善非是心，亦不得。卻是心之本體本無不善，其流為不善者，情之遷於物而然也。性是理之總名，仁義禮智皆性中一理之名。惻隱、羞惡、辭遜、是非是情之所發之名，此情之出於性而善者也。其端所發甚微，皆從此心出，故曰：『心，統性情者也。』性不是別有物在心裏。心具此性情。心失其主，卻有時不善。如『我欲仁，斯仁至』；我欲不仁，斯失其仁矣。」[142]

明乎於此，「性無不善。心所發為情，或有不善。」朱熹清楚地表明了情有善惡的立場。但如何為人性惡的可能提出安頓？顯然，朱熹為情之惡，在心統性情的關係中尋求一個定位，說明心之本體本無不善，但有不善者乃是因「情之遷於物而然也」。但事實上，惡為不善的存在，在「心統性情」的架構下，主導性仍是交予人心來定位，為惡者是心，情之惡也是心的主宰狀態下，以情的已發惻隱、羞惡、辭遜、是非做為表述。因此，情做為心可為仁義禮智之善，或為惡失仁不善的狀態下，安置了情有善惡的可能。

141 〈性情心意等名義〉，《朱子語類》（一）卷第五，收入《朱子全書》十四冊，頁225。

142 〈性情心意等名義〉，《朱子語類》（一）卷第五，收入《朱子全書》十四冊，頁228。

事實上，朱熹肯定心做為道德實踐的樞紐，在心統性情的系統下，理歸源於天所具心之性，性的發用便落在情的顯發層面上來說。既然肯定情有善惡可能，朱熹更進一步強調，雖然心做為理的主宰，但並非是純然至善的保證，事實上，心也有不善之可能，這不善的可能發顯於情上來說明。情做為朱熹理氣論的形下之氣，又因流行氣稟之性不齊、物欲之私，導致惡的可能所生：

> 問：「心之為物，眾理具足。所發之善，固出於心。至所發不善，皆氣稟物欲之私，亦出於心否？」曰：「固非心之本體，然亦是出於心也。」[143]

> 心是動底物事，自然有善惡。且如惻隱是善也，見孺子入井而無惻隱之心，便是惡矣。離者善，便是惡。然心之本體未嘗不善，又卻不可說惡全不是心。若不是心，是甚麼做出來？古人學問便要窮理、知至，直是下工夫消磨惡去，善自然漸次可復。[144]

> 欲是情發出來底。心如水，性猶水之靜，情則水之流，欲則水之波瀾。[145]

承上所述，由此可明白朱熹對心性情概念與彼此關係已言之極明，「性」為形上超越之性而為心的本體；「情」是心的作用狀態，「心」為主宰作用，善惡皆由心自己負責。但是，在朱熹的架構系統中，心做為善的超越基礎已交由性予以保證，而氣質之性也論證了惡的存在性，氣稟有為惡的可能，心如何貞定變化？朱熹理論的架構系統上，思想的理路就必須轉進工夫議題來論之。在朱熹的理解下，本體的心無不善，不善所生乃是因為情遷於物所然，心是動底物事自然有善惡，要人從心上做工夫，透過「窮理知至」消磨惡去，循其理規，善性自然可復得。進乎於此，朱熹進一步

[143] 〈性情心意等名義〉，《朱子語類》（一）卷第五，收入《朱子全書》十四冊，頁219-220。

[144] 〈性情心意等名義〉，《朱子語類》（一）卷第五，收入《朱子全書》十四冊，頁220。

[145] 〈性情心意等名義〉，《朱子語類》（一）卷第五，收入《朱子全書》十四冊，頁229。

批評佛老「異端之學，以性自私，固為大病。然又不察氣質情欲之偏，率意妄行，便謂無非至理，此尤害事。近世儒者之論，亦有流入此者，不可不察。」[146]不察氣質情欲之偏，心無法宰制情，情流肆失理，安頓不恰便有人欲而所出[147]，心又如何做實踐工夫？

> 今說求放心，說來說去，卻似釋、老說入定一般。但彼到此便死了，吾輩卻要得此心主宰得定，方賴此做事業，所以不同也。如《中庸》說「天命之謂性」，即此心也；「率性之謂道」，亦此心也；「修道之謂教」，亦此心也；以至於「致中和」，「贊化育」，亦只此心也。致知，即心知也；格物，即心格也；克己，即心克也。非禮勿視、聽、言、動，勿與不勿，只爭毫髮地爾。所以明道說：「聖賢千言萬語，只是欲人將已放之心收拾入身來，自能尋向上去。」今且須就心上做得主定，方驗得聖賢之言有歸著，自然有契。如《中庸》所謂「尊德性」，「致廣大」，「極高明」，蓋此心本自如此廣大，但為物欲隔塞，故其廣大有虧；本自高明，但為物欲係累，故於高明有蔽。若能常自省察警覺，則高明廣大者常自若，非有所增損之也。其「道問學」，「盡精微」，「道中庸」等工夫，皆自此做，儘有商量也。若此心上工夫，則不待商量賭當，即今見得如此，則更無閑時。行時，坐時，讀書時，應事接物時，皆有著力處。大抵只要見得，收之甚易而不難也。[148]

朱熹由對批評佛老不察氣質情欲之偏，直將心的情欲斷滅，從儒者的立場重返聖賢經典的脈絡來思索，歸根其源探得驪珠立在「求其放心」基礎上。朱熹認為將已放失心收拾入身，教人行時坐臥、讀書應事接物皆在心上做持守工夫。從致知、格物、克己實踐上省察心知、心格、心克，自能體驗聖賢之言，「尊德性」致廣大極高明自然相契聖賢之理。所以「學

[146] 〈持守〉，《朱子語類》（一）卷第十二，收入《朱子全書》十四冊，頁366。

[147] 宋・朱熹〈力行〉：「有個天理，便有個人欲。蓋緣這個天理須有安頓處；才安頓得不恰好，便有人欲出來」，《朱子語類》（一）卷第十三，收入《朱子全書》十四冊，頁388。

[148] 〈持守〉，《朱子語類》（一）卷第十二，收入《朱子全書》十四冊，頁362。

者須是求其放心，然後識得此性之善。人性無不善，只緣自放其心，遂流於惡。」[149]倘若物欲隔塞，心流於惡又該如何貞定？針對此弊，朱熹提出「革盡人欲，復盡天理，方始是學。」[150]要人明天理，滅人欲，在心上做體認省察：

> 孔子所謂「克己復禮」，《中庸》所謂「致中和」，「尊德性」，「道問學」，《大學》所謂「明明德」，《書》曰「人心惟危，道心惟微，惟精惟一，允執厥中」，聖賢千言萬語，只是教人明天理，滅人欲。天理明，自不消講學。[151]

> 人之一心，天理存，則人欲亡；人欲勝，則天理滅，未有天理人欲夾雜者學者須要於此體認省察之。[152]

> 要須驗之此心，真知得如何是天理，如何是人欲。幾微間索理會。此心常常要惺覺，莫令頃刻悠悠憒憒。[153]

顯然，朱熹認為無需附合佛教斷滅的思想，因為從儒家傳統的道統經典，聖賢的千言萬語中早已顯豁「教人明天理，滅人欲」。在朱熹的理解上，「天理」是認知心的真實內涵，是萬物之所創生的原理，也是仁義禮智的總名。[154]然朱熹對於「人欲」的看法，卻不同論理如此簡單，因為對朱熹而言：「人心亦未是十分不好底，人欲只是飢欲食、寒欲衣之心爾，如何謂之危？既無義理，如何不危！」[155]又言：「人欲也未便是不好，謂之危者，危險欲墮未墮之間，若無道心以御之，則一向入於邪惡，又不止於危

---

[149] 〈持守〉，《朱子語類》（一）卷第十二，收入《朱子全書》十四冊，頁362。

[150] 〈力行〉，《朱子語類》（一）卷第五，收入《朱子全書》十四冊，頁390。

[151] 〈持守〉，《朱子語類》（一）卷第十二，收入《朱子全書》十四冊，頁367。

[152] 〈力行〉，《朱子語類》（一）卷第十三，收入《朱子全書》十四冊，頁388。

[153] 〈力行〉，《朱子語類》（一）卷第十三，收入《朱子全書》十四冊，頁391-392。

[154] 朱熹云：「須知天理只是仁義禮智之總名，仁義禮智便是天理之件數。」參見宋・朱熹：〈答何京〉，《晦庵先生朱文公文集（三）》卷，收入《朱子全書》二十二冊，頁1838。

[155] 〈大禹謨〉，《晦庵先生朱文公文集（三）》卷七十八，收入《朱子全書》十六冊，頁2663。

也。」[156]欲的善惡並非置在主導意義，乃是交由心上省察天理／人欲，故真正主宰去欲的道德判斷仍落在心上，由道心御欲是否流於墮之閒，由是「心統性情」做為「存理去欲」的價值判斷。

在此理解下，做為「人心」主宰仍無法防止情之流於欲之失，必須由「道心」來做為制衡，因此朱熹論心的架構下，又分有人心與道心之別：

> 存者，道心也；亡者，人心也。心一也，非是實有此二心各為一物不相交涉也，但以存亡而異其名耳。[157]

> 蓋心一也，自其天理備具隨處發見而言，則謂之道心；自其有所營為謀慮而言，則謂之人心。[158]

> 或問「人心」、「道心」之別。曰：「只是這一個心，知覺從日之欲上去，便是人心；知覺從義理上去，便是道心。人心則危而易陷，道心則微而難著。微，亦微妙之義。」[159]

> 故聖人不以人心為主，而以道心為主。蓋人心倚靠不得。人心如船，道心如柁。任船之所在無所向；若執定柁，則去住在我。[160]

> 道心是義理上發出來底，人心是人身上發出來底。雖聖人不能無人心，如飢食渴望之類。雖小人不能無道心，如惻隱之心是。但聖人於此擇之也精，守得徹頭徹尾。[161]

朱熹由人心／道心的區別，更闡明義理為首的詮釋意識，環繞著儒家經典的脈絡透過疏義《尚書・大禹謨》，論述了道心／人心；聖人／小人說明

[156] 〈大禹謨〉，《晦庵先生朱文公文集（三）》卷七十八，收入《朱子全書》十六冊，頁2663-2664。
[157] 〈答張敬夫書〉，《晦庵先生朱文公文集（三）》卷，收入《朱子全書》二十二冊，頁1837。
[158] 〈答何叔京書〉，《晦庵先生朱文公文集（三）》卷，收入《朱子全書》二十二冊，頁1838。
[159] 〈大禹謨〉，《晦庵先生朱文公文集（三）》卷七十八，收入《朱子全書》十六冊，頁2663。
[160] 〈大禹謨〉，《晦庵先生朱文公文集（三）》卷七十八，收入《朱子全書》十六冊，頁2663。
[161] 〈大禹謨〉，《晦庵先生朱文公文集（三）》卷七十八，收入《朱子全書》十六冊，頁2665。

心上工夫的重要。從「欲」上而知覺便是人心；相對從「理」上而知覺便是道心，由知義理與否就成為道心／人心之別。朱熹亦也明白雖不可無飢食渴望「欲」的人心，然人心危而易陷，乃需道心之「理」柁掌管，方能天理備具而隨處發見。因此，心統性情主宰最後交由「道心」做為天理／人欲的價值判斷、裁決理欲的準則。朱熹洞悉「道心是知覺道理；而人心是知覺聲色臭味」[162]，要人效法聖人持守義理的道心，言：「人心只見那邊利害情欲之私，道心只見這邊道理之公，有道心，則人心為所節制，人心皆道心也。」[163]因此不論是道心或人心，實然只有「一心」，區別即在心所施以對象的不同。明乎此，道心與人心的分別，亦此可掌握天理與人欲的分判，天理人欲無絕對底界，端賴於心的操存與舍亡上論。

換言之，掌握理義謂之為道心，肆於物欲則謂為人心，在心的頃刻方寸間歸判理欲的分界。如是看來，朱熹系統中天理／人欲實存相依而非截然相對，所以心知靈明時，天理自然朗現；心知蒙蔽時，天理頓失隱晦而人欲而生。朱熹由對內在價值的天理與人欲，上溯歸取於「心」來貞定性善的實踐工夫。因此，整個心性論的系統言理可從內在主觀心上求，亦可從天理／人欲的對立格局上論，相形之下，欲則有主客觀上的不同範疇，二者論點並不相同。歸結來說，朱熹認為天理得以妥當安頓，人欲自然無從所生，如是心知明覺，情欲顯發而又不踰矩。欲是做為情的顯發狀態，流於肆虐善惡與否，皆由心的持守工夫而裁定。值得注意的，儒家說欲就其主體的意志而說，這就無所謂定執的善惡之欲，可欲善亦可欲惡皆由心在作主。至於欲做為生理之欲而言，儒家並不即以為惡，而是欲之過度才是惡，這也是說情之自流於惡的意思，所以天理的實踐工夫安置在心上來體認。對朱熹而言，以道德本心為主宰，表現在外的情感符合性善原則，亦符合道德本體的要求，惟有「存理去欲」省察思索才能避免欲陷溺於心，天理得以安頓，於是存天理去人欲便落在心上操持實踐，以「道心」的裁衡惺覺來「求其放心」。

---

162 朱熹云：「人心亦只是一個。知覺從飢食渴望便是人心，知覺從君臣父子處便是道心。」參見宋‧朱熹：〈大禹謨〉，《晦庵先生朱文公文集（三）》卷七十八，收入《朱子全書》十六冊，頁2664。

163 〈大禹謨〉，《晦庵先生朱文公文集（三）》卷七十八，收入《朱子全書》十六冊，頁2666。

三、「格物窮理」展開孟學知識進路

朱熹以「道心」做為「人心」裁量性情的依據，足以見心具認識主體與道德本體的二種作用，相互依存而密不可分。朱熹預設了整個心性論的開展下，道德本心回歸天理，心理合一才是孟學詮釋的最終關懷，而這關懷的實踐終不離心的作用。性以心之形上「天命之性」而為心之本體，心為主宰，情做為心的作用，作用中有善有惡，所以善惡皆由心所致。如是，心的為善基礎交由「天命之性」予以保證，然而做為「氣質之性」惡的可能，也是源於心自流於惡而顯發危欲。那麼，做為道心知覺的主體如何「求其放心」貫通形上天理？朱熹認為這賴於心的實踐修養變化氣質來達致。鑑於此，《大學》「格物致知」的工夫論就成為朱熹上接心性論的途徑：

> 古之欲明明德於天下者，先治其國；欲治其國者，先齊其家；欲齊其家者，先修其身；欲修其身者，先正其心；欲正其心者，先誠其意；欲誠其意者，先致其知；致知在格物。物格而后知至，知至而后意誠，意誠而后心正，心正而后身修，身修而后家齊，家齊而后國治，國治而后天下平。[164]

> 《大學》是為學綱目。先通大學，立定綱領，其他經皆雜說在裏許。通得《大學》，去看他經，方見得此是格物致知事，此是正心誠意，此是修身，此是齊家治國平天下事。[165]

朱熹以《大學》為學綱目，「格物致知」做為實踐的工夫，即就「格物、致知、誠意、正心、修身、齊家、治國、平天下」由先至後的漸進次第，下學上達治心修身，也能家國平天下積累終至最高的聖賢境界。這八條目的工夫理論貫通了朱熹詮釋的義理脈絡，著意下學上達由格物致知的工夫開始：

[164] 同註20，〈大學章句〉，《四書章句集注》，頁5。

[165] 〈綱領〉，《朱子語類》（一）卷第十四，收入《朱子全書》十四冊，頁422。

人多教踐履，皆是自立標置去教人。自有一般資質好底人，便不須窮理、格物、致知。此聖人作今《大學》，便要使人齊入於聖人之域。[166]

格物、致知，是極粗底事；「天命之謂性」，是極精底事。但致知、格物，便是那「天命之謂性」底事。下等事，便是上等工夫。[167]

朱熹以「格物致知」做為基礎工夫來認知，說明《大學》所教人「下等事，便是上等工夫」。聖人立言《大學》即是教人從格物致知「下學」基礎上踐履，終可「上達」至聖人之域。這即就朱熹的理解看來，下學上達標舉了「格物致知」是一切工夫修養的開端，事實上進路涵攝了二個相互關係：「格物與致知」。致知在格物，格物則在進行致知的浸潤中理解，如此說來格物就是致知的實踐：

格物者，如言性，則當推其如何謂之性；如言心，則當推其如何謂之心，只此便是格物。[168]

窮理格物，如讀經看史，應接事物，理會個是處，皆是格物。只是常教此心存，莫教他閑沒勾當處。公且道如今不去學問時，此心頓放那處？[169]

「格物」二字最好。物，謂事物也。須窮極事物之理到盡處，便有一個是，一個非，是底便行，非底便不行。自家身心上，皆須體驗得一個是非。若講論文字，應接事物，各各體驗，漸漸推廣，地步自然寬闊。如曾子三省，只管如此體驗去。[170]

166 〈綱領〉，《朱子語類》（一）卷第十四，收入《朱子全書》十四冊，頁422。
167 〈經下〉，《朱子語類》（一）卷第十五，收入《朱子全書》十四冊，頁475。
168 〈經下〉，《朱子語類》（一）卷第十五，收入《朱子全書》十四冊，頁463。
169 〈經下〉，《朱子語類》（一）卷第十五，收入《朱子全書》十四冊，頁463。
170 〈經下〉，《朱子語類》（一）卷第十五，收入《朱子全書》十四冊，頁463。

> 格，至也。物，猶事也。窮至事物之理，欲其極處無不到也。物格者，物理之極處無不到也。知至者，吾心之所知無不盡也。知既盡，則意可得而實矣，意既實，則心可得而正矣。[171]

明乎此，朱熹認為格物工夫的實踐，要知其「然」，更要知其「所以然」，由致知的過程中去明白所當然之理、所當然之則，才是真格物。不僅如此，朱熹更強調說明「理會是處」皆是格物可進行之處，舉凡事物之理、讀經看史、講論文字、應接事物、身心體驗都是「窮極事物之理到盡處」，安頓此心致知而窮理。如此「知至者，吾心之所知無不盡」參透此理，各各體驗，如同曾子吾日三省吾身，面對事物中致其所應知之理，「知既盡，則意可得」如是「意既實，則心可得而正矣」。很清楚地，這格物進路的開展強調的是知其「然」在具體作為中的實踐，而「理會個是處」即是就應對進退、面對事物知其「所以然」身心體驗的理解。換言之，朱熹明確地由「格物——致知——誠意——正心」依序展開，說明了格物的實義並不在直接窮究心中之理，而是透過窮究事物的所以然之理，即事明理，由心得以知理。如此說來，致知的作用即在格物中落實，證知在心之理的實踐活動。

進一步地說，朱熹格物工夫所認知可進行「格」的「物」概念，既有「心」也統攝「性」的範疇，所以「理會是處」皆是可格物之處。更清楚地說，朱熹心性論以「性即理」做為基礎，「理」便是天命之性也是形上超越做為萬物「所以然」的終極依據。這「理」展現在各種型態，有讀經看史的義理、講論文字的文理、應接事物身心體驗的事物之理，也有對客觀世界草木鳥獸，好生惡死的物理：

> 蓋天下之事，皆謂之物，而物之所在，莫不有理。且如草木禽獸，雖是至微至賤，亦皆有理。如所謂「仲夏斬陽木，仲冬斬陰木」，自家知得這個道理，處之而各得其當便是。且如鳥獸之情，莫不好

[171] 同註20，〈大學章句〉，《四書章句集注》，頁5。

生而惡殺，自家知得是恁地，便須「見其生不忍見其死，聞其聲不忍食其肉」方是。要之，今且自近以及遠，由粗以至精。[172]

自家知得物之理如此，則因其理之自然而應之，便見合內外之理。目前事事物物，皆有至理。如一草一木，一禽一獸，皆有理。草木春生秋殺，好生惡死。「仲夏斬陽木，仲冬斬陰木」，皆是順陰陽道理。砥錄作「皆是自然底道理」。自家知得萬物均氣同體，「見生不忍見死，聞聲不忍食肉」，非其時不伐一木，不殺一獸，「不殺胎，不殀夭，不覆巢」，此便是合內外之理。[173]

朱熹明確地指出「格物窮理」的實義，說明天下萬物皆有其所以然之理，草木春生秋殺，好生惡死，舉凡草木禽獸載於天下萬物之所以然之理皆是吾心可窮究的對象，事事物物皆是「理會是處」。陽木、陰木之生各有其時節，這就是「木」這物的所以然之理，而體認「仲夏斬陽木、仲冬斬陰木」道理，就是指「知」其所以當然之則。換言之，朱熹認知的格物窮理乃是指「窮究外物之理」，同時返歸「體認在心之理」。朱熹在這理解上，知道外物所以然之理，由道德心之理判斷如何對應外物之則，以「好生惡死」體認草木鳥獸，發乎於心中即實踐不忍見死、不忍食肉之理。於是乎，朱熹此意的詮解猶同孟子所言惻隱不忍人之心，所以行好生惡死，非其時不伐一木不殺一獸，順著宇宙天地陰陽自然之理「不殺胎，不殀夭，不覆巢」理之自然而應合內外。如是看來，朱熹理解這客觀世界中的生物與事物由近及遠，由粗至精，至微至賤皆俱以理為根據，而統攝心與性皆為物可格的綜合範疇，因此格其物、窮致理，自然趨向即「心」與「性」而格「理」的進路。[174]

172 〈經下〉，《朱子語類》（一）卷第十五，收入《朱子全書》十四冊，頁477。

173 〈經下〉，《朱子語類》（一）卷第十五，收入《朱子全書》十四冊，頁477-478。

174 牟宗三先生認為，性並非存有者，朱學在此把心與性視為物，又就此二者談格物，其實是概念與定義的問題，不應放在認識主義的格物系統來討論。如果將心與性等同，則物之理就等同是性之理，因為性即理，性之理就等於是理之理，當吾人講格物窮理時，就等於講格性窮理，也是說格理窮理，這是什麼都沒說的套套邏輯，與認識系統無關。相關詳述請見牟宗三：《心體與性體》（三）（台北：正中書局，1995年12月），頁385-386。

明乎此，「格物窮理」既窮究在物之理，同時證知在心之理，證知心之理，此心與理便合而為一，如此理不只是心之理，也是吾心之德，致知藉著格物工夫以恢復心知的靈明，使其吾心全體大用無不明，豁然而貫通。很顯然地，朱熹將孟子超越先驗的道德本心，轉而成為對客觀世界進行格物的靈明實然心，所強調的是知覺物之理，而同時體認在心之理而使性理成為本心的自身道德。如此，朱熹以理學所建構的心性論，便依其《大學》格物致知的實踐工夫，即本體即工夫地落實「格物——致知——誠意——正心」，這麼一來性理成為心之德，具德的道心便可主宰情之發，以心之理誠其意念不流於私欲，如此情發方能如理中節。鑑此理解，朱熹由對《大學》「格物致知」工夫的認知，從界定格致八目的脈絡予以解讀《孟子》，層層思維融入孟學的詮釋活動：

> 《大學》說一「格物」在裏，卻不言其所格者如何。學者欲見下工夫處，但看《孟子》便得。如說仁義禮智，便窮到惻隱、羞惡、辭遜、是非之心；說好貨好色好勇，便窮到太王、公劉、文、武；說古今之樂，便窮到與民同樂處；說性，便格到纖毫未動處。這便見得他孟子胸中無一毫私意蔽窒得他，故其知識包宇宙，大無不該，細無不燭！[175]

朱熹認為《大學》的實踐工夫彰顯了下學上達的次第進路，直言格物的本體工夫就在《孟子》義理中，「學者欲見下工夫處，但看《孟子》便得」，推尊孟子溢於言表，大無不該，細無不燭。雖然格物致知是工夫漸進的議題，然實踐義理仍應即其本體，故要人在《孟子》中尋：

> 問「致知在格物」。曰：「知者，吾自有此知。此心虛明廣大，無所不知，要當極其至耳。今學者豈無一斑半點，只是為利欲所昏，不曾致其知。孟子所謂四端，此四者在人心，發見於外。[176]

[175] 〈經下〉，《朱子語類》（一）卷第十五，收入《朱子全書》十四冊，頁470-471。
[176] 〈經下〉，《朱子語類》（一）卷第十五，收入《朱子全書》十四冊，頁474。

朱熹鑑於學者為利欲所昏，未真正落實致知的活動，反省致知工夫的真實踐，即在此心的致知，然此心何以致知？朱熹認為不需外求，如孟子所言「吾心自有此知」的四端之心，只教此心恢復主宰與知覺，發見於外，此心便能虛明而廣大，致知至極自然無所不知。既如是，如何在心上做工夫？於是體證孟子心本體的實踐工夫，便成為朱熹進一步強調的實踐進路：

> 「學問之道無他，求其放心而已。」諸公為學，且須於此著切用工夫。且學問固亦多端矣，而孟子直以為無他。蓋身如一屋子，心如一家主。有此家主，然後能灑掃門戶，整頓事務。若是無主，則此屋不過一荒屋爾，實何用焉？[177]

> 「求放心」，也不是在外面求得個放心來，只是求時便在。「我欲仁，斯仁至矣」，只是欲仁，便是仁了。[178]

> 「求放心」，非以一心求一心，只求底便是已收之心。「操則存」，非以一心操一心，只操底便是已存之心。心雖放千里之遠，只一收便在此，他本無去來也。[179]

朱熹闡發孟子所言「學問之道無他，求其放心而已。」說明為學致知的切用工夫即在此「心」本體上做工夫，心的放失不需外求，只要求時便有已收。即是朱熹對孟子的理解而言，此「只是求時便在」便預設了心主體的性善，當主體意識萌意而「求」、而「操存」，此心便在「欲仁」、「斯仁」為善的意志狀態中發用。所以，「求放心」的性善本體便可自我抉擇「操則存」，而「我欲仁，斯仁至矣」即就此實踐了此心本體的工夫，在此收放來去之間一一朗現。此外，朱熹進一步強調這收放之間的操持，「收放心，只是收物欲之心。如理義之心，即良心，切不須收。須就這上

[177] 〈仁人心也章〉，《朱子語類》（三）卷第五十九，收入《朱子全書》十六冊，頁1915。

[178] 〈仁人心也章〉，《朱子語類》（三）卷第五十九，收入《朱子全書》十六冊，頁1913。

[179] 〈仁人心也章〉，《朱子語類》（三）卷第五十九，收入《朱子全書》十六冊，頁1913。

看教成熟，見得天理人欲分明。」[180]然何以分別這「物欲之心」與「理義之心」的差異？朱熹依此脈絡，扣合《大學》格物次第實踐，著墨於此再就孟子「求放心」進行詮釋：

> 「學問之道無他，求其放心而已。」不是學問之道只有求放心一事，乃是學問之道皆所以求放心。如聖賢一言一語，都是道理。[181]

> 學須先以「求放心」為本。致知是他去致，格物是他去格，正心是他去正，無忿懥等事。誠意是他自省悟，勿夾帶虛偽；修身是他為之主，不使好惡有偏。[182]

> 「學問之道無他，求其放心而已。」舊看此只云但求其放心，心正則自定，近看儘有道理。須是看此心果如何，須是心中明盡萬理，方可；不然，只欲空守此心，如何用得！如平常一件事，合放重，今乃放輕，此心不樂；放重，則心樂。此可見此處乃與大學致知、格物、正心、誠意相表裏。[183]

朱熹強調孟子「求放心」的本體工夫，依著《大學》格物致知的理路進行孟學詮釋，在此詮釋下「求放心」扣合了《大學》格物、致知、正心、誠意的所有工夫。朱熹認為當此心回到意志純粹，即是本心彰顯，如是「心正則自定，近看儘有道理」，心中貫通明盡萬理，所見聖賢言語皆是道理。倘若，此心沒有省悟正心，心不正而意不誠，致知學問之道博學、審問、慎思、明辨、篤行皆為虛偽枉然，故奉勸：「學者須先收拾這放心，不然，此心放了，博學也是閑，審問也是閑，如何而明辨，如何而篤行？」[184]教人求其放心，心正致知自然貫通盡理，見得天理人欲之分明。

---

180 〈仁人心也章〉，《朱子語類》（三）卷第五十九，收入《朱子全書》十六冊，頁1913。
181 〈仁人心也章〉，《朱子語類》（三）卷第五十九，收入《朱子全書》十六冊，頁1914。
182 〈仁人心也章〉，《朱子語類》（三）卷第五十九，收入《朱子全書》十六冊，頁1915。
183 〈仁人心也章〉，《朱子語類》（三）卷第五十九，收入《朱子全書》十六冊，頁1915。
184 〈仁人心也章〉，《朱子語類》（三）卷第五十九，收入《朱子全書》十六冊，頁1914。

明乎此，朱熹認知「求放心」與孟子不同，孟子舉四端之心明仁義內在善性，正是於天理發見處指點人求其放心，反求本心以自覺，此「求」即是對己心的思索反省，因此心作為道德主體發用呈現惻隱、羞惡、辭讓、是非，故教人「求放心」道德判斷以喚醒本心良知。但顯然朱熹孟學的詮釋系統不同，心的明覺必須透過外在「格物致知」即物之理、讀經看史、講論文字、應接事物窮知客觀之理，即事明理後，由心安頓證知心之理。對朱熹而言，孟子「求放心」實踐至此與《大學》格物工夫相呼應，格物窮理的實踐上扣緊了「性即理」心性論，同時也開展出「不同理解」的孟學意涵。再進一步細繹，朱熹著力在以格物進路證得心為本體明覺，心以知理的「盡心」只是在窮理的過程中自然表現，雖時序上無先後之別，然理序上「知性」活動必須安置在「盡心」之前。朱熹注《孟子集注・盡心章句上》「盡其心者，知其性也。知其性，則知天矣。」句下即開宗明義點出此理路：

> 心者，人之神明，所以具眾理而應萬事者也。性則心之所具之理，而天又理之所從以出者也。人有是心，莫非全體，然不窮理，則有所蔽而無以盡乎此心之量。故能極其心之全體而無不盡者，必其能窮夫理而無不知者也。既知其理，則其所從出，亦不外是矣，以《大學》之序言之，知性則物格之謂，盡心則知至之謂也。[185]

> 愚謂盡心知性而知天，所以造其理也；存心養性以事天，所以履其事也。不知其理，固不能履其事，然徒造其理而不履其事，則亦無以有諸己矣。知天而不以殀壽貳其心，智之盡也；事天而能脩身以俟死，仁之至也。智有不盡，固不知所以為仁，然智而不仁，則亦將流蕩不法，而不足以為智矣。[186]

---

[185] 同註20，〈盡心章句上〉，《孟子集注》卷第十三，《四書章句集注》，頁413。

[186] 同前註，頁413-414。

人往往說先盡其心而後知性，非也。心、性本不可分，況其語脈是「盡其心者，知其性」，心只是包著這道理。盡知得其性之道理，便是盡其心。若只要理會盡心，不知如何地盡。[187]

「盡其心者，由知其性也。」所以能盡其心者，由先能知其性，知性則知天矣。知性知天，則能盡其心矣。不知性，不能以盡其心，「物格而後格知至」。[188]

知性，然後能盡心。先知然後能盡，未有先盡而後方能知者。蓋先知得，然後見得盡。[189]

由是顯見，朱熹「盡其心，知其性」實踐進路上以知性為先，扣合《大學》「格物致知窮理」先於「誠意正心」的思路來理解。換言之，朱熹對孟子「盡心知性知天」的解讀，即在《大學》脈絡格局下進行理解，所以「盡心知性知天」的理序，知性在先而盡心為後，知性即是知天，這即是格致意誠心正的進路來解讀孟學。再者，「存心養性事天」即就《大學》誠意正心以進行理解：

「盡心」、「知性」、「知天」，工夫在知性上。盡心只是誠意，知性卻是窮理。心有未盡，便有空闕。如十分只盡得七八分，便是空闕了二三分。須是「如惡惡臭，如好好色」，孝便極其孝，仁便極其仁。性即理，理即天。我既知得此理，則所謂盡心者，自是不容已。[190]

「盡心」、「知性」、「知天」，此是致知；「存心」、「養性」、「事天」，此是力行。[191]

187 〈盡其心者章〉，《朱子語類》（三）卷第六十，收入《朱子全書》十六冊，頁1931。
188 〈盡其心者章〉，《朱子語類》（三）卷第六十，收入《朱子全書》十六冊，頁1932。
189 〈盡其心者章〉，《朱子語類》（三）卷第六十，收入《朱子全書》十六冊，頁1932。
190 〈盡其心者章〉，《朱子語類》（三）卷第六十，收入《朱子全書》十六冊，頁1934。
191 〈盡其心者章〉，《朱子語類》（三）卷第六十，收入《朱子全書》十六冊，頁1938。

問「盡心」、「盡性」。曰：「盡心」云者，知之至也；「盡性」云者，行之極也。盡心則知性、知天，以其知之已至也。若存心、養性，則是致其盡性之功也。[192]

孟子說「知性」，是知得性中物事。既知得，須盡知得，方始是盡心。下面「存其心，養其性」方始是做工夫處。如《大學》說「物格而後知至」。物格者，物理之極處無不到，知性也；知至者，吾心之所知無不盡，盡心也。至於「知至而後意誠」，誠則「存其心，養其性」也。聖人說知必說行，不可勝數。[193]

「盡心只是誠意」在實踐中落實，此意實然與孟子原意相同，然朱熹強調「工夫在知性上」，致知窮理實踐在前，盡心只是誠意時，工夫次第的先後則呈顯出與孟子的差異。如是，朱熹論「盡心知性知天」與「存心養性事天」的脈絡關係自此界定不同，則更確定了與孟子原意不同的理解。換言之，朱熹依循著《大學》思路解說孟子文本，「盡心知性知天」就成為格物致知的工夫；「存心養性事天」就成為誠意正心力行的工夫。很顯然，朱熹以《大學》主軸扣合《孟子》詮釋，因而轉出「盡心知性知天」，以知為主；「存心養性事天」，以行為主，開顯出知性思辨的孟學意涵，義理之變化轉折，自是不言而喻。

足以見，朱熹孟學心性情的建構，應合《四書》詮釋系統中《大學》格致功夫，這正是理學詮釋脈絡中朱熹與其他註孟者不同的特殊性。從《大學》詮釋系統轉出創造解讀孟學，由下學上達脈絡下強調「格物致知」的重要，突顯出朱熹孟學的實踐，先致知而後盡心，詮解出與孟子原意的「不同理解」。整體而言，朱熹「性即理」做為心性論根源，將儒家心性論提升至宇宙本體相結合，以「心統性情」統攝「存天理去人欲」，置心的全體工夫於一心的實踐存養，以「格物窮理」致吾心全體大用莫不明境，綰合形上／形下二層世界回歸道德本心，由「知性」達

[192] 〈盡其心者章〉，《朱子語類》（三）卷第六十，收入《朱子全書》十六冊，頁1938。

[193] 〈盡其心者章〉，《朱子語類》（三）卷第六十，收入《朱子全書》十六冊，頁1938。

「盡心」上接「知天理」。這理路終極目的，由心照見義理，貫通眾物表裡精粗無不到的光明德行，達到心理合一的至善世界。

雖然，朱熹孟學在詮釋基礎上以追求聖人本意為目標，然卻創造「不同理解」的孟學意涵。這「不同理解」意涵同哲學詮釋學伽達瑪爾（Hans-Georg Gadamer）《真理與方法》所言，詮釋活動並不是要回到作者原意，而在每一次「視域融合」（fusion of horizons）過程中，對「文本」進行不同地或不一樣地理解。[194]亦即可知朱熹置身的歷史氛圍，融合了歷史性並影響詮釋，當浸潤在不同歷史意識與時代課題的疊加觸發下，自然發展出創造性的詮釋，相形之下其特殊意更是回應當下時代之洞見。承上研究，理解朱熹龐大哲學系統實然不易，即就孟學詮釋已獲知朱熹「不同理解」之因。這即說明朱熹孟學詮釋，不再強調「作者原意」的再現，抉發孟子視域召喚經典隱而未揭回應當代，卻始終是朱熹詮釋目的，帶著時代脈絡的關懷意識進入經典「視域融合」，揭示經典「不同理解」，這「不同理解」的孟學意義，更扣合上接聖賢之「理」的詮釋立場，說明《孟子》精神震古鑠金，滲潤在歷史變局中隨時勢而應，在歷史長河中照鑑延續，永遠召喚世人進入源源不竭的經典世界。

194 伽達瑪爾（Hans-Georg Gadamer）（另一譯「加達默爾」）認為：「與歷史意識一起進行的每一種與流傳物的接觸，本身都經驗著文本與現在之間的緊張關係。詮釋學的任務就在於不以一種樸素的同化去掩蓋這種緊張關係，而是有意識地去暴露這種緊張關係，正是由於這種理由，詮釋學的活動就是籌劃一種不同於現在視域的歷史視域。歷史意識是意識到它自己的他在性，並因此把傳統的視域與自己的視域區別開來。但另一方面，正如我們試圖表明的，歷史意識本身只是類似於某種對某個持續發生作用的傳統進行疊加的過程（Uberlagerung），因此它把彼此相區別的東西同時又結合起來，以便在它如此取得的歷史視域的統一體中與自己本身再度統一。」而伽達瑪所論融合視域的過程，由於加了不同詮釋者的個人視域，因此每一次的詮釋活動，都可能帶來不一樣地的理解。參見：伽達瑪爾、洪漢鼎譯：〈第二部分：真理問題擴大到精神科學的理解問題〉（第一卷），《真理與方法》（台北：時報文化出版公司，1999年），頁400-401。

第四章　戴震《孟子》詮釋之理解

孟學思想發展值至十、十一世紀漸受士林重視，歷來註孟、釋孟者增多，然排孟、詆孟者亦不乏。《孟子》地位真正確立值到南宋・朱熹《四書集註》大成，《孟子》正統地位始之奠定。朱學勢力籠罩歷經元、明，朱熹配與孔孟同祀，程朱理學奉為「官學」，《四書》欽定成科舉應試定本，朱學獨尊榮登學術與治術之道統，官學影響所及而學風至巨，孟學為列也蔚為顯學之要。《四書》影響至極，孟學大盛士子無不奉為圭臬，學者趨之若鶩著作成果斐然，孟學發展可謂達至鼎盛。明代雖承元崇朱政策，然心學的興起，亦激起莫大的反響，值自十七、十八世紀起，清儒便開始對朱學及宋代理學展開批判。[1]尤其以戴震身為反程朱之魁傑，更推波助瀾地掀起清代反程朱的反省風潮。

《孟子》經典意義的多樣性，在歷史巨流的脈絡下結合了多種錯綜因素而演變，在詮釋的演變過程中，時代的變異成為詮釋者所不可避免的普遍原則，不僅讓經典、詮釋者跨越時空範疇，也因而衍生了多元性的詮釋意涵。這即是說明，每個朝代的獨特視域，帶領著詮釋者以不同的歷史意識進入《孟子》經典，因關懷點的殊異，亦而彰顯出《孟子》在歷史變局中的不同特色。本章探討議題鎖定在戴震何以力挽狂瀾不得不作《孟子字義疏證》？何以大肆撻伐「盡以意見誤名之曰『理』而禍斯民」？何以抨擊程朱理學「以理殺人」？標舉孔孟道統，解放數百年政治箝制理學僵化下的孟學。基於上述觀點之提出，本章將溯源程朱理學的興衰變革、學術變遷，核其始末，以廓清戴震釋孟之原委，進而理解孟學新釋意涵，遂此做為本章論述之進路。茲此，擬以三節進行分析：首先，就朱註孟學典範轉移，於此節提出歷史脈絡的探源。其次，探究戴震何以立基在「故訓以

1　黃俊傑認為十七——十八，東西儒學的發展皆有儒學批判之風漸起，以戴震、伊藤仁齋、丁茶山的孟學解釋皆可探其有異同的微妙之處。參見黃俊傑：〈戴東原、伊藤仁齋、丁茶山的孟學解釋——中日韓近世儒學史比較研究〉，《韓國學報》第一卷（1981年4月），頁3。

明理義」疏證《孟子》建立新典範，於此節探討詮釋立論與方法。再者，切入戴震孟學詮釋，揭示何以孟解孟，統攝理解與批判、詮釋與重建，闡明這道德之理異化的詭譎本質，再造孟學義理新情性學。

第一節　明清之際註孟背景之典範轉移

一、道統／政統合膺之政教理學

儒學發展至宋，心性論漸為重視，漸由「外王」走向「內聖」，朝廷多方推尊理學，諸儒直探孔孟之道，道學蔚然成風，理學發展臻於鼎盛。至南宋・孝宗淳熙年間，朱熹承二程之學，接續道統集註《大學》、《中庸》、《論語》、《孟子》編成《四書》，孟學昂然成為顯學：

> 仁宗、明道初年，程顥及弟寔生，及長，受業周氏，已乃擴大其所聞，表章《大學》、《中庸》二篇，與《論》、《孟》並行，於是上自帝王傳心之奧，下至初學入德入門，融會貫通，無復餘蘊。[2]

> 迄宋南渡，新安朱熹得程式正傳，其學加親切焉。大抵以格物致知為先，明善誠身為要。凡詩書六藝之文，與夫孔孟之遺言，顛錯於秦火，支離於漢儒，幽深於魏、晉、六朝，至是皆煥然而大明，秩然而各得其所。此宋儒之學，所以度越諸子，而上接孟氏者歟。[3]

南渡之後，鴻儒輩出倡論儒學，朱熹《四書集註》更確立了《孟子》正統地位，一代宗師的地位日益穩固。待朱熹歿，朝廷更以《四書》立於學官。[4]朱學被推為儒學正宗，孟學大盛，士子無不奉為圭臬，趨之若鶩而孟學著作大增。[5]南宋寶慶三年（西元1227年）理宗下詔：「朕觀朱熹集注

[2] 明・柯維騏：《宋史新編》卷四百二十七〈道學傳序〉（台北：新文豐出版，1974年11月）。

[3] 同前註。

[4] 馬宗霍：《中國經學史》第十篇〈宋之經學〉（北京：商務印書館重印本，1998年）。

[5] 清・朱彝尊：《經義考》卷二百三十四、卷二百三十五，《四部備要》本（台北：中華書局，1981年）。

《大學》、《論語》、《孟子》、《中庸》，發揮聖賢蘊奧，有補治道。朕勵志講學，緬懷典刑，可特贈熹太師，追封信國公。」[6]統治者以治統牽引學統，朱學奉為官學主導著士子為學之途，也蔚為學術至高地位。《四書集註》列為官學課本，體現治統聖賢蘊奧，補益治道「勵志講學」，此時正是朱熹理學正式成為官方統治思想的開始。

元統一中國，程朱理學流傳北方，仁宗皇慶二年（西元1313年）制定科舉條目，規定「明經內四書、五經，以程子、朱晦庵注解為主。……《大學》、《論語》、《孟子》、《中庸》內出題，並用朱氏章句集注。」[7]元仁宗延祐元年（西元1314年）恢復科舉，朱學延登奉為官學，更欽定《四書集註》為科舉定本[8]，朱熹配與孔孟同祀。延祐二年（西元1315年）正式設科取士，更擴大朱學普及的影響力。此後，朱學至高獨尊，其景猶同虞集所言：「朱學及其師友之說，以為國是。非斯言也，罷而黜之。其正乎道統之傳，可謂嚴矣。」[9]朱學成為學術主流，盛行不衰更加深了孟學的傳播，值至明代承元崇朱政策，朱學奉為學統與治統，政教合膺的理學籠罩下，科舉應試學風至巨，明、清沿習不變。明成祖・永樂十三年（西元1415年）令胡廣編纂《五經大全》、《四書大全》、《性理大全》，朱學威勢更是如日中天。[10]《孟子集注》[11]因編修為《四書大全》之一部，成為明成祖統御思想、科舉考試之用：

6 同註2，《宋史新編》卷四十一〈理宗一〉。

7 清・錢大昕：〈通制條格〉（科舉類・皇慶二年），《元史藝文志》卷五，收入《嘉定錢大昕全集》錢大昕論「科舉之弊」云：「魏華文云：『釋老之患幾于無儒，科舉之弊幾于無書。』」參見清・錢大昕：《嘉定錢大昕全集》（七）（江蘇：古籍出版社，1997年12月），頁284。

8 明・宋濂：《元史》（北京：中華書局，1997年），頁2071-2020。

9 元・虞集：〈藍山書院記〉，《道園學古錄》卷八，四部備要本（上海：中華書局，據明刻本校刊，未有註明出版年月）。

10 這三部《大全》的纂修過程與內容，對明代學術有極大影響，詳述參見：侯外廬等主編《宋明理學史（下）》該書第一、二章〈明初朱學統治的確立——論三部「大全」〉（北京：人民出版社，1997年），頁7-54。

11 胡廣奉詔纂修《五經大全》、《性理大全》、《四書大全》等等，《四書大全》為官書讀本，統合理學大系，堪為官學代表。請參見：明・胡廣：《四書大全》（山東：友誼書局，1989年）。

> 使天下之人，獲睹經書之全，探見聖賢之蘊。由是窮理以明道，立誠以達本，修之於身，行之於家，用之於國家，而達之天下。使家不異政，國不殊俗，大回淳古之風，以紹先王之德，以成熙皞之治。[12]

胡廣《孟子集注》更由於明成祖贈序頒詔，科舉重用「由是窮理以明道」紹先王之德以成熙皞之治，此書因此大為推廣。《四書大全》尊為官書讀本，一言堂式的權威造成思想上的束縛，更加深了官學的桎梏枷鎖，「以《四書》義為重，故五經率皆庋閣，所研究者惟《四書》，所辨定者亦惟《四書》。後來《四書》講章浩如煙海，皆是編為之濫觴。」[13]其他註孟詮釋如出一轍，影響最鉅皆不出此書模式。

朱學發展出現了反朱聲浪，陸九淵心學興起，明代思潮學風嬗變，陳獻章、湛若水、王陽明等先後提出批判及儒學新釋。朱學受到思潮的挑戰，尤以王陽明提倡「致良知」與「知行合一」天地萬物皆在我心，心學盛行一時，程朱理學變得沉寂。明亡後，學者有感束書不觀游談無根，改倡經世致用之學，但事實上長居官學之尊的程朱理學，在歷經數百年的發展至明末，經過心學大力的抨擊之下已然走向衰落。直至清初，程朱理學又再度榮登官方理學的主導意識，更興起廣泛地影響，理學之所在清初又重振，乃是因滿人新興政權為穩固統治的應急之舉，這源於清人以夷狄建立政權，為取得滿漢文化統一所致。上位者有所需，士人儒臣紛紛倡導程朱理學，如殿堂理學者：魏裔介、魏象樞、熊賜履、李光地、張伯行；館閣理學者：陸隴其、張烈；民間理學者孫奇逢、李因篤、張履祥、呂留良等人[14]，上策推舉儒學，更加深了程朱理學在清代的思想統治。江藩《國朝宋學淵源記》亦載，康熙以大儒為名臣「或登台輔，或居卿貳」將其政術「施於朝廷，達於倫物。」[15]學者上策與康熙崇儒重道的文化選擇相結合[16]，如是，為凝聚士人認同，促成了程朱理學再度高居廟堂成為政權統一的統治思想：

---

12 〈五經四書性理大全序〉，影印文淵閣《四庫全書》（台北：商務印書館，1983年）。

13 清・紀昀：《四庫全書總目提要》卷三十六，《四書大全》（台北：商務印書館，2001年5月）。

14 王茂、蔣國保、余秉頤、陶清：《清代哲學》（安徽：人民出版社，1992年），頁13-14。

15 清・江藩：《國朝宋學淵源記》卷上（上海：三聯書店，1998年），頁187。

16 清・聖祖：《清聖祖實錄選輯》卷七十四所載：「國家崇儒重道，各地方設立學官，令士子讀

> 宋儒朱子，注釋群經，闡發道理，凡所著作及編纂之書，皆明白精確，歸於大中至正，經今五百餘年，學者無敢疵議。朕以為孔孟之後，有裨斯文者，朱子之功，最為弘鉅。[17]

康熙文化政策所致，宏獎理學提倡朱學，表彰《性理大全》為《性理精義》，重刊《朱子全書》在五十一年二月丁巳諭令詔示朱熹配祀，從原孔廟東廡先賢之列升為大成殿，推朱熹列為第十一哲[18]，士人紛紛迎合上意刻意尊奉，程朱理學便正式成為官方的統治思想，再度蔚為權威。康熙隆學躬行，力倡理學做為倫理綱常，順應了廣大漢人的信仰心理也緩合了對立衝突，尊朱的文化政策取得普遍支持，甚而頒布「聖諭十六條」規範人民生活準則：

> 敦孝弟以重人倫，篤宗族以昭雍睦，和鄉黨以息爭訟，重農桑以足衣食，尚節儉以惜財用，隆學校以端士習，黜異端以崇正學，講法律以儆愚頑，明禮讓以厚風俗，務本業以定民志，訓子弟以禁非為，息誣告以全良善，誡窩逃以免株連，完錢糧以省催科，聯保甲以弭盜賊，解仇忿以重身命。[19]

事實上，康熙尊朱政策藉以理學維護功令，把程朱道統學說做為繼統的治統說，用來扼制百姓思想，恪守封建的倫理教條。此時尊朱之舉[20]乃利在統御安邦之治[21]，而實際上乃是藉由倫理綱常來抬高皇權，以這道統與

書，各治一經。」（台北：台灣銀行經濟研究室，1963年），頁75。

17 同前註，《清聖祖實錄選輯》卷二四九，頁158-159。

18 清・趙爾巽等撰：〈本記・聖祖三〉，《清史稿》卷八（台北：洪氏出版社，1981年），頁281。

19 同註16，《清聖祖實錄選輯》卷三十四，頁35。

20 康熙盛世之際，一方面推崇程朱儒學，亦嘗重用理學名臣，但一方面卻又厲行法家專制治術，興文字獄，迫害天下儒士，且極端抬高皇權，成為中國歷來最專制封建的王朝，在其專制的政教術中，處心積慮地將臣子非理性從王的法家思想摻入到程朱儒道裏面，通過科舉，無形之中，奴化了傳統中國時代的科舉士子。一般人未能分辨黑白，以為乃程朱之罪，此種罪責實欠分明，程朱子和孔孟儒者何罪之有！清帝的帝王術，參見劉澤華：《中國政治思想史・隋唐元明清卷》（浙江：人民出版社，1996年），頁674-708。

21 此處之所言「道統」、「治統」與「繼統」，所欲指清廷極力攻擊明學，將明亡謂為道統之中斷，使得清廷藉程朱理學以維護「道統」來延續「繼統」，以提出一個統治的充分合理化理由。

治統合膺的理學行統馭萬民之舉，此際朱學地位登峰造極，無人豈敢議論。[22]

康熙雖尊朱學但也抑制了它的發展，對於義理思想的本身並非重視，真正在乎的是它的規範性「道學者必在身體力行，見諸實事，非徒托之空言」[23]，強調倫理綱常做為對統治者的忠誠規範，「使果系道學之人，惟當以忠誠為本」。[24]而另一方面做為主宰工具義的朱學，歷經了數百年長期的獨尊，內部思想發展亦也喪失了改造創新，加上尊朱儒臣間的門戶之爭[25]，更加深了淪為統治者封建教條之宰用。朱學思想「理欲二分」、「以理制欲」強化了君權統御的意識，成為宰制百姓「欲」以規範的「理」工具。其後，雍正繼位，恪奉遺規，尊朱崇儒的文化政策仍奉行不渝，在歷年十九次的經筵講學皆以闡發朱學為尚，儼然一派尊朱氣象，但也步步將思想推向專制窠臼之弊：

> 孔子以天縱之至德，集群聖之大成，堯、舜、禹、湯、文、武相傳之道，具於經籍者，賴孔子纂述修明之。而《魯論》一書，尤切於人生日用之實，使萬世之倫紀之明，萬世之名分以辨，萬世之人心以正，風俗之端。若無孔子之教，則人將忽於天秩天敘之經，昧於民彝物則之理，勢必以小加大，以少陵長，以賤妨貴，尊卑倒置，上下無等，干名犯分，越禮悖義，所謂君不君、臣不臣、父不父、子不子，雖有粟，吾得而食諸？其為世道人心之害，尚可勝言哉！惟有孔子之教，而人道之大經，彝倫之至理，昭然如日月之麗天，

[22] 清・顏習齋就曾言：「故僕妄論宋儒，謂是集漢、晉釋、老之大成則可，謂是集堯、舜、周、孔之正派則不可。然宋儒今之堯、舜、周、孔也；韓愈闢佛，幾至殺身，況敢議今世之堯、舜、周、孔者乎！季友著書駁程朱之說，發州決杖，況敢議及宋儒之學術品詣乎！此言一出，身命之虞所必至也。」參見清・顏元：〈存學編・上倉陸桴亭先生書〉《四存編》卷一（台北：廣文書局，1975年4月），頁8。

[23] 清・聖祖：《康熙起居注》第二冊（北京：中華書局，1984年），頁1194。

[24] 同註16，《清聖祖實錄選輯》卷一六三，頁158。

[25] 清代宗程朱理學者門戶之見甚深。清初熊賜履撰《學統》，即為「衛道」、「明統」，以孔孟、程朱為道統正宗，排斥陸王心學。陸隴其、張履祥等理學名儒也都是尊崇朱熹，斥黜陸王心學。及至晚清，宗程朱理學的唐鑒、羅澤南等承襲陸隴其等的風習，仍力排陸王心學「同室操戈」未已。同時，宗程朱理學者對漢儒、漢學也予以抨擊、貶抑。宗程朱理學者既排斥陸王心學，又排斥漢學，門戶意氣，無疑也會阻礙程朱理學的發展。

江河之行地，歷世愈久，其道彌彰。統智愚賢不肖之儔，無有能越其範圍者。綱維既立，而人無逾閒蕩檢之事。[26]

雍正表面上極力推崇儒學綱常，然事實上卻是利用此以鞏固統治，並就康熙「聖諭十六條」尋繹衍義以成《聖諭廣訓》，下令各地宣講：「共勉為謹身節用之庶人，盡除夫浮薄囂淩之陋習。」[27]形式上崇儒尊朱，然實際上卻假理學之名行統治之舉。[28]統治者並非真意闡揚理學，但基於收攝人心以利統治，亦假理學之名行阿諛粉飾之資，如是陽奉陰違，朱學地位遂漸動搖。直至雍正六年「呂留良案」的爆發，尊朱政策態度遂變，真正的逆轉而一線觸燃：[29]

呂案以後，世宗不復再有尊朱之舉，轉而多刻佛經，親選語錄，自稱圓明居士，以天子之尊而居一山之祖，開堂授徒，凡諸舉動，皆足示朝廷意向由程朱而旁轉也。自後程朱之學，失漸其厲世摩鈍之用矣。乾隆中葉以後，康熙一代所遺之人才，凋零殆盡，吏治民

[26] 同註16，《清世祖實錄選輯》卷五十九，頁57。

[27] 黃鴻壽：《聖諭廣訓・序》，《清史紀事本末》（上）二十四卷（台北：三民書局，1973年7月），頁172。

[28] 徐復觀先生亦言：「清從康熙起，需要假借理學作統治的工具；也需要假借理學之名，行阿諛之實（如李光地等），為粉飾之資；但他們決不願臣民中有真正的理學家。」參見徐復觀：〈「清代漢學」衡論〉，《兩漢思想史》卷三，附錄二（台北：學生書局，1984年2月），頁585。

[29] 呂留良案在康熙提倡朱學的世風時代下，其卒造成清廷尊朱政策的遂變。陸寶千於《清代思想史》中，詳述其實：「聖祖重視朱學，至老弗衰。在上者既有所尊，在下者即以上之所尊應。雖偽言飾行之士，多以婺源為終南之徑，然碔砆之中，間雜瑾瑜；茅葦之叢，亦生蕙蘭；士之從事於涵養主敬之學而醇行厚德者多矣。康熙一代之治，實由於此。聖祖既歿，漢學漸興，朱學在形式上仍為朝廷所尊，而四庫館臣竟敢輕詆宋儒，是必深宮意指有足供群臣揣摩者在焉。吾人推原其故，蓋由於呂留良一案所致也。……呂留良之卒，在康熙二十二年，生前評選詩文，於民族大義，天下為公及君臣之道等，暢言無隱。由於議論俊偉，故流傳極廣。曾靜者，湖南靖州人也。應試州城，獲睹留良書，因遣其徒張熙赴石門求呂遺著，留良子葆中悉以其父遺書授之。熙復獲交留良弟子嚴鴻逵及鴻逵徒沈在寬等，漸有所謀。會川陝總督岳鍾琪再請陛見不許，深自危懼。靜遂遣熙踵鍾琪門，說鍾琪遠祖岳飛於金為世仇，清為金裔，故鍾琪當並仇清；勸其擁兵舉義，光復明室。鍾琪以其事上聞，詔逮靜師徒，世宗親鞫之。靜等辭連留良，遂搜呂家，得晚村日記等，世宗謂其中有辱及先帝語，因起大獄。在寬凌遲，留良子毅中斬決，長子葆中已死，與其父及鴻逵同被戮屍。留良著述皆禁燬焉。」載述其實參見陸寶千：《清代思想史》（台北：廣文書局，1978年3月），頁157-158。

風，俱遜於前，國勢亦隨而轉衰。當康熙之世，顏習齋、李恕谷抨擊程朱，不遺餘力，以為無裨世用，孰知程朱之於政治隆污，國運興替，關係若斯之切哉。[30]

聖祖歿後，四庫館臣輕詆宋儒，尊朱態度已然轉變，呂案衝擊後雍正不復尊朱，官方思想由此旁轉，無意再倡理學，程朱地位漸衰靡鈍。乾隆即位，國勢衰人才凋零殆盡，吏治民風皆俱遜於前，尊朱態度亦隨之逆變，表面上雖仍推崇理學闡明風教以培植彝倫，實際上卻是架空理學，擷理學之名保君權之威。統治者為鞏固皇權控制民心，造就了「君尊／臣卑」；「君賢／民順」的階級模式，用以維護大清帝國的億載基業。雍正、乾隆在位時形式上尊朱，然實質上卻遠遠背離朱學真諦，種種籠絡士人的威迫手法，導致理學走向封閉。隨之世風趨之錮塞，世人面對聖人心性之道，於孔孟則曲解；於程朱則反對，如是尊朱背朱的變異，政治箝制理學已趨向強弩之末，數百年官方意識僵化的理學何以重振？便是反程朱之魁傑——「戴震」[31]揭竿起義的歷史動機。

二、形上之「理」到形下之「氣」核心思潮之演進

理學發展至北宋，相繼有周敦頤、張載、程顥、程頤等大儒講授儒學，透過「理／氣」成對的範疇，說明宇宙萬物創生根源的探討。朱熹理學系統的建立，除了稟志於繼承道統的使命下，更是綜合北宋周敦頤、張

---

[30] 梁啟超：《中國近三百年學術史》（台北：華正書局，1994年8月），頁158。

[31] 戴震（1724-1774）字東原，安徽休寧人，生於雍正元年十二月，卒於乾隆四十二年五月，為清代樸學大師，孟學思想立基在反程朱理學上，為反程朱之魁傑，掀起清代反程朱的另一股反省風潮。乾隆三十八年（1773）任《四庫全書》館纂修官，四十年（1775）成進士，改翰林院庶吉士。東原為清代一碩儒，於訓詁考據及義理思想，皆有所擅長，為著名的考據家及思想家。生卒年據段玉裁〈東原年譜訂補〉載：「世宗憲皇帝雍正元年癸卯，先生生。先生諱震，字東原。曾祖景良。祖寧仁，贈文林郎。父弁，封文林郎。世居休寧隆阜。妣朱氏，贈孺人。先生以十二月己巳生邑裏之居第。」見於清・段玉裁：〈東原年譜訂補〉，《戴震全書》（六）（安徽：黃山書社，1995年10月），頁649。另外，洪榜：〈戴先生行狀〉載：「先生以雍正元年十二月己巳生邑裏之居第。」見於清・戴震撰，張岱年主編：〈戴先生行狀〉，《戴震全書》（七）（安徽：黃山書社，1995年10月），頁4。茲下引述相關戴震文獻皆引於《戴震全書》，將簡明註之，不再贅述。

載、二程，融鑄太極、理、氣，建構起複雜龐大的哲學體系，成就其宏偉的形上學系統，可謂是綜羅百代儒學史上之集大成者。儒學發展至朱熹，理學發展臻達完備，建構以「理」為本的系統架構，也開啟了朱熹形上學的重要基礎。

事實上，朱熹建立的形上學系統，歷經了相當複雜的演變過程，其間細致的差別實難細繹。從宏觀的角度來掌握，朱熹的理學架構以「理」為本，視「理」為至高本體，氣雖非由理而生，卻必須以理為存在的根據，「理先氣後」[32]氣從屬於理，從這分屬的命題中，衍生發展了理學系統中的心性論與工夫論。如此，理學系統中，不但「性／情」寓有「形上之理／形下之氣」的區別，在理氣分屬「存理滅欲」的模式下，「天理／人欲」更有善惡間不可跨越的鴻溝。朱熹言：

> 人之一心，天理存則人欲亡，人欲勝則天理滅，未有天理人欲夾雜者。[33]

> 聖賢千言萬語，只是教人明天理，滅人欲。天理明，自不消講學。[34]

整體而言，朱熹形上學井然有序地扣緊「性即理」、「心統性情」的心性論說，也貫徹了「格物窮理」工夫論的實踐脈絡，內在聯繫而義理詮釋一致，完備地統攝宋代理學，架構起「理先氣後」的形上學、「天理／人欲」的分界。自朱學獨為官學之尊，更是影響之後的儒學發展至遠至巨。其後，陸九淵強調「義利之辨」、「公私之辨」[35]；再到王陽明「學是學去人欲，存天理」[36]這之間一脈相承皆以「滅欲」做為道德的價值標準。然事實上，在這百年官方哲學的極力籠罩下，以「理」為尚輕欲的思潮也漸生另一個反響，一股論「氣」的思想勢力也在此慢慢醞釀，儒家探究論兩千

[32] 陳來認為朱熹晚年定論是理先氣後的邏輯說。參見陳來：《朱熹哲學研究》（台北：文津出版社，1991年）第一章理氣先後（朱熹理氣觀的形成與演變），頁2-34。

[33] 宋・朱熹：〈力行〉，《朱子語類》（一）卷第十三收入《朱子全書》十四冊（上海：古籍出版社，2002年12月），頁388。

[34] 同前註，〈持守〉，《朱子語類》（一）卷第十二收入《朱子全書》十四冊，頁367。

[35] 宋・陸九淵：〈象山學案〉，《宋元學案》（台北：正中書局，1976年），頁641。

[36] 明・王守仁：《陽明傳習錄・上》（上海：古籍出版社，2000年），頁200。

多年的形上之「理」，開始向形下「氣」化的世界落實。針對理氣關係的從屬，譽為宋明儒學殿軍的劉宗周首先提出反省：

> 或曰天地之間先有此理乃生氣否？曰理只是氣之理，有是氣方有是理，非理能生氣也，但既有是理，則此理尊而無上，遂足以為氣之主宰，氣若其所從出者。[37]

> 或問理為氣之理，乃先儒謂理生氣何居？曰有是氣方有是理，無是氣則理於何麗，但既有是理，則此理尊而無上，遂足以為氣之主宰，氣若其所從出者，非理能生氣也。[38]

劉宗周認為「理只是氣之理，有氣方才有理」，這理不為獨立存在之物，而是在氣中顯見，理以氣做為主宰，有氣方有理之生。氣之所從出，非理能生氣，故理在氣的流行活動中顯現。換言之，理氣的從屬關係「有是氣方有是理」。這氣論的本質上轉向，亦影響其生黃宗羲，隨師之說，更進而推進而論：

> 不知天地間祗有一氣，其升降往來即理也。人得之以為心，亦氣也。氣若不能自宰，何以春而必夏、必秋、必冬哉！草木之榮枯，寒暑之運行，地理之剛柔，象緯之順逆，人物之生化，夫孰使之哉？皆氣之自為主宰也。以其能主宰，故名之曰理。[39]

黃宗羲更明確地主張「天地間祗有一氣，其升降往來即理」，宇宙論的架構系統直指以「氣」為首。至此，理氣的從屬關係由形上超越義的「理」轉向形下「氣」上論。這理氣關係的本質轉向，以「氣」做為自宰義，在「氣」的自宰下天地萬物運作升降皆是理的顯象。所以，人心也是「氣」

---

37 明・劉宗周：〈遺編學言〉，《劉子全書及遺編》卷二，下欄左（台北：中文出版社，1981年6月），頁986。

38 同前註，〈學言中〉，《劉子全書及遺編》卷十一，上欄左，頁164。

39 清・黃宗義：〈恭簡魏莊渠先生校〉，《明儒學案》卷三，「崇仁學案三」收入《黃宗義全集》第七冊（台北：里仁書局，1987年4月），頁46。

所聚、草木榮枯、寒暑更迭、地理剛柔、象緯順逆，春夏秋冬的運轉，人物生化的自生自長，皆是「氣」的往來而化成。

明末清初重「氣」思想轉向改變了宋明以理為本的探討，隨而強調的不再是理上氣下的關係，而也影響心性論上的闡釋，尤以陳確直接指出「天理皆從人欲中見」：

> 先生（按：指蕺山）〈原心章〉「生機之自然而不容已者，欲也；而其無過不及者，理也。」兄以為此有為之言乎，喫緊之言乎？蓋天理皆從人欲中見，人欲正當處，即是理，無欲又何理乎？孟子曰：「可欲之謂善。」佛氏無善，故無欲。[40]

顯然可見，陳確針砭程朱理學「存理去欲」之說，強調「人欲正當處，即是理」，倘若滅欲又豈有理之可言？世人卻不見，無欲又何有理乎？所以直言「天理皆從人欲中見」。很清楚的，陳確的天理人欲論，企圖打破天理／人欲的對立觀念，其曰「聖人豈必無人欲？」、「從人欲中體驗天理，則人欲即天理」[41]、「天理正從人欲中見，人欲恰好處，即天理也」[42]，更是一舉衝破舊傳統用「天理」所框架的形上侷限，轉而正視起形下氣化的「人欲」。[43]「氣」論本質上的思想轉向從此以降，其後王夫之、顏元、戴震紛究「理」、「欲」、「氣」命題提出己說。王夫之強調「天理與人欲不相對壘」，理至處則欲無非理；顏元亦言「氣即理之氣，理即氣之理」，理善則氣亦善，氣惡則理亦惡：

---

[40] 清・陳確：〈瞽言四〉，《別集》，《陳確集》（北京：中華書局，1979年），頁157。

[41] 同前註，〈近言集〉，《別集》，《陳確集》，頁425。

[42] 同前註，〈無欲作聖辨〉，《別集》，《陳確集》，頁461。

[43] 顯然，陳確不但受了重氣論的影響，亦也是在胡五峰「天理人欲，同體異用」的基礎上進而闡發。胡五峰曾言：「天理人欲同體而異用，同行而異情。進修君子，宜深別焉。」此段據牟宗三先生所釋：「此段乃胡五峰警策之語，其根據是在首段：『道充乎身，塞乎天地，而拘于墟者不見其大；存乎飲食男女之事，而溺于流者不知其精。』同一『飲食男女之事』，『溺于流』者，謂之『人欲』，不溺于流者，謂之『天理』。此即所謂『天理人欲同體而異用，同行而異情』。『同體』者『同一事體』之謂，非同一本體也。『異用』是異其表現之用，非體用之用。『同行而異情』與上句為同意語。『同行』者，同一事行也。『異情』者，異其情實也。」請見牟宗三：《心體與性體》（二）（台北：正中書局，1995年12月），頁454。

天理充周，原不與人欲相為對壘。理至處，則欲無非理；欲盡處，理尚不得流行，如鑿池而無水，其不足以畜魚者，與無池同。[44]

若謂氣惡，則理亦惡；若謂理善，則氣亦善。蓋氣即理之氣，理即氣之理，焉得謂理純一善，而氣質偏有惡哉！[45]

由此可見，王夫之、顏元思想之發覆，更說明了當世思潮趨向一斑，再衡以當時的學風而言，明清之際的儒學正從心性之學轉向經世致用的實學，不再講究主體的心性精微，而是轉向生活世界伸展，重視起客觀事物形器的考證，此一學風與重「氣」的理氣觀正相呼應。相對之下，由形上的「道」落實為形下的「氣」；由「理」而轉為「欲」，由「理本論」到「氣本論」的演變，正說明了明清之際理氣論發展的重大變革。在一片瀰漫重氣、輕理、倡欲的聲浪中，其後戴震呼籲即欲見理的「理欲合一」、「遂欲達情」的新趨向，更由此可窺見其因：

有是身，故有聲色臭味之欲；有是身，而君臣、父子、夫婦、昆弟、朋友之倫具，故有喜怒哀樂之情。惟有欲有情而又有知，然後欲得遂也，情得達也。天下之事，使欲之得遂，情之得達，斯已矣。惟人之知，小之能盡美醜之極致，大之能盡是非之極致。然後遂己之欲者，廣之能遂人之欲；達己之情者，廣之能達人之情。道德之盛，使人之欲無不遂，人之情無不達，斯已矣。[46]

戴震認為「有欲有情而又有知」，是自然稟受之性，「欲」、「情」、「知」是生命自然所需，息息相關密不可分，如何去欲以存理？在戴震的理解下，道德達盛之景應是人心所同然的「遂己之欲者，廣之能遂人之欲；達己之情者，廣之能達人之情」。唯有，生命本質自然情欲性皆被肯

[44] 清・王夫之：《讀四書大全說》卷六（台北：中國船山學會自由出版社，1972年11月），頁27。
[45] 清・顏元：〈存性編・駁氣質之性〉卷一，《四存編》（台北：廣文書局，1975年4月），頁1。
[46] 《孟子字義疏證》卷下〈才〉，《戴震全書》（六），頁197。

定下，道德方為推擴，德性行為才能被實踐，是以通天下之情，遂天下之欲的前提基礎上，建立起「通情遂欲」的價值觀。

凡此之際，這思想本質的演變，思想家分就「氣、理、欲」上闡論，這偌多接踵而來皆為了向程朱理學「存理滅欲」的舊道德標準提出宣戰，思潮轉而兩相對峙之所趨，自然也就不難理解。從另一個角度來看，這也正說明了清代學術的發展已然步入重心的改變，在時代更迭理學長期標舉天理、性體的課題下，歷經宋明理學五、六百年的發展已然充分發展臻以完成。因而學術重心的轉變，雖有朱陸思想分歧，但就整體而言，理學由形上超越「性」、「理」轉向形下經驗世界「氣」、「欲」課題，這也說明了宋至清之際思想理路的系譜脈絡。然必須強調的是，縱然明至清相繼有劉宗周、黃宗羲、陳確、王夫之、顏元與戴震等思想家多方體究理、氣、欲課題，但並不等同各家見解相同，若再進一步細究，即可見其思想詮釋恐是異多同少。此說雖是，但不可否認的，在這重氣輕理的思潮下他們皆試圖辨清理氣關係，提出迥異於宋明道德形上體證之說，亦在此開展出自己獨立的思想系統。[47]

職是可理解，從宋儒談「理本論」、「存理滅欲」，到明清重「氣」、談「人欲」，理氣觀的討論儼然趨變。然值得注意地，明清這些最具原創性的儒者皆企圖在「理氣論」上一改朱熹的途轍，提出以「氣」為本的觀點，這思潮的變遷竟能出門合轍貶斥「朱學」義理，此之現象豈因時代變革學風所致？而面對此同出一轍的主張又該如何解釋？此問題之釐清，必然溯源至十七、十八世紀思潮背景。誠同余英時先生所言明清思想的變遷，受其內部新義理的觸發，正在不知不覺中跨越宋明「尊德性」

47 清．戴望於《顏氏學記》曾言戴東原之思想淵源於顏習齋之說。而近人研究成果中胡適與梁啟超二位先生均繼承戴望之說。但錢穆先生於《中國近三百年學術史》中已清楚辨清此說已難考，並且無確切之根據可證明，其言：「戴望為《顏氏學記》，嘗謂『乾隆中戴震作孟子緒言，本習齋說言性而暢發其旨』，近人本此，頗謂東原思想淵源顏、李。東原時，惟徽人程綿莊廷祚治顏、李學，東原與綿莊雖相知，而往來之詳已難考。綿莊寄籍江寧，東原三十五歲頗往來揚州，自是有《原善》之作，然並不識宋。東原四十四歲自言『近日做得講理學一書』，即《原善》三卷本也。明年綿莊，東原為《緒言》尚在後，謂《疏證》思想自綿莊處得顏、李遺說而來頗難證。」參見錢穆：《中國近三百年學術史》（上冊）（台北：商務印書館，1996年7月），頁392。

的義理追求，邁入另一個「車同軌」的嶄新階段。[48]因此，倘若僅就思潮變遷原因以論，反朱學並非是全部的導因，反倒是清中葉宗漢學風的形成、考據學的全面興盛後，漸漸趨向「重氣輕理」的思潮。所以前有：劉宗周、黃宗羲「有是氣方有是理」之說，後有陳確「『天理』皆從『人欲』中見」、王夫之「天理與人欲不相對壘」、顏元「氣即理之氣，理即氣之理」、戴震即欲見理「理欲合一」的主張，皆是對儒學「形上／形下」觀念的改造。這哲思趨勢所向，明確地說明儒者不再馳心空域，不再尋求嚮壁虛構的超越形上之理，而是更重視落實在具體生活經驗世界中的「氣」、「欲」問題。

這思潮的變遷，在明清之際的變革中層層地推進，「氣本論」理即氣之理、外氣無理，「道」寓於「氣」、「器」之中觀念所致，思潮演進的運律變化，「理本論」的典範已然轉移至「氣本論」，因此，更重視起形器的考證訓詁，對於外物的存在採取更客觀考證的立場。士子們不再重視虛懸之理，轉而強調氣與外物的客觀性，投身事物的經史、形器、史事、字辭的考證。原宋明儒首重道德自覺「德性之知」價值的追求，遂而轉進「聞見之知」客觀事物的考究，士子們趨之若鶩興起清代考據學，這說明了思想的演進對於清代考據學大盛，更具有其終極價值的意義。從此，儒者致力於經史考證訓詁，理氣論上的從屬關係，「氣」不再是邊緣反位為核心，這從氣本論的命題所引申清代思潮，與經史考證學風相互呼應，從「理本論」到「氣本論」的脈絡演變，戴震雖非異軍突起，然依其思想脈絡按圖索驥，對時代思潮的呼應也謂是有跡可尋。

[48] 十七八世紀的儒家思想已進入一個嶄新的「車同軌」階段，余英時先生於《論戴震與章學誠——清代中期學術思想史研究》之〈戴東原與伊藤仁齋〉一文，特將戴東原與伊藤仁齋二人思想做一對比，考證十七世紀日本古學之興起，與明末清初之中國儒學的思想上具有相近之背景。伊藤仁齋初皆由程朱入手，而後來又轉而批判程朱，此時思想之發展與清初王船山、顏習齋、戴東原之思想取徑，竟是如此相似，足可見中日儒學之發展正進入一個新的「車同軌」階段。參見余英時：《論戴震與章學誠——清代中期學術思想史研究》（台北：東大圖書，1996年11月），頁231-245。

三、從宋學到漢學詮釋學風之更迭嬗變

清初王學未歇，程朱之學漸興，以《四書集註》為代表的程朱理學歷經宋、元、明官方科舉籠罩，實際上也被抬到經典權威的至高地位，成為士子競相誦習，判別正謬糾彈是非的唯一標準。如此，《四書》體現在朱熹的註上，孔孟思想乃通過程朱的詮解方可被士子認可。所以，《四書》詮釋的意義與文本以外的發揮，實際上已超越文本自身，除了成為官學之尊，也成為經典詮釋新的根源性權威。以朱學涵蓋代表所有的經學影響下，極度尊朱政策所致，儒家經典也步步地走向僵化，經典詮釋的視野變成狹窄。事實上，朱學雖獲得官方的大力提倡與科舉制度的支撐下，嚴重的官衙化與教條化，使得經典詮釋的空間趨向狹隘而枯窘。在科舉制度的利誘挾持下，士子論學「功利之私遂淪浹而不可解，傳訓詁以為名，誇記誦以為博，侈辭章以為靡，相矜以智，相軋以勢，相爭以利，相高以技能，相取以聲譽，身心性命竟不知為何物。」[49]在此情況下，經典詮釋為官學所拘毫無創造性可言，徒具解釋之虛名。儒者鑑於此，拒斥科舉八股解經無不另闢蹊徑，走向體證式的詮解進路，陳白沙云：

> 學者苟不但求之書而求諸吾心，察於動靜有無之機，致養其在我者，而勿以聞見亂之，去耳目支離之用，全虛圓不測之神，一開卷盡得之矣，得自我者也。[50]

陳白沙此指謂「自得」，所欲顯豁的意義是詮釋活動的主體精神與創造性，所以要人勿以聞見亂之，不累於耳目支離，求諸吾心的致養，皆致在我「心」。如是，詮釋活動將讀者從經典中解放，回到生活意義世界的自身，還原經典詮釋的本來意涵。此意，誠如同伽達默爾（Hans-Georg Gadamer）所言，詮釋學不只是人文學的某種方法論學說，「而是這樣一

[49] 章懋：〈原學〉，轉引自《明儒學案》下冊，卷四十五（北京：中華書局，1985年），頁1080。
[50] 明・陳白沙：〈道學傳序〉，《陳獻章集》（北京：中華書局，1987年），頁20。

種嘗試，即試圖理解什麼是超出了方法論自我意識之外的真正的精神科學，以及什麼使精神科學與我們的整個世界經驗相聯繫。」[51]由此可看出，陳白沙試圖探索一種有別於宋學經解的方法為依歸，以「心」領會文本，直接回到生活意義的自身世界體悟經典。尤有進者，為破除訓詁經解，王陽明更進一步提出：「《六經》分裂於訓詁支離，蕪蔓於辭章業舉之習，聖學幾於息矣。」[52]然這種反對訓詁，試圖以「心」直接體證經典意義的進路方法，淪為清儒駁斥單憑胸臆以為詮證經典，徒為流於臆斷空疏之弊。

鑑於，宋代「理學」與明代「心學」之紛紜，清儒思索何為究竟的經解方法，探索之際也間接導引出清代學風的演變。為了平息二者之爭，儒者轉而由疏釋義理經典上著手，期能平議這長達百年的義理之爭，考據之學則順勢而生。清儒試圖重振儒家經典的解釋權威，從經學內部挖掘入手，在文字、音韻、訓詁總結前人成就，在典籍的整理上校勘、辨偽、輯佚，成績輝煌。鑑於明亡之悲憤，清人高壓統治，夷夏之辨的衝擊，皆趨使士人起而抗之，而清廷為取得政權合法的認同，施以各種方式思想籠絡威迫。[53]順治至康熙年間，實施文化高壓政策，屢興文字獄以羈絡士子，嚴禁聚眾講學限制集會結社，以種種方式的手段來懲戒異論[54]，士林學者

---

[51] 伽達默爾（Hans-Georg Gadamer）著、洪漢鼎譯：《真理與方法》（第一卷）（台北：時報文化出版公司，1999年），頁19。

[52] 明・王陽明：〈稽山書院尊經閣紀〉，《王陽明全集》（上海：古籍出版社，1992年），頁225。

[53] 滿清政府以全副精神對付知識分子，政策因時而變，梁啟超先生於《中國近三百年學術史》中略分三期以述之：

（1）順治元年至十年間，實行利用政策。一面極力招納降臣，一面襲用明朝八股取士，以科舉收賄人心。

（2）順治十一、十二年至康熙十年約十七、十八年間，實行高壓政策。此期施行高壓政策，以大興文字獄，特加摧殘知識分子。

（3）康熙十一年至十二年以後，實行懷柔政策。康熙十二年薦舉山林隱逸，十七年薦舉博學鴻儒，十八年開明史館。

請參見梁啟超：《中國近三百年學術史》（台北：華正書局，1994年8月），頁16。

[54] 乾隆於〈書程頤論經筵劉子後〉一文中，公開指責知識分子「居然以天下之治亂為己任，而目無其君」，如此一來，對於從孔子以來儒家知識分子即抱持應世與淑世的理想完全加以打落。這對於知識分子的心理勢必造成莫大刺激。清初諸儒反滿的情緒原就非常激烈，這不只是因為華夷之辨的觀念使然，而是滿人對於漢人知識分子採取奴化的手段所致，這其中以八股取士的作法，尤為明末清初諸儒所詬病，但是清廷卻堅持不改。

恐避政治的壓迫，紛紛投入考證之學。康熙統治之際，政尚寬大，然籠絡所致皆為鞏固統治，其後雍正繼位為維護皇權，以極盡威嚇之能事清除朋黨、屠殺兄弟、排斥異己、誅戮大臣。[55]至此，更嚴禁反滿意識，不惜憑藉文字發難，大開文字獄殺戮，刻意吹求百般鉗制，君威難恃而世風戰慄，思想威嚇之風蔓延閭巷細民。雍正甚而頒諭：

> 大凡匪類之為害世道生民甚於盜賊，何也？蓋盜賊確有形跡可憑，兼為成例所限，該管有司雖欲怠忽而亦勢所不能。至於奸匪之徒，或托名斯文，或借口著述，盡可置之弗問，所以除賊猶易，而除匪甚難。地方大吏每膜外視之，皆係不識輕重，欲避勞怨而已，豈純臣奉公之居心乎？[56]

雍正認為奸匪之徒，托名文字蠱惑人心，造成世道生民的危害，因此必須取締鎮壓。雍正便仗持此冠冕堂皇的理由，為文字獄的大肆氾濫開啟了以理殺人的「理論」之門。果不其然，查嗣廷「試題獄」、陸生枬「論史獄」、謝濟世「經注獄」、曾靜、呂留良「文評獄」、胡中藻「詩獄」、王錫候「字書獄」等皆蓄意而起。[57]文字獄的酷刑不下一百餘件，貫穿了十八世紀直到乾隆年間臻至高峰，手段極為殘酷而株連甚廣，成為推行文化專制最慘烈的時期。

乾隆中期甚至頒布禁書令，利用纂修《四庫全書》時期，大舉沒收燒毀，舉凡反清意識、記載史實時政、抒發民族思想等任何「悖逆」、「反抗」的書籍，皆無一幸免遭到查禁，總共禁毀書籍三千一百餘種、十五萬一千多部，銷毀書板八萬塊以上[58]，不僅造成文獻經典慘烈的損失，對正統華夏士人而言更不啻是一場神州蕩覆宗社丘墟的巨大災難！學術文化肆無忌憚的破壞，在禁書與文字獄鎮壓的十八世紀，皆威示著統治者無上的專制，罪之在誅隨時可能。統治者假懷柔政策延攬才士，網羅才士

---

[55] 黃鴻壽：〈兄弟猜忌及大臣之逐戮〉，《清史紀事本末》（上）二十四卷（台北：三民書局，1973年7月），頁179。

[56] 清世宗：《雍正硃批奏摺選輯》（台北：台灣銀行經濟研究室，1972年），頁15。

[57] 同註53，頁22。

[58] 黃愛平：《四庫全書纂修研究》（北京：中國人民大學出版社，1989年），頁72-78。

卻僅限於整理與抄錄，士子唯恐觸禁，又不忍故國文獻使其湮淪，在禁錮益亟的當世，只能哀定其痛綴文命筆埋首在纂修典籍。在高壓懷柔並施的威迫下，不僅摧殘士人的才智，更斫喪學術文化的創造性，導致戴震起身大力抨擊「以理殺人」的背景便不難理解了。

事實上，歷史更迭主導著時代的課題，亦相對地影響學風的嬗變，程朱理學面對席捲中土之勢的佛學挑戰，以重振儒學做為回應，證得「內聖良知」做為重心，擘績補苴建構系統完成了當世時代課題的要求。其後，清儒檢視理學之弊，流於玄虛蹈空而束書不觀，形上思辨的異化已不能再做為社會的規範，學術脫離了實際以致諸多弊端的滋生。清儒立基此反省，開創經學濟理學，透過經書的考證訓詁，通經致用建立起實學的客觀標準。如是，隨著清代學術方向轉變、重「氣」、「器」思想的提倡，加以政治上高壓政策所致，士子投入樸學考證，此時經典的詮釋方法已然跳脫「宗宋」的理學框架，轉向「宗漢」的考據疏證。

如是，隨著實學思潮的演進，清代學風崇實黜虛，經世致用成為當時士人治學的圭臬，宗「漢學」的考據學便一支獨秀成為經世致用之鑰，相伴著文字、音韻、訓詁、輯佚、目錄與版本等也迅速獲得可觀成就，清代學術進入了全面總結繼有成果的輝煌時代。清儒根植在經世致用的主題上，奠定了由宋返漢考據的學術典範，由理學內聖轉而走向經學外王理想，考據學可謂是反理學而萌生。縱然，考據興起之因，至今仍存有諸多分歧：有文字獄之說[59]、道學反動說[60]、思想內在理路說[61]、經世思想

[59] 章太炎認為文字獄深入影響到考據學的興起，在《檢論》卷四，〈清儒〉謂「清世理學之言，竭而無餘華，多忌，故歌詩文史楛。愚民，故經世先王之志衰，家有智慧，大湊於說經，亦以紓死，而其術近工眇踔善矣。」此謂多忌乃指文字獄，見清・章太炎：《章太炎全集》，《檢論》卷四，〈清儒〉（上海：古籍出版社，1984年），頁22。

[60] 梁啟超先生解答「為什麼古典考證學獨盛」之問題：「明季道學反動，學風自然要由蹈空而變為覈實——由主觀的推想而變為客觀的考察，客觀的考察有兩條路。一自然界現象方面，二社會文獻方面，以康熙間學術界形勢論本來有趨重自然科學的可能性且當時實在也有點這種機兆，然而到底不成功者，其一，如前文所講，因為種種事故把科學媒介入失掉了。其二，則因中國學者根本習氣，看輕了『藝成而下』的學問，所以結果逼著專走文獻這條路。」參見同註53引書，頁21。

[61] 主張思想內在理路說，有錢穆、余英時二先生：

（1）錢穆先生認為清廷以政治干預學術，造成學術轉向考據一途的意見，與章氏、梁氏相同，但錢氏認為清代經學考據，實是由明清之際學者的史學轉化而來，同時錢氏又認為「清儒

轉變說[62]、唯氣（器）思想興起說[63]等等，雖各持一說，但不容置疑的是這種種原因，皆導向與時代思潮的背景密切相關。考據學所標舉「漢學」旗幟，發展至康熙、乾隆達至鼎盛，實可謂為十八世紀之顯學——「乾嘉漢學」。[64]然乾嘉漢學的興起，不僅限於經世致用的思潮，與清初的反理學思想也緊密相關。這乃溯源晚明以來，心學末流日趨空疏，束書不觀以致游談無根，加上明亡的影響，更加深學者對王學的詆毀。[65]明清更迭，國破家亡，社會動盪思想界也正經歷一場前所未有的沉痛，鑑於王學末流之

學風，其內裡精神，正在只誦先聖遺言，不管時王制度。此一層，實乃清代學術之主要精神所在，所謂汲源於晚明者正在此。」見錢穆：《中國學術思想史論叢》第八冊（台北：東大圖書出版，1980年），頁3-10。

（2）余英時先生根據「內在理路」說，認為清代考證學興起之因，應遠溯至明代晚期的程、朱和陸、王兩派的義理之爭。由義理之爭折入文獻考證，而逐漸引導出清代全面整理儒家經典的運動。又認為清代考證學的發展，乃是儒學由「尊德性」的層次，轉入「道問學」的層次。見余英時：《論戴震與章學誠——清代中期學術思想史研究》（台北：東大圖書股份有限公司，1996年11月），頁19-21。余氏因此進而認為：「其實若從思想史的綜合觀點看，清學正是在尊德性與道問學兩派爭執不決的情形下，儒學發展的必然歸趨，即義理的是非於經典。」見余英時：《歷史與思想》（台北：聯經出版，1976年），頁106。

[62] 主張經世思想轉變說，有勞思光、陸寶千二位先生：

（1）勞思光先生則認為「由致用而通經，由通經而考古；再進至建立客觀標準，以訓釋古籍，此即由清初學風至乾嘉學風之演變過程。而當客觀訓詁標準建立時，乾嘉學風即正式形成矣。至此，乃可說乾嘉學風之特色。」見勞思光：《新編中國哲學史》（三下）（台北：三民書局，1995年9月），頁805。

（2）陸寶千先生也認為「清初經學之盛，由晚明以來之經世要求所致，蓋明自中葉以後，朝政日非，邊患日亟，有識之士，蒿目時艱，乃引古籌今，求治安之策，是時大儒以黃石齋、劉蕺山為最。」見同註29之引書，頁164。

[63] 主張「唯氣論」說法，以日本學者岡田武彥為代表。見岡田武彥：〈戴震與日本古學派的思想——唯氣論與理學批判論的展開〉，《中國文哲研究通訊》第十卷，第二期（2000年6月），頁67-90。另外，山井湧亦以「氣的哲學」一名來稱明末清初由宋明儒道德形上學轉至形下的氣、情、才、欲等的思想。參見山井湧：〈戴震思想中的氣〉，載小野澤精一、福永光司、山井湧等著，李慶譯：《氣的思想》（上海：人民出版社，1980年），頁452-466。

[64] 「乾嘉漢學」是清代學術思想與流派的名稱，它從不同角度與側面出發，又有各種名異實同的稱謂。由於考經證史樸實無華，因以考據見長，就其治學方法而言又稱為「樸學」或「考據學」；而此學派發展到乾隆、嘉慶時期達到鼎盛階段，曾呈現「家家許鄭，人人賈馬」的盛況，就時代的特徵而言，又可謂為「乾嘉漢學」；因是獨立學派也可謂為「乾嘉學派」，諸多之名又可統稱為「清代漢學」或「清學」。

[65] 今日探討明亡之因，在歷史上之考證，我們已然可得知，明亡並非亡於宋明儒學，而今日學者之研究已明確地指出，明亡之因乃是緣於社會經濟的衰敗而導致。請參見黃仁宇：《萬曆十五年》（北京：中華書局，1982年）、黃冕堂：〈明帝國的中衰與社會危機〉，《明史管見》卷四（山東：齊魯書社，1985年），頁373-488。

狂態，空談誤國成為社會輿論之撻伐，樸學一代宗師顧炎武便是反王學當仁不讓之代表：

> 五胡亂華本於清談之流禍，人人知之；孰知今日之清談有甚於前代者！昔之清談談老莊，今之清談談孔孟。未得精而已遺其粗，未究其本而先辭其末，不習六藝之文，不考百王之典，不綜當世之務，舉夫子論學論政之大端一切不問，而曰一貫，曰無言。以明心見性之空言，代修己治人之實學，股肱惰而萬事荒，爪牙亡而四國亂。神州蕩覆，宗廟丘墟。[66]

顧炎武深感孔子言「論學、論政之大端」，方是真實有據之學，而王學所闡明心見性空談之說，無益修已治人之功，反致股肱惰而萬事荒，爪牙亡而四國亂，遂致神州蕩覆而宗廟丘墟。依顧炎武所見，由對理學、心學的批判視為清談之禍，今之學者遺之六藝之文、百王之典、當世之務，雖是粗末，卻有實際之效。然性與天道雖是「本」、雖為「精」，而今之學者卻必究之，未得其精而已遺其粗、未究本而先辭末，以致空談無根，故要效法夫子一貫論學論政「得其精」、「究其本」始可得。顧炎武鑑於理學流弊之批判，進而提出「救民以言」以廓清：

> 孔子刪述六經，即伊尹、太公救民于水火之心，而今之注蟲、命草木者，皆不足以語此也。故曰：「載之空言，不如見諸事。」夫《春秋》之作，言焉而已，而謂之行事者，天下后世用以治人之書，將欲謂之空言而不可也。愚不揣，有見於此，故凡文之不關於六經之指、當世之務者，一切不為。而既以明道教人，則於當今之所通患，而未嘗專指其人者，亦遂不敢以辟也。[67]

[66] 明・顧炎武：〈夫子之言性與天道〉，《原抄本日知錄》卷九（台北：文史哲出版社，1979年4月），頁196。

[67] 明・顧炎武：〈與人書三〉，《顧亭林詩文集》卷四（台北：漢京文化事業有限公司，1984年3月），頁91。

由顧炎武的呼籲看來，孔子刪述的六經是本於救民之言，後世的解讀者應就六經為依據，從語言解釋結合「當世之務」以返探「六經之指」，抉發明道教人、經世救民的理論。顧炎武從理學的歷史反省上，回歸儒學原典，通經致用的經解方法，旨在「破」理學之弊，進而提出所「立」——「經學即理學」主張：

> 理學之傳，自是君家弓治。然愚獨以為理學之名，自宋人始有之。古之有所謂理學，經學也；非數十年不能通也。故曰：「君子之於《春秋》，沒身而已矣。」今之所謂理學，禪學也，不取之五經而但資之語錄，校諸帖括之文而尤易也。又曰：「《論語》，聖人之語錄也。」舍聖人之語錄，而從事而後儒，此之謂不知本矣。[68]

顧炎武反省今之理學流於禪學，不取五經而但資之語錄，強調「經學即理學」，理學之傳應返歸聖人語錄經典文本，思索經典與聖人之道的關係。因此主張「讀九經自考文始，考文自知音始，以至諸子百家之書，亦莫不然。」[69]的解釋方法，反對宋儒理學語錄、反對明儒心學經解，返回儒學的原典上，從考究語言字音的解釋做起，應合當世之務。從這樣的主張看來，顧炎武改革了舊有經解，提出「經學即理學」新的經典解釋主張，顯然有別與傳統理學方法論，在理學高居數百年獨尊之位的當時確有振聾發聵的作用，開啟了重實證考據的經世實學。這以經學作為理學之源的解釋根據，拋棄了空談心性游談無根的空疏學風，務求本源摒棄「不知本」的後儒之學，逐漸走向博稽經史著重訓詁考證的方向。

至此，明末清初「經學即理學」思想先導，醞釀著一股重考據校勘的風氣，這現象也正說明對「宋學」反思揚棄的表現。清代學術發展至此，學者轉入經籍的考證，一時相習成風，「漢學」實學的治經獲得廣大士子的響應。黃宗羲則以一代儒家的氣魄，表達了自己破除經典的解釋方法，提出新的經解之見：

---

68 同前註，〈與施愚山書〉，《顧亭林詩文集》卷三，頁58。

69 同前註，〈答李子德書〉，《顧亭林詩文集》卷四，頁73。

士生千載之下，不能會眾以合一，由谷而之川，川以達于海，猶可謂之窮經乎！自科舉之學興，以一先生之言為標準，毫秒擿抉，于其所不必疑者而疑之，而大經大法反置之而不道。……充宗生逢喪亂，不為科舉之學，湛思諸經，以為非通諸經，不能通一經；非悟傳注之失，則不能通經；非以為釋經，則亦無由悟傳注之失。[70]

黃宗羲批判科舉之弊，朱註一言堂式的窠臼，拘限了經典的意義，強調由「破」宋明語錄經解，不「以一先生之言為標準」，而應以孔孟儒學原典為本。立足在經典中闡發「大經大法」，由「立」新的經解方法中，要求解經者「眾以合一」、「由谷而之川，川以達于海」了悟傳注之失。這從「通經」的解釋方法進路，返歸經典文本的自身，以經釋經，在「湛思諸經」的儒學系統中尋求證據，也培育出清代樸學精神特有的實事求是，至此之際已然超脫了宋儒經解的義理進路。

如是，繼顧炎武、黃宗羲相續地提出新的解釋方法論，對卓然自立的清代樸學歷史發展起了承先啟後的作用，這推陳出新的化移之功，實功不可沒。所以，清初由「反王學」演變成「反宋學」，在這學風典範轉移之際，「宗漢學」的考證學風也醞釀成熟。清・皮錫瑞《經學歷史》針對此學術之轉移亦言：

國初漢學方萌芽，皆以宋學為根柢。不分門戶，各取所長，是為漢、宋兼采之學。……雍、乾以後，古書漸出，經義大明。惠、戴諸儒，為漢學大宗，已盡棄宋詮，獨標漢幟矣。。[71]

國初諸儒治經，取漢、唐注疏及宋、元、明人之說，擇善而從。由後人論之，為漢、宋兼采一派，而在諸公當日，不過實事求是，非必欲自成一家也。[72]

---

[70] 清・黃宗義：〈萬充宗墓志銘〉，《南雷集》卷八（台北：商務印書館，1979年11月），頁18。

[71] 清・皮錫瑞：《經學歷史》（台北：藝文印書館，1996年8月），頁224。

[72] 同前註，頁316。

繼雍正、乾隆之後學風漸次成立，學術典範[73]由「宋學」移轉到「漢學」，獨標漢幟大宗。在學風趨向考證之風下，漢學家實證治學，斥宋儒冥想空談，經典的治學方法所爭之致，宋學、漢學兩派相互攻詆而詆彼異論，宗宋「理學」與宗漢「考據學」並峙，紛紛提出護己之說。[74]一方面在政治力量主導下，乾隆擴大統治推廣文治，主張「崇宋學之性道，而以漢儒經義實之」[75]，肯定漢學「發揮傳注，考核典章，旁暨九流百家之言」有所發明裨益實用，於是大力鼓吹漢學掌舵學術，更推動了清代文化的主導發展。另一方面理學發展已屆臨高峰，經歷顛峰後已難再越其矩矱，理學內部之爭，在屢經數百年各執一端的堅持下，學術必然另尋出路，轉而訴諸於考證訓詁，在客觀的佐證下以使爭論得以取決，「反宋」、「宗漢」走向實證領域，成為乾嘉學術所無可避免的趨向。

雖然，清政府兼施鎮壓與籠絡，但文化上卻加入龐大財力人力編纂《古今圖書集成》、《四庫全書》，亦也因此更帶動「乾嘉漢學」的蓬勃發展。清儒「崇實黜虛」的學風，宗奉漢學治經，以經學做為中心，旁及小學、音韻、歷史、校勘、輯佚、辨偽、天文、曆算、金石等等。考證之風所趨，治經無徵不信，不以孤證自足，不論研經、治史皆一律實證為

---

73 孔恩（Thomas Kuhn）在其《科學革命的結構》（The Structure of Scientific Revolutions）提及「典範」（Paradigm）的說法，以為某科學家社群對某一問題的解決方式，經由共識而得到一個「典範」，而當此典範無法解決此一問題所衍生的問題時，此典範便開始受到質疑。最後另外一些科學家社群開始提出另一套說法，而形成一個新的「典範」，於是舊典範的學術地位，開始轉給新典範，典範之間的轉移於焉完成。典範之間的解決方法雖然不同，但所面對的問題則同一。雖然孔恩的典範說法是在科學理論上的，但對於我們在人文研究上，卻有很大的啟發。請參見：孔恩（Thomas Kuhn）著、王道還編譯：《科學革命的結構》之〈第五章　典範的優先性〉（台北：允晨出版社，1985年），頁99-109。另參見書中文版導言〈科學的哲學發展史中的孔恩〉。而此處所引謂「學術典範」，其「典範」二字並非嚴格地依孔恩在《The Structure of Scientific Revolutions》一書中所對Paradigm的用法。而此借引「典範」以喻謂清初儒學之變化是存在著典範的轉移，但並非是清初儒學完全脫離儒學之論域，而是在轉變中見證儒學從清初到乾嘉之遞嬗。而目前在思想史的研究領域內，已有學者對此做一討論。請參見張壽安：〈以禮代理——凌廷堪與清中葉儒學思想之轉變〉，《中研院近史所專刊》第七十二期（台北：中央研究院近代史研究所，1994年5月），緒論部分。

74 「漢宋之爭」視為儒學中兩種不同價值選擇的義理類型之爭，「漢學」代稱音韻訓詁的考據學；而「宋學」為代稱講論性道的義理學。宋漢二家紛紛提出護己之說，詳述請見拙文，羅雅純：〈戴東原孟子學之研究——一項從詮釋學的觀點所展開的批判與重建〉（台北：淡江大學中國文學所碩士論文，2001年6月），頁21-23。

75 清・阮元：〈擬儒林傳稿凡例〉，《揅經室集》卷二（台北：藝文印書館，1967年），頁3-4。

據，乾嘉漢學即在此氛圍下以臻興盛。以乾嘉漢學為代表的清學，占據了中國經學歷史的影響性極大，經學史家范文瀾曾言：「自明清之際起，考據學是一種很發達的學問，自顧炎武啟其先行，戴震為其中堅，王國維集其大成，其間卓然名家者無慮數十人統稱為乾嘉考據學派。」[76]由顧炎武啟之，後戴震承之，戴震為反宋之魁傑，更將此反宋、宗漢的學術思潮推至高峰。於是，宋明理學完成了形上學建立的歷史任務，在獨尊官學五六百年之後，清儒不再重視形上價值玄虛之理的追求，貶宋「宗漢」成為學風之核心，轉而重視形下生活世界經驗的清代義理學，由是醞釀而生。

第二節　戴震訓詁釋孟之新典範建立

一、「求觀聖人之道，必自孟子始」返歸孔孟

朱熹《孟子集註》自元仁宗至延祐年間詔定科舉定本以來，朱學為官學之尊，歷經元明清至康熙年間，朱學地位更達至鼎盛。理學歷經百年朱、陸之爭，「性即理」與「心即理」二派論辯爭論不休，明代心學末流走向空談心性，束書不觀而游談無根，清儒拾宋人牙慧，拜《四書章句》科舉之賜，擢巍科登顯宦，孔孟之道原旨不在，僵化的理學便淪為桎梏世人的道德教條。

清・康熙登位極力尊朱，除了配享孔廟之外，更諭敕李光地編纂以朱學為主的《朱子全書》、《性理精義》，其後雍正、乾隆承而繼之，這高壓懷柔籠絡士子的統制用意，成為官方意識形態化的統治思想。這道統與治統合膺的理學之下，朱學成為新的根源性權威，透過朱學闡釋的儒家道德之學，淪為官衙教條化，已然溢出經典自身的意義，成為判別正謬、糾彈是非的唯一標準。雖然，自明末清初，先後有劉宗周、顧炎武、黃宗羲、陳確、顏元、王夫之等人提出補偏糾謬的主張，但真正推翻宋明儒學舊傳統，挑戰威權合膺的官學，振臂高呼的是清代學術大師——「戴震」。戴震重建孟學，以回歸孔孟儒學做為終極目標，然戴震何以做此呼籲？所欲重建的目的為何？

---

[76] 范文瀾：《中國通史簡編》（上海：上海書店，1989年），頁754-766。

孟子辯楊、墨；後人習聞楊、墨、老、莊、佛之言，且以其言汩亂孟子之言，是又後乎孟子者之不可已也。苟吾不能知之亦已矣，吾知之而不言，是不忠也，是對古聖人賢人而自負其學，對天下後世之仁人而自遠於仁也。吾用是懼，述《孟子字義疏證》三卷。韓退之氏曰：「道於楊、墨、老、莊、佛之學而欲之聖人之道，猶航斷港絕潢以望至於海也。故求觀聖人之道，必自孟子始。」嗚呼，不可易矣！[77]

顯然在戴震認知中，聖人之道為異說淆惑，古今治亂之源乃因後人習聞楊、墨、老、莊、釋以致孟子之言為所汩亂。因此為不負古聖先賢之學，肩擔起捍衛孟子思想為己任的職責，自述孟學意識即在「破後人混漫」，而詮釋的目的旨在「返歸孔孟」。無論自述「吾用是懼，述《孟子字義疏證》三卷」，或是寫給弟子段玉裁的信中皆一再強調孟學詮釋立場，「今人無論正邪，盡以意見誤名之曰理，而禍而斯民，故疏證不得不作」[78]面對世人異說，孔孟聖賢之道隱而不彰，戴震興起摧破僵化的勇氣。於是，《孟子》成為戴震心目中最具聖人之道表述的代表，所以「求觀聖人之道，必白孟子始」，取法孟子辯楊墨以自勉廓清儒學，力倡「發明孔子之道者，孟子也，無異也。」[79]言簡意賅地道出內在學統的認知，孟學思想為其聖人之道的詮釋中心，故聖人之道非孟子不能也。

面對夷夏文化衝擊，政統與道統淪陷，學統不彰聖人之道異說淆惑，深懷感時憂國的戴震如何廓清儒學正統？「求觀聖人之道，必自孟子始」便由這一提問所呈現的進路考察，勢必追溯戴震「道統論」的意識淵源。戴震華夏文化的道統論述，不僅就孟子言說傳統，也是韓愈[80]、朱熹的道統

---

[77] 《孟子字義疏證‧序》，《戴震全書》（六），頁147-148。

[78] 清‧段玉裁：〈東原年譜訂補〉，《戴震全書》（六），頁652。

[79] 《孟子私淑錄》卷上，《戴震全書》（六），頁186。

[80] 韓愈道統說：「斯吾所謂道也，非向所謂老與佛之道也。」堯以是傳之舜，舜以是傳之禹，禹以是傳之湯，湯以是傳之文武周公，文武周公傳之孔子，孔子傳之孟軻。軻之死，不得其傳焉。」唐‧韓愈：〈原道〉，謝冰瑩等編譯：《古文觀止》（台北：三民書局，1971年），頁401。

系譜說。[81]鑑此傳承意識，戴震標舉了《孟子》歷史地位，以詮表孟子原意，做為自述孟學的詮釋立場：

> 孟子以閑先聖之道為己任，其要在言性善，使天下後世曉然於人無有不善斯不為異說所淆惑。[82]

> 僕自十七歲時，有志聞道，謂非求之六經，孔、孟不得，非從事於字義、制度、名物，無由以通其語言。宋儒譏訓詁之學，輕語言文字，是猶渡江河而棄舟楫，欲登高而無階梯也。為之三十餘年，灼然知古今治亂之源在是。[83]

即是，戴震孟學詮釋有個明確預設的「繼孟」立場，說明「孟子以閑先聖之道為己任」，述志「僕自十七歲時，有志聞道」的道統意識。很顯然地，戴震以接續儒學正統稟志自許，其弟子段玉裁亦云其師：「且有〈自序〉一篇，說明用孟子書字義為目之故，而用韓子『求觀聖人之道，必自孟子始』之語為歸宿。師之隱然以道自任，上接孟子之意可見矣。」[84]

---

[81] 朱熹尤感佩韓愈有志之士，力挽狂瀾倡「道統」，振興儒學，闢佛老斥異端，加強了他註孟意識的萌生：「愚按此言，雖若不敢自謂已得其傳，而憂後世遂失其傳，然乃所以自見其有不得辭者，而又以見夫天理民彝不可泯滅，百世之下，必將有神會而心得之者耳。故於篇終，歷序群聖之統，而終之以此，所以明其傳之有在，而又以俟後聖於無窮也，其指深哉！有宋元豐八年，河南程顥伯淳卒。潞公文彥博題其墓曰：「明道先生。」而其弟頤正叔序之曰：「周公歿，聖人之道不行；孟軻死，聖人之學不傳。道不行，百世無善治；學不傳，千載無真儒。無善治，士猶得以明夫善治之道，以淑諸人，以傳諸後；無真儒，則天下貿貿焉莫知所之，人欲肆而天理滅矣。先生生乎千四百年之後，得不傳之學於遺經，以興起斯文為己任。辨異端，辟邪說，使聖人之道渙然複明於世。蓋自孟子之後，一人而已。然學者於道不知所向，則孰知斯人之為功？不知所至，則孰知斯名之稱情也哉？」朱熹認為孟子感憂後世遂失其傳，體認天理民彝不可泯滅，雖若不敢自謂已得其傳，然乃以「所以自見其有不得辭」之故回應當代。儼然，不僅深刻地體會孟子心志，也將「必有神會而心得之者耳」寄託於自身的傳承使命，由論證孟軻死，聖人之學不傳。道不行，百世無善治；學不傳，千載無真儒，朱熹給了自己繼孔孟正統，興起斯文為己任的詮釋依據。宋・朱熹撰、徐德明校點：〈孟子盡心章句下〉，《四書章句集注》（上海：古籍出版社，2001年12月），頁447。

[82] 《孟子私淑錄》卷上，《戴震全書》（六），頁37。

[83] 清・段玉裁：〈東原年譜訂補〉，《戴震全書》（六），頁652。

[84] 清・段玉裁：〈答程易田丈書〉，《戴震全書》（七），頁143。

由是可知，戴震在夷夏之辨的衝擊下，續統的詮釋意識油然而生。因此在接續華夏文化的正統意識下，展開續統的孟學詮釋工作，這重建的道統論述，勢必對舊道統觀的朱學予以解構，所以解構批判之所在才是戴震重構孟學的進路。戴震自云灼然知古今治亂之源，乃在於「宋儒譏訓詁之學，輕語言文字，是猶渡江河而棄舟楫，欲登高而無階梯也。」聖人之道為異說淆惑，提出孟學新釋當是戴震理解下的必然之舉。

即就戴震詮釋動機來看，它具有三層次意義：首先，師效孟子之「辯」楊墨闢後人之說；其次，自稟孟子先聖精神，以闡紹孟子遺緒；再者，返歸儒學道統以自明己志，披靡所向為挽救混淆的世說。因此，戴震以重建新道德的客觀標準，以「孟子」做為聖人之道的詮釋立場，這一立場無所爭議，實際上也代表了一般解經者的共同見解，尊重經典的載道權威，聖賢經世的微言大義，奠定了普遍性的認知基礎。然戴震如何揭示《孟子》「在世存在」經典意涵推翻舊詮釋辯清異說？如何釐正《孟子》「應用」[85]於世的經典意義，便成為戴震詮釋背後真正使命。很明確的，戴震孟學自述的背後隱含一種假定，疏證孟學體現聖賢之意我們無以復加，然詮釋的真正使命為何？事實上，戴震重建孟學循藉著對孟子義理的認知，將蘊藏在經典中的義理抉發，針砭官學「存理滅欲」僵化的道德教條。其弟子段玉裁所編《戴東原年譜》中記云：

> 蓋先生《原善》三篇、《論性》二篇既成，又以宋儒言性、言理、言道、言才、言誠、言明、言權、言仁義禮智、言智仁勇，皆非六經、孔、孟之言，而以異學之言糅之。故就《孟子》字義開示，使人知「人欲淨盡，天理流行」之語病。[86]

顯然可知，戴震立足在《孟子》字義釐正上進行解構宋儒理論，至於《孟子》原意複制的理解並非是他首要強調，而詮釋的參與疏證闡釋才是孟學

---

85 伽達默爾的實踐詮釋學要求解釋者不僅要說明其解釋對象的原意，而且要將文本的意義轉變為有成效的實際內容，即「應用」。伽達默爾所言：「應用，正如理解和解釋一樣，同樣是詮釋學過程的一個不可或缺的組成部分。」參見同註51，頁402。

86 清・段玉裁：〈東原年譜訂補〉，《戴震全書》（六），頁677-678。

重構的主要任務。換言之，對戴震而言孟學意義，絕非是自我存在的封閉視域，它的意義實際上存在不斷的理解當中，如何回應時代課題，彰顯「言外蘊意」才是戴震關懷所向。這即是說，戴震認知經典載賦聖人之道，因可闢異說端正風俗，從經典詮釋理路著手廓清，而這正也說明《孟子》經典真理永遠是開放，所以才能透過後人的理解詮釋再現經典意涵。此義亦猶如伽達默爾所言：

> 所有理解性的閱讀始終是一種再生產（reproduction）、表演（performance）和解釋（interpretation）。[87]

這意謂著理解並非單純地重複單一原意，而是展開解釋的多元性，這使得經典意義的把握本身就具有某種獨立創造的特性，而詮釋者的參與也因而獲得自身的歷史定位。就這意義上來看，《孟子》文本的真實意義，不再裹著神聖外衣而孤芳自賞，而是存在參與共生的具體生活世界緊密結合，如何不斷地揭示孟學「內在的再現」[88]新意，才是戴震思索意義表達的任務，促使孟學詮釋的背後，正是因為親身體證「以理殺人」的存在境域。

清廷為鞏固政權穩定，以嚴酷手段進行文化統治，一方面取締反滿思想，另方面推尊程朱理學奉為「集大成而緒千百年絕傳之學，開愚蒙而立傳萬世一定之規」，「非此不能知天人相與之奧，非此不能治萬邦于衽席，非此不能仁心仁政施于天下，非此不能外內為一家」。[89]企圖以一元思想宰制人民服膺，厲以高壓手段大興文字控馭，在歷經康熙、雍正、乾隆

---

87 同註51，頁160。

88 藝術的再現是真理的再現，馬克英代爾（MacIntyre）通過區分「外在的再現」和「內在的再現」提供一種解釋伽達默爾立場，說明「外在的再現」只是再生產它們的物件或摹本，其目的是把它們的觀看者引回到它們再生產的原型那裏，如護照相片。作為這種再現，它們構成伽達默爾所說的「符號」；而與此相反，藝術的或內在的再現並不引回到原型，其意義是它們關於自身對原型的可信性能夠被評價。被描繪的東西反而只通過描繪本身才得以揭示。換言之，正是通過藝術的再現本身我們才能理解藝術的主題內容。筆者指謂東原孟學正是欲以揭示《孟子》「內在的再現」而非「外在的再現」。詳述請參見格魯吉亞（Georgia Warnke）著、洪漢鼎譯：《伽達默爾詮釋學、傳統和理性》（北京：商務印書館，2009年），頁50。

89 清聖祖：《朱子全書・序》：「非此不能知天人相與之奧，非此不能治萬邦于衽席，非此不能仁心仁政施于天下，非此不能外內為一家」轉引自安平秋、章培恒：《中國禁書大觀》（上海：文化出版社，1990年3月），頁102。

文字獄的殺戮就高達八十餘起，戴震親身目睹文字獄之慘禍[90]，見證了「以理殺人」殘酷的囹圄：

《大義覺迷錄》，處處可以看見雍正帝和那「彌天重犯」曾靜高談「春秋大義」，一邊是皇帝，一邊是「彌天重犯」：這二人之間如何有理可說？如何有講理的餘地？然而皇帝偏不肯把他拖出去剮了；偏要和他講理，講春秋大義，講天人感應之理！有時候，實在沒有理可講了，皇帝便說，「來！把山西巡撫奏報慶雲的摺子給他看看。」「來！把通政使留保奏報的慶雲圖給他看看。」「來！把雲貴總督鄂爾泰進獻的嘉穀圖發給他，叫他看看稻穀每穗有四五百粒至七百粒之多的，粟米有每穗長至二尺有奇的！」這都是天人感應之理。至於荊襄岳常等府連年的水災，那就是因為「有你這樣狂背逆亂之人，伏藏匿處其間，秉幽險乖戾之氣，致陰陽衍伏之干；以肆擾天常為心，以滅棄人理為志，自然江水泛漲，示儆一方。災禍之來，實因你一人所致，你知道麼？有何說處？」那位彌天重犯連忙叩頭供道，「一人狂背，皆足致災，此則非精通天人之故者不能知。彌天重犯聞之，豁然如大寐初醒。雖朝聞夕死，亦實幸矣。」[91]

雍正假借道德形上之理責下，曾靜高縱然有理卻無權申訴，屈伏宰制冤死還須言賜死有理，這官衙化的理學異化荒謬，戴震遂生悲憤之感，也埋藏日後反動理學的動機。戴震親證道德理學變質，社會機制迫在酷刑的控制，眼看社會秩序失去了倫理安置，規範性的「理」遂淪為生命存在的桎梏，思問人何以得其安頓？理又何得以體證？故藉疏證孟學，批判官衙化理學，著意之處即是抨擊專制化的君威，揭發清廷粉飾太平的假象：

烏呼，今之人其思亦弗思矣。聖人之道，使天下無不達之情，求遂其欲而天下治。後儒不知情之至於纖微無憾是謂理；而其所謂理

[90] 李開：《戴震評傳》（南京：南京大學出版社，1992年8月），頁7。

[91] 〈大義覺迷錄〉卷3，頁1-2。轉引自胡適：《戴東原的哲學》（台北：商務印書館，1996年2月），頁56-57。

者，同於酷吏之所謂法。酷吏以法殺人；後儒以理殺人：浸浸乎舍法而論理。人各巧言理，視民如異類焉，聞其呼號之慘而情不相通。死矣更無可救矣！[92]

漢儒訓詁有師承，亦有時傅會；晉人傅會鑿空益多；宋人則恃胸臆為斷，故者襲取者多謬，而不謬者在其所棄。我輩讀書，原非與後儒競立說，宜平心體會經文。有一字非其的解，則於所言之意必差，而道從此失。[93]

昔人異於今人；一口而曰「理」，似今人勝昔人。吾謂昔人勝今人正在此。蓋昔人斥之為意見，今人以不出於私即謂之理。由是以意見殺人，咸自信為理矣。聊舉一字言之；關乎德行、行事匪小。[94]

戴震反省宋儒談玄說理，仍無法挽救政治腐敗，盜賊橫行以致外族侵略，僅恃胸臆識斷襲取多所荒謬，義理流於空疏之失，以致酷吏峻法「以理殺人」自是不可免，歸咎肇因源於宋儒捨法以意見為理。鑑於此，戴震呼籲返求聖人之道，平心體會經文，「循古經、戒鑿空」博稽訓詁體證聖人之道，探求「聖人之道」破除「以理殺人」的枷鎖，就成為戴震孟學詮釋的進路。換言之，戴震這孟學的自我展現乃是對時代進行的一種抗爭，詮釋目的不在複制《孟子》原意的理解，而是創造伽達默爾所言的「不同理解」：

理解和解釋的方法是過去與現在的中介，或者說，作者視域與解釋者視域的融合，理解的本質不是更好理解，而是「不同理解」（Andersverstehen）。[95]

[92] 〈與某書〉，《戴東原先生之文》，《戴震全書》（六），頁496。

[93] 〈與某書〉，《戴東原先生之文》，《戴震全書》（六），頁495。

[94] 〈與段玉裁書〉（一）收錄同註90引書，頁363。

[95] 洪漢鼎：《詮釋學——它的歷史和當代發展》（北京：人民出版社，2001年9月），頁20-21。

詮釋學是哲學，而且是作為實踐哲學的哲學。這種詮釋學既不是一種單純理論的一般知識，也不是一種光是應用的技術方法，而是一門綜合理論與實踐雙重任務的哲學。[96]

相對來看，戴震孟學所理解的本質是「不同理解」，是「過去與現在」；「作者與解釋者」的視域融合，此意猶同「遊戲的自我表現這樣導致遊戲者彷彿是通過他遊戲某物——即表現某物——而達到他自己特有的自我表現。」[97]所以可理解，戴震（遊戲者）通過對宋儒混淆異說的修正，返歸孔孟聖人之道，立基在《孟子》文本闡釋上，由對孟學（遊戲）歷史的理解中詮釋，以達《孟子》回應時代課題中獨特的自我表現。而戴震孟學之作為哲學，即是結合這詮釋立場與實踐使命扣緊而發，詮釋目的抨擊所向即是高居廟堂的官學，揭櫫道德理學僵化下「以理殺人」的社會，從疏證孟學的詮釋使命，「正是參與『人之為人』及對『善』的選擇最偉大的問題。」[98]

孟子、戴震同由因時代的挑戰，故有斯說。戴震效法孟子闢楊墨，以斥宋儒理禍斯民「以理殺人」，為維護儒學權威而戰，以求恢復孔孟原旨達聖人之道。二者相較之下，孟子回應時代提出性善道德生命價值的呼籲，正因處於一個道德生命泯沒，物欲橫流的時代；而戴震之所以高舉重視人欲的旗幟，也正因處於一個物欲被壓抑的時代。所以回應時代的課題，孟子倡仁義之說，重視道德仁義；而戴震揚情欲之說，強調人欲存在的合理性：

不寤意見多偏之不可以理名，而持之必堅；意見所非，則謂其人自絕於理；此理欲之辨，適成忍而殘殺之具，為禍又如是也！夫堯舜之憂四海困窮，文王之視民如傷，何一非為民謀其人欲之事？推順而導之，使歸於善。今既截然分理欲為二，治己以不出於欲為理，

[96] 伽達默爾：《科學時代的理性》（The MIT Press, Cambridge, Massa-Chusehs, London, 1981），頁111。

[97] 同註51，頁158。

[98] 同註95，頁29。

治人亦必以不出於欲為理。舉凡民之饑寒愁怨、飲食男女常情隱曲之感，咸視為人欲之甚輕者矣。輕其所輕，乃吾重天理也，公義也，言雖美而用之治人則禍其人。至於下以欺應乎上，則曰人之不善。胡弗思聖人體之情，遂民之欲，不待告以天理公義，而人易免於罪戾者之有道也？[99]

戴震認為堯舜、文王體民之情，遂民之欲故能歸於善，今人截然劃分理欲為二，強調道德之理的超越面，將人本然饑寒愁怨、飲食男女、常情隱曲之感都視人欲而捨棄。這般絕情欲的本然天理存之於心，美其言為天理，硬使理／欲割裂對立，威迫人民絕情棄欲，毋庸諱言，攘奪人身本然「治己以不出於欲為理，治人亦必以不出於欲為理」，最終「言雖美而用之治人則禍其人」。明乎於此，戴震有意將天理／人欲的對立，從政治理學服膺下的倫理規範中解構出來，亦是鍼砭統治者假尊崇朱學，卻宰用理學控制民心。這樣的「特殊用意」顯然被戴震所透視，除了抨擊程朱存理去欲的不合理，再重重地揭櫫「尊以理責卑」、「上以理責下」的宰制，控訴政治「以理殺人」，這才是戴震孟學真正攻詰之所向。戴震因要對抗這「以理殺人」的理欲觀，從官衙化的程朱理學內在理論著手，指斥僵化的道德教條並非是儒學正統，乃是雜於老釋異說，實乃有別於孔孟之道，其〈答彭進士允初書〉所云：

宋以前，孔、孟自孔、孟，老、釋自老、釋，談老、釋者高妙其言，不依附孔孟。宋以來，孔、孟之言盡失其解，儒者雜襲老、釋之言以解之。於是有讀儒書而流入老、釋者。有好老、釋而溺其中，既而觸於儒書，樂其道之得助，因憑藉儒者以談老、釋者。對同己則共證心宗，對異己則寄託其說於六經、孔、孟，曰：「吾所得者，聖人之微言奧義。」而交錯旁午，屢變益工，渾然無罅漏。[100]

[99] 《孟子字義疏證》卷下〈權〉，《戴震全書》（六），頁216-217。

[100] 〈答彭進士允初書〉，《戴震全書》（六），頁353。

程朱以理為如有物焉，得於天而具於心，啟天下後世人人憑在己之意見而執之曰理，以禍斯民；更淆以無欲之說，於得理益遠，於執其意見益堅，而禍斯民益烈。豈理禍斯民哉？不自知為意見也。離人情而求諸心之所具，安得不以心之意見當之？[101]

戴震認為宋儒雜老釋以立說，老釋之言依附於孔孟，遂使孔孟之道盡失其解，此異於儒學正統，卻因官學之尊、科舉之弊遂使相趨以為真理，卻不知實與六經孔孟迥異，所以禍於斯矣。「後世人人憑在己之意見而執之曰理，以禍斯民；更淆以無欲之說」，程朱「存理滅欲」所倡，遂而導致後人誤以意見為理，任以私見淆以無欲論斷是非，憑其臆見卻執之曰理，離理益遠而禍及斯民。戴震無畏於君威專制的壓迫，撻伐假理學之名的統治手段，將關懷的核心從政治課題延展到社會層面，揭發後人誤理以理殺人的真相！在表彰程朱、大興文字獄的威嚇時代下，戴震如此不懼威迫，勇於抨擊上位之罪愆，這般知識分子的自覺，不但繼承了孟子「民為貴」的精神，更進一步展現了戴震對社會關懷參與的卓識！

明乎此，戴震孟學實為匡正時弊所發，對於官僚理學的流弊、士子雜襲老釋論儒、社會上以理殺人等等現象的深惡痛絕。因此，釋孟活動的展開，由對溯源儒學正統的澄清工作中尋求解決，深思造成流弊之所在，乃因宋儒義理紛亂所致，從而游離了聖賢經典「作者」與「文本」的理解。奠定在此的反省，戴震著眼返求聖人之道，力挽狂瀾地高舉孟學旗幟，破除宋儒誤理，匡正時弊重新疏證起孟學新釋以捍衛儒學的正統。自此之後，戴震畢生投入孟學詮釋，在一系列《緒言》、《孟子私淑錄》、《孟子字義疏證》的孟學著作中，釐正程朱雜老釋異說，將孔孟還諸孔孟、將程朱還諸程朱、將老釋還諸老釋，建「立」起新釋的孟學詮釋。

戴震終其一生致力於孟學的考覈，佐循訓詁明其義理，知民生隱曲之苦，更高聲疾呼批判這政統與道統合膺的理學「以理殺人」[102]，大膽喊出

101 〈答彭進士允初書〉，《戴震全書》（六），頁353。

102 章太炎〈釋戴〉云：「戴震生雍正末，見其詔令詆人不以法律，顧摭取洛閩儒言以相稽，覗微司隱微，罪及燕語，……震自幼為賈販，運轉千里，復具知民生隱曲，而上無一言之惠。」章太炎：《太炎文錄初編》，《章太炎全集》第四冊（上海：人民出版社，1985年9月），頁122。

「打破宋儒家中《太極圖》」[103]從而顛覆執義理學牛耳的程朱理學。戴震如此用心，由孟學詮釋入乎儒學場域，是歷經宋明儒學滲入老、釋之後，第一個作出《孟子》文本的還原者，上接孟子之傳，「破」程朱「立」孔孟，在彈正當權者罪愆下，冀能上接儒學道統，重構孟學以撰《孟子字義疏證》！[104]卒前（西元1777年）四月二十四日與弟子段玉裁書云：「僕生平論述最大者為《孟子字義疏證》一書」[105]，這集其一生學術大成的道統論述，所向皆為返歸孔孟之道，維護儒學正統，因此續統在孟學、效法也在孟學，《孟子字義疏證》一書睨於當世，上接乎孟子之傳，當為戴震蓋棺論定最確切的晚年定論。

二、「始乎離詞，中乎辨言，終乎聞道」解釋立論

戴震為匡正時弊重建孟學，力闢異說，針砭當權者弊病的經世關懷可謂是孟學創作的動力根源。這創作方法的選擇，以重建孟學義理做為廓清工作，從而一方面標舉孔孟之道為尊經立場；另一方面，則將官學化「以理殺人」行徑推向宋明理學批判上，從而建立新的話語系統及義理架構。

[103] 戴震「壬師館京師朱文正家，自言曩在山西方伯署中，偽病者十數日，起而語方伯：『我非真病，乃發狂打破宋儒家中太極圖耳。』蓋其時著得《孟子字義疏證》，玉裁於此乃覺了然，偽病十餘日，此正是造《緒言》耳。」參見清・段玉裁：〈答程易田丈書〉，《戴震全書》（七），頁144。

[104] 戴震晚年抨擊程朱之理，遭致當時學者的嚴厲批評。清・章學誠認為戴震學出於程朱，然卻又批評程朱：「戴君學術，實自朱子道問學而得之，故戒人以鑿空言理，其說深探本原，不可易矣。顧以訓詁名義，偶有出於朱子所不及者，因而醜貶朱子，至斥以悖謬，詆以妄作，且云：『自戴氏出，而朱子儌倖為世所宗，已五百年，其運亦當漸替。』此則謬妄甚矣！戴君筆於書者，其於朱子有所異同，措辭與顧氏寧人、閻氏百詩相似，未敢有所譏刺，固承朱學之家法也。其異於顧、閻諸君，則於朱子間有微辭，亦未敢公然顯非之也。而口談之謬，乃至此極，害義傷教，豈淺鮮哉！」參見清・章學誠、葉瑛校注：《文史通義校注》（上）（台北：里仁書局，1984年9月10日），頁276。另外，錢穆於《中國近三百年學術史》上冊中也論戴震既卒，其私淑學者凌廷堪次仲為〈東原先生事略狀〉中可見戴震思想與當時之反響，「次仲此說，良以當時於東原疏證議論，頗多非難。洪榜為東原作行狀，全載其與彭尺木一書；朱筠謂：『何圖程朱後復生議論？』東原子中立因刪之。同時如姚鼐、翁方綱、程晉芳諸人，於東原疏證皆有駁論。蓋考訂立於共是，義理則卓在獨見，又程朱之說行世已久，東原驟加抗諍，宜乎為世駭怪，故次仲為此婉說也。」清・顏元：〈存學編・上倉陸桴亭先生書〉卷一，《四存編》（台北：廣文書局，1975年4月），頁402。

[105] 〈段茂堂等十一札〉第十札，《戴震全書》（六），頁543。

所以，戴震建立治孟的解釋方法是互為表裡，除了立足在自覺性的道統意識上，更深刻地廓清宋儒異說的使命，一來破除宋儒鑿空言理意見誤理；二來提出新的釋孟方法解孟而治經。

這解經方法的立論，乃追溯清代考據學，在雍正、乾隆時期蔚為風尚，學子投注考據成果大為輝煌，從學術理論上來看，考據學大興非僅是代表一門學科，實際上也是清代治經者依循的解釋方法。戴震認為這以考據作為經解途徑，必然藉著「訓詁」進入孟學視域闡發《孟子》內在「義理」。因此，戴震治孟方法的優先性，先依循訓詁理解進路，考證《孟子》字句以成《孟子字義疏證》，但必須強調的是這疏證孟學的意圖，實乃是戴震「作者視域」進入「孟學視域」，從而自覺地決取對《孟子》字句意義的疏解，顯豁而得新釋孟學「義理」才是重建孟學的真正目的。

事實上，這依傍在《孟子》經典文本權威的立場，除了捍衛儒學正統，更進一步申述戴震創造性的思想論證，表述了撥亂返正，廓清正統的批判精神。因此，戴震做為疏證與創造的孟學理解，自然也將此批判精神融注在釋孟的活動中，如是詮釋關係置於《孟子》與《孟子字義疏證》間，存在著孟子「原意理解」與戴震「疏證意義」對應與否的問題。這問題依西方詮釋學的角度來看，存在著一個基本設定，即如同赫施所言：「一個本文具有著特定的含意，這特定的含意就存在於作者用一系列符號系統所要表達的事物中。」[106]然而，文本的含意與文本的意義（significance）不同。文本的含意是屬於作者或文本自身的，而文本的意義則是閱讀者賦予作者或文本的評價。即如是，做為詮釋者的戴震，自覺性地選取在此二者解經的空間中建構新孟學，由對《孟子字義疏證》新釋，試圖取代朱熹註孟的官學權威，一方面由對《孟子》原典的尊重，捍衛自己釋孟的合理性；另一方面則對《孟子》經典的創新解讀，昭顯了清代孟學意涵轉移的時代性意義。

這孟學新釋的過程中，貫徹著戴震詮釋的自覺性，清楚地標示以典範朱註孟學作為批判對象，從而否定了宋儒對儒學原典理解的話權，由辯清

[106] 赫施：《解釋的有效性》（香港：三聯書店，1991年），頁16-17。

宋儒雜老、釋誤說的立場，為自己的孟學賦予一個合理性的理由。即是戴震孟學從而探源建立一個新的解釋立論，細繹地就古今學問劃分為三：

> 古今學問之途，其大致有三：或事於義理，或事於制數，或事於文章。事於文章者，等而末者也。[107]

> 其得於學，不以人蔽己，不以己自蔽，不為一時之名，亦不期後世之名。有名之見其弊二：非掊擊前人以自表，即依傍昔儒以附驥尾。二者不同，而鄙陋之心同，是以君子務在聞道也。今之博雅文章善考覆者，皆未志乎聞道，徒株守先儒而信之篤，如南北朝人所譏，「寧言周、孔誤，莫道鄭、服非」，亦未志乎聞道者也。[108]

> 惠君與余相善，蓋嘗深嫉乎鑿空以為經也。二三好古之儒，知此學之不僅在故訓，則以志乎聞道也，或庶幾焉。[109]

戴震從古今學問三分上來說明聞道「義理」的重要，甚於「制數」及「文章」。因此，治經的蹊徑依序漸進，佐循故訓「志在聞道」，以義理與聞道為學問大業之終極目標。這說明了做為解經者的戴震，灼然知古今治亂之源，務在聞聖賢之道，依循著考據字義、制度、名物從而通晰語言：

> 僕自十七歲時，有志聞道，謂非求之《六經》孔孟不得，非從事於字義、制度、名物無由以通其語言。宋儒譏訓詁之學，輕語言文字，是欲渡江河而棄舟楫，欲登高而無階梯也。為之三十餘年，灼然知古今治亂之源在是。[110]

即如是，戴震自十七歲即有志聞道，從事字義、名物、制度皆以此考證，

---

107 〈與方希原書〉，《戴震全書》（六），頁375。

108 〈答鄭丈用牧書〉，《戴震全書》（六），頁373-374。

109 〈古經解鉤沉序〉，《戴震全書》（六），頁378。

110 〈與段茂堂等十一札〉第九札，《戴震全書》（六），頁541。

達乎聖賢之道在於顯豁孔孟、六經義理。這說明了訓詁考據在戴震孟學系統中是治經工具義，進而「聞道」才是詮釋的最終目的。如是理解下，即明瞭戴震訓詁以聞道，後來在《孟子字義疏證》中所採用的體例也是提出一個命題概念，再依次藉由疏證逐一字義闡述。事實上，戴震之所以重訓詁解經，固然一方面是治經自覺所致，更主要因素是受了當時考證學風的影響，其〈與是仲明論學書〉云：

> 僕自少時家貧，不獲親師，聞聖人之中有孔子者，定六經示後之人，求其一經，啟而讀之，茫茫然無覺。尋思之久，計於心曰：「經之至者道也，所以明道者其詞也，所以成詞者字也。由字以通其詞，由詞以通其道，必有漸。」求所謂字，考諸篆書，得許氏《說文解字》，三年知其節目，漸睹古聖人制作本始。又疑許氏於故訓未能盡，從友人假十三經注疏讀之，則知一字之義，當貫群經、本六書，然後為定。[111]

戴震以字義明經進路「由字以通其詞，由詞以通其道」，知字義後通貫群經六書之義。此通經明道理念，在〈古經解鉤沉序〉、〈沈學子文集序〉中亦更深入細論：

> 經之至者，道也；所以明道者，其詞也；所以成詞者，未有能外小學文字者也。由文字以通乎語言，由語言以通乎古聖賢之心志，譬之適堂壇之必循其階，而不可以躐等。[112]

> 以今之去古既遠，聖人之道在六經也。當其時，不過據夫共聞習知，以闡而表微。然其名義制度，自千百世下，遙溯之至於莫之能通。是以凡學始乎離詞，中乎辨言，終乎聞道。離詞，則舍小學故訓無所藉；辨言，則舍其立言之體無從而相接以心。先生於古人小

111 〈與是仲明論學書〉，《東原文集》卷九，《戴震全書》（六），頁370-371。
112 〈古經解鉤沉序〉，《東原文集》卷十，《戴震全書》（六），頁378。

學故訓，與其所以立言，用相告語者，研究靡遺。治經之士，得聆一話言，可以通古，可以與幾於道。[113]

戴震指謂：「經之至者，道也；所以明道者，其詞也」、「由字以通其詞，由詞以通其道。」然值得注意的是，這樣的治經不僅是強調語源學上的運用，其意義更是顯豁孟學在世存在的理解創造。這展現的方法包括二個層面：一是「由字通詞，由詞通道」；二是「一字之義，當貫群經，本六書，然後為定」。簡言之，前者側重「字」的個別釐清，進而「詞」、「道」的整體理解；而後者則著重「群經」的整體理解，還原「字」的個別意義，二者融合為一。實際上，戴震這樣自我表現孟學的方式，即是圍繞經典文本的解釋循環，此與西方詮釋學所強調「詮釋學循環」[114]部分與整體之間的關係，亦有異曲同工之妙。即如是，「聖人之道在六經也」，通過訓詁實證始能闡發六經，「聞道」務在求其聖人六經，通經首要則在小學。所以，在戴震理解下表述了釋孟的解經立論，透過通經做為明道、聞道之途，是可謂「凡學始乎離詞，中乎辨言，終乎聞道」。

這即說明，戴震肯定《孟子》文本具有意義（meaning），這意義的本身是屬於原作者孟子，因此肯定《孟子》「聞道」所顯豁的孟學理解，實際上即是肯定《孟子》文本本義（original meaning）和孟子原意（original intention）的存在。而戴震作為閱讀者，立基在《孟子》文本本義及孟子原意的理解上，進行詮釋以成《孟子字義疏證》。因此，可以說《孟子》經典具有「原意理解」是作為一個自明性的前提而存在，這種原意體現了戴震疏證孟學的立基點，因而展開「終乎聞道」的解釋立論。如是，聞道在六經，體乎聖賢心志成為最終目標，清楚地指出「聖人之道在六經也」，而六經作為經典文本，分別由「字」、「詞」、「心」、「道」論述了經典文本結構中語言和心理相滲的關係。這值得注意的是，戴震解經立足在文本的立言之體，以心相遇同如孟子「以意逆志」，相接以心。戴震多次

[113] 〈沈學子文集序〉，《戴東原先生之文》卷十一，《戴震全書》（六），頁393。

[114] 即文本的一切個別細節都應當從上下文即從前後關係，以及從整體所目向的統一意義即從目的去加以理解。這一整體與部分的關係原則在以後的詮釋學發展過程中起了很大的作用，即所謂「詮釋學的循環」。參見同註95，頁39。

強調「所以明其道，其詞也」意在突顯「詞」對於「道」的作用，不僅在於表述更是著重以心相遇的「明」。這即是表明「離詞——辨言——聞道」從字詞的語言，以心相遇體驗明道、聞道，銜接貫通，層層上溯，論證了戴震心目中返歸儒學的認知，從而探求「聖人之道」上的理論保證，抨擊政治「以理殺人」。從這解釋方法看來，經典語言與聖人之道不可分割合為一體，所以無詞無以明其道，「由詞以通其道」是治經必循之路。鑑此理解，由考據字義的小學著手，立言故訓以通乎聖賢之志，以字義為先而次通文理，終達聖人之道。戴震如是循序的治經態度，對於世說學者治經無所依傍，空恃胸臆私見說經，於〈與某書〉、〈題惠定宇先生授經圖〉中進一步提出批判：

> 治經先考字義，次通文理。志存聞道，必空所依傍。漢儒訓詁有師承，亦有時傅會；晉人傅會鑿空益多；宋人則恃胸臆為斷，故者襲取者多謬，而不謬者在其所棄。我輩讀書，原非與後儒競立說，宜平心體會經文。有一字非其的解，則於所言之意必差，而道從此失。[115]

> 言者輒曰：「有漢儒經學，有宋儒經學，一主于訓故，一主于理義。」此誠震之大解也者。夫所謂理義，苟可以舍經而空憑胸臆，將人人鑿空得之，奚有于經學之云乎哉？惟空憑臆之卒無當于賢人聖人之理義，然後求之古經。求之古經而遺文垂絕，今古縣隔也，然後求之訓故。訓故明則古經明，古經明則賢人聖人之理義明，而我心之所同然者乃因之而明。賢人聖人之理義非它，存乎典章制度者是也。松崖先生之為經也，欲學者事於漢經師之故訓，以博稽三古典章制度，由是推求理義，確有據依。彼歧故訓、理義二之，是故訓非以明理義，而故訓胡為？理義不存乎典章制度，勢必流入異學曲說而不自知，其遠乎先生之教矣。[116]

[115] 〈與某書〉，《戴東原先生之文》，《戴震全書》（六），頁495。

[116] 〈題惠定宇先生授經圖〉，《戴氏雜錄》，《戴震全書》（六），頁505。

明乎此，戴震指斥宋人多恃胸臆為識斷，襲取者多所荒謬，感嘆如是「苟可以舍經而空憑胸臆」？「空憑臆之卒無當于賢人聖人之理義」？呼籲今人治經應效法漢經師博稽於古的故訓方法，由故訓明理義，由理義以觀典章制度，聖賢理義始可曉明。戴震強調此訓詁明義理的方法，切不可空憑臆測，私逞意見鑿空以得，為聞道義理實證文獻，宜平心體會細究經文，先考字義次通文理，如是通經方以明道。

換言之，戴震孟學闢宋儒異說的廓清工作，從而標立一個治經的途徑，由批判宋儒論理流於空疏入手。所以，返求聖賢之道的目的務在力闢淆說「循古經、戒鑿空」，由訓故明則古經明，古經明則賢人聖人之理義明，做為通經明道的表述立場。這即是再進一步強調實證治經的理論所在：

> 六經者，道義之宗而神明之府也。古聖哲往矣，其心志與天地之心協，而為斯民道義之心，是之謂道。士生千載後，求道於典章制度而遺文垂絕。今古懸隔，時之相去殆無異地之相遠，僅僅賴夫經師故訓乃通，無異譯言以為之傳導也者。又況古人之小學亡，而後有故訓，故訓之法亡，流而為鑿空。數百年以降，說經之弊，善鑿空而已矣。[117]

由此可見，戴震治經的論點實然心中早有認知，建立在聖賢理義的尊經認知上，論證道的本義存然於孔孟六經。因此，六經載道的聖賢理義，透過訓詁考證通經以明道，建立了「以文字以通於語言，由語言以通乎古聖賢之心志」的經典解釋方法，貫徹了回歸儒學正統的主張。如是，戴震「故訓明則古經明」，在取信實證的聞道立論，論證聖賢歸旨，既具系統性的理論，實際上也是釋孟所一直強調回歸聖賢經典的解釋目的，此目的值至戴震晚年仍猶言：

[117] 〈古經解鉤沉序〉，《東原文集》卷十，《戴震全書》（六），頁505。

以己說為聖人所言，是誣聖；借其語以飾吾之說，以求取信，是欺學者也。[118]

即如是，戴震實事求是、空所依傍的治經態度，即是他終身所依奉的治學標竿。時人余廷燦〈戴東原先生事略〉云：

有一字不準六書，一字解不通貫群經，即無稽者不信，不信者必反復參證而後即安。以故胸中所得，皆破出傳注重圍，不為歧旁駢枝所惑，而壹稟古經，以求歸至是，符契真源，使見者聞者，洒然回視易聽。[119]

戴震知友程瑤田亦言：

余觀東原之學以治經為先，自諸經而外，又旁及於百家眾流，無所不窺，而獨致意於是三書者，蓋東原之治經也，以能知古人之文章。其知古人之文章也，以能窺六書之微指，而通古人之訓詁。[120]

由此更可知，戴震孟學詮釋立場，志在取證儒家經典建立新的解釋方法論，所以解釋方法隱含著一個前提，便是從反宋儒的異說基礎上著手，透過質疑宋儒理論點出詮釋者與原典之間悖離的問題，進而強調繼統意識下經典再詮的重要性。如是解釋立論，自當不僅落在「小學」訓詁層面上，而是更進一步疏證「義理」重而論證自身義理的認知。所以，戴震嚴謹治經，通訓詁知六書微指，旁及百家眾流而通貫群經，通古人訓詁求歸至是以窺六書微指，反復參證後而始安。

綜上分析，即可明白戴震治經依循著二種不同的切入點：首先，「由字以通其詞，由詞以通其道。」、「始乎離詞，中乎辨言，終乎聞道」考據達乎義理的研究途徑；其次，「以文字以通於語言，由語言以通乎古聖

[118] 《孟子字義疏證》卷中，《戴震全書》（六），頁178。
[119] 清・余廷燦：〈戴東原先生事略〉，《戴震全書》（七），頁23。
[120] 清・程瑤田：〈通藝錄修辭餘鈔〉，《戴震全書》（七），頁40。

賢之心志」的經典解釋目的，由「文字——語言——聖賢心志」通過對儒家原典字義的考證，從而廓清宋儒異說，回歸儒學義理為真正目標。雖然二進路分述，但在戴震的認知上實是相輔相成，而最終解經的目的，實然皆與孟子相接於心，終乎聞道的「義理」為依歸。

三、《孟子字義疏證》實證孟學故訓以明理義

戴震由考據漢學立場做義理溯源，灼然知古今治亂之源，即在此無稽不信的治經態度下，如實地貫徹在孟學的建構上，「聞道」義理作為考據最終目的。這充分的表明戴震治經宗旨，不僅標榜聖人義理為探求之首，也是進行區分宋儒立論的方法依據。這依據的立志，追溯戴震一生的思想轉變，早期從程朱入手，以為宋儒得其義理，至晚年轉變以考據做為義理辨別的客觀標準，由考據證其義理，成為戴震畢生信守的治學圭臬。

戴震一生思想歷程概分為二，第一階段的下限為乾隆甲戌（西元1754年）入都後，尤以丁丑（西元1757年）遊揚州晤惠定宇之年為最具決定性的轉捩點。戴震此階段，以「義理」為首；「考據」次之；「文章」居末，以考證之學扶翼程朱義理，義理闡發尚無己見，也並未察覺程朱義理與六經、孔孟歧異。第二階段則以丙戌（西元1766年）為分水嶺，此期戴震內心深受考據學潮激盪，分源「義理」、「考據」與「文章」提高了義理地位，而自身義理之闡釋也正在此逐漸建立。此期戴震完成了《原善》初稿，丁丑（西元1757年）至癸未（西元1763年）之際更擴大修稿為三卷，完成一生孟學大作《孟子字義疏證》（西元1766年）。[121]遂此，「義理」成為戴震治學定見，一掃中年程朱認知，推翻程朱義理重新貞定儒學正統，在治學歸旨上更堅決提出：「義理者即考覆、文章二者之源也，義理又何源哉？熟乎義理，而後考覆、能文章。」[122]由是，戴震分判考據與義理之關係，更確定地言：「六書九數等事如轎夫然，所以舁轎中人也。以六書九數等事盡我，是猶誤認轎夫為轎中人也。」[123]明確地以轎夫喻為

[121] 時間考證請詳見同註47，頁344-355。

[122] 清・段玉裁：〈戴震文集・序〉，《戴震文集原善孟子字義疏證》，頁215。

[123] 見於段玉裁1792年序經韻樓刊本《戴東原集》，轉引自同註48引書，頁139。

「考據」；轎中人喻為「義理」，說明了義理為「體」而訓詁為「用」，體用如一重建孟學。

如是，在戴震心目中義理為治經之目標，但另一方面，考據訓詁的方法又是實證義理判斷的依據標準，循藉著客觀標準求其義理之所在。雖然，清代學術典範轉移「尊漢貶宋」考據風氣為尚，然當時義理主導仍置在程朱「宋學」政治合膺的官方理學上。程朱理學在統治者假理學之名行統治之實下，理學深植人心，仍難以撼動唯一權威的義理話權。在此背景下，戴震孟學重建之所向，便藉《孟子字義疏證》批判官學，返歸儒學正統的關懷是終其一生的思想總述。

即如是，戴震「由故訓以明理義」應用於孟學建構，不僅由清代主觀體證轉向實證考據，亦開創了清代漢學治學典範。[124]這方法實證由對《孟子》新釋，以儒學核心的義理範疇進行一一疏釋，考覆字義貫串群經證其本義，立基在「文字——語言——聖賢心志」，「始乎離詞，中乎辨言，終乎聞道」相互體證訓詁義理，求之故訓以通乎其詞，作出義理聞道的孟學解釋。戴震此孟學解釋之所出，不僅是一生經世理念，亦是終其晚年《孟子字義疏證》全力貫徹之所向。戴震以孟學意識融貫《孟子字義疏證》解釋立論，著述「由字而詞，由詞而道」，從書名即明確表述了「字義」、「疏證」展開《孟子》文本的理解。換言之，戴震聚以論成的聞道途徑，以字義的疏證達乎孟子之道，取向返回孔孟，由字通詞達道，始得字義通其《孟子》原意。這原意的追向，由「經中義理」的理路清楚地表明在書名「疏證」上，從「訓古」聖賢之道，訓詁明而後義理明，貫徹了「求觀聖人之道，必自孟子始」始終一貫的表述立場：

> 孟子辯楊、墨；後人習聞楊、墨、老、莊、佛之言，且以其言汨亂孟子之言，是又後乎孟子者之不可已也。苟吾不能知之亦已矣，吾知之而不言，是不忠也，是對古聖人賢人而自負其學，對天下後世

[124] 戴震以實證分析的方法也影響到後世的學者，如焦循《論語通釋》、阮元《性命古訓》、陳澧《漢儒通義》、黃以周《經義比訓》、劉師培《理學字義通釋》以至後來傅斯年《性命古訓辨證》都是以訓詁考據為工具建構自己的哲學思想，從這意義來說，戴震《孟子字義疏證》確立了清代漢學哲學研究的典範。

> 之仁人而自遠於仁也。吾用是懼，述《孟子字義疏證》三卷。韓退之氏曰：「道於楊、墨、老、莊、佛之學而欲之聖人之道，猶航斷港絕潢以望至於海也。故求觀聖人之道，必自孟子始。」嗚呼，不可易矣！[125]

即如在此立場，戴震深感聖人之道為異說淆惑，後人論理雜染楊、墨、老、莊、佛之言，孟子之言又為所汩亂，「吾用是懼，述《孟子字義疏證》三卷」。因此，戴震肩擔起捍衛儒學的立場，以考據孟子真意為己任，標舉了「求觀聖人之道」的職志即在「破後人混漫」返歸孔孟，自述生平論述最大者《孟子字義疏證》一書即為故而作。

戴震追溯宋儒「五百多年的談玄說理，不能挽救政治的腐敗，盜賊的横行，外族的侵略」。[126]因此，亡國之憾肇因程朱理學所致，導致「後儒不知情之至於纖微無憾是謂理」，捨法自恃論理，人各巧言理豈不猶同以理殺人？

> 烏呼，今之人其思亦弗思矣。聖人之道，使天下無不達之情，求遂其欲而天下治。後儒不知情之至於纖微無憾是謂理；而其所謂理者，同於酷吏之所謂法。酷吏以法殺人；後儒以理殺人：浸浸乎捨法而論理。人各巧言理，視民如異類焉，聞其呼號之慘而情不相通。死矣更無可救矣！[127]

> 理欲之分，人人能言之，故今之治人者，視古賢聖體民之情，遂民之欲，多出於鄙細隱曲，不措諸意，不足為怪；而及其賢以理也，不難舉曠世之高節，著於義而罪之。尊者以理責卑，長者以理責幼，貴者以理責賤，雖失謂之順；卑者賤者以理爭之，雖得謂之逆，於是下之人不能以天下之同情、天下之所同欲，達之於上。上

125 《孟子字義疏證・序》，《戴震全書》（六），頁147-148。

126 胡適：〈幾個反理學的思想家〉，《胡適文存》四（台北：遠東圖書出版，1979年11月），頁56。

127 〈與某書〉，《戴震全書》（六），頁496。

以理責其下，而在下之罪人不勝指數，人死於法，猶有憐之者，死於理，其誰憐之？[128]

戴震認為「酷吏以法殺人；後儒以理殺人」，尊者以理責卑，長者以理責幼，貴者以理責賤，導致誤理之所在乃因上位者御用官學所致，後儒不知情纖微無憾為理，捨法論理「以理殺人」。戴震追逼這「以理殺人」的原因，批判朱學捨法論理「以理殺人」的指斥並非誇大其詞，因為這維護封建綱常名分的所謂天理，朱熹的確曾親自奏劄建議落實在封建王法上，其曰：

故臣伏願陛下深詔中外司政典獄之官，凡有獄訟，必先論其尊卑上下、長幼親疏之分，而後聽其曲直之辭。凡以下犯上、以卑凌尊者，雖直不右；其不直者罪加凡人之坐。其有不幸至於殺傷者，雖有疑慮可憫，而至於奏讞，亦不許輒用擬貸之例。[129]

依文獻而理解，朱熹主張審理獄訟，先論尊卑上下長幼親疏之分，再論是非曲直，凡以下犯上則罪加一等。如是維護封建名分之所謂理，戴震痛心疾首直如「酷吏之所謂法。酷吏以法殺人；後儒以理殺人：浸浸乎捨法而論理。」[130]所以戴震展開重返儒學正統之路，勢必先對「理」的廓清做起，以《孟子》做為字義開示，從釐正「理」的本義上著手，對「理」的疏釋辨清，始能重新溯清世人對理的誤解。於是，《孟子字義疏證》一書著眼儒學義理的全局，建立範疇逐一疏證孟學系統，全書共四十三條，首先開篇卷上十五條皆是論〈理〉，足以見戴震對「理」概念著力甚深，重

128 《孟子字義疏證》卷上〈理〉，《戴震全書》（六），頁161。

129 同註33，〈戊申延和奏劄一〉，《晦庵先生朱文公文集（一）》卷第十四，收入《朱子全書》二十冊，頁657。

130 程朱理學主張尊卑上下長幼親疏的不平等，還著意於男女的平等，突出理學封教對婦女貞節的提倡，程頤首倡寡婦「餓死事極小，失節事極大」的議論，經過朱熹等人推波助瀾，在社會上又以朱學為官學倡導，漸成風氣也為道德教條。清人方苞曾著文而言：「嘗考正史及郡縣志，婦人守節死義者，周秦以前可指計，自漢及唐亦寥寥，北宋以後，則悉數之不可更僕矣。」清・方苞：〈曹氏女婦貞烈傳序〉，《望溪集》（台北：商務印書館，1986年）。

要性可謂居其孟學新釋的核心。其次，卷中論〈天道〉四條、論〈性〉九條，卷下復有四條論〈道〉。

從這些所概括的範疇來看，很顯然戴震直搗「朱學」黃龍的目的亦可一目瞭然，針對理學重要概念，鎖定從宋明儒所側重的形上理學出發，逐一疏證進行辯清，建立「道」、「性」、「理」做為批判所峙的理論框架。由是乎，《孟子字義疏證》欲以對峙宋儒義理體系，從而闡釋孟學思想的邏輯結構，由以顯豁孟子正統的合法性，以此震撼官方朱學獨尊的經學大梁，由新釋孟學轉換「朱學」舊義，為捍衛儒學正統做出了詮釋繼統的明志。

鑑此明志，戴震在《孟子字義疏證》中以「理」為首綱，分就旁及「天道」、「性」、「才」、「道」、「仁義禮智」、「誠」、「權」範疇，彰顯「理」在不同分際上的作用，釐清宋儒異說辯「理」，可謂是戴震孟學最首要的工作。這著意之所在，從戴震一生的孟學著作中不難發現，論「理」的辨清，早在《緒言》至晚年《孟子字義疏證》皆不厭其煩地一再論述：

> 「理」字偏旁從「玉」，玉之文理也。蓋氣初生物，順而融之以成質，莫不具有分理，則有條而不紊，是以謂之條理。以植物言，其理自根而達末，又別於幹為枝，綴於枝成葉，根接土壤肥沃以通地氣，葉受風日雨露以通天氣，地氣必上接乎葉，天氣必下返諸根，上下相貫，榮而不瘁者，循之於其理也。以動物言，呼吸通天氣，飲食通地氣，皆循經脈散布，周溉一身，血氣之所循流轉不阻者，亦於其理也。「理」字之本訓如是。因而推之，舉凡天地、人物、事為，虛以明夫不易之則曰理。[131]

> 理者，察之而幾微，必區以別之名也，是故謂之分理；在物之質，曰肌理，曰腠理，曰文理；（亦曰文縷。理、縷，語之轉耳。）得其分則有條而不紊，謂之條理。[132]

[131] 《緒言》卷上，《戴震全書》（六），頁89。

[132] 《孟子字義疏證》卷上〈理〉，《戴震全書》（六），頁151。

戴震考證「理」字偏旁從「玉」[133]，以玉石紋理擴言氣初生物莫不分理，雖分理然條理分明，「理」不僅是事物規律，更是天地間萬事萬物不易之則，如是「則」即是「理」。「理」察之幾微，區分事物別異，所以統攝在恆常不變不易法「則」，推之天地、人物、事物皆是做為闡明不易之則的「理」。所以，戴震認為「理者，察之而幾微」，自然界萬物之生皆有條不紊，在此認知下，天地、人物、事為在此分理，縱有「肌理」、「腠理」、「文理」之別，然實是不易之則的「條理」。

戴震由對「理」的辨清，進而指出氣化本身即具天之「則」，天人一氣相通，舉凡天地、人物、事為，皆能曉明此「則」相互感通，所以萬物的物序流轉不阻，自有條理而不紊。如是此認知下，「理」一方面做為事物固有規律，有肌理、腠理、文理之分，但在另一方面「理者察之而幾微，必區以別之名也」，「理」也顯示了做為事物察微區別的依據。雖說如是，但事實上天地、人物、事物分屬不同領域，如何跨越此異通其不易之則？戴震則進一步說明，雖說「分理」即是事物的剖析與區別，然也是事物之所分別相異的依據，縱然分理有其簡別，然皆置於有條不紊的不易之「則」上。因此，「理」是事物抽象的法則，亦是事物之定律，天地萬物安置於此「理」之則，「凡物之資，皆有文理，粲然昭著曰文；循而分之、端緒不亂曰理。故理又訓分，而言治亦通曰理。」[134]

明乎此，在戴震所訓詁字義所論證的理，即是客觀存在具體事物中的理，此理乃「理義於事」故是「事物之理」。因此，「理義在事情之條分縷析，接於我之心知，能辨之而悅之；其悅者，必其至是者也。」[135]這亦即是說，理是事物之「分理」、「條理」而不是宋明儒所言主觀之心所

---

[133] 足可見戴震對「理」之理解，乃採用訓詁考證之方法，故透過字源的探索及字義的考究，來分析每一字義的本義、引申義，以考求詳細之考證，如是始可加以訓釋該字之意義。然前輩學者劉述先先生則認為：「東原以氣化流行釋天道，則其所謂生生不息亦不過摭拾《易傳》之言而已。蓋言生生不能純粹從自然主義之立場說，而必須有一超越之規定。而東原從字義考訓的立場出發，釋理為物之紋理以至條理可以說是必至的結論。」劉氏亦認同戴震釋孟之訓詁立場，認為戴震試圖為氣化流行釋天道，提供一超越之規定，由此認為戴震當是釋理為物之紋理以至條理。劉氏之見深入地剖析戴震之思想，亦備為一見，請參見劉述先、梁元生編：《文化傳統的延續與轉化》（1999年），頁92。

[134] 《緒言》卷上，《戴震全書》（六），頁89。

[135] 《孟子字義疏證》卷上〈理〉，《戴震全書》（六），頁156。

遙契體證的概念，也並非宋明儒所言沖漠無朕之「性理」，「理」在戴震的認知下只是氣化之物之條理。基此之理解，戴震當是反對程朱理氣二分的理先氣說，因此大肆撻伐「後儒尊大之，不徒曰『天地、人物、事為之理』，而轉其語曰『理無不在』，以與氣分本末，視之如一物然，豈理也哉！」[136]如是的認知奠定在心既非理亦不認同理具於心[137]的基礎上，力闢程朱雜襲老釋異說，悖戾恣睢而矯情悖性，仗此理「如有物焉，得於天而具於心」，痛聲貶斥程朱大大背離孔孟六經：

> 宋以前，孔孟自孔孟，老、釋自老、釋，談老、釋者高妙其言，不依附孔、孟。宋以來，孔、孟之書盡失其解，儒者雜襲老、釋之言以解之。於是有讀儒書而流入老、釋者。有好老、釋而溺其中，既而觸於儒書，樂其道之得助，因憑藉儒書以談老、釋者。[138]

> 六經、孔孟之言以及傳記群籍，理字不多見。今雖至愚之人，悖戾恣睢，其處斷一事，責詰一人，莫不曰理者，自宋以來始相習成俗，則以理為「如有物焉，得於天而具於心」，因以心之意見當之也。於是負其氣，挾其勢位，加以口給者，理伸；力弱氣慴，口不能道辭者，理屈。嗚呼，其孰謂以此制事，以此制人之非理哉！即其人廉潔自持，心無私慝，而至於處斷一事，責詰一人，憑在己之意見，是其所是而非其非，方自信嚴氣正性，嫉惡如讎，而不知事情之難得，是非之易失於偏，往往人受其禍，己且終身不寤，或事後乃明，悔已無及。嗚呼，其孰謂以此制事，以此治人之非理哉！[139]

---

136 《緒言》卷上，《戴震全書》（六），頁87。

137 戴震於此批評「理」非具於「心」，其所指斥的對象乃是程朱之理。朱子云：「凡物有心而其中必虛，人心亦然，止言些虛處，便包藏許多道理，推廣得來，蓋天蓋地，莫不由此。此所以為人心之好歟！理在人心，是謂之性。心是神明之舍，為一身之主宰，性便是許多道理之天而見於心者。」請參見宋・黎靖德：《朱子語錄》（北京：中華書局，1986年）。而東原反對「心」既非「理」，則是指向王學「心即理」之說，王陽明云：「心即理也。天下又有心外之事，心外之理乎？」明・王陽明：《傳習錄》上（台北：商務印書館，1967年），頁6。

138 〈答彭進士允初書〉，《東原文集》卷八，收錄在《戴震全書》（六），頁353。

139 《孟子字義疏證》卷上〈理〉，《戴震全書》（六），頁154。

宋儒亦知就事物求理也，特因先入於釋氏，轉其所指為神識者以指理，故視理「如有物焉」，不徒曰「事物之理」，而曰「理散在事物」。事物之理，必就事物剖析至微而後理得；理散在事物，於是冥心求理，謂「一本萬殊」，謂「放之則彌六合，卷之則退藏於密」，實從釋氏所云「徧見俱該法界，收攝在一微塵」者比類得之。既冥心求理，以為得其體之一矣；故自信無欲則謂之理，雖意見之偏，亦曰「出於理不出於欲」。徒以理為「如有物焉」，則不以為一理而不可；而事必有理，隨事不同，故又言「心具眾理，應萬事」；心具之而出之，非意見固無可以當此者耳。況眾理具於心，則一事之來，心出一理應之；易一事焉，又必易一理應之；至百年萬億，莫知紀極。心既畢具，宜可指數；其為一，為不勝指數，必又有說，故云「理一分殊」。[140]

戴震認為六經、孔孟及傳記群籍，理字不多見，然自宋相習成俗駁雜老、釋盡失其解，轉而流於虛妄神識為理，淪為神識為肆冥心以求理，任憑一己私見以處斷他人，負氣挾勢者，理伸；力弱氣慴者，理屈。戴震斥責此「以心之意見當之」的現象制事治人，豈能謂為理焉？得於天具於心的私見詰難他人，豈不是冥心斷見「以理殺人」？戴震認為這取決在主觀之心的誤理，歸咎於釋氏「神識為本」、「一本萬殊」，依襲在「徧見俱該法界，收攝在一微塵」，造成萬理取決心之上，冥心求理因此而生。所以，人人依恃心具眾理，應事對物任私裁之，後儒無可厚非勢必流於私見識斷，因此戴震強調透過條理疏瀹獲客觀「事物之理」，那麼，理義於事釋「理」，取決之客觀標準又為何？

理也者，天下之民無日不秉持為經常者也，是以云「民之秉彝」。凡言與行得理之謂懿德，得理非他，言之而是，行之而當為得理，言之而非行之而不當為失理。好其得理，惡其失理，於此見理者「人心之同然」也。[141]

140 《孟子字義疏證》卷下〈權〉，《戴震全書》（六），頁212。

141 《緒言》卷上，《戴震全書》（六），頁89。

戴震認為「理」是恆常而普遍，是天下之民無日不秉持為經常，此理非任隨私見臆斷行事，而應是建立在「人心之同然」的普世基礎上。依此基礎裁論，言行得當好為「得理」；言行失當則是「失理」，眾人好其得理，同然之理的懿德，才是「民之秉彝」眾人所建立的道德普遍法則。如是，戴震由對理的疏義理解，不僅從訓詁立場說明「理義於事」，亦抉發理具有判別行為的道德規範意義[142]，依此意義的理解進而詮釋孟子之「理」：

> 問：孟子云：「心之所同然者，謂理也，義也；聖人先得我心之所同然耳。」是理又以心言，何也？曰：心之所同然始謂之理，謂之義；則未至於同然，存乎其人之意見，理也，非義也。凡一人以為然，天下萬世皆「是不可易也」，此之謂同然。舉理，以見心能區分；舉義，以見心能裁斷。分之，各有其不易之則，名曰理；如斯而宜，名曰義。是故明理者，明其區分也；精義者，精其裁斷也。不明，往往界於疑似而生惑；不精，往往雜於偏私而害道。求理義而智不足者也，故不可謂之理義。自非聖人，鮮能無蔽；有蔽之深，有蔽之淺者。人莫患乎蔽而自智，任其意見，執之為理義。吾懼求理義者以意見當之，孰知民受其禍之所終極也哉！[143]

戴震指出孟子「心之所同然者，謂理也，義也」，此理並非私見而是眾人心所同然的理，此理非患蔽自智任其意見所執，而是人以為然，天下萬世皆同然下的不易之理。換言之，戴震所理解的孟子之理，絕非主觀意見，而是放諸天下皆所同然，因此由心知區分明其理，透過心知裁斷明義，眾

[142] 除了筆者所得出戴震論「理」，不僅只是事物之理「理義於事」，亦是判別行為道德規範意義之「理」外，對於戴震言「理」義，周國良先生則進一步綜合歸納，分析共有三方面之意義：

（1）「理」是事物自身的規律及特質，由此引申可泛指天地之間，萬事萬物的規律。

（2）「理」可表示對事物及事情施以條分縷析，微鑑密察的一種理智活動。

（3）「理」亦具有道德的規範意義，可作為判別行為是否恰當的標準。

請參見周國良：《論戴震對孟子及朱子之「理」的詮釋》（香港：新亞研究所博士論文，1991年6月），頁37。

[143] 《孟子字義疏證》卷上〈理〉，《戴震全書》（六），頁153。

人認同此不易之則下，始謂「聖人先得我心之所同然」。此說雖是，然又當如何體證？戴震進而指出：

> 天地、人物、事為，不聞無可言之理者也，《詩》曰「有物有則」是也。物者，指其實體實事之名；則者，稱其純粹中正之名。實體實事，罔非自然，而歸於必然，天地、人物、事為之理得矣。夫天地之大，人物之蕃，事為之委曲條分，苟得其理矣，如直者之中懸，平者之中水，圓者之中規，方者之中矩，然後推諸天下萬世而準。[144]

> 是故就事物言，非事物之外別有理義也；「有物必有則」，以其則正其物，如是而已矣。就人心言，非別有理以予之而具於心也；心之神明，於事物咸足以知其不易之則，譬有光皆能照，而中理者，乃其光盛，其照不謬也。[145]

戴震由引《詩經》「有物有則」說明理是行事的準則，是實體實事必然的法則，透過事物的條分縷析始可得出，所以行事當掌握事物條理，由事物的理解進能把握天地、人物、事物的必然之理。如是，天地、人物、事物實體實事是為自然，自然之理故必然不可易，行事若依此為據，則可明晰事物的純粹中正之則，猶如直者之中懸，平者之中水，圓者之中規，方者中矩之則，推諸天下萬世皆同然之標準。由是乎來看，戴震不僅以此釋理，亦更細繹地論證理必須循藉事物的微鑑密察，得其委曲條分，才是眾人所認同的同然之理。如是「理義於事」的客觀釋理，由心知同然之理所認知事物，無過乎清・劉師培贊曰：「戴氏詮理，又以理為專屬事物。然物由心知，知物即在心之理。」[146]當是探得驪珠的睿思慧見！

戴震除了釋「理」為首綱，從理學的根本上廓清宋明理學之誤，《孟子字義疏證》一書也旁及「天道」、「性」、「才」、「道」、「仁義禮

---

144 《孟子字義疏證》卷上〈理〉，《戴震全書》（六），頁164。

145 《孟子字義疏證》卷上〈理〉，《戴震全書》（六），頁158。

146 清・劉師培：《左盦集》亨冊，收錄在《戴震全書》（七），頁349。

智」、「誠」、「權」的範疇來疏證孟學。不僅如此，戴震更匠心獨運地在每個核心範疇下，重新疏證又細繹地進行解說，不但以「問答」的設問方式在自問自答間論證概念，進行解說的過程中更總是廣徵博引《孟子》和其他儒家經典的本意，條縷辨析地闡釋相照而著述。如此的對照論述下，《孟子字義疏證》對《孟子》一書的考證，標舉以字義為範疇，無論在詮釋目的或體例方式皆超越以往《孟子》注經的解經，在思想範疇的闡釋下，可謂是戴震別具用心創造的釋孟體系。這樣的治經體系中，戴震貫徹了「始乎離詞，中乎辨言，終乎聞道」相接以契孟子之心，對孟子生命精神進行義理的體驗，由義理詮釋架構起一個邏輯井然的「繼統」系統。

再進一步來看，戴震孟學即就環繞三個命題核心而闡釋：即「天道」、「人性」、「人道」。再分述不同的概念範疇進行一一疏義，如論「天道」命題：戴震運用了道、氣、理、神、化、器來分說；論「人性」命題，則以性、命、才、知、情、欲來分說；而論「人道」命題，則以仁、義、禮、智、權、善，逐一加以定義界說。戴震實證治經系統性的貫通理學字義，重新詮解儒學概念，實是在對峙理學的批判工作上所開展的孟學新釋。因此，客觀疏義的治經，由對《孟子》義理的範疇作出了系統性的疏證，這以考據儒學復歸孟學本源的意義，不僅恢復儒學本義的職志，更是直指程朱理學的乖離之失，揭櫫程朱理學的偏閏，正本清源地為儒家學統發聲。

戴震由維護儒家正統的前提下，從而動搖理學根本，推翻官學權威統治，重新建構起扛鼎之作的孟學新釋。雖然，戴震治學繼承漢學典範，但在其孟學的詮釋系統中，一再地強調義理證知的重要性。所以不僅佐訓詁而後義理明，更是避免陷入漢學泥古之臼，提倡實事求是的治學精神，呼籲邏輯推斷與歸納方法的重要，力言：「信古而愚，愈於不知而作，但宜推求，勿為株守」[147]，「必徵之古而靡不條貫，合諸道而不留餘議，鉅細畢究，本末兼察。」[148]治學惟在「不以人蔽己，不以己自蔽」[149]便是戴

[147] 〈與王內翰鳳喈書〉，《戴震文集原善孟子字義疏證》（台北：河洛圖書出版社，1975年10月），頁47。

[148] 同前註，〈與姚孝廉姬傳書〉，頁141。

[149] 〈答鄭丈用牧書〉，《戴震全書》（六），頁373。

震始終一貫的註孟精神。戴震即以如是實踐解孟，「故訓明而後義理明」達致賢聖理義，考覆已得義理以證孔孟，一來糾正吳派學者泥古、佞漢弊端[150]，二來重新返歸孔孟之道。戴震堅持實證的精神別異於當時一般獨守漢學為治的治經者，此精神發覆之意義，猶同梁啟超先生高度贊譽：「苟無戴學，則清學能否卓然自樹立，蓋未可知也。」足以為證。[151]即如是，戴震如此深通經學立足於小學，不僅是解經的經學家，更是義理新釋的思想家，孟學系統以《孟子字義疏證》一書為詮釋主軸，兼取《原善》、《緒言》、《孟子私淑錄》及其論學書札輔之[152]，依憑著回歸孔孟儒典的堅定信念，達乎聖人之道立論在「文字——語言——聖賢心志」的基礎上，「始乎離詞，中乎辨言，終乎聞道」，佐循訓詁證其義理開展出孟學新釋。

雖然，戴震推重考證還原本意的表述立場，說明了自己別異於宋儒的分判基礎，然值得注意的是，戴震指謂的訓詁意義作為聞道義理，所致目的並非徒為方法而已，而是樹立一個迥然不同於宋明儒治經的體證途徑。這途徑的差異性，來自區分宋儒自得體道付諸文字而注的進路，而這正是戴震選擇別異之所在的原因，避免自得義理雜染異說淪為臆見無據的「以理殺人」。所以，戴震苦心所致開展另一個治經之途，標榜訓詁的體道路徑才是不離聖賢心志的方法，由文字的訓詁明其理義，還原聖賢心志才是治孟之依歸。因此，戴震以考證《孟子》文本的客觀依據，為《孟子》經

150 清代的經學以乾隆、嘉慶兩朝為最興盛，在經學史上稱為「乾隆學派」。而乾嘉經學以吳派、皖派為代表，「吳派求其古，皖派求其是」，梁啟超認為吳派學術只謂為「漢學」，皖派學術才是真正意義上的「清學」。其謂：「惠派之治經也，如不通歐語之人讀書，視譯人為神聖，漢儒則其譯人也，故信憑之不敢有所出入。戴派不然，對於譯人不輕信焉，必求原文之正確然後即安。惠派所得，則斷章零句，援古正後而已。戴派每發明一義例，則通諸群書而皆得其讀。是故惠派可曰漢學，戴派則可確為清學而非漢學。」參見梁啟超：《戴東原》（台北：中華書局，1979年），頁32。

151 梁啟超：《清代學術概論》（上海：古籍出版社，1998年），頁34。

152 戴震主要的義理著作有：《法象論》、《原善》三卷、《緒言》三卷、《孟子私淑錄》三卷、《孟子字義疏證》二卷，又據段玉裁所編《戴東原集》，尚有《原善》上中下三篇、《讀易繫辭論性》、《讀孟子論性》。而就討論義理和治學方法則散見於東原與友人論學的書信中，見《答彭進士允初書》、《與是仲明論學書》、《與姚孝廉姬傳書》、《與某書》、《與方希原書》及東原與段玉裁討論《孟子字義疏證》的兩封信《與段玉裁書（一）》、《與段玉裁書（二）》，綜上之著作皆為理解戴震之義理所應參看的文獻。

典的歷史詮解出屬於清代孟學的新釋，此新釋的建立，不僅說明了戴震尊經《孟子》的認知理解，亦同如伽達默爾「哲學詮釋學」實踐進路所強調理解者的重要性：

> 理解（Verstehen）從來就不是一種對於某個被給定的「對象」的主觀行為，而是屬於效果歷史（Wirkungsgeschichte），這就是說，理解是屬於被理解東西的存在（Sein）。[153]

這即是說在詮釋的活動中，「理解」並不是解釋者的主觀行為，而是作為存在的一種模式，意謂著做為理解的認知活動，「理解是屬於被理解東西的存在」。換言之，這意義下的戴震孟學，是作為《孟子》文本在歷史長河中所召喚的理解存在。而這理解的活動，伽達默爾則以另一個「遊戲」的概念來說明，遊戲者（解釋者）並不是遊戲（文本的理解過程）的主體，而遊戲只是透過遊戲者才得以表現。[154]雖然，中西詮釋淵源的議題不盡相同，然在這問題上戴震與伽達默爾的觀點不無同調，在戴震對《孟子》文本進行闡釋的過程中，作為遊戲者的戴震被視為解釋主體，而透過遊戲的詮釋活動，《孟子》經典的意涵又被再一次地提問而昭顯。

這亦即說明了，遊戲的詮釋活動中理解的重要性，而做為理解者主體的戴震（遊戲者）成為《孟子》經典「在世存在」清代另一個新的解釋起點。因此，戴震立足在清代歷史「以理殺人」空憑臆見誤民的感嘆下，求之儒學的聖賢古經，標舉《孟子》的尊經意識以重張儒學旗幟，透過「由故訓以明理義」考證表述來開顯《孟子》經典文本的新意蘊：

> 言者輒曰：「有漢儒經學，有宋儒經學，一主于訓故，一主于理義。」此誠震之大解也者。夫所謂理義，苟可以舍經而空憑胸臆，將人人鑿空得之，奚有于經學之云乎哉？惟空憑臆之卒無當于賢人聖人之理義，然後求之古經。求之古經而遺文垂絕，今古懸隔也，

---

[153] 同註51，《真理與方法》（第二卷），頁487。

[154] 格魯吉亞（Georgia Warnke）著、洪漢鼎譯：《伽達默爾詮釋學、傳統和理性》（北京：商務印書館，2009年），頁41。

然後求之訓故。訓故明則古經明，古經明則賢人聖人之理義明，而我心之所同然者乃因之而明。賢人聖人之理義非它，存乎典章制度者是也。松崖先生之為經也，欲學者事於漢經師之故訓，以博稽三古典章制度，由是推求理義，確有據依。彼歧故訓、理義二之，是故訓非以明理義，而故訓胡為？理義不存乎典章制度，勢必流入異學曲說而不自知，其遠乎先生之教矣。[155]

值得強調的是，「出故訓以明理義」是清代漢學治經的共相，它與宋儒「捨棄訓詁，直尋義理」的哲學方法迥異。這意味著在戴震的認知上，治經由宋儒冥心體證，轉而走向客觀分析的理路，求之古經的「訓詁」作為克服古今懸隔歷史的方法，還原聖賢的遺言垂訓，證得古經明則賢人聖人之理義明。雖說是如此，然戴震重考據的目的並不受限此工具義，聖賢心志義理的聞道，才是戴震孟學始終不變的優先地位。這說明了，戴震的認知活動進行孟學自我表現，將經典歷史視為一個理解的存在，正因歷史賦予經典生命不竭的意涵才使得後世的詮釋者進入經典開放體證，參與領會而創造。換言之，這創造亦相印於伽達默爾的觀點，《孟子》經典的存有，以「遊戲」的方式表現自身，而戴震（詮釋者）正是參與《孟子》經典理解的遊戲，由考據治經進入《孟子》的遺言垂訓以召喚孟子當下「在世存有」的意涵，在清代的歷史課題下回應了世人豐富不竭的孟學真理。

戴震孟學由對《孟子》文本考證，引經據典臚列而治，不僅標榜孟學詮釋以釐正儒學正統，也根植了一個「訓詁」明而後「義理」明的客觀方法，相輔為治成為詮孟最適切的治經途徑。這途徑透過孟學疏證展開，通經明道以證《孟子》，既超越了時間、空間的歷時性，又能破除《孟子》文本與戴震主體當下歷史橫亙的問題。戴震如此治孟的用心，不僅始終貫徹了「返歸聖人之道」的詮孟宗旨，更是捍衛了正統意識下自述《孟子字義疏證》續統的合理性，師效孟子闢楊墨，自詡闢宋儒冥心求理以今釋古的臆斷之弊，從而在續統歷史地位上接續聖賢心志，跨越古今懸隔，融合「視域」進入《孟子》經典世界。

[155] 〈題惠定宇先生授經圖〉，《戴氏雜錄》，《戴震全書》（六），頁505。

儘管，戴震的理解與孟子原意相較，《孟子字義疏證》並非按《孟子》原意系統來撰述，然所彰顯的孟學亦召喚屬於清代時空歷史下所獨特的孟學意蘊。換言之，戴震治孟依其歷史脈絡進行《孟子》解讀，從選取理學中的重要範疇，就字義的疏證進而揭示孟學意蘊，撐開古今孟學「視域」融合的理解。所以，即就戴震《孟子字義疏證》的意義，不僅著意在朱學科舉意識型態的解構，更是重構孔孟真傳的新見，從根源上創新範疇體例，重新疏證儒學思想。這思想即就「經典再詮釋」的進路出發，戴震解構了官衙化的朱學理論，「返本開新」建立自得的孟學灼見，由「訓詁進求義理」通乎聖賢之道，不限囿統治者威權宰制的框架，在丕變的思潮中勇於匡正時弊教條，另闢蹊徑新釋孟學，也為清代的義理學開拓出另一片新領域。

第三節　戴震孟子學之詮釋

一、「理存乎欲」之氣化言性

宋明理學「存天理，滅人欲」的課題在歷經數百年理學的標榜下，「存理滅欲」成為理學家講論道德的一貫模式，理學家大多落在如何體證形上之性理，對於形下之氣化則以駁雜不純為所忽視。天理人欲命題至清更確立了朱學高踞廟堂的局面，「存理滅欲」至戴震之際，已是理欲之分，人人皆能言之，戴震憂慼滅欲淆理之說蔓延，為救風俗正人心，翻轉「存理滅欲」的核心，系統性地建立起「人欲」為主的人性論。因此，《孟子字義疏證》不僅著力闢宋儒雜染老、釋異說，抨擊官學「存理滅欲」以理殺人，在此反對下更是綜結宋儒滅欲說，從而肯定「人欲」的存在價值。在肯定這價值的前提上，戴震更進一步疏證釋「性」範疇，由對「存理去欲」進行理論上的駁斥，重新給了人性地位一個新的分判：

> 性者，分於陰陽五行以為血氣、心知、品物，區以別焉，舉凡既生以後所有之事，所具之能，所全之德，咸以是為其本，故《易》曰「成之者性也」。氣化生人生物以後，各以類滋生久矣；然類之區

> 別，千古如是也，循其故而已矣。在氣化曰陰陽，曰五行，而陰陽五行之成化也，雜糅萬變，是以及其流形，不特品物不同，雖一類之中又復不同。凡分形氣於父母，即為分於陰陽五行，人物以類滋生，皆氣化之自然。[156]

戴震以氣化言性的角度疏證「性」，在這樣的認知下認為「性」稟賦陰陽五行而生，氣化生人生物，性分賦於人與萬物，因此定位血氣、心知、品物皆循其陰陽五行氣化之自然本能。換言之，天地稟受陰陽五行流行不已之氣化成性，故此性可謂是「氣稟之性」。戴震認為這性在氣化生成宇宙的過程中依循著規律，由陰陽分之五行，雜糅萬變而成萬物，萬物品類不同，成性各殊，但相同的皆因「氣化」而成。所以「性」不僅是事物類之本質，亦是稟賦陰陽五行的質性，也是人與他類得以分判的根據，此認知亦推溯同證於戴震釋《人戴禮記》：「分於道謂之命，形於　謂之性。」的理路：

> 《大戴禮記》曰：「分於道謂之命，形於一謂之性。」分於道者，分於陰陽五行也。一言乎分，則其限之於始，有偏全、厚薄、清濁、昏明之不齊，各隨所分而形於一，各成其性也。然性雖不同，大致以類為之區別。故《論語》曰：「性相近也」，此就人與人相近言之也。[157]

戴震肯定性是「分於道謂之命，形於一謂之性。」源自陰陽五行因而有偏全、厚薄、清濁、昏明之不齊，因而成各殊之性，雖所分然則歸於一。戴震認為宇宙自然皆由陰陽五行相互作用，流行不已而所成，因類不同其性亦不同，雖氣稟不同然以類為之區別，所以：「言分於陰陽五行以有人物，而人物各限於所分以成其性。陰陽五行，道之實體也；血氣心知，性之實體也。有實體，故可分；惟分也，故不齊。」[158]、「陰陽五行之運而

---

[156] 《孟子字義疏證》卷中〈性〉，《戴震全書》（六），頁179-180。

[157] 《孟子字義疏證》卷中〈性〉，《戴震全書》（六），頁180。

[158] 《孟子字義疏證》卷中〈天道〉，《戴震全書》（六），頁175。

不已，天地之氣化也，人物之生生本乎是，由其分而有之不齊，是以成性各殊。」[159]所以，在這樣的架構下，「道」是陰陽二氣之化生；「性」也是由陰陽五行之氣化而來，氣化成物由此有不同類的本性。所以在此基礎上，戴震認為「性」作為類的本質，分者以類為分，陰陽五行以成諸類之性[160]，既揭示了類的共同性，亦也肯定了他類事物存在的特殊性，同類性自然相近，相對地異類其性必異，乃是諸類之自然，亦猶同《論語》言：「性相近也」。在戴震如此的論述中，陰陽五行抬至更重要的地位，已構成宇宙自然萬物共同的基本元素，「氣化論性」主張顯然與程朱理學理氣判然二分的對立，有著迥然不同的根本差異。

顯然，戴震扭轉了「性」、「道」關係，不再從探求義理的「天命之性」必然之理出發，而是落實在經驗世界中的形氣「氣稟之性」上來論，從形下現象界的血氣心知實事實物上說明性的根源。換言之，在戴震的認知中，不把性建立在道德本位上的形上道德天理，當不認同宋明理學家所言形上「一本」的性，而承認的是因氣稟不齊人物的「分殊」之性。這也就是說，戴震論「性」的根源追溯來自陰陽五行，然實際上它又承「道」的兩個層面，一方面做為實體實事，包含血氣、心知、品物等具體的存在；另一方面也包含理義不易之則，透過心知的顯現分判，這兩層面的統攝為一即是戴震釋性說的理論基礎。

很顯然，戴震針對理學本體論「形而上者謂之道」作了根本性的推翻，在肯定人欲的前提上找到人欲存在的根據，成為孟學新釋論性的另一個議題。所以，論性的理論基礎，自然走向將道體落在生活世界的現象經驗上來論，從而將道體與氣化言性納為同一層次。這麼一來，首先從根本上破除了理學家「形上之理；形下之氣」二分的界限，解消了天理／人欲對立的課題。如是，將「性」的議題落在經驗界的氣化論上來立說，以氣化言性說明「性」是人成於氣化的全稱[161]，是血氣心知固有的屬性，也是天

---

159 《孟子字義疏證》卷中〈性〉，《戴震全書》（六），頁182。

160 勞思光先生認為宋儒以來，用「性」字本有「共同義」及「殊別義」，而戴震論性特別傾向於「殊別義」。勞氏此謂「殊別義」與筆者此按「類概念」其意相近。請參見勞思光：《新編中國哲學史》（三下）（台北：三民書局，1995年9月），頁833。

161 戴震對「性」的詮釋僅就「氣稟之性」氣化言性層面，而與宋儒所論「義理之性」（天命之性）／「氣質之性」二層面探究，著重點不同。

道陰陽五行所具的本質，所以「性」從根本上推論而出「氣」——「性」——「物」的造生關係。然在此必須強調，戴震氣化言性，表面上看來似乎只言血氣，然氣化釋性的意涵中亦也包含了「心知」的認知活動：

> 人之血氣心知，原於天地之化者也。有血氣，則所資以養其血氣者，聲、色、臭、味也。有心知，則知有父子，有昆弟，有夫婦，而下止於一家親也，於是又知有君臣、有朋友；五者之倫，相親相治，則隨感而應為喜、怒、哀、樂。合聲、色、臭、味之欲，喜、怒、哀、樂之情，而人道備。「欲」根於血氣，故曰性也，而有限而不可踰，則命之謂也。仁義禮智之懿不能盡人如一者，限於生初，所謂命也，而皆可以擴而充之，則人之性也。[162]

戴震認為「性」根源自然之氣化，血氣心知亦作為性的實體表現，所以清楚說明「血氣」包含耳目感官之「欲」；「心知」知五倫喜怒哀樂之「情」，皆源自天地氣化而所生。在這樣的理解下，氣化言性自然將感官之情收攝在性中，既符合人道感官的「欲」，亦綰合了人道感官的「情」。毋庸諱言，戴震這樣的主張當是建立在糾正宋儒「存理滅欲」、「天命之性／氣質之性」二分的架構上，論證了人性本然有「欲」有「情」的合理性論說。因此，對人性的價值與地位做了新的分判，從而否定宋明理學形上超越義的「天命之性」，肯定「氣質之性」的自然實體，以血氣心知為性的自然作為人性論的出發點，說明了不須如宋儒懸想一個「理」來湊泊附著以為「性」，而這正是戴震別異於宋儒論性最大的相異點。

戴震氣化言性統攝了「欲」、「情」、「知」，肯定了性的實涵三者存在價值，說明了「欲」、「情」、「知」自然規律的重要性。基於此肯定，針對宋儒二分論性，戴震上溯儒學傳統之說，更進而言：「古人言性，但以氣稟言，未嘗明言理義為性」[163]以氣化言性推舉釋孟「繼統」的合理性，將「性」的實涵做為分判人物品類殊性的依據，亦據此詮解孟子言「性」：

[162] 《孟子字義疏證》卷中〈性〉，《戴震全書》（六），頁193。
[163] 《孟子字義疏證》卷上〈理〉，《戴震全書》（六），頁157。

> 孟子曰：「凡同類者舉相似也，何獨至於人而疑也！聖人與我同類者」，言同類之相似，則異類之不相似明矣；故詰告子「生之謂性」曰：「然則犬之性猶牛之性，牛之性猶人之性與」，明乎其必不可混同言之也。天道，陰陽五行而已矣；人物之性，咸分於道，成其各殊者而已矣。[164]

從此文獻足以知，戴震的認知中孟子之所反對告子「生之謂性」，是因為人性與牛性不同，正因人性與牛性是不同類之「性」，雖同源於陰陽五行之天道，然因氣稟不同秉性自是不同。換言之，戴震以本質為孟子界定性說，以性的概念做為人的類性，如是形式上就氣稟不同做分判，以此分判再究孟子「性」的實質內容：

> 孟子所謂性，所謂才，皆言乎氣稟而已矣。其稟受之全，則性也；其體質之全，則才也。[165]

> 至孟子時，異說紛起，以理義為聖人治天下（之）具，設此一法以強之從，害道之言皆由外理義而生；人徒知耳之於聲，目之於色，鼻之於臭，口之於味之為性，而不知心之於理義，亦猶耳目鼻口之於聲色味也，故曰「至於心獨無所同然乎」，蓋就其所知以證明其所不知，舉聲色臭味之欲歸之耳目鼻口，舉理義之好歸之心，皆內也，非外也，比而合之以解天下之惑，俾曉然無疑於理義之為性，害道之言庶幾可以息矣。孟子明人心之通於理義，與耳目鼻口之通於聲色臭味，咸根諸性，非由後起。後儒見孟子言性，則曰理義，則曰仁義禮智，不得其說，遂於氣稟之外增一理義之性，歸之孟子矣。[166]

---

164 《孟子字義疏證》卷中〈性〉，《戴震全書》（六），頁180。
165 《孟子字義疏證》卷下〈才〉，《戴震全書》（六），頁196。
166 《孟子字義疏證》卷上〈理〉，《戴震全書》（六），頁157。

孟子曰：「心之所同然者，謂理也，義也；聖人先得我心之所同然耳。」於義外之說必致其辨，言理義之為性，非言性之為理。性者，血氣心知本乎陰陽五行，人物莫不區以別是也，而理義者，人之心知，有思輒通，能不惑乎所行也。[167]

孟子之所謂性，即口之於味、目之於色、耳之於聲、鼻之於臭、四肢於安佚之為性；所謂人無有不善，即能知其限而不踰之為善，即血氣心知能底於無失之為善；所謂仁義禮智，即以名其血氣心知，所謂原於天地之化者之能協於天地之德也。[168]

戴震指謂孟子之性乃是血氣心知，因此「耳之於聲，目之於色，鼻之於臭，口之於味」皆是性的稟賦，心知通乎理義亦是本然之性。戴震認為人心通乎理義，猶同耳目鼻口通於聲色臭味，咸根諸性皆是氣稟之性的表現，然後儒不識孟子性說又增理義之性歸諸孟子，諸不知此釋性遂於氣稟之外。所以在此理解下，戴震詮釋孟子之性的理解，歸源於天地之化協天地之德的氣稟之性，即以「血氣心知」做為依據，將道德自覺心「知」與感官耳目食色「欲」列為同一層次，對峙於宋儒理氣二分，將崇高的道德性善與仁義禮智義「理」拉下，突顯了「性」做為血氣心知的核心，如是知限而不踰，無失為善為仁義禮智眾德之本源。

即此認知下，戴震開章明義釋「性」曰：「性者，分於陰陽五行以為血氣、心知、品物，區以別焉。」[169]人物分殊故成性不同，因此「血氣心知」是人之為人性的實體，人倫事物亦以此做為根本。即是在這樣的理解中，道之實體源陰陽二氣，血氣心知亦源於陰陽氣化，因此「人之血氣心知本乎陰陽五行者，性也。」[170]這即是說明，性經由陰陽二氣相生變化，落實在人世之實體，故處在陰陽流行狀態時是道的實體，當血氣心知區別人物品類時則是做為性的實體，所以普遍性而言「血氣心知」本乎天地之

---

167 《孟子字義疏證》卷中〈性〉，《戴震全書》（六），頁183。

168 《孟子字義疏證》卷中〈性〉，《戴震全書》（六），頁194。

169 《孟子字義疏證》卷中〈性〉，《戴震全書》（六），頁179。

170 《孟子字義疏證》卷上〈理〉，《戴震全書》（六），頁159。

化，就生命個體而言是稟受氣的流行以成性。如是，戴震將道體落實在氣化上來論，將性體推源血氣心知，二氣相互運行創生「性」、「道」而衍生，在此詮釋脈絡下，性的意義已無宋明儒形上性理玄奧。而事實上，戴震依「血氣心知」論性，乃是引據儒家經典《禮記‧樂記》而闡述：

> 夫民有血氣心知之性，而無哀樂喜怒之常，應感起物而動，然後心術形焉。[171]

《禮記‧樂記》所言「血氣心知」是一種本能之知覺，所指的是實然境域中未通過自覺的原始習性，而順著此習性故喜怒哀樂無常所生，而《樂記》據此來說明禮樂為人的作用功效，「血氣心知」僅視為一種原始的習性與本能知覺。[172]然而，戴震引申此義闡釋血氣心知為人的認識主體，是諸善之本源，故「味也，聲也，色也，在物而接於我之血氣；理義在事而接於我之心知。血氣心知，有自具之能。」[173]顯而易見，戴震如此脈絡的衍繹從血氣心知自具之能，早已超越了《禮記‧樂記》字義的脈絡，進而延伸創造闡釋血氣是為性，而理義在事接於心知亦也是為性的呈現。在戴震的詮解下，血氣心知不僅是自具本能的表現，亦也具備剖析辨別的功能，所以理義悅我心，猶同芻豢之於我口，「血氣／心知」同為性的實涵，同等重要。於是依此理解可判，戴震言性當是反對程朱二分言性：

> 《論語》言性相近，孟子言性善，自程朱、朱子始別之，以為截然各言一性，反取告子「生之謂性」之說為合於孔子，創立名目曰「氣質之性」，而以理當孟子所謂善者為生物之本，人與禽獸得之也同，而致疑於孟子。是謂性理，於孟子且不可通矣，其不能通於《易》、《論語》固宜。孟子聞告子言「生之謂性」，則致詰之；程、朱之說，不幾助告子而議孟子歟？[174]

---

171 《注疏禮記》卷第三十八《樂記》，《十三經注疏》（台北：藝文印書館，1997年8月），頁679。

172 韋政通：〈東原思想中的一個基本觀念：「血氣心知」之解析〉，《民主評論》第十二卷，第四期（1961年7月），頁92-95。

173 《孟子字義疏證》卷上〈理〉，《戴震全書》（六），頁155-156。

174 《孟子字義疏證》卷中〈性〉，《戴震全書》（六），頁180-181。

孟子曰：「如使口之於味也，其性與人殊，若犬馬之與我不同類也，則天下何耆皆從易牙之於味也！」又言「動心忍性」，是孟子矢口言之，無非血氣心知之性。孟子言性，曷嘗自岐為二哉！二之者，宋儒也。[175]

戴震認為孟子言性即為血氣心知之性，程朱二分論性卻不知孟子義，誤將性理二分混淆了孟子原義。戴震當是加以抨擊，程朱性即理既背離了孟子性善，更無法與《周易》、《論語》相通，程朱言「氣質之性」豈不是助告子而譏孟子歟？戴震對此大加撻伐，批判程朱言性昧於孟子之論，未能區分犬馬與我不同類之性，亦也未能說明人之異於犬馬本質，以「義理之性」（天命之性）做為人禽分判之標準，卻不知人之異於犬馬，乃因陰陽五行所致產生形質殊異之因，因而感慨地言：「古聖賢所謂仁義禮智，不求於所謂欲之外，不離乎血氣心知，而後儒以為別如有物湊泊附著以為性，由雜乎老莊釋氏之言，終昧於六經孔孟之言故也。」[176]

戴震批駁程朱理俱在心，昧於六經孔孟之言，不知血氣心知即為性的實體，以致混淆孟子言性的真義。所以，從氣化言性來著手廓清「性」的真義，說明血氣心知各有所本，因有所本，故能心知識別使人不惑乎所行，人本性體現心知，自然能異於犬馬，受命之限而不踰矩，自能知覺仁義禮智道德的理義：

人則能擴充其知性至於神明，仁義禮智無不全也。仁義禮智非他，心之明之所止也，知之極其量也。知覺運動者，人物之生；知覺運動之所以異者，人物之殊其性。[177]

於是乎，人物生殊其性，即在於人能擴充知性至神明異於物性，所以心知涵賅仁義禮智。心之神明來自知覺，心不離知覺不離理性感性，就是先驗

[175] 《孟子字義疏證》卷中〈性〉，《戴震全書》（六），頁185-186。
[176] 《孟子字義疏證》卷中〈性〉，《戴震全書》（六），頁184。
[177] 《孟子字義疏證》卷中〈性〉，《戴震全書》（六），頁183。

道德本體的現實化，道德理性的情感化，即由此形而上之所以然「理」轉向形下「血氣心知」之人性。[178]職此可明瞭，戴震論人性既不是以道德理性框架生命，亦不同朱熹以「理性釋性」論證性體存在，而是標舉說明了人本然存在真實「欲」、「情」、「知」的自然人性。縱然持此立場，戴震仍強調血氣之性亦受「命」的所限：

> 「欲」根於血氣，故曰性也，而有所限而不可踰，則命之謂也。仁義禮智之懿不能盡人如一者，限於生初，所謂命也，而皆可以擴而充之，則人之性也。謂猶云「藉口於性」耳；君子不藉口於性以逞其欲，不藉口於命之限之而不盡其材。後儒未詳審文義，失孟子立言之指。[179]

如是看來，在戴震的自然人性論中，「性」發揮自然之能；「命」則有自然之制，在這樣理解下，「命」因所限而不踰矩具有兩層意蘊：一是氣稟之性的限定；另一則是道德理義對自然情欲的限度。「命」對「性」的限制，是自然之性內在於蘊涵的必然原則，這必然原則亦規定著人與物的不同屬性。這二者關係，「命」做為自然客體對於人物主體的限定；「性」則做為人與物對於自然客體的稟受，所以，理欲命題在戴震孟學論性的理解下，「君子不藉口於性以逞其欲，不藉口於命之限之而不盡其材。後儒未詳審文義，失孟子立言之指。」如是孟子立言所指在戴震理解下，人道與天道關係以「性」做為天道到人道的中介，成為：天（自然、天地本質、本體）→人（性）→社會（倫理道德、人際關係）的結構。[180]

儼然至此，戴震以鮮明的捍衛聖賢正統為己任，跨越歷史鴻溝解讀《孟子》義理，由對宋儒的誤釋提出了廓清工作。這工作先以「解構」宋儒理論做為義理奠基，進而疏證孟學做為批判後「重構」的動力，重構在釋孟的基礎上發展出自我的創造詮釋。在人性論的立場上，戴震主張一本論，這「一本」語自《孟子・滕文公・墨者章》「天之生物也，使之

---

[178] 張立文：《戴震》（台北：東大圖書股份有限公司，1995年4月），頁174。

[179] 《孟子字義疏證》卷中〈性〉，《戴震全書》（六），頁193-194。

[180] 同註178，頁202。

一本」。[181]在此基礎上，戴震以一本論解讀孟學，而事實上一本思想之發覆，實然早在第一部義理著作《原善》中已初露端倪：

> 「人生而靜，天之性也；感於物而動，性之欲也；物至知知，然後好惡形焉。好惡無節於內，知誘於外，不能反躬，天理滅矣。」人之得於天也一本。既曰「血氣心知之性」，又曰「天之性」，何也？本陰陽、五行以為血氣心知，方其未感，湛然無失，是謂天之性，非有殊於血氣心知也。是故血氣者，天地之化；心知者，天地之神；自然者，天地之順；必然者，天地之常。[182]

雖然，一本論思想早已萌生，然在《原善》中尚未能建立體系，而在其後孟學著作《緒言》、《孟子私淑錄》才漸漸醞釀臻至成熟，一本論的架構已大體成形：

> 「孟子道性善，言必稱堯、舜」，以「人皆可以為堯、舜」，謂之性善。合《易》、《論語》、《孟子》之書言性者如是，咸就其分於陰陽五行以成性為言，奈何別求一「湊泊附著」者為性，豈人、物之生莫非二本哉？返而求之，知其一本，或庶幾焉。[183]

---

[181] 《孟子・滕文公・墨者章》：「天之生物也，使之一本；而夷子二本故也。」此章所言研究墨學的夷子，由徐辟介紹而求見孟子，以闡明儒道在一本而推恩，以闢墨兼愛流弊。請參見：《孟子注疏解經卷》第五下〈滕文公章句上〉，《十三經注疏》（台北：藝文印書館，1997年8月），頁102。另外，牟宗三先生亦判教程明道圓頓之智慧為「一本論」圓頓之教之型範。牟先生言：「所謂『一本』者，無論從主觀面說，或從客觀面說，總只是這『本體宇宙論的實體』之道德創造或宇宙生化之立體地直貫。此本體宇宙論的實體有種種名：天、帝、天命、天道、太極、太虛、誠體、神體、仁體、中體、性體、心體、寂感真幾、於穆不已之體等皆是。」、「此只是『一本』義之圓頓表示，而在圓頓之『一本』中，亦非體用不分，道器不分，雖分之，亦非心神屬氣，而性唯是理也。」牟先生此義，乃是說明明道義理綱維，此圓頓之智慧乃是承接濂溪、旁通橫渠，而圓滿完成之，而亦妙契於《論語》、《孟子》、《中庸》、《易傳》之原始型範。參見同註43引書，頁18-20。

[182] 《原善》卷上，《戴震全書》（六），頁10-11。

[183] 《緒言》卷上，《戴震全書》（六），頁91。《緒言》卷上：「合《易》、《論語》、《孟子》之書言性者如是，咸就其分於陰陽五行以成性為言，奈何別求一「湊泊附著」者為性，豈人、物之生莫非二本哉？返而求之，知其一本，或庶幾焉。」而在《孟子私淑錄》卷中亦可發現戴震之語也再次出現，見《孟子私淑錄》卷中，《戴震全書》（六），頁51。故於此可推測《孟子私淑錄》的內容也與《緒言》內容部分相同，所以《緒言》與《孟子私淑錄》二書之成書先後，筆者

「天之生物也，使之一本」，而以性專屬之神，則目形體為幻合；以性專屬之理，則謂「纔說性時，已不是性」，皆二本故也。老、莊、釋氏尊其神為超乎陰陽氣化，此尊理為超乎陰陽氣化。[184]

天之生物也，使之一本，荀子以禮義與性為二本，宋儒以理與氣質為二本，老聃、莊周、釋氏以神與形體為二本。然而荀子推崇禮義、宋儒推崇理，於聖人之教不害也，不知性耳。老聃、莊周、釋氏，守己自足，不惟不知性而已實害於聖人之教者也。[185]

戴震批判宋儒二本劃分論性，繼《原善》、《緒言》、《孟子私淑錄》發微，一本思想更在孟學集大成《孟子字義疏證》中表露無遺：

出於天與出於聖人豈有異乎！天下惟一本，無所外。有血氣，則有心知；有心知，則學以進於神明，一本然也；有血氣心知，則發乎血氣之知自然者，明之盡，使無幾微之失，斯無往非仁義，一本然也。苟歧而二之，未有不外其一者。六經、孔、孟而下，有荀子矣，有老、莊、釋氏矣，然六經、孔、孟之道猶在也。自宋儒雜荀子及老、莊、釋氏以入六經、孔、孟之書，學者莫知其非，而六經、孔、孟之道亡矣。[186]

戴震言猶在耳一再強調，宋儒二本雜老、莊、釋非六經、孔孟正統，在返回孔孟聖賢之道上，提出一本論的氣化言性，分就人性論與宇宙論範疇上闡釋。從早期《原善》中言：「人之得於天也一本」已透露出對一切事理的理解綱領皆是「一本」，天下惟一本無外，有血氣則有心知，有心

所持觀點，認為戴震撰《孟子私淑錄》之時間約在《緒言》後。

184 《緒言》卷下，《戴震全書》（六），頁128。而《孟子私淑錄》卷下，也再次出現同樣的文句。亦參見《孟子私淑錄》卷下，《戴震全書》（六），頁68。

185 《緒言》卷下，《戴震全書》（六），頁135-136。而《孟子私淑錄》卷下，也再次出現同樣的文句。亦參見《孟子私淑錄》卷下，《戴震全書》（六），頁72。

186 《孟子字義疏證》卷上〈理〉，《戴震全書》（六），頁172。

知則學以進於神明皆一本然也。所以「人之血氣心知本乎陰陽五行者，性也。」[187]是天之性亦是天地之化，奈何如二本說別求一湊泊附著者為性。[188]因此「陰陽五行，道之實體也；血氣心知，性之實體也。」[189]由血氣心知說明本乎陰陽五行性的實體，實然一本也，因此陰陽五行氣化便是人性論的基本原理。鑑於此，戴震解讀「血氣與心知」、「氣質之性與天命之性」，用以架接宇宙論天之性與存有論人之性，論證了一本自然人性論。由是自然人性論以陰陽五行做為性的來源，血氣心知做為性的實涵，陰陽五行（道之實體）→血氣心知（性之實體）→成性各殊。在此結構理解下，戴震視「人之性」相繫形上宇宙「天之性」，成為天道與人道相接環節，便不難理解了。

由此進乎，戴震在一本自然人性論的基礎上，重新詮釋「理氣一本」；「人欲天理一本」；「自然與必然一本」，樹立一個迥然別異於宋儒二分論性的途徑，將性的意涵詮解出藉於存有論與社會範疇間的一本意涵：

> 耳目百體之所欲，血氣資之以養，所謂性之欲也，原於天地之化者也。是故在天為天道，在人，咸根於性而見於日用事為，為人道。仁義之心，原於天地之德者也，是故在人為性之德。斯二者，一也。由天道而語於無憾，是謂天德；由性之欲而語於無失，是謂性之德。性之欲，其自然之符也；性之德，其歸於必然也。歸於必然適全其自然，此之謂自然之極致。《詩》曰：「天生烝民，有物有則，民之秉彝，好是懿德。」凡動作威儀之則，自然之極致也，民之秉也。自然者，散之普為日用事為；必然者，秉之以協於中，達於天下。[190]

戴震以一本論闡釋「性之欲，其自然之符也；性之德，其歸於必然也。」然值得注意的是，此「自然」並不全指血氣心知，而是側重在自然的「性之欲」。置於「性之德」做為民之秉彝的「必然」，達於天下的禮義規範，為

[187]《孟子字義疏證》卷上〈理〉，《戴震全書》（六），頁159。
[188]《孟子字義疏證》卷中〈天道〉，《戴震全書》（六），頁175。
[189]《孟子字義疏證》卷中〈天道〉，《戴震全書》（六），頁175。
[190]《原善》卷上，《戴震全書》（六），頁11。

「必然」日用事為的實踐原則，推置必然「性之德」做為自然「性之欲」的價值實現，成為自然極則「歸於必然適全其自然」。尤以進者，戴震認為這性論「歸於必然適全其自然」箇中義蘊當為一本不可分割，但程朱論性卻二分貶視為氣質之性，另增義理之性與氣質之性假合，於是一本外更增一本，更是背離了孟子性說的本義。鑑於此，戴震堅持一本論主張，以「必然」禮義做為極則，在禮義中體現自然人道、天道，如是性說奠定在性善的基礎上，在「形式」與「實質」二層面中充分展開，以「一本論」歸於必然適全其自然做為「性善論」的形式層面。[191]因此，禮義的實現做為人性「性善論」的實質體現，而這樣推衍的「一本論」與「禮義」，便是豐富了戴震氣化言性自然人性論的道德意涵。

事實上，戴震因主張一本論的自然人性說，對於天理人欲命題也貫徹著一本主張，直指程朱「理欲之辨」所提出：「理也者，情之不爽失也。未有情不得而理得者也。」[192]、「今以情之不爽失為理，是理者存乎欲者也。」[193]直接點明理者存乎欲，情欲達遂而後理得的倫理觀。這倫理觀彰顯理即在欲中體現，欲即就理中以實踐，戴震認為這理不是程朱「存理滅欲」的不合理，而是「理者，察之而幾微必區以別之名也。是故謂之分理。在物之質曰肌理，曰腠理，曰文理。得其分，則有條而不紊，謂之條理。」[194]察之幾微區別的客觀事物條理。因此理義於事，無欲則無為有欲後有為，即就「情」、「欲」中便可求其「理」，「理存乎欲」便不必再冥心遙想形上之理，而就客觀經驗世界中即可探求「理」。

顯然，戴震由肯定「性」統攝「欲」、「情」、「知」，說明欲、情、知皆是性之自然。自然人性稟受聲色嗅味之「欲」、喜怒哀樂之「情」、美醜是非之「知」，故可在人道上接物通乎天道，一切本乎自然。自然之「欲」得遂，「情」得達「知」便可分辨理義，於是立基在「理存乎欲」上，完備地建構了一本論的自然人性主張。從這主張顯而易見，戴震試圖由「欲」遂達「情」，臻達認「知」以推己及人，從論證理

---

[191] 岑溢成：〈戴震孟子學的基礎〉收入在黃俊傑：《孟子思想的歷史發展》（台北：中央研究院中國文哲研究所，1995年5月），頁211。

[192] 《孟子字義疏證》卷上〈理〉，《戴震全書》（六），頁152。

[193] 《孟子字義疏證》卷上〈理〉，《戴震全書》（六），頁159。

[194] 《孟子字義疏證》卷上〈理〉，《戴震全書》（六），頁151。

義存乎欲情的進路上求達道德，推溯最高境界便是「理存於欲」，在欲求的實踐中體證道德之理，所以「欲」得遂，自然之「情」必可通達：

> 欲之失為私，私則貪邪隨之矣；情之失為偏，偏則乖戾隨之矣；知之失為蔽，蔽則差謬隨之矣。不私，則其欲皆仁也，皆禮義也；不偏，則其情必和易而平恕也；不蔽，則其知乃所謂聰明聖智也。[195]

> 人之生也，莫病於無以遂其生。欲遂其生，亦遂人之生，仁也；欲遂其生，至於戕人之生而不顧者，不仁也。不仁，實始於欲遂其生之心；使其無此欲，必無不仁矣。[196]

於是，戴震認為「欲」不失於私，「情」不失為偏，自然「知」符合禮義亦也不失於蔽，和易平恕臻可達乎聰明聖智。倘若情欲無法得遂，亦沒有天理可證，所以「天理者，節其欲而不窮人欲也。是故欲不可窮，非不可有。有而節之，便無過情，無不及情，可謂之非天理乎？」[197]強調有欲才有為，有為中節即是理，無欲無為如何達至不易之理？三者關係在這樣的系統中，「知」並不能脫離喜怒哀樂之「情」、聲色臭味之「欲」而單獨存在，而是相依相生密切運行，理在欲中生；欲在理中實踐，如是理欲合一。很顯然的，戴震即是將「欲」的概念立基在生命存在的活動上體證，論述了道德禮義即在欲遂已生，又遂他人之生即是道德義「仁」的表現，相較之下，若只遂已生而戕賊他人之生即是不仁。

戴震從這自然人欲節度合理，推致欲求標準立基在已欲與他欲是否為仁的基礎上來達善。如是看來，人欲不可窮非不可有，節之則無過，如何裁量「欲」過或不及達中節至當？顯然，戴震也意識到此問題，進而提出了以「知」做為調制作用，在「知」的裁斷下理出純然適當，無過及自可達致道德教化之至善。程朱「存理滅欲」[198]捨事物滅人欲，如何就自然之

---

[195] 《孟子字義疏證》卷下〈才〉，《戴震全書》（六），頁197。

[196] 《孟子字義疏證》卷上〈理〉，《戴震全書》（六），頁159。

[197] 《孟子字義疏證》卷上〈理〉，《戴震全書》（六），頁162。

[198] 程頤言：「人心私欲，故危殆；道心天理，故精微。滅私欲，則天理明矣。」另外，朱熹亦言：「人之一心，天理存，則人欲亡；人欲勝，則天理滅，未有天理人欲夾雜者。學者須要於此體認

性而言理？便成為戴震批判之所向，進而申述先聖哲理「夫人之生也，血氣心知而已」[199]再次地強調「理存乎欲」，有「欲」有「情」有「知」的相生造化才是自然人性達乎道德的人性論。

換言之，戴震理欲觀建立在「人之血氣心知，原於天地之化者也」，以人性與天性同稟受陰陽五行氣化所構造的自然之性，結合了人性與天性的體證系統。這系統蘊涵著「情」、「欲」存在的自然之性，在同「情」、同「欲」的基礎上，即為「理」通往仁義禮智成就道德主體的途徑。所以，天地之化協合天地之德，在釋孟性說的脈絡下，也呈顯出一本論「理存於欲」的思辨理路：

> 孟子之所謂性，即口之於味、即目之於色、耳之於聲、鼻之於臭、四肢於安佚之為性；所謂人無有不善，即能知其限而不踰之為善，即血氣心知能底於無失之為善；所謂仁義禮智，即以名其血氣心知，所謂原於天地之化者之能協於天地之德也。[200]

> 誠以弱、寡、愚、怯與夫疾病、老幼、孤獨，反躬而思其情，人豈異於我！蓋方其靜也，未感於物，其血氣心知，湛然無有失故曰「天之性」；及其感而動，則欲出於性。一人之欲，天下人之同欲也，故曰「性之欲」。好惡既形，遂己之好惡，忘人之好惡，往往賊人以逞欲。反躬者，以人之逞其欲，思身受之之情也。情得其平，是為好惡之節，是為依乎天理。古人所謂天理，未有如後儒之所謂天理者矣。[201]

顯然看來，戴震以心「知」擇善扣合「欲」與「善」，以心知做為辨別的

省察之。」、「學者須是革盡人欲，復盡天理，方始是學。」足可見程朱理學「存理去欲」之主張。程頤之言請參見宋・程顥、程頤：《二程集》（一），《河南程氏遺書》卷二十四（台北：漢京文化事業有限公司，1983年9月），頁312。朱熹之言，參見同註33引書〈力行〉，《朱子語類（一）》卷第十三，收入《朱子全書》十四冊，頁388-389及頁390。

[199] 《孟子字義疏證》卷上〈理〉，《戴震全書》（六），頁171。

[200] 《孟子字義疏證》卷上〈理〉，《戴震全書》（六），頁194。

[201] 《孟子字義疏證》卷上〈理〉，《戴震全書》（六），頁152-153。

標準最後歸諸在善之德。因此「性之欲，其自然之符也。性之德，其歸於必然也。歸於必然，適全其自然。此之謂自然之極致。」[202]將欲與善的關係建構在心知的擇善上，導引情與欲歸向至善的理路來體證天理。如是，欲與善的關係在戴震理解下，置在「理」上來論，從理欲合一的主張上批判程朱滅欲求理，所求之理主觀臆測，遂己之好惡忘人好惡，賊人逞欲憑此意見責於他人，不僅違離了聖賢理義更是禍國而殃民。所以戴震正視人欲的自然存在，試圖從「存理滅欲」的窠臼中超脫，肯定理存乎欲，反躬推人自然依乎天理。如是「理」不再是欲外的主宰者，而是「欲」中的體現者，如此一來天下之人皆能理欲合一，眾人達情遂欲始可普遍化，符合天之性也應合天之理。於是，戴震即就此脈絡進而釐正理／欲範疇，說明必然「理」與自然「欲」乃是性中本有，人具有血氣必然即有情、有欲，有心知便能知曉禮義，凡事皆以「欲」為基礎，去欲則「理」無從論起，氣化言性下的人欲是被肯定的。所以程朱絕欲貴理，戴震斥責無此「欲」天下之人生道窮促，徒僅是正邪之辨，卻不知理事為二意見為「理」禍及天下：

> 然使其無此欲，則於天下之人，生道窮促，亦將漠然視之。己不必遂其生，而遂人之生，無是情也。然則謂「不出於正則出於邪，不出於邪則出於正」，可也；謂「不出於理則出於欲，不出於欲則出於理」，不可也。欲，其物；理，其則也。不出於邪而出於正，猶往往有意見之偏，未能得理。而宋以來之言理欲也，徒以為正邪之辨而已矣。不出於邪而出於正，則謂以理應事矣。理與事分為二而與意見合為一，是以害事。[203]

> 宋儒程子、朱子，易老、莊、釋氏之所私者而貴理，易彼之外形體者而咎氣質；其所謂理，依然「如有物焉宅於心」。於是辨乎理欲之分，謂「不出於理則出於欲；不出於欲則出於理」，雖視人之饑寒號呼，男女哀怨，以至垂死冀生，無非人欲，空指一絕情欲之感

[202] 《原善》卷上，《戴震全書》（六），頁11。

[203] 《孟子字義疏證》卷上〈理〉，《戴震全書》（六），頁159-160。

者為天理之本然，存之於心。及其應事，幸而偶中，非曲體事情，求如此以安之也；不幸而事情未明，執其意見，方自信天理非人欲，而小之一人受其禍，大之天下國家受其禍。徒以不出於欲，遂莫之或寤也。凡以為「理宅於心」，「不出於欲則出於理」者，未有不以意見為理而禍天下者也。[204]

因此戴震以氣稟為性，說明氣稟之欲即性之自然，欲非即惡只是情的自然表現，「欲，其物；理，其則」，情、欲達遂即是理之所在。職是以觀，程朱「存理去欲」割裂理欲，此理亦不成其理，理欲二分，理事與意見合一是以害事，「理宅於心」意見為理禍及天下。這美其名的天理，空指絕情欲為天理本然，百姓饑寒號呼而男女哀怨以至垂死冀生，皆是官學程朱滅欲之說所致。因此，戴震挺身而出急欲呼籲天理非人欲，主張「理欲合一」，「理」中體現自然之「欲」，抨擊捨欲求理的不合理，唯有「理存乎欲」無所頓失才能達至人性的極則：

聖人順其血氣之欲，則為相生養之道，於是視人猶己，則忠；以己推之，則恕；憂樂於人，則仁；出於正，不出於邪，則義；恭敬不侮慢，則禮；無差謬之失，則智；曰忠恕，曰仁義禮智，豈有他哉？常人之欲，縱之至於邪僻，至於爭奪作亂；聖人之欲，無非懿德。欲同也，善不善之殊致若此。欲者，血氣之自然；其好是懿德也，心知之自然。此孟子所以言性善。心知之自然，未有不悅理義者，未能盡得理合義耳。由血氣之自然，而審察之以知其必然，是之謂理義；自然之與必然，非二事也。就其自然，明之盡而無幾微之失焉，是其必然也。如是而後無憾，如是而後安，是乃自然之極則。若任其自然而流於失，轉喪其自然，而非自然也；故歸於必然，適完其自然。[205]

---

204 《孟子字義疏證》卷下〈權〉，《戴震全書》（六），頁211。

205 《孟子字義疏證》卷上〈理〉，《戴震全書》（六），頁171。

必然為自然之極則，而歸於必然，適完其自然。由是言之，惟性道之名有其實體。至若古人多言命，後人多言理，不過性道自然之極則，則無其實體矣。[206]

戴震立足在儒學視域上釋性，由人性論導向聖人之道的理路上定義人性，強調「氣化言性」的人性論，由「血氣心知」悅其理義，理義必然回歸血氣心知，所以並無在此外另有一普遍原理的獨立存有。性道自然極則，歸之在血氣心知的自然實體，必然理義的體證是血氣自然的極則，所以「理欲合一」，自然人性達至「歸於必然適完其自然」。此不但說明人了自然之性，亦是揭示「欲」、「情」得遂與心「知」理義的結合，自然與必然乃是一本。戴震這即是說明「歸於必然適完自然」扣緊了自然／必然合一的關係，以心知察知「理」歸於德止於善以挺立孟子性善。換言之，依著戴震的思路脈絡，「歸於必然適完自然」論證了聖人順其血氣之欲的生養之道，私欲所克是「私」而非「欲」，貞定人「欲」存在的立場，推翻了程朱去欲的理論框架，說明心知自然歸於必然，完備了戴震詮釋理路上接續孟子性善的地位。很顯然，在這樣的架構中，「必然」即是理、是命，乃是虛層者；而「自然」即是道、是性、是事為，乃實層者。遂此可見，戴震「氣化言性」與朱熹「以理釋性」，因立足點不同自是開展相異性論的理路。

遂此，在戴震的心目中天地萬物皆是理，理不但可使欲歸於德，亦可推諸成為天下萬世普遍的準則，以「欲」其物「理」其則，彰顯了性之欲歸於性之德，更突顯了道德「理」對人性「欲」的規範。然此理的規範保有，並非如程朱扼殺去欲因能證得，反而更是強調了人「欲」踐履的重要性，由肯定自然之欲的實踐歸於必然理上來駁斥程朱「存理去欲」的論說根本。所以，戴震一再地強調理的普遍性當不能建立在程朱「理在氣先」、「理在人心」私見為理的基礎上，不但陷入心學窠臼，亦易造成意見率理以尊責卑的危機，呼籲建立一個合乎人性「情」、「欲」與「理」調和「理存乎欲」的倫理觀。雖然，戴震論性的闡釋與孟子原意有所不

[206] 《孟子字義疏證》卷下〈道〉，《戴震全書》（六），頁200。

同，但並未離開儒家視域的基本立場，值得正視的是論性的獨特處，在身處統治者假挾程朱理學風行之際，官學一言堂式「存理去欲」的以理殺人背景。遂使，戴震透過《孟子字義疏證》著述理路以表達反抗，力圖建立一個確保人性存在的合理基礎，在理論上動搖宋儒「存理去欲」的根本，呼籲「理存乎欲」自然合情合理的人性論。

二、「以情絜情」開顯達情遂欲的經驗孟學

戴震人性論之開創著重在歷史社會總體中的具體個人，而不僅就抽象人性論上來推論，故學說從性善的基礎出發，挺立在道德良知上以踐履，推拓道德之善，做為人我互動橋梁朝向倫理社會的理想邁進。於是在這樣的前提下，對程朱理欲二分自是予以排斥，不僅批判程朱高舉超越形式之「理」，更正視到理欲之間的不對等。統治者宰用「理」超越形式面的規範，卻不重視「欲」的本然存在，在權力的弔詭機制中，構作專制君權與道德超越內化的獨占壓迫。如是「存理去欲」便形成宰制性的霸權，儼然成為人民禁錮的枷鎖，如此理的規範便在蓄意權力的操作下異化成為殺人工具，要求百姓絕對性地服膺，私見亦成權勢者的宰制工具。程朱去欲混淆無私與無欲為一，將私見視為臆斷之舉反而招致更大禍患，此理亦淪為空洞形式，更無法肯定人之為人的道德主體性：

> 古之言理也，就人之情欲求之，使之無疵之謂理；今之言理也，離人之情欲求之，使之忍而不顧之謂理。此理欲之辨，適以窮天下之人盡轉移為欺偽之人，為禍何可勝言也哉！[207]

戴震堅決反對程朱「存理滅欲」，認為「古之言理也，就人之情欲求之，使之無疵之謂理」，提出理存乎欲的主張才能依乎體證天理。儼然，戴震反對之所向主要針對當時統治者奉朱學為尊，置理學於隱晦的權力機制下，假借道德教化超越之理做為宰制規範，在「人為主觀操作」與「道德

207 《孟子字義疏證》卷下〈權〉，《戴震全書》（六），頁217。

超越之『理』」結合，形成假合理崇高之規範，以行壓迫人民之實。視儒家所言之『理』由本有『道德超越之理』，遂異化成為『宰制性服從之理』，如此一來，根源在社會機制中的道德倫理，便在異化的過程中遂成為宰制性的服從倫理。」[208]如是道德超越之「理」在威權的統治操作下，便步步僵化成為戴震斥責「以理殺人」的工具！

然戴震批判宋儒「以理殺人」，僅是對儒學道統的正名？其實，並不盡然！事實上，戴震進行孟學詮釋，通過對孔孟之道原初精神的揭示，將儒學從「存理去欲」的遮蔽下解放出來，以理論的正統立場抨擊當權的統治者，這才是戴震孟學真正革命之處。依「海德格爾」看法，「aletheia由于a這一否定前綴而成為lethe（蔽）的否定。真理就是無——蔽，也就是說，對蔽的澄清。」[209]換言之，這亦即是說在戴震的認知下，儒學正統遭致理學誤「理」，異趣之「蔽」所致，故趨使「去蔽」的動機，以「疏證」展開重建孟學：

> 僕生平論述，最大者為《孟子字義疏證》一書。此正人心之要。今人無論正邪，盡以意見誤名之曰「理」而禍斯民，故《疏證》不得不作。[210]

> 聖人之治天下，體民之情，遂民之欲，而王道備。人知老莊釋氏異於聖人，聞其無欲之說，猶未之信也，於宋儒則信以為同於聖人。理欲之分，人人能言之，故今之治人者，視古賢聖體民之情，遂民之欲，多出於鄙細隱曲，不措諸意，不足為怪；而及其賢以理也，不難舉曠世之高節，著於義而罪之。尊者以理責卑，長者以理責幼，貴者以理責賤，雖失謂之順；卑者賤者以理爭之，雖得謂之

[208] 林安梧先生曾撰文討論東原對於朱子「道德超越形式性原理」的質疑，在「以理殺人」與「道德教化」的詭譎關聯，做進一步地分析「道德超越形式性原理」與「絕對宰制性原理」的內在邏輯關係，展開深入精闢的檢討。請參見林安梧：〈『以理殺人』與『道德教化』——環繞戴東原對於朱子哲學的批評而展開對於道德教化的一些理解與檢討〉《中國近現代思想觀念史論》（台北：學生書局，1995年9月），頁95-121。

[209] 同註95，〈前言〉，頁4。

[210] 〈段茂堂等十一札〉第十札，《戴震全書》（六），頁543。

逆，於是下之人不能以天下之同情、天下之所同欲，達之於上。上以理責其下，而在下之罪人不勝指數，人死於法，猶有憐之者，死於理，其誰憐之？[211]

此理欲之辨，適成忍而殘殺之具，為禍又如是也！夫堯舜之憂四海困窮，文王之視民如傷，何一非為民謀其人欲之事？推順而導之，使歸於善。今既截然分理欲為二，治己以不出於欲為理，治人亦必以不出於欲為理。舉凡民之饑寒愁怨、飲食男女常情隱曲之感，咸視為人欲之甚輕者矣。輕其所輕，乃吾重天理也，公義也，言雖美而用之治人則禍其人。至於下以欺應乎上，則曰人之不善。胡弗思聖人體之情，遂民之欲，不待告以天理公義，而人易免於罪戾者之有道也？[212]

依戴震而言，堯舜、文王體人之情遂民之欲，故能歸於善，今人截然劃分理欲為二強調道德理的超越面，而將人性本然饑寒愁怨、飲食男女、常情隱曲之感都視成人欲而捨棄，雖美其言為天理，然皆非為聖人之道。「尊者以理責卑，長者以理責幼，貴者以理責賤」都是宋儒存理去欲「蔽」之所生，非孔孟正統精神的揭示。所以，撰著《孟子字義疏證》去「蔽」，使「體民之情，遂人之欲」的聖人之道昭顯出來。也鑑於此，在孟學詮釋的語境下，針對宋儒「捨欲求理」而猛烈抨擊，斥責離情捨欲以求理，皆非是《孟子》經典所賦予回應當下的時代意涵。

雖然戴震強調回歸孔孟六經，卻開展出孟學的不同意涵，這孟學詮釋立基在對程朱理論的解構「去蔽」。解構的工作上，首先在理論論述上，標榜程朱理學是儒學歧出別異於孔孟正統。其次，在理學禍患的弊端現象上，痛斥「存理滅欲」官衙化「以理殺人」，姑先不論朱學奉為獨尊理論是否有此特意，但戴震鎖定政治層面「理」範疇的廓清，延伸進入人性論「欲」的命題，真正抨擊之所向是假官學為尊意見殺人的統治者，扞格宋儒、解構朱學「存理去欲」的桎梏，將內在心性道德超拔推至外在領

[211] 《孟子字義疏證》卷上〈理〉，《戴震全書》（六），頁161。

[212] 《孟子字義疏證》卷下〈權〉，《戴震全書》（六），頁216-217。

域，從而擺脫程朱官學扼制人性的格局，重構孟學的新釋是戴震不得不採取的手段。由是，戴震透過孟學的自身理解中，深刻體認「蔽」之所遮乃是宋儒造成，而去蔽之「澄清」透過疏證孟學進行「再認識的模仿」。究竟，什麼是「再認識的模仿」？依伽達默爾指出，模仿並不是對於原型（Urbild）的抄襲，或者是單純描摹性的復現（Wiederholung），而是一種「展現」（Hervorholung）：

> 「被認識的東西」只有通過對它的再認識才來到它的真實存在中，並表現為它現在所是的東西。作為再認識的東西，它就是在其本質中所把握的東西，也就是脫離其現象偶然性的東西。這也完全適用於遊戲中那樣一種相對於表現而出現的再認識。[213]

> 模仿和表現不單單是描摹性的復現（Wiederholung），而且也是對本質的認識。因為模仿和表現不只是復現，而且也是「展現」（Hervorholung），所以在它們兩者中同時涉及了觀賞者。模仿和表現在其自身中就包含對它們為之表現的每一個人的本質關聯。[214]

這即是說明，「再認識」（Widererkennung）的模仿和表現，就是詮釋者自身所欲表達的本質認識，這本質隨著每一次「再認識」來到它的真實存在，成就它現在所是的意義。亦如同戴震進行孟學詮釋，即透過自身的理解表達，對《孟子》經典「再認識」，這不僅揭示了《孟子》之「現在所是」的現代意涵，進行孟學詮釋的本身更是一種模仿活動，也是孟學意義的復現及展現。因為藉由不斷的「再認識」對經典文本有更豐富的揭示。而當每一次的模仿進行時（猶同戴震疏證孟學）「誰要模仿，誰就必須刪去一些東西和突出一些東西。」[215]就在刪去偶然與非本質的東西，突出了我們所欲表達的本質真實意義。如是「再認識」的模仿才算完成詮釋的任務，而展現在詮釋者的生活世界，讓「再認識」創造的真理源源不絕的開

[213] 同註51，《真理與方法》（第一卷），頁167。

[214] 同前註。

[215] 同前註。

顯出來。「換言之，一個成功的模仿不是指它類似原型，而是將原型的真理揭露、說明或釋放出來，讓欣賞者能瞭解它的真理。」[216]

如果認同此理解，那麼這再認識的模仿展現，戴震疏證孟學的用意並非真的要回到孟子作者的原意，而是在每次「視域融合」（fusion of horizons）的過程中，對《孟子》經典文本進行不同或不一樣地理解。[217]正是基於此歷史使命的自覺，戴震高高豎起「解蔽」的旗幟，自述：「儒者之學，將以解蔽而已矣。解蔽斯能盡我生！」[218]將生命價值寄託在「解蔽」的孟學詮釋上，於是解蔽所向針對經典解釋而立論，不僅「不以人蔽己，也不以己自蔽；不為一時之名，亦不期後世之名。」[219]為稟志，自許孟學真正解蔽的目的，終其戮力為了建構一個符合「達情遂欲」的道德之盛：

> 有是身，故有聲色臭味之欲；有是身，而君臣、父子、夫婦、昆弟、朋友之倫具，故有喜怒哀樂之情。惟有欲有情而又有知，然後欲得遂也，情得達也。天下之事，使欲之得遂，情之得達，斯已矣。惟人之知，小之能盡美醜之極致，大之能盡是非之極致。然後遂己之欲者，廣之能遂人之欲；達己之情者，廣之能達人之情。道德之盛，使人之欲無不遂，人之情無不達，斯已矣。[220]
>
> 六經、孔、孟之書，豈嘗以理為如有物焉，外乎人之性之發為情欲者，而強制之也哉！孟子告齊、梁之君，曰「與民同樂」，曰「省刑罰，薄稅斂」，曰「必使仰足以事父母，俯足以畜妻子」，曰

---

[216] 陳榮華：〈葛達瑪的藝術哲學：欣賞與瞭解〉，《哲學雜誌》第六期（1993年6月），頁163。

[217] 伽達默爾認為：「與歷史意識一起進行的每一種與流傳物的接觸，本身都經驗著文本與現在之間的緊張關係。詮釋學的任務就在於不以一種樸素的同化去掩蓋這種緊張關係，而是有意識地去暴露這種緊張關係，正是由於這種理由，詮釋學的活動就是籌劃一種不同於現在視域的歷史視域。歷史意識是意識到它自己的他在性，並因此把傳統的視域與自己的視域區別開來。但另一方面，正如我們試圖表明的，歷史意識本身只是類似於某種對某個持續發生作用的傳統進行疊加的過程（Uberlagerung），因此它把彼此相區別的東西同時又結合起來，以便在它如此取得的歷史視域的統一體中與自己本身再度統一。」而伽達默爾所論融合視域的過程，由於加了不同詮釋者的個人視域，因此每一次的詮釋活動都可能帶來不一樣地理解。參見同前註，頁400-401。

[218] 同註147，〈沈處士戴笠圖題詠序〉，《戴震文集原善孟子字義疏證》，頁167。

[219] 同註147，〈答鄭丈用牧書〉，《戴震文集原善孟子字義疏證》，頁143。

[220] 《孟子字義疏證》卷下〈才〉，《戴震全書》（六），頁197。

「居者有積倉，行者有裹糧」，曰「內無怨女，外無曠夫」，仁政如是，王道如是而已矣。[221]

戴震由對孟學「再認識」的過程中，認為有「欲」有「情」又有「知」是生而自然稟受之性，遂其欲達其情，天下事物必能察之精明之盡，建立在人心所同然上，遂己欲亦遂他之欲，達己情亦達他人之情，可致道德之盛。戴震以「遂情達欲」做為倫理主張的根本，抉發《孟子》經典的人倫意涵，強調道德之盛是一個講求倫理，重視人倫日用達情遂欲的理想社會。因此，仁義禮智道德理義存乎自然「欲」、「情」中，捨氣質之性如何理解義理之性？而程朱去欲「舍氣稟氣質，將以何者謂之人哉！」[222]？鑑於此，戴震呼籲「達情遂欲」的倫理價值才是儒家社會，正視「理存乎欲」才是人性本然之性。戴震為加強此說，旁徵博引儒家經典《樂記》「言滅天理而窮人欲」進一步地辯說：

問：《樂記》言滅天理而窮人欲，其言有似於以理欲為正邪之別，何也？曰：性，譬則水也；欲，譬則水之流也；節而不過，則為依乎天理，為相生養之道，譬則水由地中行也；窮人欲而至於有悖逆詐偽之心，有淫泆作亂之事，譬則洪水橫流，汎濫於中國也。聖人教之反躬，以己之加以於人，設人如是加於己，而思躬受之情，譬則禹之行水，行其所無事，非惡汎濫而塞其流也。惡汎濫而塞其流，其立說之工者具直絕其源，是遏欲無欲之喻也。「口之於味也，目之於色也，耳之於聲也，鼻之於臭也，四肢之於安佚也」，此後儒視為人欲之私者，而孟子曰「性也」，繼之曰「有命焉」。命者限制之名，如命之東則不得而西，言性之欲之不可無節也。節而不過，則依乎天理；非以天理為正，人欲為邪也。天理者，節其欲而不窮人欲也。是故欲不可窮，非不可有；有而節之，使無過情，無不及情，可謂之非天理乎！[223]

221 《孟子字義疏證》卷上〈理〉，《戴震全書》（六），頁161-162。

222 《孟子字義疏證》卷中〈性〉，《戴震全書》（六），頁190。

223 《孟子字義疏證》卷上〈理〉，《戴震全書》（六），頁162。

戴震重申「非以天理為正，人欲為邪也」，天理應是節其欲而非去其欲，如同孟子口目耳鼻之於味色聲臭，是性也，亦是天理，當是不可禁遏，所以「天理者，節其欲而不窮人欲也」，欲不可窮非不可有，有而節之，使無過情，無不及情。戴震援引此說明，性之欲既是生之所需不可禁絕，縱欲或絕欲均失之於「理」，舉水喻為「性」；水之流喻為「欲」，說明水就下濕之性，若能順性疏導不遏阻，則不至汎濫塞其源。正如同人之欲情，依乎天理則可相生養之道，但若溺其性不節制則人欲橫流，恐有悖逆詐偽、淫泆作亂之事。戴震闡明君子之欲，已所不欲勿施於人，當思躬受之情以節之，喻為禹之治水，順水自然之性而為警戒。

顯然，戴震「理存乎欲」從理論的層面進入政治層面，打破了程朱重理輕欲的侷限，批判道德之理脫離無益世用的流弊，提出「達情遂欲」的政治主張，使民「欲」可安遂，民「情」可體恤，論證道德之「理」必然完成。然如何體證至善本體趨於本然之德，又何以保證理欲並重之必然？戴震則以孟子性善說切入道德良知的核心，論證人之所異於物乃得乎天地之氣，得乎天德之命，由此確立理欲道德實踐的必然性。其在〈答彭進士允初書〉言：「人之得於天也，雖亦限所分，而人人能全乎天德。」[224]如是人人全乎天德，自然之性便能通過天道氣的生化，落實在人道事物上，所展現之性正是以陰陽五行天道為其本。[225]因此，性得之純正便可通「理」無所蔽，由內在性善辨明理義，最後歸溯於必然之善，所以戴震孟學性善不僅證立了個體道德的自主性，亦邁向群體社會倫理的理想。戴震主張「理／欲／情」並重發展，所延展的目標為達「人之有欲也，通天下之欲，仁也」的目標[226]，奠定在孟子性善的保障上，貫徹「一本論」的人性主張，呼籲建立致善達仁的儒家倫理社會：

---

[224] 〈答彭進士允初書〉，《東原文集》卷八，收錄在《戴震全書》（六），頁357。

[225] 戴震對於天道與人道之說明，在於義理中分判極為清楚，如《原善》卷中曰：「是故在天為天道，在人，咸根於性而見於日用事為，為人道。」又說：「天道，五行陰陽而已矣，分而有之以成性。」《緒言》卷上也曰：「凡日用事為，皆性為之本，而所謂人道也；上之原於陰陽五行，所謂天道也。」又曰：「道有天道人道，天道，陰陽五行是也；人道，人倫日用是也。」而戴震對所重視本在人道發揮之重要性，後來於《孟子字義疏證》中更強調理、欲的根本理論之源；而天道，就人生成之性與所有事物而言，本也就自陰陽五行分化而來，所以人性人道之本質，自然應屬於天道之一部分。

[226] 《原善》卷下，《戴震全書》（六），頁25。

君子得其仁。遂己之欲，亦思遂人之欲，而仁不可勝用矣；快己之欲，忘人之欲，則私而不仁。[227]

顯然，戴震接續了孟子性善說，從而扣緊一本理路論證了「性」與「理」皆從「欲」上來闡發，涵攝仁義禮智的理義，故言人性本善，然為何言必善？戴震指出情欲導於善的道德乃是因根源於人性本有的自然性善，情欲得遂歸於必然理義，因此「歸於必然適完自然」體現性善之理。基於如是，「君子得其仁。遂己之欲，亦思遂人之欲」，推己致人同理的仁心，以他人情感為己之情感，連繫己欲與他欲，己／天下便可相融同然達致仁境。

由是，戴震將「達情遂欲」的理想落在「欲」上來表述，於是乎道德之盛的理想達致，便落在仁心的同理心上來論，此理想主張之呼籲猶同返歸孔孟之道，效法孔子言忠恕之仁、孟子倡仁道仁政說。如是看來，戴震孟學的理想目標欲建立一個儒家社會如同：「孟子告齊、梁之君，曰『與民同樂』，曰『省刑罰，薄稅斂』，曰『必使仰足以事父母，俯足以畜妻子』，曰『居者有積倉，行者有裹糧』，曰『內無怨女，外無曠夫』。」[228]這說明了戴震孟學「達情遂欲」正是為孟子仁道說的進一步闡揚。亦由此可見，戴震由人「欲」、「情」層面推至政治層面以肯定仁道理想，挺立個人道德價值至社會群體政治，綰合道德修養與政治實態並論，直指清政府以禍斯民大開文字獄的「以理殺人」。戴震感嘆道德之盛應如孟子告齊、梁之君，仁政王道與民同樂，遂民所生使得居者有積倉，行者有裹糧，內無怨女外無曠夫，這才是戴震孟學意蘊所推致的儒家社會。戴震將此「達情遂欲」視為「仁」的表現，更將此仁導向天下之欲上來達求：

孟子言「養心莫善於寡欲」，明乎欲不可無也，寡之而已。人之生也，莫病於無以遂其生。欲遂其生，亦遂人之生，仁也；欲遂其生，至於戕人之生而不顧者，不仁也。不仁，實始於欲遂其生之

[227] 《原善》卷下，《戴震全書》（六），頁27。

[228] 《孟子字義疏證》卷上〈理〉，《戴震全書》（六），頁161-162。

心；使其無此欲，必無不仁矣。然使其無此欲，則於天下之人，生道窮促，亦將漠然視之。己不必遂其生，而遂人之生，無是情也，然則謂「不出於正則出於邪，不出於邪則出於正」，可也；謂「不出於理則出於欲，不出於欲則出於理」，不可也。[229]

戴震引用孟子「養心莫善於寡欲」說明欲並非不可有，只須節之寡之，在合理適當的欲中達得人之常情以保全本然之性。於是，從血氣心知立場把握性善，進而強調「理存乎欲」的基礎上進行道德思考，理欲合一的人性論不僅廓清了程朱去欲的弊端，進而呼籲「遂得其欲，達得其情」回歸孔孟道德社會。如是，達情遂欲的主張不僅是徒為理想的口號，而是真正落實道德的踐履，跨進生活世界的場域由己心的道德出發，推己及人遂己欲亦廣遂他欲求其最多數人之幸福，如是人我感通除去「己者／他者」之阻隔，以求得同然之心。倘若顧及己欲卻戕害他人，如何符合天下同然不易之則？如何權衡至當？戴震則進一步提出以「禮」做為調和與裁量的依準：

禮者，天地之條理也，言乎條理之極，非知天不足以盡之。即儀文度數，亦聖人見於天地之條理，定之以為天下萬世法。禮之設所以治天下之情，或裁其過，或勉其不及，俾知天地之中而已矣。[230]

曰：克己復禮之為仁，以「己」對「天下」言也。禮者，至當不易之則，故曰，「動容周旋中禮，盛德之至也」。凡意見少偏，德性未純，皆己與天下阻隔之端；能克己以還其至當不易之則，斯不隔於天下，故曰，「一日克己復禮，天下歸仁焉」。然又非取決於天下乃斷之為仁也，斷之為仁，實取決於己，不取決於人，故曰，「為仁由己，而由人乎哉」。自非聖人，未易語於意見不偏，德性純粹；至意見不偏，德性純粹，動皆中禮矣。就一身舉之，有視，

[229]《孟子字義疏證》卷上〈理〉，《戴震全書》（六），頁159-160。

[230]《孟子字義疏證》卷下〈仁義禮智〉，《戴震全書》（六），頁206。

有聽，有言，有動，四者勿使爽失於禮，與「動容周旋中禮」，分安、勉而已。[231]

戴震以「禮」做為天下萬世之法，以「禮」忖度天下之情，落實天地條理在人倫之際中展現，在「禮」的衡定下裁量以治天下情，既能避免己欲與他欲衝突，又能體證眾人普遍的同然之理，維繫著社會群體道德的參與，建立客觀經驗世界中的道德理則。如是，既可解消己欲之利己性，又可達致遂欲達情之利他性，人欲無不遂，人情無不達之大同道德之盛自可推致。遂此理念，戴震認為「禮」做為天下萬世法，俾知天地之中以治天下之情，視聽言動勿使爽失於禮，動容周旋舉止皆合禮，「一日克己復禮，天下歸仁焉」。如此一來，克己私見以復禮，應人之常情所需，推致仁之同然自可達致，從「克己復禮」的命題確立「理」，將「己／天下」做為同然心的參照，避免「意見少偏，德性未純」流於臆見之私，「為仁由己，而由人乎哉」己欲遂得同然推及天下之欲，即見戴震用心之所在，在仁心的闡揚上推拓己欲同然天下，透過「己／天下」禮以達仁。

戴震由破宋儒「理欲之辨」，樹立「理存於欲」之倫理觀，在這破與立之間盼眾人欲情皆能遂達，建立起「天下之心同然」推己及人的標準，希冀由此達到以情絜情的理想社會。由此看來，戴震以這樣的理想，建立「欲」上個人利益與他人利益的關連，此關連亦牽涉社會道德的層面，以合理的「理」、「禮」節制個人無限欲望，適宜地關懷個人與群體、己利與他利，如是達仁的儒家社會皆能體現自然人欲的舒展，亦能遵循著道德的規範。如此人人皆能同理心，情不爽失合乎理，以我情絜他情：

問古人之言天理，何謂也？曰：理也者，情之不爽失也；未有情不得而理得者也。凡有所施於人，反躬而靜思之：「人以此施於我，能受之乎？」凡有所責於人，反躬而靜思之：「人以此責於我，能

[231] 《孟子字義疏證》卷下〈權〉，《戴震全書》（六），頁214-215。

盡之乎？」以我絜之人，則理明。天理云者，言乎自然之分理也；自然之分理，以我之情絜人之情，而無不得其平是也。[232]

顯然，戴震試圖從「理也者，情之不爽失」人我互動關係上界定「理」的標準，以情之無過不及以說明理，如是取決理無過不及的判斷，就落在「以情絜情」得其平上來追問。於是乎，戴震論「理」的標準，「情之不爽失」便落置在人與己的關係中顯現，將道德判斷「理」落在「情」上來論之。由是戴震所認知「理」，只是「情之不爽失的理」，如何「以情絜情」？又如何對峙可能爽失之情？戴震進而指出：「凡有所施於人，反躬而靜思之，人以此施於我，能受之乎？」來解消困難之可能。顯然，戴震此意乃是引申孔子的仁論：「夫仁者，己欲立而立人，己欲達而達人，能近取譬，可謂仁之方也已。」[233]然不同是孔子由「仁」上立人達人，而戴震立足在「以情絜情」上推己及人，求諸心知的認知裁斷，推致天下心所同然的標準上來掌握這不易之理義：

心之所同然始謂之理，謂之義；則未致於同然，存乎其人之意見，非理也，非義也。凡一人以為然，天下萬世皆曰「是不可易也」，此之謂同然。舉理，以見心能區分；舉義，以見心能裁斷。[234]

不可諱言，戴震此般的見解皆是為了說服「以情絜情」理想成為可能，所以「心之所同然」情境共同體認的標準，建立在天下萬世不可易的基礎上，避免流於私見之論斷，將心比心的「絜情」來判斷他人對同一行為的道德感受，「情之不爽失」不僅體現一人以為然，更推致天下皆所同然，如是推己情、絜他情，建立起道德同然的普遍性原則。

即如是，戴震由人性論提出「理欲合一」，以同然心推己及人期能建立「以情絜情」的儒家理想社會。所以為使不淪為宰制之理，而置此之理想的道德標準，乃推拓求其天下心所同然的基礎上，此透顯的道德理

232 《孟子字義疏證》卷上〈理〉，《戴震全書》（六），頁152。
233 《論語注疏解經卷》第六〈雍也〉第六，《十三經注疏》（台北：藝文印書館，1997年），頁55。
234 《孟子字義疏證》卷上〈理〉，《戴震全書》（六），頁151。

想僅是一種烏托邦的理想展現？戴震「以情絜情」果是自創新說迭創新義背離孔孟之旨？事實上並不然，戴震孟學詮釋中一再著重「情」、「欲」遂達，所對峙是程朱理學下情欲被貶抑的地位，從而全力揄揚「情」、「欲」對生命的重要。所以，戴震藉著疏證孟學視域，呼籲「理存乎欲」、「以情絜情」、「達情遂欲」，欲以推翻長久以來儒學側重「理本體」的道德形上天理追求，而著意另一層始終被忽略「情本體」的闡揚。此主張正可對比李澤厚先生的觀察：

> 對儒學作為「學」（哲學）的方面，也需要從種種體系化的「陰陽五行」、「性理天命」、「道德的形上學」中解放出來，使它恢復原典儒學例如在《論語》中所表現出來的那種真正活潑、具體的人間情趣，這也就是我所說的「情本體」。[235]

> 孔學特別重視人性情感的培育，重視動物性（慾）與社會性（理）的交融統一。我以為這實際是以「情」作為人性和人生的基礎、實體和本源。它即是我所謂的「文化心理結構」的核心：「情理結構」。人以這種「情理結構」區別於動物和機器。中國人的「情理結構」又有其重要特徵。這特徵與孔子、《論語》、儒學直接有關。[236]

即如同李先生的觀察下，儒家本體自是以「情」為體走入生活情境的真實哲學，不再側重形上「陰陽五行」、「性理天命」、「道德的形上學」，而應更著重生命存在人間的經驗世界，以「情」做為人我感通原則，是道德意涵的實踐闡揚。儼然，李先生此說早在戴震返歸孔孟「以情絜情」主張中已高聲呼籲過，換言之，戴震由當時的歷史社會早已洞察此「情理結構」，在「理」與「欲」關係中，以「情」作為社會文化的心理基礎和本源，這來自戴震對儒家大同世界的嚮往。所以推致天下之心所同然，「以情絜情」來達致道德之盛的理想，這說明了儒學倫理結構中，強調推己及

[235] 李澤厚：《論語今讀》（台北：允晨文化出版，2000年7月10日），頁9。

[236] 同前註，頁18。

人、立人達人「仁」的情理結構，深深地影響夷夏之辨，立志返回孔孟正統下的戴震「達情遂欲」倫理觀的形成。

事實上，在儒家社會結構中自古以孔子「仁」上建立五倫之情，父子、君臣、兄弟、夫婦、朋友皆在「情本體」輻射交織下建構人倫社會，所以實際上傳統華夏文明的衍生一直在「情本體」上生根。「情」在中國儒學結構中的重要，錢穆先生亦曾言：「宋儒說心統性情，毋寧可以說，在全部人生中，中國儒學思想，則更著重此心之情感部分，尤勝於其著重理知的部分。我們只能說，自理知來完成性情，不能說由性情來完成理知。情失於正，則流而為欲。中國儒家，極看重情欲之分異。人性應以情為主，但不能以欲為主。儒家論人生，主張節欲寡欲以至於無欲。但絕不許人寡情、絕情乃至於無情。」[237]也應合了戴震信誓旦旦言：「天理者，節其欲而不窮人欲也。是故欲不可窮，非不可有。」[238]顯然李先生、錢先生皆是肯定中國儒學的情理結構，然此「情本體」實是無本體，「本體」即在真實的情感之中，它以把握、體認、領悟當下真情和天人之會為依歸，而完全不再去組建、構造某種「超越」的「理」來統治人們。它所展望的只是普通、平凡的身心健康、充分發展和由自己決定命運的可能性和必要性。[239]所以，戴震「以情絜情」所追求是一個客觀公平和正義原則下的群體性公德，不是統治者宰用程朱官學「存理滅欲」絕對性服膺形上理的規範，割捨形下自然的情欲，更不是理學家建構知識權力的「以理殺人」。

戴震「以情絜情」的主張下，純粹只是為了反抗當時政治宰制「以理殺人」的氛圍？其實不然！程朱高舉天理的地位，揚棄人欲對於生命的重要，以為去欲自可體證天理蘊涵，卻不知人欲與情感的人心相互緊密，沒有人欲的安遂如何接引道德良知？自然情欲無法遂達，如何趨向形上道德天理？戴震浩歎道德的體證不在崇高的形上天理，而是在自然之性的人欲中展開，因此強調「理存乎欲」理欲合一體而不隔。相顯之下，程朱「存理滅欲」硬將天理地位提升，貶棄人性自然欲求，將活活潑潑的具體生命

---

[237] 錢穆：《孔子與論語》（台北：學生書局，1986年5月），頁198。

[238] 《孟子字義疏證》卷上〈理〉，《戴震全書》（六），頁162。

[239] 同註235，頁10。

訴諸在超越形上的天理，不僅成為生命存在的囹圄更是囚拘了孔孟道德宗旨。所以，戴震急欲辯護以情為體，回歸理欲合一的自然人性，不強調對道德超越面「天理」的追求，反而著重「人欲」上的踐履，「以情絜情」提供了一個非宰制性而更寬容的關懷向度：

> 問：以情絜情而無爽失，於行事誠得其理矣。情與理之名何以異？曰：在己與人皆謂之情，無過情無不及情之謂理。《詩》曰：「天生烝民，有物有則；民之秉彝，好是懿德。」孔子曰：「作此詩者，其知道乎！」孟子申之曰：「故有物必有則，民之秉彝也，故好是懿德。」以秉持為經常曰則，以各如其區分曰理，以實之於言行曰懿德。物者，事也；語其事，不出乎日用飲食而已矣；舍是而言理，非古賢聖所謂理也。[240]

換言之，戴震回歸孔孟原典，以情為本體揭櫫生命存在的價值，知命進而立命，從而破除程朱「存理滅欲」的枷鎖，將孔孟仁道之心擴充至人倫日用的「推己」之心來論「仁」。在「以情絜情」人我感通同然關懷下，「絜」是完全自發性是仁心的充分展現，更是「我與你」的共樂，此「絜」建立在人我「情」上，達己情實踐亦絜他人而共享。顯然這樣的同然共享，戴震並不以己情得遂為滿足，更寄託個體與他人生命的關懷，達到儒家眾人情欲遂達的大同世界理想。

戴震由對時代的經世關懷，接續儒家正統使命憬然於心，在返歸孔孟使命下以儒家情理結構為基礎，著重在生活經驗的社會道德，「以情絜情」返歸儒家仁愛精神。如是人性存在價值在戴震的詮釋下，不再是程朱玄奧枯槁的道德之理，而是「理欲合一」的情感本體，即在人倫生活世界中實踐孔孟道德的儒學意義。以己心忖度他人，從自我生命的尊重走向群體社會，敞開孔孟同然仁心推廣及人，關懷己體與群體、己利與他利。雖然，要求天下人同然「以情絜情」的實踐面上有所困難，但

240 《孟子字義疏證》卷上〈理〉，《戴震全書》（六），頁153。

不可否定的，戴震孟學這所透顯「情本體」儒家大同理想精神仍是值得宣說肯定。

戴震由「以情絜情」肯定情欲對人性的重要性，給予情欲一個安適的地位，一再呼籲「達情」、「遂欲」，即是尊重生命存在的欲求，更擴及對天下人的關懷。然「達情遂欲」任憑情肆流失而無所節制？以情絜情毋須理性做為忖度？事實上正是相反，戴震雖重視情欲的舒展，但仍是強調以「同然」的德性標準裁制衡量，雖是以情為本，然事實上是一種理性化的情感，透過心知裁斷不爽失合乎理義。更強調的是，此「同然」理性的忖度並不是主宰的控制，而是道德自主性不自覺地滲透在情感中，在實踐的過程中歸於生命本能亦即戴震所言的「理欲合一」。所以，戴震展現的孟學思想不僅是彰顯情欲正面價值，亦揭櫫政治上以理殺人，在道德異化的窘困下，重建儒學本有的意涵。戴震此不畏政治權威之壓迫，闡揚自然情欲尊重人性真實需求，勞思光先生亦為肯定：

> 戴氏之道德理論與其政治思想合觀，則此中有一極可注意之特色。傳統儒學，大抵將「成德之學」之原則擴大應用於政治生活上，故對政治生活之特性不明，而幾於以求人作聖賢為政治理想。此中病痛甚大；其最著者則不重民眾之需要及要求是也。是故依此路向以為政，決不能奠立民主政治之基礎。今戴氏則反其道而行之；其論德性亦以「欲」為主要觀念。此即將政治上「尊重人民之需要」一原則，逆溯而施於道德理論上，其結果是道德理論不能成立，然開啟政治思想上一新趨向。[241]

即如勞先生所言，戴震論德性以「欲」為尊重人民之需要，不僅打破程朱「存理滅欲」的框限，重塑人我感通的有情世界，將「情」做為人我感通原則，通過情欲遂達朝向生命的具體情境，進而契接於天穆不已的道德意涵。這以情為本體打破私我的狹隘格局，邁向眾人幸福的大同世界高瞻遠矚而眼光遠大，道德理論豈不能成立，恐怕勞先生有所誤解。「以情

[241] 同註160，頁848。

絜情」烏托邦理想是否可達遂？雖是困難，但大可不必全然否定此道德理想，因為有道德理想做為遠景，不僅是戴震詮釋孟學所稟持高尚的精神向度，也為後來中國政治思想開啟新的民本趨向，「以情絜情」達情遂欲的社會理想做為展望無可責殆，戴震所秉持的精神更是足以讚揚！戴震對人倫世界人欲遂達的關切，由對程朱的批判下重構孟學，關連著社會機制的活動，是憂戚人民愁苦期能朝向客觀經驗世界體證孟學，開啟道德對生命原始的召喚。戴震這般伸張公義的激盛之氣及其不妥協關懷人倫的氣息，與《孟子字義疏證》所彰顯出的詮釋精神，貫徹了一致的風格，懷抱著對天命人我互為感通的期許，如此偉大的經世關懷，若不能公允體會此般孤心苦詣，當愧對埋解戴震孟學克紹應盡之責。

綜上之述，即可明白戴震人性論一併捨棄「形上／形下」、「理／欲」二分，由性中自然情欲的實踐，體證於穆不已之天理，理欲綰合為一，理義的應然世界與情欲的實然世界在系統中融鑄為　。這麼一來成功顛覆了理學家「理氣二分」的架構，從而在形下氣化層面出發，不僅「氣化言性」即欲論性，更是強調理是「情之不爽失」天下事物條分縷析的客觀經驗義。這與抨擊理學「以理殺人」意見為理的批判一致，推翻形上價值而將「理」落在形下氣化經驗世界現象來論。不僅展現了戴震務破宋儒形上性理的強烈決心，更是對峙程朱官學絕無調和的義理立場，從理學「存理滅欲」到戴震「達情遂欲」，標示了儒學義理在演進上的重大轉向。戴震通天下之情，遂天下之欲「以情絜情」建立在返歸儒家情本體的闡揚上，凡此皆是向「存理滅欲」舊道德標準所提出的宣戰。戴震孟學著意在人性的道德踐履，著重的是經驗世界中人欲、人情達遂感通，由肯定人性自然的存在，從而走向「達情遂欲」的義理模式。此轉向之貢獻，不僅樹立戴震孟學的歷史地位，亦也影響清代義理的發展，以抉發客觀經驗價值的義理也在此彌補長久以來舊傳統對形上價值的偏頗，儒學義理探索由此跨入形下世界，才能夠綰合形上／形下而全幅開展。

三、「實踐之知」綰合孟學情性學

戴震由對程朱理學的批判中建立起孟學新釋，不僅在治經方法上揚棄理學的玄虛思辨，改以客觀的考據疏證，在道德的建構上更是轉向形下人倫的生活領域去體認孟學，這使得其釋孟的理論進路迴然相異於宋明儒。至此，理學「存理滅欲」的模式，已然在戴震的詮釋下改造成為「達情遂欲」的新道德觀，於是形上道德之理的追求，轉向察於人倫的經驗世界上來論述。這也說明了，理學在歷經佛學席捲中土的時代課題下，建構道德形上學之後，其肩負的時代使命已然完成。形上領域價值的探索在歷經了宋明儒發展，數百年科舉的功令附庸維繫下，至明末之際已顯空疏委頓，未能符合當時社會的價值要求，經世致用思潮的挑戰早已呼之欲出。

學術理路的發展，從標舉道德形上「天理」、「性體」道德之理，轉型落實在重視經驗世界的「氣」、「欲」問題上。這轉向形下經驗領域的探索，至戴震身處的清代背景下，已臻水到渠成，不僅影響了戴震治孟佐訓詁明義理，在孟學的闡釋上，更著重人倫世界感通上論「理存乎欲」人性論、「以情絜情」、「達情遂欲」的社會理想，亦也由此貫徹融鑄在孟學情性學的詮釋上。戴震以氣化言性說明性的實體來自血氣心知，性不僅是「血氣」生理之能，還具剖析事物、辨別條理「心知」的功能，所以感官之欲生於血氣，認知之識生於心知，則是戴震區別「血氣」、「心知」最簡潔的分判：

> 人生而有欲、有情、有知，三者血氣心知之自然也。給於欲者，聲色臭味也，而因有愛畏；發乎情者，喜怒哀樂也，而因有慘舒；辨於知者，美醜是非也，而因有好惡。聲色臭味之欲，資以養其生；喜怒哀樂之情，感而接於物；美醜是非之知，極而通於天地鬼神。聲色臭味之愛畏以分，五行生克為之也；喜怒哀樂之慘舒以分，時

遇順逆為之也；美醜是非之好惡以分，志慮從違為之也；是皆成性然也。[242]

戴震釋心為「認知心」，以認知觀點來辨別事物之條理，透過心知認知為決斷事理是非的依據，此心既非朱熹眾理之心，亦非陽明心即理之心。舉凡氣稟之性發用在人倫日用事物中，所顯現聲色臭味之欲與喜怒哀樂之情皆成性始然，透過心知的發用以臻達情遂欲。換言之，戴震將「血氣」之性以「心知」作為事理審視之判斷；「心知」則以「血氣」人倫做為辨析之對象。於是乎，血氣在心知的認知條分縷析下趨向自然之性，所以「血氣」與「心知」實然渾然一體相輔相成。如是在戴震的理解下，將道德自覺「心知」與感官耳目食色「情」、「欲」相繫，亦也由此彰顯了「心知」做為道德自主之判準：

耳目鼻口之官，接於物，而心通其則。心之於理義也，天下之理義，心若其符節也；是皆不可謂之外也，性也。耳能辨天下之聲，目能辨天下之色，鼻能辨天下之臭，口能辨天下之味，心能通天下之理義，人之才質得於天，若是其全也。[243]

蓋耳之能聽，目之能視，鼻之能臭，口之知味，魄之為也，所謂靈也，陰主受者也；心之精爽，有思輒通，魂之為也，所謂神也，陽主施者也。主施者斷，主受者聽。[244]

戴震認為「心之官」是事物作用之主宰；而「耳目之官」則是外在事物作用之對象。心通其則，心之精爽辨天下理義，即謂「陽主施者也」；耳目鼻口之官，接物辨天下聽、視、臭、味，即謂「陰主受者也」。換言之，「耳目之官」各掌其司，是感知之認識官能，亦是生命感官之本能，而「心之官」不僅統御耳目鼻口之感知，亦對事物進行認知與裁斷。所以，

[242] 《孟子字義疏證》卷下〈才〉，《戴震全書》（六），頁197。

[243] 《原善》卷中，《戴震全書》（六），頁18。

[244] 《孟子字義疏證》卷上〈理〉，《戴震全書》（六），頁156。

戴震言：「主施者斷，主受者聽」、「耳目鼻口之官，臣道也；心之官，君道也。」[245]然不論是「心之官」或「耳目之官」，皆是稟受天之賦，所以發用皆在人本然性上踐履。

鑑此理解，戴震依其心做為認知心的脈絡理路，論「心」著眼在心的察辨與認識，以認知觀點來辨別心的功用，所以此「心」具有認知職能便能決斷事理、研判是非。戴震亦由此理解對孟子「耳目之官不思而蔽於物，物交物，則引之而已矣。心之官則思，思則得之，不思則不得也。」進行如是之詮說：

> 孟子曰：「耳目之官不思，心之官則思。」是思者，心之能也。精爽有蔽隔而不能通之時，及其無蔽隔，無弗通，乃以神明稱之。凡血氣之屬，皆有精爽。其心之精爽，鉅細不同，如火光之照物，光小者，其照也近，所照者不謬也，所不照（所）（斯）疑謬承之，不謬之謂得理，其光大者，其照也遠，得理多而失理少。故孟子曰：「耳目之官不思，心之官則思。」是思者，心之能也。[246]

孟子所謂「心之官則思」之「思」原是思善之思，偏在德性意涵上的自覺，而戴震詮釋以認知心來解讀。在此解讀下，戴震認為孟子言「心之官則思」，此「思」即是心之能，透過心之能的審思察照對事物之理進行辨別，所以「心之官」獨具的「思」便在此成為判斷外在經驗之認知功能。於是乎，「心知」則對「血氣」施以認知辨析，在「心知」的審視判準下條分縷析便可察照理義。如是，戴震將孟子「心」的道德心知與感官情欲相繫，突顯心知做為血氣的德性依據，進而判定孟子「心之官則思」乃是認知心之展現。

換言之，戴震認為這心所察照不謬謂之為「理」，「理」外之於「心」，心所施以認知對象即是外在於心的「理」，而非別有理具於心，亦也由此推翻了宋明理學「理具於心」的理論，於是孟子心的道德意義在戴震的詮解下，「心之官」所獨具之「思」便成為可認知判斷的職能：

[245] 《孟子字義疏證》卷上〈理〉，《戴震全書》（六），頁158。

[246] 《孟子字義疏證》卷上〈理〉，《戴震全書》（六），頁156。

心之所同然，始謂之理；謂之義。則未至於同然，存乎其人之意見，非理也，非義也。凡一人以為然，天下萬世皆曰：「是不可易也。」此之謂同然。舉理，以見心能區分；舉義，以見心能裁斷。[247]

孟子言「今人乍見孺子將入井，皆有怵惕惻隱之心」，然則所謂惻隱，所謂仁者，非心知之外別「如有物焉藏於心」也，己知懷生而畏死，故怵惕於孺子之危，惻隱於孺子之死，使無懷生畏死之心，又焉有怵惕惻隱之心？推之羞惡、辭讓、是非亦然。使飲食男女與夫感於物而動者脫然無之，以歸於靜，歸於一，又焉有羞惡，有辭讓，有是非？此可以明仁義禮智非他，不過懷生畏死，飲食男女，與夫感於物而動者之皆不可脫然無之，以歸於靜，歸於一，而恃人之心知異於禽獸，能不惑乎所行，即為懿德耳。古賢聖所謂仁義禮智，不求於所謂欲之外，不離乎血氣心知。[248]

顯然，戴震在推翻理學「理具於心」的冥心求理上，強調形下人倫的生活領域去體認孟學，說明道德理義非內在本然之心，而是存在客觀經驗事物中，透過心知的認知可證道德理義。這對於心知判斷得乎理義的途徑，必須強調的是非憑空意見，而是推溯標準建立在「同然」的基礎上，如是天下萬世亦皆同然下始可謂為理義。於是乎，道德義理通過外在同然判準下始可成立，顯然至此孟子四端之心的道德層次，在戴震的孟學系統中轉變成為感性層次。戴震便就此理解，人的一切作為皆在血氣心知中發用，人之懷怵惕惻隱之心知，怵惕孺子之危、惻隱孺子之死，皆在於「已知懷生而畏死」，推之羞惡、辭讓、是非亦然如此。

但人為何會有怵惕惻隱之心？戴震認為即在於人具有心知異於禽獸，因此仁義禮智之感興透過認知「心知」發顯，便能怵惕惻隱而不惑所行，這便是人在血氣心知性上甚於禽獸之懿德，而此之懿德，即是戴震一再強調以己之情忖度他人之情的「同然」感通。然「心之所同然」做為統一

[247] 《孟子字義疏證》卷上〈理〉，《戴震全書》（六），頁153。

[248] 《孟子字義疏證》卷中〈性〉，《戴震全書》（六），頁184。

依據，又如何推判人人皆同然？戴震則說明「舉理以見心能區分，舉義以見心能裁斷」，以理義通過「心」的認知裁斷做為人本然的判斷本能。於是，心能認知理義天下人心所同然，亦獲得同然之標準。但同然之標準又如何保證？戴震則進一步地說明：「『人心之所同然』，故一人以為不易，天下萬世以為不易也。所以為同然者，人心之明之所止也。」[249]於是乎，戴震「以情絜情」達情遂欲的社會理想，推至情「同然」的感通基礎上建立天下不易之則，亦也由此獲得孟學架構義理前後的一致性。

戴震這一致性的詮釋也在「氣化言性」所架構的一本論立場，說明性之欲是自然的表現，性之德乃是必然的體證，融治「德」與「欲」歸於性是以必然適全自然。依此理路來看，這做為性之實體「血氣心知」應為善，然為何有惡所生？戴震認為這不善之生，乃因性的本體被所遮蔽，故無法知覺擇善遂致蒙昧而生。所以面對這「蔽」的解消，戴震提出了心知的德性涵養做為去蔽的方法：

> 學以牖吾心知，猶飲食以養吾血氣，雖愚必明，雖柔必強。[250]

> 人之初生，不食則死；人之幼稚，不學則愚。食以養其生，充之使長；學以養其良，充之至於賢人聖人。[251]

以學養智增益心知，猶同飲食之於血氣，資養形體由柔變強，亦猶學習由愚變明，如是解消了蔽之所生，惡之所滋。因此，在戴震的理解中「德性始乎蒙昧」去蔽提升學養以溫厚吾智，在道德之性的增長上學問所增進乎聖智心志。顯然，戴震在釋孟方法上也以此貫徹，詁訓明其義理，始終以「聞道」做為終極目標，從實踐進路的立場上完全顛覆了宋明理學形上超越義的天理體證，將「尊德性」道德意涵導向「道問學」的內在理路，除了闡釋孟學，更緊扣義理架構，始終不離形下氣化世界來新釋孟學，亦由此展開實踐修養。

[249] 《緒言》卷上，《戴震全書》（六），頁90。
[250] 〈與某書〉，《戴東原先生文》，《戴震全書》（六），頁495。
[251] 《孟子字義疏證》卷下〈才〉，《戴震全書》（六），頁199。

戴震構築孟學的實踐，導向「道問學」的內在理路，以智達德去蔽以顯德，「道問學」達致「尊德性」由是貫徹在治經的態度上：

> 僕聞事於經學，蓋有三難：淹博難，識斷難，精審難。三者，僕誠不足與於其間，其私自持，暨為書之大概，端在乎是，前人之博聞強識，如鄭漁仲、楊用修諸君子，著書滿家，淹博有之，精審未也。別有略是而謂大道可以徑至者，如宋之陸，明之陳、王，廢講習討論之學，假所謂「尊德性」以美其名，然舍失「道問學」則惡可命之「尊德性」乎？[252]

戴震由對治經的反省，斥責理學美其名假「尊德性」，陸九淵、陳白沙、王陽明空談講習游談無根，空疏之風捨大道趨小徑。這更確定了戴震廓清儒學「大道」的心志，由對宋明理學系統的全面反省，從而扭轉達致「大道」的進路，這始終和其孟學詮釋的「聞道」立場一致。因此，由氣化言性奠基在心知「同然」的認知判斷下，開啟了以學養智的去蔽顯德，於是乎體證道德自然轉向「道問學」的進路來達致。自此，戴震孟學「理存乎欲」的人性論與「以情絜情」的道德理想貫徹了「道問學」的實踐之知。

顯然，這綰合孟學情性所構築的體證，迥然相異於宋明儒「尊德性」，亦也說明了戴震義無反顧的儒學辨清工作，在構築孟學的詮釋下，體證孟學心志的實踐工夫亦也別異於宋明儒，力闢後儒、返歸孔孟的職志始終融鑄在其詮釋的活動中。然戴震為何如此堅持「道問學」達善之德？戴震認為性源天道之自然，善性本無待於修，但人性的自然情欲有待於必然之理的安頓。所以修身求仁德圓滿，則有待於智德的開展，其所言：「人莫大乎智足以擇善也，擇善則心之精爽進於神明」。[253]人之有私有蔽故造成惡之所生，因此去私解蔽方能成德，便成為修身之首要。關於如何去弊，戴震則提出了對治之方：

---

[252] 〈與是仲明論學書〉，《東原文集》卷九，《戴震全書》（六），頁371-372。

[253] 《原善》卷中，《戴震全書》，頁16。

人之不盡其才，患二：曰私，曰蔽。私也者，生於其心為溺，發於政為黨，成於行為慝，見於事為悖，為欺，其究為私己。蔽也者，其生於心也為惑，發於政為偏，成於行為謬，見於事為鑿，為愚，其究為蔽之以己。鑿者，其失誣；愚者，其失為固，誣而罔省，施之事亦為固。私者之安固然為自暴，蔽者之不求牖於明為自棄，自暴自棄，夫然後難與言善，是以卒之為不善，非才之罪也。去私莫如強恕，解蔽莫如學。[254]

人之患，有私有蔽；私出於情欲，蔽出於心知。無私，仁也；不蔽，智也；非絕情欲以為仁，去心知以為智也。是故聖賢之道，無私而非無欲；老、莊、釋氏，無欲而非無私；彼以無欲成其自私者也；此以無私通天下之情，遂天下之欲者也。[255]

戴震由對血氣情欲心知的肯定，說明「聖賢之道，無私而非無欲」非是絕情欲以為仁，去心知以為智，挺立了孟學「理存乎欲」的一貫主張。對於人之不盡其才，非才之罪也，乃因欲之「性」、「才」患私與蔽，因此教人「去私莫如強恕，解蔽莫如學」返善性，以強恕做為去私之道，以學做為解蔽之則，學以養智去蔽顯德。然又該如何學以養智去蔽顯德？戴震認為人雖稟受氣化之性，然性有曲全等差，是以「重問學」通乎古賢聖德性，從賢聖之道「貴擴充」進路來顯德：

人物以類區分，而人所稟受，其氣清明，異於禽獸之不可開通。然人與人較，其材質等差凡幾？古賢聖知人之材質有等差，是以重問學，貴擴充。[256]

問學之於德性亦然。有己之德性，而問學以通乎古賢聖之德性，是資於古賢聖所言德性埤益己之德性也。冶金若水，而不聞以金益

[254] 《原善》卷下，《戴震全書》（六），頁23。
[255] 《孟子字義疏證》卷下〈權〉，《戴震全書》（六），頁211。
[256] 《孟子字義疏證》卷上〈理〉，《戴震全書》（六），頁167。

水，以水益金，豈可云己本無善，己無天德，而積善成德，如罍之受水哉！[257]

聖人之言，無非使人求其至當以見之行；求其至當，即先務於知也。凡去私不求去蔽，重行不先重知，非聖學也。[258]

戴震強調學智涵泳心知，心知明其義理解消蔽之生，問學通乎古賢聖裨益己德，顯然在此理解下，聖學之要乃須去蔽，去私不求去蔽為非「聖學」，故戴震著意所在乃是「解蔽莫如學」去蔽以顯德。雖人性有曲全之等差，然透過道問學仍可通乎賢聖之德，如是學以條分事理，解蔽之途自然導向於「學」上求。換言之，這「去蔽以顯德」的背後基礎來自於戴震對孟學德性本有之見的認同，孟子言：「仁義禮智，非由外鑠也，我固有之耳。」[259]又言：「苟得其養，無物不長，苟失其養，無物不消。」[260]但必須細釋地，孟子以本心充養論德，但戴震即學問知識以論德，戴震藉由外在知識之擴充裨益心之德；而孟子則是肯定仁義禮智是性本具足，透過擴充涵養始可體現。很顯然地，戴震孟學所導向「道問學」認知義上的仁義禮智與孟子德性之本義是有所不同的理解。

即如是之理解，戴震一再強調「以學養智」去蔽顯德，由早年《原善》提出「問學所得，德性日充」[261]隨後晚年義理《緒言》以至《孟子字義疏證》成書，皆始終肯定積學足以致聖，「道問學」學以進智的重要性溢於言表：

孟子言性善，非無等差之善，不以性為「足於己」也，主擴而充之，非「復其初」也。人之形體，與人之心性比而論之：形體始乎幼小，終於長大，方其幼小，非自有生之始即嬰疾病小之也。今論心性而曰「其初盡人而聖人，自有生之始即不污壞者鮮」，豈其然

257 《孟子字義疏證》卷中〈性〉，《戴震全書》（六），頁188。

258 《孟子字義疏證》卷下〈權〉，《戴震全書》（六），頁215。

259 《孟子注疏解經卷》第十一上〈告子章句上〉，《十三經注疏》，頁195。

260 《孟子注疏解經卷》第十一下〈告子章句上〉，《十三經注疏》，頁200。

261 《原善》卷下，《戴震全書》（六），頁26。

哉！形體之長大，資於飲食之養，乃長日加益，非「復其初」；心性之資於問學，進而賢人聖人，非「復其初」明矣。形體無虧闕，故可以長大，而夭傷者，失其可長大者也；赤子之心，皆有仁義禮智之端，可以擴充，而不充之者，失其能充之心者也。

人物分於陰陽五行以成性，而人異於物者，其性開通，無不可以牖其昧而進於明，較其材質，等差凡幾。[262]

試以人之形體與人之德性比而論之，形體始乎幼小，終乎長大；德性始乎蒙昧，終乎聖智。其形體之長大也，資於飲食之養，乃長日加益，非「復其初」；德性資於學問，進而聖智，非「復其初」明矣。[263]

惟學可以增益其不足而進於智，益之不已，至乎其極，如日月有明，容光必照，則聖人矣。[264]

戴震從學以進智的理路來看，德性資於學問進而聖智非「復其初」。推溯「復其初」一語初見於《莊子・繕性》：「繕性於俗，學以求復其初；滑欲於俗，思以求致其明；謂之蔽蒙之民。」[265]朱熹《論語集注・學而》釋曰：「學之為言效也。人性皆善，而覺有先後。後覺者必效先覺之所為，乃可以明善而復其初也。」[266]又《大學章句》云：「明德者，人之所得乎天而虛靈不昧，以具眾理而應萬事者也。但為氣稟所拘，人欲所蔽，則有時而昏，然其本體之明，則有未嘗息者，故學者當因其所發而遂明之，以復其初也。」[267]藉由朱熹所釋可知「復其初」乃是人先驗最初之善性。戴震顯然不認同此解，提出人之異於物乃因性不牖昧而能進於明，

[262] 《孟子私淑錄》卷中，《戴震全書》（六），頁70-71。

[263] 《孟子字義疏證》卷上〈理〉，《戴震全書》（六），頁167。

[264] 《緒言》卷中，《戴震全書》（六），頁120。

[265] 黃錦鋐：《莊子讀本》（台北：三民書局，1997年），頁194。

[266] 同註81，〈學而第一〉，《論語集注》卷一，頁55。

[267] 同註81，《大學章句》，頁4。

性不昧進明乃因心知之覺，故沒有所謂先驗的善性，即如同形體無虧闕資於飲食之養，德性資於學問增益心知明達四端。所以血氣資飲食幼小終乎長大，既以長大自然與幼小相異故非「復其初」，相對地亦如德性始乎蒙昧，資於學問後終乎聖智亦非「復其初」。因此，戴震強調透過「重問學」、「貴擴充」師法古賢聖之智，不僅彌補智之欠闕亦可改造材質愚昧，惟學進能聖智如同日月有明，容光之亮以達聖人神明。然人之所以為人，私與蔽性生而自有，如何始由蒙昧進而聖智去蔽而顯德？戴震認為即在心知的擇善去蔽，自可達致四端之善，因此教人明覺心知「學以擴充」：

> 就孟子之書觀之，明理義之為性，舉仁義禮智以言性者，以為亦出於性之自然，人皆弗學而能，學以擴而充之耳。荀子之重學也，無於內而取於外；孟子之重學也，有於內而資於外。夫資於飲食，能為身之營衛血氣者，所資以者之氣，與其身本受之氣，原於天地非二也。故所資雖在外，能化為血氣益其內，未有內無本受之氣，與外相得而徒資焉者也。[268]

戴震認為人之才質雖有等差之別，然只須「有於內而資於外」擴充裨益吾德之長，自可達致四端之德。所以在此基礎上，據「弗學而能」區分「無於內」／「有於內」，用「學而擴充」說明「資於外」以進德，據此解釋孟子重學亦是存養擴充，有於內而資於外。然孟子言存養擴充乃是側重在德性層面，嚴格說來並不是「資於外」之學，而戴震所釋「資於外」乃是透過「道問學」進路，所以「資於外」是外來之增並非本心明覺所察視。由是可見，戴震言「資於外」與孟子「資於內」本心明覺又是「不同理解」。那麼孟子言「擴充」又當是如何：

> 惻隱之心，仁之端也；羞惡之心，義之端也；辭讓之心，禮之端也；是非之心，智之端也。人之有四端也，猶其有四體也。有四端

[268] 《孟子字義疏證》卷中〈性〉，《戴震全書》（六），頁188。

而自謂不能者，自賊者也。謂其君不能者，賊其君者也。凡有四端於我者，知皆擴而充之矣。若火之始然，泉之始達，苟能充之，足以保四海，苟不充之，不足以事父母。[269]

職是可見，孟子意在擴充四端存養擴充，四端朗現而不蔽於物，所以實踐工夫是「尊德性」與戴震「道問學」自是大相逕庭。[270]戴震看似「聞見之知」去蔽顯德的進路，別異於孟子。然這別異孟子所創造的「不同理解」乃因誤解？其實不然！戴震欲以打破「誤『理』」的攻訐所向，蘊藏在孟學的重構中，其特意循藉著「資於外」學養擴充來說明去蔽顯德的實踐，這別異孟子「尊德性」之所在，正是欲以顛覆宋明儒「理具於心」、官學貴卑宰制之「理」的表象結構，來說明民「欲」、「情」達遂的「理」才是合乎道德人倫之孟學精神。目的意義之所在，一做為力闢宋儒淆理的義理；二做為批判官學封建之宰制。因此，戴震特意導向民於庶物、察於人倫的實踐之知，標榜「欲」、「情」達遂的道德之「理」更是經驗世界合乎人倫的孟學意涵。所以，「去蔽」與「問學」便成為達智之途的必要條件，由此德資於學，養智去蔽自可達致吾心神明：

《論語》曰：「多聞闕疑，慎言其餘；多見闕殆，慎行其餘。」又曰：「多聞，擇其善者從之；多見而識之，知之次也。」又曰：「我非生而知之者，好古敏以求之者也。」是不廢學而識矣。然聞見不可不廣，而務在能明於心。一事豁然，使無餘蘊，更一事而亦如是，久之，心知之明，進而聖智，雖未學之事，豈足以窮其智哉！[271]

戴震為挺立「德資學養去蔽」的道德體證，進一步徵引《論語》「多聞」、「多見」來論證「聞見之知」的重要。很顯然，這強調「德性資於

[269] 《孟子注疏解經卷》第三下〈公孫丑章句上〉，《十三經注疏》，頁66。

[270] 雖戴震學以擴充之致知雖與孟子不同，但在進路上卻與荀子「化性起偽」資於外有相近之趣。然本書茲就預限之立場，故對戴震「道問學」理路究竟近孟子或荀子討論尚未能多加深入討論，茲有待日後另專文之研究與努力，在此只能作一暫時性之擱捨。

[271] 《孟子字義疏證》卷下〈權〉，《戴震全書》（六），頁213。

學問」所達至「德性之知」即是「聞見之知」的最後結果，在這個問題上可謂是對宋明理學傳統作了一次大顛倒。[272]換言之，戴震在孟子性善論的基礎上，「由智達德」學以臻德，創造了與孟子原意的「不同理解」，這突顯了一向以標榜「尊德性」的宋明理學，在戴震的孟學詮釋下導向「道問學」的實踐進路上，這一轉變論證了知識的實踐性優先於德性地位。於是乎，戴震孟學的修養工夫論，實是針對儒學傳統「尊德性／道問學」的命題而發，所以「德性始乎蒙昧」資於學問始能聖智，也是儒家智識主義發展至此成熟階段才出現的新觀點。[273]至此，戴震孟學架構系統巍然樹立，「道問學」以智達德的實踐，也著實帶動了清代儒者的治經考證，智識理路的導向不僅在經學，其他金石、典章、制度的考證亦也蓬勃發展，至乾嘉更是達臻高峰。[274]

戴震從孟學建構的義理出發，強調德性實踐的主張，無論是從「理存乎欲」的人性論、「以情絜情」的倫理觀或是「以學養智」去蔽顯德的工夫論，皆著意建立起一個屬於形下氣化、人倫經驗的新孟學。這孟學的提出彰顯了儒學「尊德性」／「道問學」的分判，突顯「逆覺體證」外另一個「實踐之知」的修養進路逐漸成形。雖然，戴震「實踐之知」進路與孟子「逆覺體證」工夫不同，即使志在返歸孔孟但諸多論點仍與孟子殊異，展現的義理模式也截然不同。

[272] 余英時：〈儒家智識主義的興起——從清初到戴東原〉，《論戴震與章學誠》（台北：東大圖書出版，1996年11月），頁28。

[273] 同前註，頁27。

[274] 「智識主義」亦可言為「理智主義」、「重智主義」，而此意謂於任何給與精神、觀念和理智（Intellect）以優先地位的哲學主張，這一情況可能合理或不合理地出現於不同領域中。此語詞之解釋見於布魯格編著、項退結編譯：《西洋哲學辭典》（台北：先知出版社，1976年），頁218。而目前學術界學者對「智識主義」也有進行討論，如：余英時、張麗珠二位前輩皆有進一步討論清代智識主義的興起。

1. 余英時認為清代思想之興起，是儒學智識主義發展的結果，並主張清學意義之所在即是「知識占有中心位置的問題」，標舉清代為智識主義興起的時代。請見：余英時：〈清代思想史的一個新解釋〉，《歷史與思想》（台北：聯經出版社，1977年），頁128、154。及同前註引書，〈儒家智識主義的興起——從清初到戴東原〉，《論戴震與章學誠》，頁20-35。
2. 張麗珠也認為清代自戴震的開闢榛莽，其後的清儒凌廷堪、焦循、阮元等，繼承戴震義理重智主義基礎上，進而發展清儒重智主義的道德觀。請見：張麗珠：〈焦循發揚重智主義道德觀的「能知故善」說〉《清代義理學新貌》（台北：里仁書局，1999年5月15日），頁200-234。

雖進路不同但仍立足在「道問學」上，以「尊德性」做為最終旨要，因此從戴震孟學分析來看亦獲得儒學義理發展之軌跡。這軌跡以尊德性／道問學；一成就道德主體／一成就知性主體；一為經／一為緯，在儒學義理發展史上共同重要。而戴震釋孟試圖將此「尊德性」與「道問學」收攝在孟學系統中，一方面強調「德資於學」來保證，另一方面「去蔽顯德」以理證，歸根究底「尊德性」／「道問學」在詮釋系統中是共融一致。亦由此同證，戴震不僅返歸孔孟為宗旨，更將德性主體與知性主體融匯貫通，由此「道問學」回歸「尊德性」，在孟學系統中得以全面性的安頓與貫通。

事實上，戴震這「實踐之知」進路著實在孟學詮釋中透顯出來，「實踐之知」統攝了道德理性的「德性之知」與知識理性的「聞見之知」，所以雙重涵意的辨析，統之於人倫道德踐履的「實踐之知」上。於是，「實踐之知」重新地揭示心知做為道德實踐的主體性，不僅保證人之為人的道德自主，同時也肯定了以情絜情的動力，推拓孟子道德實踐上，由心知的認知義自我實踐，推己及人以情絜情成就道德同然，此不僅「實踐之知」來架接陰陽五行道之實體，血氣心知性之實體，亦也由此接繫形上先驗世界與形下客觀經驗世界綰合為一。

戴震這別異於宋明儒「不同理解」的孟學關懷，循藉著「聞見之知」達致「德性之知」，以去蔽顯德「實踐之知」來綰合孟學系統中的「情」、「性」。這挺立了人的道德自覺，不必佐循「存理滅欲」的規範，亦不必遙契形上天理的體證，而是導向人倫日用、推己及人的「同然」實踐上，達情遂欲體認道德，義理的架構自然也著意走入形下經驗世界。所以，日用倫常的踐履「德性之知」也就成為了「實踐之知」的表現。於是乎，戴震這賴於心知所認知的客觀之理，「實踐之知」殊異於理學「即心求理」的蹈虛不實，以「實」闢「虛」便是扭轉程朱理學「理」命題上所發展的治經理路。

於是乎，戴震強調經驗價值取代理學的形上價值，重視人性自然的情欲，由復歸「天理」趨向「情理」闡揚，結合考據與義理展開孟學新義理觀，走過宋明理學的道德形上學階段，邁向清代新格局的義理學。戴震以徵實博證的考據為依據，佐訓詁證義理，在鮮明的道統立場上回歸儒家原典，將力闢理學的意涵建構在孟學詮釋活動，求觀聖人之道以接乎聖賢心志。所以，戴震不論從核心價值觀、治經方法到孟學義理重構，都迥異於宋明理學。這不僅說明了戴震實踐自述孟學的職志，在返歸孔孟的立場下，解構「存理去欲」僵化的官學，察照人倫社會「以理殺人」價值失序的問題，於是乎重建道德之理，關懷形下經驗世界的理欲便成為孟學詮釋之核心。

戴震孟學的重構站在與舊傳統拉鋸的局面，義理所彰顯情性新論，毋寧是比「存理去欲」更貼近人倫經驗世界的體證。因此可說，戴震孟學的義理轉型，正是以一種儒學內在理路自然演變之姿，反映了當時社會價值的現象，表現的不僅是思潮的演進、典範的轉移，也說明了歷史的更迭從舊傳統中跨進儒學現代化思維的過渡，義理的新構亦也接軌了十九世紀思想現代化。故可說，戴震孟學對於人性自覺啟蒙，可謂為現代思想的義理先聲。戴震呼籲「理乎於欲」、「達情遂欲」的主張，更是揭櫫了十七、十八世紀時代課題下的當代思潮，所以孟學系統無論在人性論、倫理觀、工夫論的詮釋上都力圖直搗「理學」黃龍，撼動舊傳統的理學核心。戴震這別異於孟學原意的「不同理解」，彰顯清代歷史視域下孟學特色，獨樹一幟的「不同理解」皆為了與宋明理學分庭抗禮，也證實戴震心目中，捍衛儒學正統地位，殫精竭慮始終是孟學重構下自覺所達致的詮釋任務。

第五章　朱熹、戴震釋孟歷史地位之評騭

當代西方詮釋學所指是一切與詮釋（Interpretation）活動相關理論，所包括意義範圍極廣，結合新舊學說複雜詮釋歷史難以細繹，遠超出本書研究所能置喙。而本書研究所要強調，詮釋學定位中意義問題即是探討焦點，它涉及「文本」意義是否可求、「理解」怎以實現、「解釋」是否忠實文本意義。詮釋是作者「原意理解」？亦「更好理解」？或揭櫫「不同理解」？這些提問所勾勒彰顯出詮釋學的三角結構：「作者」、「文本」、「理解者」之間的關係，所以詮釋學爭議點在此取裁衡量。因而，爭議分歧衍繹所向皆是環繞「理解」課題，這涉及作為註經的「理解者」對經典「文本」意義的掌握，關鍵即在展開「作者」、「文本」與「理解者」各自定位間的關係釐清。因此，詮釋學爭論是建立「更好理解」、「不同理解」或逼近作者「原意理解」，遂此各自側重代表不同的態度立場。這突顯了文本「理解」提供一種可能，然對於中國悠久的經典傳統來說，經典載以聖賢之道，具有「原意」是做為一個自明性的前提而存在，這「原意」無以覆載寄託聖賢作者的「志」，是以治經、註經、讀經做為理解者「以意逆志」聞道的實踐進路。

唐宋思潮變動之際，宋儒選擇創立理學回應佛老挑戰，儒學義理由是進入了心性思辨五百年的發展歷程，完成了道德形上思辨的體證；值至清儒，面對夷夏之辨文化正統的衝擊，主張回歸原典的權威，返歸孔孟之道，將道德的踐履回到形下經驗場域中通向人我生活世界。在這遞嬗的脈絡背景下，朱熹、戴震各自透過文字的經註活動建構起孟學詮釋，朱熹集註《四書》大成，承續儒家文化道統，以理學詮釋孟學，融合時代視域導入向內體證完成歷史任務；而戴震經註亦志承道統，疏證孟學挺立道德踐履的主體性，義理發展走向情欲通達的人倫實踐上，另闢蹊徑開顯孟學新情性意涵。各章討論至此，足以肯定二家孟學詮釋卓然有成，各領一代風騷，本章觀點承前上述討論，統攝全文研究成果，基於所有理解予以客觀

評騭朱熹、戴震釋孟之歷史地位。鑑此提問，茲分二節以論述：首節，即就朱熹、戴震孟學之異同做比較，衡定詮釋應有之評騭；次節，從西方詮釋學的觀點展開反思，探究二家「返歸孟子」接續儒學「道統」傳承與孟子作者原意貼切與否？孟學詮釋究竟是「原意理解」？亦「更好理解」？或「不同理解」？此意義目的之所在，一方面透過中西觀點的會通，釐定二家孟學之歷史意義，也盼能藉此目的提供宋至清代孟學系譜發展的思考向度。

第一節　朱熹、戴震孟子學之異同

經由茲上各章之分析，已然說明朱熹、戴震孟學詮釋系統，循藉著思潮典範的轉移，衍生所成二家系統之差異，從上述各章討論，既已具體地呈顯二家詮釋系統的重要概念、義理層次、理論架構，經由義理的解析後也獲得何以造成孟學詮釋發展的歷史還原。因此，本節以孟子「原意理解」做為基礎，綜述朱熹、戴震孟學思想之異同，說明二家詮釋意識經由各自立足時代關懷不同點所致，因而產生詮釋路數之不同，導致立論與詮釋結果之歧異，提出比較說明。

孟子心性論標榜人性本善，基於對人性「性善」價值的預設，說明人性實質內涵的道德面相，彰顯道德實踐以完成人之所以為人的意義。孟子論人性由先驗性善出發，強調人本有四端之善，故有仁義禮智之所生：

公都子曰：「告子曰：『性無善無不善也。』或曰：『性可以為善，可以為不善。』是故文武興則民好善；幽厲興則民好暴。』或曰：『有性善，有性不善。是故以堯為君而有象，以瞽瞍為父而有舜，以紂為兄之子，且以為君，而有微子啟，王子比干。』今曰性善，然則彼皆非歟？」孟子曰：「乃若其情，則以為善矣；乃所謂善也。若夫為不善，非才之罪也。惻隱之心，人皆有之。羞惡之心，人皆有之。恭敬之心，人皆有之。是非之心，人皆有之。惻隱之心，仁也。羞惡之心，義也。恭敬之心，禮也。是非之心，智也。仁義禮智，非由外鑠我也，我固有之也，弗思耳矣。故曰，求則得之，舍則失之。[1]

顯然易見，公都子的提問正說明了當世人性論眾說而紛紜，由告子「生之謂性」觀點，造成孟子、告子對人性的論辯，此論辯正點明「性」如何區別人禽之辯的爭議。然而孟子的回覆並不就正面反駁公都子論性，而是從惻隱、羞惡、恭敬之心的流露說明「性善」的本然存在，因此「仁義禮智，非由外鑠我也，我固有之也」推證四端即能當下體現本有性善。善本自有，是人之實情，是人普遍而必然內在本有之性，反求諸己「求則得之，舍則失之」性善自能呈現人之性。鑑此，孟子性善乃從本體上肯定先天本善的道德性，故人有為善的能力，是內在普遍地必然之有，是定然的固有，而非外鑠。「性乃是潛隱自存的本體，它必須通過心的覺用活動而呈現。所以，性不可見，由心而見。而孟子亦正是即心而言性，以心善言性善。」[2]孟子言性善直就道德本心上論，說明乍見孺子將入於井，在「乍見」[3]那一剎間，四端本心當下呈現，因此性善便是「即心言性」之善：

[1] 《孟子注疏解經卷》第十一上〈告子章句上〉，《十三經注疏》（台北：藝文印書館，1997年），頁194-195。

[2] 蔡仁厚：《孔孟荀哲學》（台北：學生書局，1984年12月），頁199。

[3] 徐復觀先生認為此之「乍見」二字，乃是「說明在此情況下，心未受到生理欲望的裹脅而當體呈露，此乃心自身直接之呈露。」而蔡仁厚先生則認為「『乍見』二字，乃表示此時之『心』，是在沒有受到『欲望裹脅』的情形之下而當體呈露的。是真心的直接呈現，是真心的自然流露。」筆者認同二位前輩先生之看法，並且認為這「乍見」二字，正是本心當下「本能」、「自然」、「自發」所呈現出來心靈竦動、悲憫、不忍的反應，並且是純淨不雜本然之表現。請參見徐復觀：《中國人性論史（先秦篇）》（台北：商務印書館，1984年4月），頁172。以及蔡仁厚先生

> 孟子曰：「人皆有不忍人之心。先王有不忍人之心，斯有不忍人之政矣。以不忍人之心，行不忍人之政，治天下可運之掌上。所以謂人皆有不忍人之心者：今人乍見孺子將入於井，皆有怵惕惻隱之心；非所以內交於孺子之父母也，非所以要譽於鄉黨朋友也，非惡其聲而然也。由是觀之：無惻隱之心，非人也；無羞惡之心，非人也；無辭讓之心，非人也；無是非之心，非人也。惻隱之心，仁之端也；羞惡之心，義之端也；辭讓之心，禮之端也；是非之心，智之端也。人之有是四端也，猶其有四體也。有是四端而自謂不能者，自賊者也。謂其君不能者，賊其君者也。凡有四端於我者，知皆擴而充之矣；若火之始然，泉之始達。苟能充之，足以保四海；苟不充之，不足以事父母。[4]

孟子指出人皆有不忍人之心，乍見孺子將入於井，怵惕惻隱之心油然而生，但為何會有怵惕惻隱之心？袁保新先生認為：「依據孟子對『孺子將入於井』的提示語『乍見』，首先可以確定『怵惕惻隱之心』的呈露，全然是在沒有任何準備、預期心理下自然而然的發生的。猶有進者，『非所以內交於孺子之父母也，非所以要譽鄉黨朋友也，非惡其聲而然也』，也明確的排除了『怵惕惻隱之心』可能來自於任何利害的考慮或對外在世界的欲求。於是，唯一合理的解釋就是，在我們本心真性中先天的具有『仁』這麼的理則。」[5]本心真性中真有先天「仁」之理則，那麼救孺子之舉就是「仁」理則的自然展現，於是四端接之我心，擴而充之，猶同火之始然，泉之始達，足可保四海，事以父母。因此孟子之性應如牟宗三先生所言：「孟子所說之『性』就是人之每一個體自己之主體，道德實踐之主體。」[6]、「孟子所言之性乃是本心即理、即活動即存有之實體，非只是只存有而不活動之只是理也。」[7]人之本心真性隨時具有實踐道德價值的動力，當下即可成就仁之理則，從道德理性中

之見同前註引書，頁199。

4 《孟子注疏解經卷》第三下〈公孫丑章句上〉，《十三經注疏》，頁65-66。

5 袁師保新：《孟子三辨之學的歷史省察與現代詮釋》（台北：文津出版社，1992年2月），頁55-56。

6 牟宗三：《道德的理想主義》（台北：學生書局，1992年9月），頁125。

7 牟宗三：《心體與性體》（三）（台北：正中書局，1995年12月），頁417。

完臻善之價值。

簡言之，孟子認為擴充這四端之心，惻隱、羞惡、恭敬、是非皆是心的本質更是心的流露，亦落實在人性仁義禮智的實踐上，因此孟子言：

> 由是觀之，無惻隱之心，非人也；無羞惡之心，非人也；無辭讓之心，非人也；無是非之心，非人也。惻隱之心，仁之端也；羞惡之心，義之端也；辭讓之心，禮之端也；是非之心，智之端也。人之有是四端也，猶其有四體也。[8]

顯然易見，這惻隱之心的流露正是本心道德的呈現，故當下顯發四端，亦同達仁義禮智之道德，所以孟子言心即是以心善言性善。如是人人具本性之善，當內在四端發用，即可本心一體呈現，創生仁義禮智之道德，故是「道德心」。亦即道德心的當下呈現，是出於本然無所計慮，是純粹無私的自然流露，更是康德所言「善的意志」的展現：

> 善的善志之為善，並不是因為它所作成的或所致生的而為善，亦不是由於它的適宜於達成某種擬議的目的而為善，而乃單是因著決意之故而為善，那就是說，它是其自身即是善的。……理性底真正使命亦須去產生一意志，此意志之為善不只是當作達至某種別的東西的手段而為善，而且其本身就是善……依此，我們是要把意志之概念發展成這樣一種意志，即它是單為其自己（或單在其自己）即值得高度地被尊崇，而且其為善並不因顧及任何別的東西而為善。[9]

即是康德認為「善的意志」之所以為善，並不在於意志發動所達致的任何功效，或是利益上的考量，而是出於自發純粹意志的本身之善。因此孟子言「道德心」乍見孺子將入於井，怵惕惻隱油然自發，正是意志純淨不

---

8 《孟子注疏解經卷》第三下〈公孫丑章句上〉，《十三經注疏》，頁65-66。

9 牟宗三：《康德的道德哲學》（台北：學生書局，1982年），頁16-20。此書乃是牟先生中譯康德：《道德底形上學之基本原則》（Groundwork of the Metaphysics of Moral）。

雜之善；更是不含私慮當下應機抉發的本心之善，故道德心自發正是純粹「善的意志」，因此四端之心流露無私，亦也應合康德「善的意志」的意涵。孟子「心」是道德心，道德心是內在道德之本心亦非認知義之心。那麼道德心如何與心之官之「思」結合？

> 公都子問曰：鈞是人也，或為大人，或為小人，何也？」孟子曰：「從其大體為大人，從其小體為小人。」曰：「鈞是人也，或從其大體，或從其小體，何也？」曰：「耳目之官不思，而蔽於物。物交物，則引之而已矣。心之官則思，思則得之，不思則不得也。此天之所與我者。先立乎其大者，則其小者不能奪也。此為大人而已矣。[10]

孟子分就「心之官」與「耳目之官」說明「大體」與「小體」機能，「大體」是人之本心，而「小體」則是耳目感官，由是區分本心「大體」是做為行為之主宰，是道德實踐之依據，反之「小體」是耳目欲望，若從小體而蔽物，那麼則可能淪為小人。然如何從「大體」以去「小體」？孟子教人「先立乎其大者，則其小者不能奪也」由先立「大體」去除「小體」羈絆，如是立志存心養性，盡性分之所當盡，不為耳目之欲、聲色之娛所陷溺。顯然易見，「心之官則思，思則得之，不思則不得也。」此論題之關鍵，即在於心之官「思」，因此「心之官」／「耳目之官」差異就在於「思」的作用不同所致。此意如牟宗三先生所言：「心官與耳目之官相對而言，『思』是其本質的作用，故通過此『思』字，它可以與耳目之官區以別。『思』能使你超拔乎耳目之官之拘蔽之外，它是能開擴廣大你的生命者。故若你能思，則你便得到你的心官（你的仁義之本心）而實有之，即你的心官（仁義之本心）便可存在在這裏而不放失。」[11]孟子直就內在仁義禮智以論「性」，由此區分「大體／小體」；「心之官／耳目之官」，由彰顯道德理性為人之所獨屬，亦根據此分辨人禽之性的不同。誠同袁保新先生所言：

---

10 《孟子注疏解經卷》第十一下〈告子章句上〉，《十三經注疏》，頁204。

11 牟宗三：《圓善論》（台北：學生書局，1985年7月），頁51。

> 孟子是扣緊人具體的生活來區別人與禽獸的不同，因此他的人性概念指的是那貫穿於人的價值實踐生活中的動力或本源，亦即人之所以為人的「實現之理」。借當代西方哲學家海德格（M. Heidegger）的區分，孟子的人性概念，不是中世紀哲學中與「存在」（existentia）相對而言的「本質」（essentia），而是指那決定人生全幅意義與內涵，且任何情形都關乎到每一自我實現的「實存」概念（existence）。如果利用孟子自己的語言來表達，它指的就是「由仁義行，非行仁義」的道德心靈。[12]

> 孟子「即心以言性」的理路雖然早為前輩學者所詳論，但是在基本存有論的觀點來看，如果「性」指著人之所以為人的「存有」，那麼，孟子的以「心」說「性」，就不是指人所具有的一種超過、多過一般動物的機能（faculty）——「心」，而是指唯有人能夠「明於庶物，察於人倫」的存活在世界之中。換言之，「心」在這裡是指一種存活的能力（ability-to-be），旨在凸顯天地萬物只有人具有領會、詮釋自我的可能性。這裡，我們與其將之理解為西方傳統哲學中的「本質」（essentia），毋寧將之看為一個類似海德格哲學中所謂「存在」（existence）的概念。[13]

孟子言人性概念「由仁義行，非行仁義」的道德心靈，貫穿在人價值實踐生活中的動力與本源，是「實存概念」自我實現，亦是那發不容已人生全幅意義的道德內涵。而孟子「即心言性」之性善，說明「性」是人之所以為人的存有，「心」不僅是人異於動物的存活能力，也是「明於庶物，察於人倫」開顯存在界秩序意義的能力，更是對天地萬物之意義世界進行領會、詮釋自我的可能性。

那麼，依孟子「原意理解」，「即心言性」論人之性善，此心性皆是內在道德之主體，性由道德心以呈顯，從客觀說是「性」；從主觀說是

[12] 袁師保新：《孟子三辨之學的歷史省察與現代詮釋》（台北：文津出版社，1992年2月），頁47。

[13] 袁師保新：〈盡心與立命——從海德格基本存有論重塑孟子心性論的一項嘗試〉，《孟子學國際研討會》（台北：中央研究院中國文哲研究所籌備處，1994年5月20-21日），頁28。

「心」，二者主客觀合一，道德心與善性亦為一，此之立場為孟子論性善之原意。而相較之下，朱熹註孟雖亦也主張性善，其論述孟子心性論，將宋代的時代語彙「理學」帶入《孟子》經典「視域融合」，「以理釋性」成為回歸天理以呈顯道德的根據。基於此立場，以「理」做為人性的內涵，銜接人性／天理；人道／天道，亦以此表達人性價值的實現，因此原在孟子「原意理解」系統中，性善價值意義與道德實現的根源，在朱熹孟學系統中轉成形上之理的型態。朱熹以「性即理」闡明孟子性善，在人之為道德實踐主體概念架構下論述「心」、「性」、「情」關係，提出「心統性情」說。即如此詮解下，朱熹詮釋心性論將孟子心性合一的道德主體劃分為三，詮解「情」為已發之端緒；「性」為未發之道理；「情」乃形下之氣，而「性」乃成形上之理，如是「心統性情」收攝「性」、「情」安頓關係。

孟子「原意理解」的義理系統下性與情是不二分，性是道德創生實體，心性情本是一事，因此在孟子原創的思想中，並無「性」／「情」異層分別，乃若其情皆可成善。但朱熹釋孟的詮釋顯然不同於孟子原意，安置「性」、「情」交予「心」來裁制衡量，心統性情，此心便從孟子道德本心轉而成認知明覺之心。「心」的實際功能以獲致外在「理」的詮釋，以認知的理路詮釋心的能力，「心統性情」認知地關連統攝「性」、「情」而合「理」發用，這差異之所在，乃源自朱熹的理論預設了人能體證「天理」為最高境界，將「心」做為回歸天理的動力，強調發用原理必然各自存在形上／形下之中。因此，孟子所言心性不二分的立場，自然在朱熹理論預設下必然無法保持原意，而詮釋「性即理」扣合「心統性情」，上接「理氣二分」以體證道德。基於此立場，朱熹認為性是至善純一，性所發之情乃是形下之「氣」，性以情為所據，性是理而情是氣，性／情猶如然／所以然之兩層。所以，孟子「原意理解」面對經驗世界以挺立性善，是以「即心言性」當下指點如孺子入井之事例，說明四端良知之心以論證性善。而當朱熹面對這問題的詮釋，基於理論已預設道德發源為形上之「理」，因此發用動作則交予形下界域之「氣」，井然區分理氣二層，分別四端之心的作用綰合在形上／形下之「理氣二分」，如是仁義禮智為形上之「理」；惻隱、羞惡、辭讓、是非發顯為形下「氣」之「情」的表現。這麼一來，「心」已無「性」，在朱熹孟學系統中成為一個氣性的存在，統攝形上之理本身不是理，因此孟子「原意理解」做為純然道德本心，便成為朱熹詮釋「心統性情」具備血氣意義之存在，從孟子道德本心「原意理解」轉成朱熹孟學「不同理解」的認知明覺之心。

換言之，孟子系統強調心就是理，而朱熹只釋心存理，雖同於掌握心為性善的立場不變，然朱熹定位心的意義使孟子「原意理解」分論「大體／小體」；「心之官／耳目之官」；「理／欲」的問題安置於「心」來處理，以「道心」裁制道德發用；以「人心」主宰血氣生命的作用，這與孟子「原意理解」迥然開出「不同理解」的解釋。因此，朱熹即在此認知下，「以理釋性」架構下安頓理氣問題，以「性即理」兼理／氣二面以論性，論證「天命之性」與「氣質之性」各有所指又相互依存，綰合回歸於道德發用最高根據之——「理」。如是，在朱熹孟學的架構中，以形上之「理」做為萬物存在原理之根據，此「理」靜態「存有不活動」超越萬物而為一，依附著形下之「氣」以生發，形氣絪緼交感而創生萬物。

首先，就孟子作者「原意理解」對比朱熹孟學：朱熹闡發孟子性善創造人性論「性即理」，透過「天命之性／氣質之性」論述人與物的差異性，建立必然為善的形上學，別具匠心首先提出形上價值的孟學意涵，「以理釋性」架構起性情形上學的宇宙論解析。事實上，朱熹心性論環繞著孟子學說闡述己意，將孟子性善轉化安置在「性即理」的架構系統上，推舉「心」做為虛明洞徹的主宰，用「心」貫通「性」、「情」動靜。如是，「性」成為形上之理存有不活動，「情」兒影知形為性之所發，性／情關係在「性即理」的安置下，以心為樞紐，貫通情／性；已發／未發，主乎性而行乎於情，「心統性情」扣緊「性即理」調適上遂而所發。由是顯見，孟子「心即理」道德主體論述，在朱熹「性即理」詮釋下三分心／性／情，性做為形上靜態「存有不活動」之理，道德實踐工夫便落到心上所發用，由「道心」裁制「人心」，以「理」制「欲」，詮解心性關係架構「心統性情」說。

朱熹心性論在「心統性情」的統攝下，透過「即情見性」的推論，展示了孟學四端之情的意涵——「由情善知性善」，扣合「性即理」的心性論。「性即理」即就性的概念存有意義開展，奠基在理氣架構上的「理」來說，所以推論「心有善惡，性無不善」。最後，以「道心」主宰

「人心」做為裁量性／情；理／欲的依據，道德本心回歸天理，心理合一才是朱熹孟學最終的關懷。因此，對峙「存理去欲」欲失之惡，自然就導向「求其放心」的修養工夫上以求變化氣質來達致，如是《大學》「格物致知」工夫論就成為上接心性論的實踐途徑。由是清楚察知，朱熹將孟子先驗的「道德心」，轉為對客觀世界進行格物的「實然心」，強調是知覺物之理，又同時體認在心之理而使性理成為本心的自身道德。如此，以理學所建構的心性論，依其《大學》格物致知的實踐工夫，即本體即工夫落實「格物——致知——誠意——正心」界定格致八目，以此思維解讀《孟子》經典脈絡。

於是孟子心本體的實踐工夫，便成為朱熹進一步強調的實踐進路，闡發孟子「學問之道無他，求其放心而已。」為學致知工夫即在「心」本體做工夫，再就孟子「求放心」進行詮釋，依著《大學》理路進行孟學詮釋。然而，朱熹所認知「求放心」與孟子原意不同，孟子舉四端之心明仁義內在善性，於天理發見處指點人「求放心」，反求本心以自覺，此「求」即是對己心的思索反省，心作為道德主體發用，惻隱、羞惡、辭讓、是非道德判斷喚醒本心良知。但顯然地，朱熹孟學的詮釋系統不同，心的明覺必須透過外在「格物致知」即窮理至盡處，心的明覺作用窮知客觀之理，才能安頓證知心之理。對朱熹孟學詮釋系統而言，安置孟子「求放心」與《大學》格物工夫相互呼應，實踐上扣緊「性即理」的心性論。所以孟子「盡心知性知天」在朱熹詮解下以知性為先，相應《大學》「格物致知窮理」先於「誠意正心」的思路來理解，所以「盡心知性知天」的理序，知性在先，盡心為後，知性即知天，這即是就格致意誠心正的進路來解讀孟學。「盡心只是誠意」在實踐中落實，此意實然與孟子原意相同，然朱熹強調「工夫在知性上」，致知窮理實踐在前，盡心只是誠意義，工夫次第先後呈顯出與孟子的差異。在此理解下，朱熹論「盡心知性知天」與「存心養性事天」的脈絡關係自此界定不同，更確定與孟子原意的「不同理解」。

所以，朱熹依循《大學》思路解說孟學，「盡心知性知天」成為格物致知的工夫；「存心養性事天」成為誠意正心力行的工夫。很顯然地，朱熹以《大學》主軸扣合《孟子》詮釋，因而轉出「盡心知性知天」以「知」為主；「存心養性事天」以「行」為主，開顯出知性思辨進路的孟學意涵。足以見，朱熹孟學心性情的建構，應合《四書》詮釋系統中《大學》格致功夫的實踐，這正是理學脈絡中朱熹與其他註孟者不同的特殊性。從《大學》詮釋系統創造解讀孟學，強調下學上達「格物致知」的重要，標舉朱熹孟學的實踐途徑與孟子原意的「不同理解」。整體而言，朱熹「性即理」做為心性論架構根源，將儒家心性論提升至宇宙本體相結合，以「心統性情」統攝「存天理去人欲」，置心的全體工夫於一心的實踐存養，以「格物窮理」致吾心全體大用莫不明境，綰合形上／形下二層世界回歸道德本心，「知性」達「盡心」上接「知天」。雖然，朱熹孟學以追求孟子「原意理解」為目標，顯然就其詮釋結果所見，依其選取義理脈絡不同，而所創造出「不同理解」的孟學意涵。

所以，依朱熹「性即理」、「心統性情」、「理氣二分」之義理架構，遂決定「格物窮理」的工夫格局。理做為「存有不活動」靜態的實有，所以道德實踐便由性體轉移至心體「存理去欲」的涵養察識，以涵養居敬工夫彰顯心知靈明，使已發之「情」能合「理」中節，即物窮「理」以變化氣質。因此，順著朱熹「格物窮理」工夫以開出孟學知識思辨領域，雖仍以道德為其主要關懷，然其致知格物之進路亦以成就認知知識。職是此分析下，孟子「原意理解」體證經驗世界中的德性完成，到了朱熹註孟的理解脈絡下，回歸形上「天理」做為義理系統之終極目的，雖同於關懷人性中德性的彰顯，然因朱熹義理關懷點所異，以「理學」治孟轉化出通經明理的知識思辨孟學。朱熹這不同孟子的「原意理解」而展開「不同理解」，顯然是扣合己意的哲學建構，理學語境開啟孟子性善以成「性即理」，透過「天命之性／氣質之性」建立在必然為善的形上原理保證，「以理釋性」融合《孟子》經典創造孟學史上的形上學意涵，此當為朱熹孟學厥功甚偉之開創意義。

孟子「即心言性」論人性道德的價值根源，預設了人因本心為善，故性善，強調心是道德價值發用之根據。其後，孟子心性論所延伸的詮釋，到了戴震釋孟的詮解下更是開啟「不同理解」的孟學意涵。戴震表述了對人的價值意義關懷，其釋孟的詮釋理路，迥然不同於朱熹以回歸形上天理為終極，而是扭轉了性善的道德實踐面，轉向形下生活客觀經驗上，由經驗世界的場域中踐履，正視起血氣心知的「氣化言性」，此之詮解除了不同於孟子「原意理解」打破孟子不在血氣生命上論性的格局，也與朱熹「以理釋性」形上孟學的進路不同。戴震論性強調形下經驗價值的踐履，將血氣生命的形成闡釋為「氣化言性」生成意義，將人心與道德的詮解，同置於「氣化言性」的大前提下，「心」以認知客觀理義，「理義於事」、「理存乎欲」迥然不同朱熹論心「存理去欲」的超越義。

其次，就孟子作者「原意理解」對比戴震孟學：戴震孟學扭轉了宋明理學對「性」、「道」關係，不從義理的「天命之性」必然之理出發，而落實經驗世界中的形氣「氣稟之性」上論，從形下現象界「血氣心知」說明性的根源。戴震詮釋策略在於推翻理學本體論「形而上者謂之道」，轉而肯定人欲的前提上成為新釋論性的另一個新議題。因此，戴震論性的基礎，從根本上破除理學「形上之理；形下之氣」二分界限，解消了天理／人欲的對立課題，將「性」落在經驗界氣化論上立說，氣化言性說明「性」是血氣心知固有之屬性，也是天道陰陽五行之本質，推論「氣」——「性」——「物」的造生關係。毋庸諱言，戴震孟學建立在糾正宋儒「存理去欲」、「天命之性／氣質之性」的二分架構上，論證人性本然「欲」、「情」的合理論說，肯定「氣質之性」的自然實體，說明不須懸想一個「理」來湊泊附著以為「性」，這正是戴震別異宋儒論性的最大相異點。所以，詮釋孟子「性」歸源天地之化、協天地之德的氣稟之性，以「血氣心知」做依據，將道德自覺心「知」與感官耳目食色「欲」為同一層次，突顯了「性」做為血氣心知的核心，知限而不踰，無失為善為仁義禮智眾德之本源。

戴震如此的詮釋背景下，蘊涵著捍衛儒學「道統」的使命，由對宋儒誤釋提出廓清之任務，先以解構宋儒理論為奠基，再以疏證孟學做為重構之工作，重新定位「理／氣一本」；「人欲／天理一本」；「自然／必然一本」迥然別異宋儒二分論性的途徑，詮解藉於存有論與社會範疇間的一本意涵。這別異不同宋儒的論性，將人性論導向聖人之道理路定義人性，強調氣化言性，血氣心知悅其理義，理義回歸血氣心知，「歸於必然適完自然」扣緊了自然之「欲」與必然之「理」合一，「理欲合一」理歸於德止於善論證孟子性善，建立「情」、「欲」與「理」調和「理存乎欲」的倫理觀。雖然，戴震詮釋與孟子原意有所不同，然「不同理解」獨特處是批判統治者挾程朱理學，官學一言堂式「存理去欲」的「以理殺人」，遂使重構孟學表達反抗，在理論上動搖官學的桎梏，建構一個合乎人性「理存乎欲」民於庶物、察於人倫的社會呼籲。

雖然，戴震詮釋精神強調回歸孔孟六經，詮釋開展出孟學「不同理解」，這孟學詮釋立基對程朱理論上「去蔽」的解構，首先抨擊程朱理學別異孔孟正統。其次，痛斥「存理去欲」官衙統治「以理殺人」，鎖定政治層面「理」的範疇廓清，再延伸進入人性論「欲」的命題，抨擊所向直指假官學為尊意見殺人的統治者，解構朱學「存理去欲」以禍斯民的桎梏，將內在心性道德超拔至外在領域，重構孟學新釋的詮釋目的，正是借鑑「疏證」孟學，通經致用以表達憂國憂民的時代關懷。所以，透過歷史視域進入《孟子》經典脈絡的再認識，不僅揭示了《孟子》之「現在所是」意涵，進行孟學詮釋更是「不同理解」的創造，疏證孟學並非再現孟子「作者原意」，而是滲透《孟子》「視域融合」過程中，召喚經典至前為所關懷的時代課題下進行「寓作於述」的「不同理解」。

因此，戴震抉發《孟子》經典的人倫意涵，以「理存乎欲」做為倫理主張，其詮釋根本試圖建構「達情遂欲」的道德理想社會，此之呼籲猶同返歸孔孟之道，效法孔孟仁政說的進一步闡揚。所以，戴震孟學不僅開創「理存乎欲」、「以情絜情」、「達情遂欲」，也全力推翻長久側重「理本體」形上天理的追求，而彰顯另一層儒學義理系統上所忽略「情本體」的意涵。所以，闡揚人性論顛覆理學家「理氣二分」，不僅「氣化言性」即欲論性，更強調理是「情之不爽失」天下事物條分縷析的客觀經驗義。這與抨擊理學「以理殺人」的批判一致，將「理」落在形下氣化經驗世界的現象上來論，不僅展現了打破宋儒理說的強烈決心，更是說明詮釋精神的標誌，對峙當權統治者絕無調和的義理立場，從理學「存理去欲」到戴震「理存乎欲」，此脈絡亦是彰顯宋至清代義理演進上的重大轉向。

戴震治孟揚棄了理學玄虛思辨改以客觀考據，在道德建構上轉向形下人倫的生活領域去體認孟學，釋孟的進路迥然相異於宋明儒，佐循訓詁明義理，開啟以學養智「道問學」去蔽以顯德，扣合了「理存乎欲」人性論與「以情絜情」的道德理想，以「道問學」的「實踐之知」貫通義理架構系統之一致。相較孟子「原意理解」的道德實踐，孟子言心性存養擴充，「資於內」乃側重在德性層面，而戴震「道問學」乃是依循「資於外」進路，由是戴震「資於外」與孟子「資於內」本心明覺又是「不同理解」。然這別異於孟子的「不同理解」實然有因，因為戴震欲破宋儒「誤『理』」攻訐所向蘊藏在孟學重構中，特意循藉「資於外」學養擴充去蔽顯德，這差異於孟子「尊德性」之所提出實踐之知，正是為顛覆宋明儒冥心求理「理具於心」、官學責卑宰制之「理」的表象結構。所以，戴震詮釋目的之所在，一是做為力闢宋儒淆理的義理廓清；二是做為官學宰制的批判，孟學理解自然導向經驗世界中民於庶物、察於人倫的實踐之知，達成「欲」、「情」的普遍道德之「理」才是合乎人倫的孟學意涵。

所以，戴震孟學以自身問題意識「不同理解」情境出發，強調德性實踐無論「理存乎欲」血氣心知人性論、「以情絜情」倫理觀或「以學養智」去蔽顯德工夫論，皆是企圖建立起一個屬於形下氣化人倫經驗的新孟學。「實踐之知」統攝道德「德性之知」與知識「聞見之知」，發揚孟子道德精神的實踐，由心知認知義推己及人「以情絜情」成就道德之同然，不僅闡揚由人性論出發，強調「實踐之知」架接陰陽五行道之實體，血氣心知性之實體，亦由此接繫形上先驗世界／形下客觀的經驗世界綰合為一。如此，戴震孟學歷史意義，由復歸「天理」趨向「情理」闡揚，走過宋明理學「向內體證」的道德形上學階段，邁向清代義理學「向外實踐」，徵實博證求觀聖人之道，接乎聖賢心志。所以，不論從詮釋的核心、詮釋的策略和詮釋結果都迥異於朱熹孟學，返歸孔孟的立場下解構「存理去欲」的官學理論，察照人倫社會「以理殺人」的價值失序，正視起形下經驗世界的理欲關懷，便成為戴震孟學視域下「不同理解」之詮釋核心。

戴震預設了將人心發用性理的決定力，置在血氣生命稟賦上，由才性氣稟決定道德理義之呈現。因此，特別強調人在生活經驗世界「理存乎欲」、「以情絜情」的表現才是人性道德的實踐，透過「心」的能力獲致外在事物之理，如是心無失對客觀事物進行認知理解。「理義於事」將心之所思解釋成認知義，顯然所詮釋心的能力與孟子「原意理解」不同，其因乃在於戴震孟學的預設立場，對於道德價值所持的看法與孟子不同。孟子論性善道德，即就「資於內」良知四端之心言性善，道德法則為本心所立，是心的道德先驗能力，本心即道德，無須向外在事物之理尋求道德規範準則。相較之下，戴震孟學循藉道德法則建立在外在經驗世界「資於外」的「實踐之知」，將「實踐之知」成為道德進路，別異於孟子「原意理解」的另一路數。於是，戴震對於心的詮釋落在認知外在法則的理路上，「實踐之知」此同於朱熹孟學「格物窮理」皆是轉換孟子道德本心，詮解心具向外認知知解，故能獲「理」的體證。如是，戴震孟學便先由「資於外」而後「資於內」，論證四端之心的發顯，乃因外在經驗世界懷生畏死「以情絜情」，因而本心呈顯體證道德，便綜合情之理與道德理義而自然流露。

值得注意的，雖然朱熹、戴震論心的詮釋皆「同」落在外在認知法則的理路上，然必須仔細區分的是，朱熹預設了人能體證「天理」為最高境界，將「心」做為回歸天理的動力，雖也強調惻隱、羞惡、辭讓、是非為形下「氣」之「情」的表現，但仍置在形上／形下「理氣二分」的架構下分判，這與戴震孟學所預設道德發用源自於自然人性「情」、「欲」的挺立，二家詮釋是相「異」的。其次，戴震論性相較於朱熹孟學立場，皆「同」主張氣化言性的形上根源是天，然相異朱熹詮釋之所「異」處，是不建立在形上之理的回歸上來保障性善之價值，而是另闢蹊徑開顯另一種異趣的經驗價值孟學。所以，朱熹和戴震分別基於各自人性價值之預設，將孟子對於人性「原意理解」，因秉持各自孟學預設相異，因而開顯出「不同理解」之孟學意涵。

再者，就詮釋目的而言，朱熹、戴震皆試圖推拓道德在經驗世界中尋求普遍法則做為實踐的意義，此是毋庸置疑的。然就朱熹孟學詮釋來看，其義理系統所架構的道德法則仍是建立在經驗之「理」上，以追求形上之「理」為最終目標；而戴震則顯然不同，道德法則推溯在經驗世界中，建立在眾人普遍認知「以情絜情」、「達情遂欲」同然的判斷上。因此，孟子「原意理解」論道德法則所發展「盡心知性知天」，盡心則能知性，知性而後知天的理路，原是論證以道德本心的呈顯以完成作為天的意義規範。然孟子此之原意，因朱熹預設立場以《大學》詮解《孟子》，因而創造倒轉成先「知性」之理，方可後「盡心知天」的「不同理解」。而戴震詮釋重心，也因預設立場始終置在形下經驗世界中，所著意是人之自然之性做為「實踐之知」的道德踐履。因此，依其理義的規範建立在眾人「達情遂欲」的目標上，以遂「欲」、達「情」至「理」體證，「理存乎欲」導向血氣之性的層次上，以回歸人性自然生命的呼籲，應合道德之「理」。

總地來說，朱熹孟學以經學志業傳承儒學道統，高舉儒家旗幟回應時代佛、老思想的挑戰，以「理學」註孟，解經立場建立在永恆普遍的天道性命信念上，總結宋代理學思想以註孟，架構起以理釋性「性即理」、「心統性情」、「格物窮理」形上思辨的知識孟學。朱熹通經明理以「集註」體例疏通儒家哲學體系，兼采了漢學、宋學融舊鑄新以治經，完成《四書集註》大成，取代了隋唐傳統《五經》系統成為儒家經註的詮釋中心，《孟子集註》更確立了孟子在儒學的正統地位。隨後，各朝代歷經政統與治統合膺推舉，科舉功令附庸所致，士人莫不趨之若鶩，更開啟了元、明、清朱註官學的獨尊地位。相對來說，戴震孟學歷經了明至清思潮的轉變，由形上之「理」到形下之「氣」的核心演進，從宋學到漢學治經學風之嬗變，這註孟背景思潮的典範轉移，影響了戴震上接儒學道統的職志。戴震建立「始乎離詞，中乎辨言，終乎聞道」的解經立論，「故訓以明理義」力闢宋儒異說之弊，不僅批判了政治官衙化「以理殺人」時蔽，更是重新以「疏證」體例廓清儒學義理範疇成《孟子字義疏證》，彰顯屬於清代「理存乎欲」、「以情絜情」、「實踐之知」的經驗價值孟學。戴震孟學之意義，扭轉了數百年側重理學形上之理的追求，轉而向形下客觀經驗的道德進路，揭櫫了孟學隱而未彰的情性意涵，解放了數百年政教扭曲下的僵固理學，不僅「寓作於述」返歸孔孟聖人之道，更巍然樹立總結考據所成，創造孟學新體例典範，不愧蔚為清代皖派之大師。

誠然，朱熹、戴震孟學各領一代風騷，分占宋、清二代之思想巨擘，雖然二家孟學評價互見，但其開創之意義皆引得後代孟學詮釋者的注目，雖二家「同」皆主張孟子性善論，然因預設詮釋立場所「異」，故註孟詮解不同。二家相較之下，朱熹孟學所架構是形上思辨價值的孟學，探討的是形上學問題，說明人性必然可為善的形上理據，針對性善價值原理的討論提出了「性即理」、「心統性情」，而不是在形下生活世界實踐上探求。而相顯之下，戴震孟學所選取的進路則迥然不同，扣緊了孟學道統的詮釋意識，立基在對程朱理學的批判上，對峙程朱「理氣二分」、「存理去欲」，由義理的闡清工作上一改理學形上體證之進路，轉向形下經驗世界的實踐層面上論性善，定義人性「性善」、「理欲」的存在價值，抉發「理存乎欲」、「達情遂欲」的孟學實踐以綰合自然情性論，這對性善價值的概念使用，迥然不同於朱熹孟學對形上原理的探究。

二家孟學相較，朱熹主張「存理去欲」強調修身治己，建構思辨知識孟學；戴震主張「理存乎欲」強調達情遂欲，開顯經驗價值孟學，二家孟學關懷點不同，亦各有其無法取代的歷史性意義。雖然，朱熹、戴震因預設立場不同，詮釋孟子截然不同的孟學意涵，然二家孟學詮釋的終極目的，皆源於對人性生命關懷的表現。至此，孟學衍生了豐富創造，孟子「原意」呈顯德性為主的理想人格，到了朱熹孟學的詮釋下人的價值成為「以理釋性」、「存理去欲」、「格物窮理」，回歸形上之理以體證道德知性的表現；而戴震孟學的理解下，更將人的終極價值成為「氣化言性」、「理存乎欲」、「達情遂欲」以己情絜他情、推己及人同然道德的表現。職是至此，朱熹、戴震二家孟學之異同，「同」於儒學道統立場上接《孟子》，然「異」於義理預設立場、詮釋核心、關懷意識之不同，因此各自揭櫫孟學蘊涵的不同理趣。在此截然異趣下，戴震「理存乎欲」以情欲釋孟的走向，也代表了朱熹理欲之辨「存理去欲」舊傳統已式微，另一重「氣」、「欲」、「情」的人性價值抬頭，更說明了孟學詮釋歷史更迭的意義。

第二節　「原意的」還是「更好的」、「不同的」理解？——朱熹、戴震孟子學之評議

中國經解的歷史傳統參照西方詮釋學系統，透過中西對話的拓展交流，釐清解經傳統中「名實之辨」、「言意之辨」、「義理與考據之辨」的詮釋論題。中國經典悠久歷史，自先秦孔子「述而不作」編纂六經以來，歷代經解家踵武前修至清末，詮釋系譜始終附在經學的發展上，這代

有解人的經註傳統，承續著「述而不作」的一貫宗旨，於是闡發義理成為經註發展的主流。「經典註疏」與「哲學建構」相互為體，解經中創新思想，朱熹與戴震即是此典型的思想家代表之一。

朱熹、戴震分別以「集註」、「疏證」方式追隨孔孟，企慕聖賢經典以聞道，探尋孟子「作者原意」與《孟子》視域融合的可能，召喚經典中的言外意蘊。所以，環諸二家研究的文獻所見，皆不離藉助講學、問答、書信、辯難等方式，對「經典註疏」進行義理的「哲學建構」。這特點呈顯中國經典的註疏傳統，「述而不作」與「寓作於述」的解釋體系是相合，因此詮釋者總在「述」中之「作」而逼近作者原意，詮釋並非作者「原意理解」的完全再現，而是融鑄詮釋者自得義理創造「更好理解」或「不同理解」。因此，在中國經典註疏傳統上，思想家圍繞「經典」展開經註，作為自身「哲學建構」背後的權威依據，所以經學家也多是哲學家，這則是中國哲學不同西方哲學的重要特點，而朱熹、戴震「經學與哲學」綰合治孟，亦是依循此解經的方式開啟繼承儒學道統之大業。

就孟學詮釋史立場而言，朱熹與戴震的孟學詮釋使命，分別立足在不同的歷史時代氛圍，面對佛老思想挑戰、夷夏文化衝擊、異端之說混淆、聖人之道不傳的社會，感懷憂國從而進行文本的經註事業，力辨廓清「返歸孔孟」，這詮釋的開創性亦也成為一個歷史性的意義存在。因為，作為「詮釋者」的朱熹、戴震以歷史視域解讀《孟子》，自然探尋與《孟子》經典所寄寓的意蘊，借鑑經典「原意理解」出發，注入了自身「前理解」時代下更關注的期待視域。這期待視域始終環繞著當時的歷史氛圍、時代課題，依其不同的關懷解讀《孟子》經典，「述而不作」經解活動，「以意逆志」創造了朱熹、戴震「詮釋者」與孟子作者「原意」的視域融合。這說明了「詮釋者」以預取問題意識帶入詮釋立場，追問聖賢經典的當代意義，將聖賢之道詮解屬於己意的「言外之意」，同時這解釋也意謂著《孟子》等聖賢經典，始終以開放視域為立足點，召喚著歷代詮釋者以不同視野進入經典脈絡，聆聽「問題視域」展開經典意義的探索之旅。此意誠如哲學詮釋學「伽達默爾」所言：

> 任何時代都必須以自己的方式來理解歷史流傳下來的文本，因為這個文本是屬於整個傳統的，而每一時代則對整個傳統的內容具有興趣，並試圖在這傳統中理解自身。對於一位解釋者來說，一個文本的真實意義並不依賴於作者及其最初的讀者所體現的偶然性。[14]
>
> 對傳世之文本的理解（understanding）與對它的解釋（interpretation）之間有一種內在的本質聯繫。如果說這種解釋總是一種相對的、不完全的運動，那麼理解就在這解釋中得到一種相對的完成。[15]

從這個意義而言，文本是屬於整個傳統，對於文本真實意義的探索並不依賴作者及其最初讀者所體現的偶然性，更進一步地說，對於經典的「理解」就在歷代經解者的「解釋」中得到一種相對的完成。很顯然地，「伽達默爾」所主張哲學詮釋學立場，消解了作者在文本理解上特定的權威性，因此文本沒有唯一定見，當有不同理解的可能，其原因在於各種不同解釋往往皆有其文本相對的合理性。所以持此意來看，儒家經解註疏傳統，正是透過歷代經解的「解釋」對話始能被後人所理解，得以無限獲得嶄新「不同理解」以豐富經典意涵。所以，經典文本意義從「詮釋者」與「經典」的內在聯繫中抉發，因而「詮釋者」必然帶著「前理解」的「歷史視域」解讀經典。因此，經典語境亦在歷史照鑑的長河中作出回應當代意涵的揭示，這同時也意謂著做為「詮釋者」的朱熹、戴震或《孟子》經典，都置身於「歷史脈絡」中，相互融合滲透對話獲得自身意義的完成。

這說明了文本永遠是開放性的，既然文本的解釋沒有唯一的定見，鑑於此亦當不能僅視朱熹、戴震孟學詮釋純然是一種文本的傳意活動，而應正視朱熹《孟子集註》、戴震《孟子字義疏證》的意義實非是對孟子「原意理解」的再現，而是融注己意「寓作於述」的創造闡釋。這闡釋的活動，著眼從當代「歷史視域」出發，分別面對不同時代的挑戰下，如何回應轉化便是二家詮釋目的的著意之處，因此立基在文化命脈的傳承「道統」上，尊奉儒家聖賢經典，借鑑歷史「述而不作」而「寓作於述」，抉

---

[14] 伽達默爾著、洪漢鼎譯：《真理與方法》（第一卷）（台北：時報文化出版公司，1999年），頁296。

[15] 同前註，頁471。

發《孟子》創造「意以載道」的時代意蘊。所以朱熹《四書集註》闡發理學思想，創造了中國政統合膺六百多年的主導思想；戴震《孟子字義疏證》「求遂其欲而天下治」、「達情遂欲」聖人之治的呼籲，啟後孟學新義接軌邁向近現代，二家孟學皆清楚獲證中國經註傳統的詮釋特色，綰合經學為治的創造義理，透過治孟展現經世致用鴻志，始終不變是孟學詮釋的精神核心。

所以，從朱熹到戴震孟學發展的變革興衰來看，朱熹回應佛老挑戰，集註儒家《四書》繼承道統並發揚儒家文化；而後，戴震孟學詮釋可謂是對朱熹理學官衙化的一種反動。依循此脈絡的發展軌跡窺見二家延續的共通點，皆是扣緊儒家《孟子》經典，藉著文本的經註活動，挑戰「歷史視域」突破時代舊有格局。因此，朱熹、戴震治經「寓作於述」進入《孟子》經典而展開，「以意逆志」接契聖賢之心，重建孟子「原意理解」經典中所潛隱未發的蘊涵，通經致用尋求經典「言外之意」的義理期待，詮釋轉化再創孟學新局。對照西方詮釋學的參照系統來看，當今西方詮釋學對於文本意義的爭議點，分述由意義確定性「獨斷詮釋學」（die zetetische Hermeneutik）與不確定性「探究型詮釋學」（die dogmatische Hermeneutik）間交錯中前進往復。簡明來看，以「施萊爾馬赫」代表的「獨斷的詮釋學」主張作品意義只是「作者的意圖」，解釋作品意義只是發現「作者原意」。施萊爾馬赫強調這做為理解和解釋的方法，是重構複製作者意圖，而理解本質是不斷趨近作者原意的「更好理解」（besserverstehen）。[16]而相對地，以「伽達默爾」所代表「探究型詮釋學」則主張作品真正意義並不存在作品本身之中，而存在它不斷地再現與解釋中。換言之，經典作品意義永遠敞開，始終具有一種不斷向未來理解的開放性，而做為理解和解釋方法是過去與現在中介，是作者視域與解釋者視域融合，因此理解本質是「不同理解」（Adverserverstehen），不只是複製行為更是一種創造性的行為。[17]所以，分判當今西方詮釋學所爭議點，置在理解者與作品之間圍繞著「更好理解」、「不同理解」或逼近作者「原意理解」的討論，因此展開不同辯證的理解立場。

[16] 洪漢鼎：《詮釋學——它的歷史和當代發展》（北京：人民出版社，2001年9月），頁20。

[17] 同前註，頁20-21。

那麼，在西方詮釋學的觀點參照下，朱熹／戴震「道統」傳承，所詮釋「返歸孟子」與孟子原意貼切與否？獲致孟學理解是「原意理解」？亦「更好理解」？或「不同理解」？即就孟子「原意理解」對比討論如上，朱熹／戴震孟學之評議得以獲得皆是「不同理解」。經典存在唯一不變的本意來自「作者原意」，因此尋求經典作者「原意理解」是歷代經註家對於經解上一元性的主張。但在這前提下應注意的是，任何解釋都只不過是對經典文本「原意理解」的一種復歸，經典做為一個自明性的歷史存在，它的理解視域始終是開放性，因此經典意涵並不侷限於一家之解，所以歷代註疏家對經典意涵所延伸「不同理解」自是必然。更明確地說，中國經典註疏傳統的形成，就其形式為了解釋「經典原意」與「作者原意」，然實質上則是歷代經註家通過經典權威的理解視域，「寓作於述」提供一套回應當代社會倫理秩序的規範之道。這表明了，中國經典註疏的傳統對解經者、詮釋者具有一種強烈憂世憂民的「實踐」傾向，這傾向相繫作者原意「解釋」與「詮釋」解經者的創造，建立在「理解」、「解釋」與「應用」的結合基礎上。

因此，朱熹／戴震孟學詮釋，雖皆依循儒家經註傳統傳承孔子「述而不作」以解孟，然「以意逆志」以不同關懷點所預取的「前理解」進入經典脈絡，「寓作於述」闡發「不同理解」孟學意涵。這說明了朱熹／戴震召喚《孟子》經典至自身的實踐應用，不僅重構孟學更著意是詮釋實踐的活動，開顯了《孟子》經典與當代歷史視域的融合，此「理解」、「解釋」、「應用」的實踐與伽達默爾「哲學詮釋學」的主張亦有不謀而合之意趣：

> 在伽達默爾看來，語言展開了世界和自我的先行關係，並使兩者相互和諧。世界不再是事物的存在，而是特定的「在世存在」的境遇，我們可以經由語言的理解而參與世界的過程。至此，詮釋學就具有了事件性質或事件特徵（Geschehenscharakter），意義的理解乃是一種參與事件。按照伽達默爾的看法，詮釋學最終應當作為一種實踐哲學。[18]

---

[18] 同前註16，頁15。

職是來看，朱熹／戴震孟學實踐乃是直指當時生活世界「在於此世」（Being-in-the-word）的經世致用，詮釋精神所關注的是歷史課題下面對文化抉擇的問題，佛老挑戰、夷夏之辨，因而展開文化話權上「正統」之爭的經典實踐。因此，朱熹／戴震立足在自身的情境出發，循藉通經致用，參與《孟子》意識視域的融合，分別詮解《孟子》在宋／清二代「不同理解」（Adverserverstehen）的「實踐哲學」。此所彰顯的詮釋精神，不僅效法孟子「闢楊墨」，亦也是反映對人倫現實社會的關懷，深表知識分子對社會憂切的苦心。雖然，二家孟學呈顯出「不同理解」，然相同之處，其詮釋所向皆蘊涵著豐富的實踐性，通過西方詮釋學的對話參照下，可謂也是「哲學詮釋學」的表現，雖以「原意理解」做為詮釋目標，然「寓作於述」已不再是複製孟子「原意理解」，而是創造「不同理解」。持平地論，二家詮釋解讀之差異並無所謂優劣之分，而是彰顯不同於宋／清時代脈絡下，開啟《孟子》經典的當前適用性，以「集註」、「疏證」的經解方法，召喚《孟子》經典至前與時代視域融合，揭櫫《孟子》在不同歷史時代下「不同理解」的孟學蘊涵，此才是二家孟學獨特的歷史意義。

換言之，朱熹與戴震立足在不同時代、預設不同立場，為當代關懷課題彰顯「不同理解」的孟學意涵。所以，本書研究無意評議二家優劣之分，因為《孟子》經典無止盡敞開，孟子「原意理解」的本懷，始終保有詮釋論述之開放性。由此來看，中國經解的傳統無有西方詮釋方法論、本體論之爭議，而在中國經解的註疏傳統，始終在「經典」與「解經者」之間建立一種詮釋意義的「連續性」。這說明了中國經典意涵的論述空間，永遠保有不同對話的張力，因此經解的歷史傳統始終能夠不斷地緜延傳承下去。而本書研究透過中西對照的觀點，援引西方詮釋學理路以廓清朱熹／戴震孟學，與其說裨益還原二家詮釋之真相；毋寧說是通過此參照以衡定二家孟學定位，更清楚地揭櫫二家殊異的詮釋視域，立足在從屬不同的歷史情境下，還原展開孟學詮釋的不同精彩處。

職是討論至此，足以理解任何經典文本的詮釋，皆是對歷史課題的回應，我們傾聽經典、追問理解它，即是從經典答覆中重新提出「意義根源」的價值問題，而經典自身也會朝向我們生活世界，永遠不竭地開顯意義。因此，本書研究目的即在顯豁朱熹、戴震孟學詮釋，說明經典文本與歷史關懷的意義聯繫性，使任何環繞孟子「原意理解」所展開「更好理解」、「不同理解」皆是孟學詮釋契機的創造可能。這目的，即是「說明了詮釋學的中心並不在於『如何解文本』而在『如何文本感化』，知識上的領略只是內化經典、實踐經義的前提之一。」[19]因此，綜結朱熹、戴震孟學地位之評騭，立足於時代視域上巍然樹立宋／清孟學之無法取代的歷史意義。此之評議，誠如黃俊傑先生所言：「解經者固然不應也不可能完全解消自己的『歷史性』，而以一個『空白主體』的姿態進入經典的世界；但也不可過度膨脹解經者的『歷史性』，以致流於以今釋古，刑求古人。」[20]誠同此意義而言，朱熹、戴震釋孟之詮釋，以心相遇與聖賢對話，猶同今之吾人釋二家孟學研究，亦千古遙契追問聖賢之心，攜手偕行與經典同遊，參與歷史流傳的甦變中融入更多元的探索，以延續豐富《孟子》經典意義的理解世界。

[19] 李淑珍：〈美國學界關於中國註疏傳統的研究〉，《中國文哲研究通訊》第九卷第三期（1999年9月），頁31-32。

[20] 黃俊傑：〈從儒家經典詮釋史觀點論解經者的「歷史性」及相關問題〉，《台大歷史學報》第二十四期（1999年12月），頁25。

第六章　結論

經典詮釋的理解視域以追求作者「原意理解」為經解目標，歷代經註家帶著歷史時代的「前理解」與經典「視域融合」，賦予創造而轉化，開創出經典「更好理解」或「不同理解」。因此，經註的論述空間，並不是毫無根基地憑空出現，而是在經註家通過詮釋的理解方法中，創造經解的語境空間，進入意義視域召喚聖賢「聞道六經」，「以意逆志」而「寓作於述」，「解構」再「重構」，不斷地再現經典文本意涵。這寄託詮釋者意志的經註活動，融合了當代歷史傳統與時代精神的象徵，開創的詮釋意義，不僅表明了經典與以往歷史的銜接性，亦也呈顯出舊傳統邁向新時代人文關懷的體現象徵。

全書立足在經典的詮釋視域上，探究朱熹／戴震孟學發展的脈絡史，還原二家孟學理解，對比詮釋所提出的理解批判、推衍辨正而抉微蘊涵，揭櫫詮釋背後種種所隱含的思想背景、文化挑戰、道統意識與時代課題。因此，全書陳述架構皆圍繞此論題開展，在說明詮釋活動的過程中，中國經解註疏傳統始終保持「經典」與「解經者」意義探索的開放性，因此產生多元性的理解可能。本書已對朱熹／戴震孟學詮釋作出解釋，說明造成二家孟學「不同理解」之因，於上述各章中已提出脈絡性的文獻還原與思想探究。茲此，暨收各章研究之討論，具體結論分以二節論述：首節，全書主要研究成果之回顧；次節，延伸儒家心性論系譜再造新詮之展望。延伸本論題未來的研究矢向，溯源近年來大陸郭店楚簡、上海博簡出土文獻的考察，期以展望朱熹／戴震孟學研究的理解視域，再探儒家心性論的可能意涵及向度，為論文研究之後續，擬做前瞻之期待與展望。

第一節　全書主要研究成果之回顧

第一章之結論

首先，從回溯孟學詮釋史的綜論談起，就孟學脈絡凝聚本書研究焦點；其次，提出問題意識及研究目的，釐正問題所開展的宏觀視野；復次，說明研究進路，由對研究動機所導引探究諸多問題，提出理論上的後設性反省。此外，研究範圍與方法選取、文獻參酌皆一併納置本章處理，玆以三節分述成果：

第一節：依循經學史主軸進行孟學歷史追溯，考究唐代中期前孟子義疏的探討大致上僅有東漢‧趙岐注《孟子》贊譽「亞聖」啟而備注，孟學研究明確不足。歷史上，孟學地位提高的關鍵性發展出現在隋唐五代，自諸子之列始登經學之尊，中唐更因韓愈、李翱古文運動所致，推尊「道統」漸為士林所重，開啟宋代孟學鼎盛先聲。南宋‧朱熹集註《四書》大成推波助瀾確立孟子正統地位，朱學籠罩歷經元、明，科舉附庸奉為官方理學，孟學為列蔚為顯學。至清‧戴震揭櫫理學流弊解放數百年政治箝制下的孟學，啟後孟學新義理接軌邁入近現代。孟學發展史上歷來治孟、註孟、釋孟各有千秋，對《孟子》詮釋歷史，融合解構批判與重構，展開《孟子》經典「解構」又「重構」的孟學詮釋史。

換言之，經典展開的意義始終是開放性，隨著每個時代被聆聽召喚，永遠推陳出新故，孟學兩千多年來的沉浮流衍晦顯足以知矣，這說明了孟學精神屹立不衰，思想深宏博遠浸潤在時代變局中，一再地被歷代治孟、註孟、釋孟者加以詮釋。雖然經典發展自有其存在價值，然時代環境與學術趨勢密切相繫，經典做為官學思想，如何保持其「學統」與「政統」的客觀立場，隨時代變異給予新的道德標準、政治依據、治國方略，此之間箝制的不只是經典的歷史地位，置於學術與政治之間拉鋸的詭譎關係，更始終牽動著整體學術之演變。

第二節：從孟學詮釋獨特的傳統中發現，雖無西方知識概念解釋理論，然始終貫徹著詮釋實踐的理性精神，為歷代思想家著書依據，這本著聖人王者之言的註釋傳統，滲透著濃厚的詮釋學意味。這脈絡說明，詮釋觀點反映歷史核心，時代變革帶領著思想家以不同的提問方式，對經典進行重新詮釋，因此經典的詮釋亦可謂中國歷史的詮釋史。換言之，詮釋者扣緊文化脈絡，將當代的關懷意識帶入文本進行詮釋，是以「詮釋」不是一種「複現過程」，而是一種「創造闡釋」。所以，就首節孟學發展的脈絡中發現，《孟子》與經學興衰榮辱相伴與政治氛圍相為表裡，從這脈絡當中，也提供了尊孟、排孟者為其政治行為尋求理論依據，從孟學發展理路，除了先秦原創時期，東漢趙岐以降，迄至宋、元、明、清，歷代詮釋注疏豐碩，注孟、釋孟之輩眾多。自朱熹《四書》科舉加冕下，更是開啟孟學詮釋前所未有的興盛景況，朱熹註孟自成理路占得獨尊的一席之地，啟後踵武前修多以朱註箋解著作為多，值至清儒・戴震開闢蹊徑，批程朱、返孔孟，孟學詮釋理路的轉折才開始有了較大的不同理解。

戴震卓然自立，開啟孟學新義，斥佛老、反程朱，從其詮釋亦可窺探宋至清孟學變化之大端，其轉折之重要性，當為孟學詮釋史上不可忽略的關鍵所在！因此，以朱熹／戴震做為研究對象，從這關鍵點從而對比兩個不同時代、不同注釋風格、不同注釋體式，不論從《孟子》注釋文本流傳或就思想分期的轉折性，朱熹／戴震孟學之比較當最具代表性！二家詮釋差異緣由為何？能否追溯歷史背景探究詮釋殊異之因，溯源宋至清孟學發展的脈絡，進而檢別學術趨向何以繼承轉化，由「向內體證理路」通向「道德實踐途徑」展現不同蘊趣，諸此提問皆為立基於此理解，為第二節研究動機及研究目的說明之所在。

第三節：回顧孟學發展來看，歷代衍生注釋體例大抵可分：一是「注疏體」：訓詁、注箋、疏證、章句、正義；一是「議論體」：記、傳、外傳、語錄。漫長的註疏著作可謂汗牛充棟，經學今古文之爭、漢學與宋學之爭、訓詁明或義理明、我注六經或六經注我始終是學術爭論焦點，立足此焦點該以何新視野重探孟學流變？這問題正可從西方詮釋學觀點獲得啟發。當「意義」從「文字符號」到「詮釋學任務」，透過文字轉換產生意義異化，那麼朱熹、戴震跨越時空，透過立言之體與《孟子》遙契相印於心。因此，此節依循歷史意識揭示詮釋隱蘊因素，提出論述的進路說明，目的在於追問這不同理解背後所預設的理論根據，因為「問題視域」決定了文本詮釋，這不僅是朱熹／戴震追問孟子；吾人研究立場亦跟隨追問朱熹／戴震。因此，忠於二家於孟學系統疏通上寄望問及：孟學詮釋的根源性動力為解答什麼問題？撰著中又是如何立言抒志？義理重構下是否別蘊深意？針對諸多問題提出後設反省。對於朱熹／戴震詮釋通貫與評騭可為自我提問，從文獻推知答案尋求解惑可能，還原經典詮釋的客觀掌握，置於隸屬特定時代文化背景下進行理解，取得文獻脈絡的印證與支持，抽繹出它不受時空拘限的思想觀念，以期獲致合理邏輯性的思想掌握。鑑此，提出本書研究方法鎖定當代「西方詮釋學」哲學方法論、沈清松先生「對比研究法」，援引二法共融並用，置在此節做為本書研究方法學的理論依據。

綜結第一章之成果回顧，此章論述進路從孟子地位升格視野，就朱熹／戴震宋至清孟學發展的關鍵轉折性，提出本書問題意識，由此架構研究進路，探究二家孟學詮釋內外緣之觸因。立基在思想史的脈絡上，忠於朱熹／戴震相關孟學的文獻解讀，探源經典語義中所蘊涵的詮釋意識，導引出詮釋系統的架構成形，衡定評騭孟學的義理價值。其次，對比朱熹／戴震孟學思想，追問造成這不同理解的根據，從西方詮釋學的爭議點提供另一參照系統。不僅論二家註孟特色，援「西」釋「中」探析孟學各種可能，接引西方詮釋話語又不失中國經典解釋權，融合傳統與當代學術思潮侔合，這亦是題中之意當應廓清之任務。

第二章之結論

釐定研究範圍以朱熹、戴震孟學為中心，囊括前人研究成果之省察皆為此章省思之必要，予以二節進行開展：首先，舉凡關涉此論題之學界重要前賢，據其主張進行理解，奠基前輩睿見的基礎上期以顯豁朱熹、戴震孟學重建的創造可能。其次，探討綿延千古、豐富不竭的儒家經典是否也能開展屬於中國經典的詮釋學，從儒家經典的註疏傳統中展開反省，對照西方詮釋學的理論方法予以別異會通，展開中西對話重釋孟學理解的可能。因此，從當代學者的研究成果省察到方法學的調適上遂，為研究開展前所必備之前理解，分述成果如下：

第一節：舉凡當代學界「朱熹學」論題之重要前賢：陳榮捷、劉述先、陳來、張立文等先生專論進行論述，並且就朱熹學三型態：牟宗三、勞思光、馮友蘭三位先生之學說進行審識；而「戴震學」部分，則就梁啟超、胡適、錢穆、余英時四位先生之系統疏理，就別異之觀點進行釐清。除此，也一併收攝當前關於朱熹、戴震論文研究成果，將此成果考察視為研究開展前之基礎，置首節中先後臚列、回顧展示做為商榷與討論。無庸置疑，前輩學者們的努力厥功甚偉，不乏建樹重要深刻的睿見，然比較之下就孟學專論成果上多著眼疏解大體，諸多細節卻未遑深究，尤以朱熹／戴震孟子學之比較研究更是罕論，對中國思想史的研究總體而言不能不是個缺憾。而值得注意的是，目前學界評論孟學，對於朱熹學多持以褒意，而對戴震學的評價則持以貶意居多。這樣評議是否客觀？而我們不僅預做保留而更要追問，何以二家皆以重建孟學自述「返回道統」，標榜儒學道統何以皆「力闢異說」？展現孟學詮釋卻皆開創《孟子》原意不同理解的樣貌？此間所牽涉的歷史背景、時代課題、脈絡意義影響性甚大。因此，奠基前人成果歸納問題意識，承續睿見基礎上提出另一新的論點，於此節中考察說明。

第二節：從儒家經典的註疏傳統開啟，參照西方詮釋學的方法以展開別異會通，援引中西對話重探孟學理解之可能視域，本節討論成果分述如下：

一、回顧儒家註疏傳統，因秦火焚書儒家經典歷劫一場革命性的文本大變革，由口頭記載成了書寫文本，隨之展開探求經典本意的權威大戰，圍繞著經典作者身分的迷茫與文本權威確認，從西漢到東漢二百多年，曠日持久的今古文經爭論訴諸於考據訓詁來平議這場風波。官方經學解釋正式定位於漢代，獨尊儒學立《五經》博士學官，經解開始賦予經緯天地的權威，以「經」為核心，以「傳」、「記」、「注解」、「章句」、「義疏」以輔翼，經學性質轉向經解表達的多元，經學正統的獨尊地位也於焉產生。因此，從漢代章句之學到魏晉六朝經註之學，經註又衍生了「箋」、「集解」之體例。

唐代融合繼承南北朝義疏之學，由孔穎達主撰《五經正義》和賈公彥、楊士勛等經疏後，註疏之學走入墨守之規。輔以科舉附庸，士人重進士科而輕明經科，經書編纂又為官方壟斷，承襲多而開創少，以經為本的儒家詮釋走向侷限的經解窠臼。除了經學話權為官方壟斷，更大的危機來自佛、道二家的思想挑戰，儒學回應時代以樹立「夷夏之辨」大旗，維護華夏經典的權威地位。除此，中唐疑經風氣漸始，陸淳《春秋微旨》、《春秋集傳辨疑》、柳宗元《論語辯》皆針對經解提出疑經觀點。疑經辨偽之風入宋後尤盛，伴隨《五經》權威地位的失落，《易傳》、《論語》、《孟子》、《大學》、《中庸》備受關注取代《五經》成為新的詮釋中心。《孟子》經典地位的升格由「經」到「傳」的沉浮轉折，經北宋尊孟、貶孟短兵較量後，《孟子》儒家經典地位始為確定，治經方向趨向直抒胸臆以發明經旨析說為主。整體而言，北宋前期佛老盛行，也激發名儒志士捍衛道統，周敦頤、張載、程顥、程頤等解經創造詮釋，奠定了宋明理學本體論基礎，更為儒家義理之學命脈所在。然這《四書》系統在歷經朱學奉為官學，元、明科舉為尊的時代走向官衙化、教條化而漸漸僵固，文本詮釋的視野受到限制，經解與傳記詮釋的權威性也皆面臨邊緣化的危機。民間心學體證、復古旗幟所號召的考據實學，均以不同方式對經典的解經活動注入多元色彩。值至清代，考據學家可謂作了最後搏擊，在文字音韻、訓詁總結前人成就，在典籍校勘、辨偽輯佚做出了輝煌貢獻，至乾嘉時代達至考據高峰。時至晚清，更是掀起另一股聲勢浩大的托古改制運動，以康有為「輕古經重時政」為代表，抒發對社會政治變革理想，經解與社會運動超越了經學的藩籬，對兩千多年以來的儒家經解系統更造成一大顛覆。

總收其義儒家經解的歷史，從漢代賦予經學權威展開了經解的創造，今文家經解微言大義、古文家經解注重本意追求、魏晉經解「援道入儒」玄學意味濃厚，至宋代理學義理呈現證理、談氣、論心性的新氣象、值至清代考據實證經解風尚。由這經解的更迭變革現象來看，其脈絡建立在對前代經解的批判基礎上展開，如漢代古文家「信而有證」對今文家微言大義的批判；唐代「疏不破注」對南朝註釋墨守之風的揚棄。宋代義理治經「六經注我」對漢、唐經解否定，清代「實事求是」考據之風盛行，針對宋、元、明空臆求理的批判，值到晚清今文學派「托古改制」推動，伴隨對清代古文學派的攻擊。

這種種梗概的變革下，蘊涵著深厚的批判意涵，從不同朝代的交替形成話語權威，表面上是經解方向所致，實際上與政治詭譎的權力息息相關。從儒家漫長的經典發展史上，在經典脫亂訛闕下求證作者原意，拾遺補缺創造了「傳」、「注」、「箋」、「解」、「義疏」體例，衍生聲韻校勘、名物制度、訓詁考據，這通曉經典文本的考證工作，便成為經典詮釋傳統的重要進路。然這本做為理解與解釋的技藝之學，因而成為治經解釋的三面向：即「考據訓詁」、「通經致用」、「成德實踐」，訓詁明後而義理明，終為通往聖賢的聞道之途。事實上，儒家經註奠基在「尊經」前提上，解釋聖賢言論所載的文本作為憑據，載以聞道的經典成為聖人權威的標準，「注不破經，疏不破注」作為解經者的解釋依據。以經傳文本為圭臬，詮釋任務即求聖賢「原意理解」，逼近聖賢作者原意語境，中國經典傳統便在此為求聖哲之道衍生而成經解詮釋學。

然這值得注意是，通經追求致用的前提下，據其個人解經領悟的微眇意義，得魚忘荃必然超越文本字義的解讀，此時便會衍生經典「作者原意」與「解經者之意」的理解不同。雖然，解經者皆力圖重建經典「作者原意」，不斷趨使接近作者本意詮釋，然同時又深深知道，經典文本「原意」難以完全再現，而隨著時間變革也構成了經典自身所賦予的豐富意涵。因此，追求經典原意的考據，已無法填補解經者對於經典「言外之意」的期待，曉豁經典的「通經致用」才是治經首要之任務。於是，解經者總在解釋活動中闡明，「學以致用」、「經世致用」的精神便沿著經典「作者原意」的視域所向，實踐了義理的創造轉化。所以，本質上重建經典「作者原意」，實際上是貫通「古／今」；融合「先哲聖賢／解釋者」視域走向了意義文本詮釋活動。最後，從理解與解釋的經解技藝之學，銜接到治己工夫的修養，貫徹了闡揚孔子「述而不作」修身實踐以成德。

二、其次，參照西方詮釋學的理論方法來看，西方文化背景下為求聖經文本翻譯所衍生的詮釋學傳統，從「施萊爾馬赫」革命性地把聖經注釋提升技藝學的層次，將一般性解釋課題從文本詮釋活動中分解出來，「狄爾泰」更延伸人文科學研究方法論，解釋對象從文字意義轉到文本所表達的生活經驗，更展現了理解和解釋與原來聖經釋義傳統的涇渭分明。「海德格」更將詮釋學指向不僅語言範疇，而是直指精神科學所據以建立的本體論基礎來說明。隨著海德格所注入哲學轉向，原做為技藝解釋文本的一般詮釋學退隱，繼而「伽達默爾」出現更承續方法論詮釋學到本體論詮釋學的轉向，通往哲學思辨進路開展詮釋學的實踐意涵。西方詮釋學史從關注語言文字，發展至今詮釋向度走向人類廣闊的生活視域，更關注人「在於此世」（Being-in-the-word）語言性表達，不僅強調詮釋理論建構，更著意文本經典與生活視域意義開顯。隨著發展進入當代，詮釋學劃分成：作為「方法詮釋學」、「哲學詮釋學」、「批判詮釋學」等，從這脈絡發展來看，中西詮釋傳統皆有其豐富的脈絡意涵，不同時代課題下追問著文本語言意義的探索，解讀衍生了詮釋學的理論。總括來說，西方詮釋學從十九世紀至今經歷「獨斷的詮釋學」（die zetetische Hermeneutik）與「探究型詮釋學」（die dogmatische Hermeneutik）不斷地交錯中前進往復。在「獨斷的詮釋學」與「探究型詮釋學」不斷往復之間，詮釋學作為理解和解釋的發展，於是產生了六種性質規定，分別為：「作為聖經注釋理論的詮釋學」、「作為語文學方法論的詮釋學」、「作為理解和解釋科學或藝術的詮釋學」、「作為人文科學普遍方法論的詮釋學」、「作為此在和存在理解現象學的詮釋學」、「作為實踐哲學的詮釋學」。疏濬來說，「獨斷的詮釋學」主張：作品意義是永恆固定不變和唯一客觀主義的詮釋學態度，作品意義是「作者的意圖」，解釋作品意義只是發現作者的意圖，主要代表性人物——「施萊爾馬赫」。強調作為理解和解釋的方法，是重構或複製作者意圖，而理解本質是不斷趨近作者原意「更好理解」（besserverstehen）。而相對地，「探究型詮釋學」則主張作品意義只是構成物歷史主義的詮釋學態度，作品真正意義存在它不斷地再現與解釋中，永遠具有不斷向未來開放結構，代表性人物「伽達默爾」。主張理解和解釋方法是過去與現在中介，理解的本質是「不同理解」（Adverserverstehen），作者視域與解釋者的視域融合，理解不只是種複製行為，而詮釋的開展始終是一種創造性的行為。總括西方詮釋學史發展，說明中世紀之後三百多年來歷史進程，極具複雜背景下演繹了豐富的詮釋意涵。

三、復次，揆諸至今，詮釋學值至當代也備受學界關注，面對中國綿延千古的註釋傳統，如何探討理解與詮釋的問題，建立「中國詮釋學」的提議也獲得學界熱烈的討論。自古以來，中國經典註疏傳統並無「詮釋學」一詞，而今學界指謂「詮釋學」乃是相應西方德語（Hermeneutik）、英語（Hermeneutics）的中譯。兩岸三地學界的海外學者對此中譯也頗不一致。西方（Hermeneutics）一詞源其希臘文（Hermes）赫爾默斯，是古希臘神話諸神的信使名字，它的任務傳遞諸神消息指示翻譯解釋，對於神諭加以解釋與闡發。二十世紀以來，通過海德格與伽達默爾的努力，Hermeneutics已上升為一種具有存在論意義的哲學。伽達默爾「哲學詮釋學」（philosophical hermeneutics）更由「解釋」層次轉移至「詮釋」層次。「解釋」側重於作者原意的忠實傳達，這和中國經註傳統中的「傳」、「注」、「箋」、「解」、「義疏」體例義旨相同，皆求「作者原意」理解；而「詮釋」偏重對「作者原意」、「經典文本」的闡揚發揮，這和中國經註「集註」、「疏證」聞道貼近聖人之道義理，「注不破經，疏不破注」的治經依據，中西詮釋淵源相照，似乎有其異曲同工之妙。更值得強調的是，中國經註傳統中關於理解詮釋如何可能與註經背景探討，從不侷限在經典原意的理解，更重要是探源詮釋活動背後所蘊涵解經者寄寓心志的歷程，因此中國經註不同於西方特點，是做為解經者的結合「認知」與「實踐」的理解過程，包括「解釋」作者原意與「詮釋」解經者的創造，二者緊密結合。這一特點彰顯了中西對話的張力，呈顯中國治經、解經、註經的詮釋傳統，思想哲學離不開經典，經典也離不開詮釋，特別是儒家經典的經註傳統。這從認知到詮釋的轉入實含二層意涵：一做為經典文本的認知理解；另一是詮釋者內在思維的顯題化，由內在認知的理解轉化文字，實踐進行註經展開詮釋活動。

綜結第二章之成果回顧，中國經典註疏傳統雖無西方「詮釋學」之名，然卻有詮釋學之實，相對西方近兩千年漫長發展到當代哲學詮釋學，逐步占據現代哲學殿堂的重要祭壇，相較之下近年來國內外學界也有志推動中國詮釋學，提議建立「中國詮釋學」而戮力。總言之，中國經典語境不乏有深厚的歷史文獻傳統，而梳理經學詮釋對於建立「中國詮釋學」就突顯了它的重要性，這考究詮釋話語的典型以圍繞「經學」而進行「哲學」體系的重構，包含解釋經典「作者原意」與詮釋者抉發經典之「更好理解」或「不同理解」的可能。因此，以西方詮釋學視野正可為中國經解傳統之「原意理解」或「更好理解」、「不同理解」以化解詮釋背離作者與否的緊張問題。因此，借鑒西方解釋論證，當有利發展「中國詮釋學」，所以即就西方詮釋學的路數為基準，探討朱熹／戴震孟學詮釋所勾勒究竟是「原意理解」？抑「更好理解」？或「不同理解」來展開研究視野。這一方面啟發對經典文本客觀理解的應有反省，另一方面透過中西語境的參照，延續朱熹／戴震孟子學的對比，藉由此視野提供孟子學系譜另一可能的思考向度。

第三章之結論

就宋代經學發展與孟子升格運動作一對比，推溯時代變革影響朱熹理學註孟之因，何以傳承經學志業、推舉道統為尊，回應佛老挑戰，遂此為本章論述進路。還原宋代經學背景以考察《孟子》於經學／子學之間的歷史變革，綰合經學、義理為治重釋孟學。首先，就朱熹註孟革故鼎新，建構《四書》系統取代《五經》核心，提出歷史脈絡切入道統傳承。其次，扭轉隋、唐經傳箋注，融併漢學、宋學解釋治經，通經明理展開理學新孟學詮釋，表彰《大學》、《中庸》、推尊《孟子》、《論語》開啟後百年孟學發展的歷史高峰，確立了《孟子》屹立不搖的正統地位。除此，掌握朱熹以理釋孟建構知識思辨孟學，也援引西方詮釋學的理論做為參照對比，針對上述課題提出解釋，分述成果如下：

第一節：《孟子》歷史地位的升格，朱熹註孟的時代背景尤具意義，這說明了學術與政治之間詭譎的牽動關係，論證了它一體兩面的事實。從《孟子》地位的沉浮興衰看來，經學在統治者倡導下引發風行草偃之用，歷代知識分子在變異潮流中載浮載沉。就孟學發展而言，唐、宋治經風氣的轉變，也是中國封建政治發展過程中所必經的轉折，時勢所趨帶領著孟子地位升格，思潮更迭、佛老的挑戰，回應時代歷史使命，醞釀了儒家道統重振之勢，孟學變革的關鍵時代創造了宋代經學大師——朱熹《四書》集大成之作，展開了理學家形上詮釋的偉大灼見。

一、「孟子升格的變遷」、「疑經思潮的延續」、「宋明理學的開展」以「尊孟」立場續承學術上「道統」志業，步步構成了朱熹集儒學大成的詮釋意識。朱熹經學乃立基於當時的歷史視域，感於佛老異端說的挑戰「去聖遠而異端起」。因此，寄志於經學文字的集註活動，展開力振儒學道統的詮釋大旗，在理學義理中建構儒學道德價值，回應佛老挑戰以承續千載聖哲道統。這強烈的詮釋意識完成於孝宗淳熙年間，朱熹上承孔孟，集儒學綰於一身的集註詮釋，表彰《大學》、《中庸》、《論語》、《孟子》集大成為《四書集註》。朱熹闡幽發微由「聖賢之意」立「自得之意」，借鑑孔孟之道的意義視域，以經典上的解釋權為理學發聲，建構起宋代理學體系，集註《四書》的儒學語境，直探孔孟道統的傳承，這詮釋正可謂往返道統系譜上的傳承訴求，譜下了相當明確的承道之跡。

二、朱熹立志儒學傳承聖賢之道，在時間變異上追問著歷代聖賢如何回應當代儒學衰微的歷史定位，當這思索形成論述時，千年相與謦欬於一堂，詮釋進路必然走向千載聖哲的智慧經典，由對經典的新釋上承續道統唯一法門。何以在「漢學」章句訓詁「注不駁經、疏不破注」的立基上抉發儒學語境新意，以義理做為疏義的「宋學」便成了朱熹進入經典詮釋的入門之法。《四書》取代傳統《五經》，從典籍的異動說明由「漢學」過渡到「宋學」，也代表唐代經學向宋代經學轉化的標誌。朱熹立足在當時「理學」歷史視域，《四書》詮釋不僅奠基在傳統漢唐經傳箋注的基礎上，更融合「儒學／佛學」兼采「漢學／宋學」，超越舊有經學藩籬展開浩大宏偉的理學治經，從漢、宋學對立的樊籬提出經典詮釋的創新，承襲「漢學」注疏精神更融注「宋學」義理的闡發方法。

三、朱熹主張經典解釋是一種成德工夫，讀經為求己心融進相契經典的理境，是以經解非純粹認知活動，實是一種返歸心靈的轉化。值得注意的是，朱熹更強調「解經者」與「聖賢立言本意」間存在「先儒舊說」，因此探求「聖賢之指」必須超越先儒舊說，「一切莫問，而唯文本本意是求」。「文本本意」與「聖賢之指」究竟詮釋目標是「文本原意」？抑或「不同理解」？若依「文本本意是求，則聖賢之指得矣」來看，朱熹顯然持古典詮釋學立場，對作者原意理解建立在文本基礎上的深化，「須以此心比孔孟之心」移情達至作者本意。若僅以此論定朱熹所持古典詮釋學立場則淪為武斷有失公允，因為朱熹詮釋立場不僅限於此。對於西方詮釋學而言，通過移情理解成了讀者進入作者精神世界，而至於心理主觀意識上的作者原意是如何，朱熹顯然「欲逆推乎千百載上聖人之心！」說明詮釋目的不在原意理解，「以此心比孔孟之心」移情只是接契聖賢之心進入經典，由此而別二者立場是迥然不同。

四、朱熹以通經明「理學」，解經不在追求客觀知識而是依循孟子「以意逆志」的解釋途徑，熟讀聖賢語領會聖賢之意，獲得安身立命天地之理。更明確地說，朱熹著意的不僅是文本呈現意義、作者原意外，更深地指向：「永恆普遍的天道性命之理」。因此借經通乎理，熟讀玩味聖人之理，以聖賢之意觀天下之理，這才是朱熹理學詮釋的真正目的。對朱熹而言，詮釋目的不是再現經典作者原意，而是「以意逆志」通經明理達到渾然一體，既尊重讀經者和詮釋者的主體意識——「意」，更強調詮釋最終不能背離作者和文本原意——「志」，通過「以意逆志」相互交融獲至聖賢之理。

五、朱熹將讀書解經視為己身的切要工夫，在繼承漢學基礎上以理學融注訓詁考證於一爐。然這立場不可否認進行解經前已預取的理解，若以哲學詮釋學而言即是「前理解」（preunderstanding）、「成見」（prejudice），依此前理解既不是詮釋者主觀任意選取，亦不是純然客觀由詮釋者歷史背景所賦予，更準確地說它是由詮釋者參與貢獻並涉身其中傳統（tradition）相互作用而形成一種共通感（commonality）。與其說，朱熹身為儒生尊經認知外，毋寧說視解經為修身工夫，這般的體認來自浸潤宋代理學背景下形成傾聽經典、註經詮釋進與作者視域融合（Horizontverschmelzung），實踐「自身置入」（transposing ourselves）的經典意義世界。這「自身置入」視經學治經與成德之教相結合，不是純粹為了知識性的理論操作，而是巍然樹立一種迴向身心「以意逆志」的實踐工夫。這實踐形成朱熹經典詮釋與歷史意識「視域融合」，融會漢、宋推陳出新提出一個別異大功的經解詮釋，不僅說明治經並非只為經解知識的增進，更是對自我生命達乎明理的工夫實踐。

六、朱熹「以意逆志」主客交融互為主體，建立起對天理的體會，這對經典理解，形成了一種在「經典文本」和「作者原意」與「讀者體驗」之間的理解循環，這循環構成了二個功能：一將所理解的意涵逆反於身，切己深思，以己身體驗印證聖人之意；另一則將聖賢之言化為己志，做為治己修身的行為準則。這通經明理的實踐性質與「哲學詮釋學」主張的精神頗為相近，朱熹以這詮釋原則，以「理學」為理論核心，「理」遍注儒經，將《四書》闡發義理為最高目標，建構起「哲學詮釋」與「經學詮釋」綰合為一的思想體系。

七、朱熹立基在孟學發展史上承先啟後的重要關鍵，繼往「漢學」舊風下開「宋學」新風，《孟子》由子部升為「經部」也鋪陳了註孟意識的萌生，成功地延續千載不傳的使命，從《四書》集註體現唐至宋傳承轉化的經學體系，又以義理作為經學主體重振儒學道統。朱熹以「集大成 」貫通姿態確立道統傳承，皓首窮經近五十年心血其苦心非其他註疏所能比，開書院辦教育創造轉化新儒學，建立《四書》與儒學五經比肩，建立影響了中國思想逾七百年的重要經典，詮釋職志厥功甚偉。朱熹弘道心性內聖之學，恢復儒學正統接續道統歷史，闡揚「明天理／滅人欲」、「人心／道心」之辨，詮釋演繹以成《孟子集註》。

八、朱熹歿，朝廷更以《四書》立於學官，孟學大盛士子趨之若鶩之際，孟學著作盛況成果斐然，論孟相關的史、志、著錄即近百家之多，遂此更確立《孟子》在學統上的正統地位。以《四書集註》為代表的程朱理學是宋、元後七百年間官方權威的統治思想，經典被視為判別正謬的唯一標準。值至元延祐年間，科舉頒定《四書集註》應試士子，政統牽制學統更強化了經典的權威地位，因此孔孟思想由此詮解而被肯定，所以朱熹原意的詮釋與文本以外的發揮，實際上已超越了經典自身而形成另一個權威的新根源。其後，朱學籠罩歷經元、明，政治、科舉附庸奉為官方理學影響極為浩大，舉世罕匹而無人出其右。明、清沿習不變，孟學也因《四書集註》蔚為顯學，推波助瀾地普及在經學思想上，影響力極為深廣至今仍方興未艾。

第二節：朱熹孟學詮釋返歸道統職志的意識下，推尊孟子、標舉韓愈道統說，透過詮釋經典內外二進路開展。「對外詮釋進路」：繼承孟子性善學說上斥佛老、闢異端，透過《四書集註》經典詮釋完成道統傳承使命。「對內詮釋進路」：即就「以理釋性」形上學的建構，扣合「格物窮理」的修養工夫論。

一、「性即理」以理釋性彰顯形上孟學意涵，在孟子性善基礎上架構理氣論，論證人必然為善的形上學原理保證，詮解氣質之性置「性」安頓在理學架構中，討論「氣」在性善價值的追求上，藉由「氣」概念說明天地萬物存在結構。其中最具創造對於德性實踐中討論人性性善的可能，藉由「氣」的存在結構說明惡於性中的存在可能，藉由「理」的保存做為趨向善的保證，是朱熹以理釋性真正的理論貢獻。朱熹奠基在孟子性善上扣合「性即理」，透過「天地之性／氣質之性」論述人／物的差異，建立起必然為善的形上學，「以理釋性」架構起性情形上學，為孟學史上首先提出形上價值的孟學意涵。

二、朱熹就道德實踐主體分「心」、「性」、「情」概念進行善、惡辨析，以「性即理」總說天地萬物，「心統性情」統合人性論，完備形上孟學的存有論體系。在朱熹理解上，心統攝性情為主宰，是混然體統自在性理呈現的主要憑藉，心主宰而理具於心，是故情透過心的作用在知覺上發用，心既是形下知覺認知之用又是形上者超越本體之心，即是理也是性。所以就張載「心統性情」基礎上，朱熹發揮性是體，情是用，即就已發／未發區分情／性，心性情渾淪一物既講體用之分，二者收攝統一於「心」。人因心明覺依理而行，喜怒哀樂情所發皆中節合乎本然之理，心為樞紐，主乎性而行乎於情，朱熹「心統性情」實然扣緊「性即理」說調適上遂而所發。由是孟子「心即理」的道德主體，在朱熹「性即理」的詮釋下，三分為心、性、情，性成為純然至善之性；心成為實然之心；情則成為性理之所發。性為形上靜態「只存有而不活動」之理，做為道德實踐的工夫便落到心上發用，透過心的明覺認知統攝，遂此心性論「心統性情」架構已定。

三、朱熹由人心／道心區別，環繞儒家經典的脈絡透過疏義《尚書・大禹謨》，論述道心／人心；聖人／小人說明心的工夫重要。從「欲」上知覺便是人心；從「理」上而知覺便是道心，由知義理與否成為道心／人心之別。朱熹亦也明白雖不可無飢食渴望「欲」的人心，然人心危易陷乃需道心「理」柁掌管，方能天理備具而隨處發見。因此，心統性情最後交予「道心」做為天理／人欲的價值判斷，裁決理欲準則賴於「心」的操存舍亡上論，歸取於「心」來貞定性善的實踐工夫。對朱熹而言，以道德本心為主宰「心統性情」展開「存理去欲」的價值省察才能避免「欲」陷溺於「心」，以「道心」的裁衡惺覺來「求其放心」。

四、朱熹認為「求其放心」強調修養變化氣質來達致，提出《大學》「格物致知」工夫論以上接心性論。「格物致知」先於「誠意正心」的創發，提出「知性先，盡心後」知性思辨的孟學意涵，扣緊《四書》義理系統的一致性。朱熹《大學》詮釋的思路亦是孟學工夫的進路，在心性本體的呈顯以「格物致知」來扣合，提出「格物——致知——誠意——正心」知性先、盡心在後的次第說明，這關係顯然和孟子擴充善端「心即理」的體證思路大有不同。在朱熹系統中心理為二，心不即理，因此心體的表現透過「格物致知」達成，心得以盡求其放心。這一差別的關鍵，乃因朱熹義理根源是「性即理」，雖心具理但不即理，透過知性的前導涵養下喚醒心靈本具的知覺清徹，所以做為主體的心賴於認知「格物致知」的修養工夫來持敬。在此理解下，朱熹孟學理路必然走向「知性」先，後「盡心」以「知天理」的思辨性孟學。

綜結第三章之成果回顧，朱熹孟學詮釋不僅在於承漢、唐經學，為宋代經學融舊鑄新集註《四書》大成，更重要的是詮釋意義不在於純粹知識注經，對朱熹而言更是一個生命實踐、揭理明世的體會過程。雖不是孟子「原意理解」，然這獨特的「不同理解」實然是朱熹體悟經典的歷程，實踐生命浸潤聖賢之道，以注疏文字重振儒學，由近而遠地切問深思貫穿在《四書》的字義脈絡，逐步架構起理學為彰顯的形上價值孟學。朱熹孟學所展開是「探究型詮釋學」，其思想實踐歷程更貼切西方「哲學詮釋學」，雖然以追求孟子本意為目標，然創造出「不同理解」的孟學意涵。知性先於盡心的說法是否合於孟子原意？朱熹的創造性詮釋是否相應孟子思想？本書已呈上做出研究說明造成這差異原因的解釋，正因朱熹依循《大學》思路解說《孟子》，所以「盡心知性知天」為格物窮理的工夫；「存心養性事天」為誠意正心的工夫，二者相輔扣合了理學系統的心性論與工夫論。朱熹即工夫知本體的進路，因而轉出以「知」為主的「盡心知性知天」；以「行」為主的「存心養性事天」，因身處時代課題的差異、工夫次第進路的不同，因而更洞見孟學「不同理解」的知性思辨意涵，融合歷史視域的時代思維，揭櫫《孟子》經典當世的創造詮釋，此當為朱熹孟學「不同理解」價值意義之所在。

第四章之結論

本章探討戴震何以力挽狂瀾不得不作《孟子字義疏證》？大肆撻伐「盡以意見誤名之曰『理』而禍斯民」？抨擊程朱理學「以理殺人」？標舉孔孟道統，解放數百年政治理學僵化下的孟學。基於觀點之提出，以程朱理學興衰變革的學術背景做歷史的溯源，核其始末以廓清戴震釋孟原委為本章論述進路。擬以三節進行分析：首先，就朱註孟學典範轉移於此提出歷史脈絡的探源。其次，立基「故訓以明理義」疏證《孟子》建立新典範，探討詮釋立論與方法。再者，切入戴震孟學詮釋，闡明以孟解孟，統攝理解與批判、詮釋與重建，揭櫫道德之理異化的詭譎本質如何再造孟學新情性學。此章研究成果分述如下：

第一節：戴震立足學術典範從舊傳統跨入新典範轉移，從標舉天道性理的道德理學成為僵化教條的囹圄，科舉附庸形成功令的假相，政權重創了華夏正統，在此夷夏之辨下興起了一股反省。這反省從理學末流，束書不觀的游談無根再思考，於是先後有顧炎武、黃宗羲、陳確、顏元等人總結明亡經驗，以經世實學做為挽救空疏之風下的學術關懷，於是重「氣」、重「欲」之風漸為顯學。戴震奠定在此思潮下，詮釋的關懷點回到人安身立命的經驗世界上提出孟學新釋，立志返歸孔孟，自述孟學，從《原善》、《緒言》、《孟子私淑錄》到《孟子字義疏證》，以「注疏體」的「疏證」體例「由詞通道」建立起孟學新構。

一、康熙崇儒重道的文化選擇是為凝聚士人認同所致，促成了程朱理學為官學，高居廟堂為維護政權統一的統治思想，宏獎表彰《性理大全》為《性理精義》，重刊《朱子全書》在五十一年二月丁巳諭令詔示朱子配祀。康熙尊朱政策隆學躬行力倡理學，順應漢人心理信仰也緩合了文化對立，甚而頒布「聖諭十六條」規範人民生活準則。事實上，尊朱政策藉理學維護功令，利在統御安邦之治，以道統與治統合膺理學行統馭萬民之舉。雍正六年「呂留良案」的爆發，尊朱政策逆轉而一線觸燃，呂案衝擊後雍正不復再有尊朱之舉，朝廷思想無意再倡理學，程朱地位漸衰靡鈍。乾隆闡明風教培植彝倫，實際上擷理學之名保專制君威，造就「君尊／臣卑」；「君賢／民順」以維護大清帝國的億載基業。世風趨之錮塞，於孔孟則曲解，於程朱則反對，政治箝制理學已趨向強弩之末，數百年官方意識型態下的理學僵化何以重振？便是反程朱之魁傑——「戴震」揭竿起義的歷史動機。

二、明至清相繼有劉宗周、黃宗羲、陳確、王夫之、顏元與戴震等思想家多方體究理、氣、欲課題，這偌多接踵而來皆向程朱「存理去欲」的舊道德標準提出宣戰，思潮轉向而兩相對峙。從另一個角度來看，這趨勢正說明清代學術發展已然步入重心改變，在理學長期標舉天理性體的課題下，歷經宋明理學五、六百年發展已然臻以完成。因而學術重心轉變，雖有朱陸思想分歧，但就整體而言理學由形上超越「性」、「理」轉向形下經驗世界「氣」、「欲」課題，這也說明了宋至清之際思想理路的脈絡，從宋儒談「理本論」、「存理滅欲」，到明清儒重「氣」、談「人欲」，儒學傳統價值觀儼然趨變。劉宗周、黃宗羲「有是氣方有是理」之說，後有陳確「『天理』皆從『人欲』中見」、王夫之「天理與人欲不相對壘」、顏元「氣即理之氣，理即氣之理」、戴震即欲見理「理欲合一」的主張，這哲思趨勢明確地說明儒者不再馳心空域尋求嚮壁虛構的超越形上之理，而更重視落實在具體生活世界中的「氣」、「欲」問題。從「理本論」到「氣本論」的脈絡演變，戴震雖非異軍突起，然依其思想的脈絡按圖索驥，對時代思潮的演變也謂是有跡可尋。

三、宋代「理學」與明代「心學」之紛紜也說明，理學發展已屆臨高峰，經歷顛峰後已難再越其矩矱，理學內部之爭屢經數百年各執一端，轉而訴諸考證訓詁的佐證下以使爭論得以取決，「反宋」、「宗漢」走向實證領域，成為乾嘉學術所無可避免的趨向。清儒重振儒家經典的解釋權威，從經學內部挖掘入手，在文字音韻、訓詁考據上總結前人成就，在典籍整理上校勘辨偽、輯佚成績輝煌。清儒檢視理學之弊，流於玄虛蹈空而束書不觀，學術脫離實際以致諸多弊端滋生，立基此開創以經學濟理學，透過考證訓詁以通經致用建立實學客觀標準。隨著清代學術方向轉變、重「氣」、論「器」思想提倡，加以政治上高壓政策所致，士子投入樸學考證，此時經典詮釋方法已然跳脫「宗宋」的理學框架轉向「宗漢」的考據疏證。隨著實學思潮的演進，清代學風崇實黜虛，「漢學」考據學便一支獨秀成為經世致用之鑰進入全面總結成果輝煌時代，由宋返漢，由理學內聖走向經學外王理想。

第二節：戴震面對夷夏文化衝擊，政統與治統淪陷，學統不彰聖人之道異說淆惑，深懷感時憂國的戴震如何廓清儒學道統？「求觀聖人之道，必自孟子始」便由這一提問所呈現的進路考察，追溯「道統論」的意識淵源。戴震推舉《孟子》在儒家經典上的歷史地位，以詮表「孟子原意」做為自述孟學的詮釋立場。

一、戴震疏證孟學，肩擔起捍衛孟子思想為已任職責，自述孟學意識即在「破後人混漫」，而詮釋旨在「返歸孔孟之道」。無論自述「吾用是懼，述《孟子字義疏證》三卷」一再強調孟學詮釋立場，「今人無論正邪，盡以意見誤名之曰理，而禍而斯民，故疏證不得不作」面對世人異說孔孟聖賢之道隱而不彰，戴震興起摧破僵化的勇氣。於是，《孟子》成為戴震心目中最具聖人之道表述的代表，所以「求觀聖人之道，必自孟子始」，取法孟子辯楊墨自勉廓清儒學，力倡「發明孔子之道者，孟子也，無異也。」言簡意賅地道出內在學統認知，以孟子做為聖人之道的詮釋中心，故聖人之道非孟子不能也。戴震實為匡正時弊對於理學流弊、士子雜襲老釋論儒、社會以理殺人等現象深惡痛絕。戴震釋孟以溯源儒學正統為旨，「破」除宋儒誤理「作者」與「文本」理解，高舉孟學旗幟匡正時弊，疏證孟學以捍衛儒學正統。由「破」而「立」，一系列《緒言》、《孟子私淑錄》、《孟子字義疏證》上接孟子之傳，釐正程朱雜老釋異說建「立」孟學新釋。

二、戴震欲打破理學宰制，其一再強調還原情欲的應有地位，掙脫程朱「存理去欲」的絕對性，嚴厲斥責哲學家建構知識／權力體系的

「以理殺人」，而是「以情絜情」追求一個客觀公平正義原則下的群體性公德。戴震批判所向主要從兩方面：其一，批判朱學「存理去欲」無視饑寒號呼，男女哀怨垂死冀生，提出「理存乎欲」做為呼籲。其二，從社會機制揭示統治者以理殺人，指證理禍斯民淪為政治工具。戴震嚴厲指責程朱，實是有感高壓統治「以理殺人」，攻訐之所向正是為專制霸權提出控訴！因此，置身在這動輒得咎、壁壘森嚴的政治氛圍下，趨使戴震孟學重建的真正主因，效法孟子闢楊墨，猶同己闢程朱，勇於抨擊統治者罪愆，也深表知識分子對社會憂切的苦心，揭櫫理學奴化道德戕害人性，這般無畏權威之精神更是值得敬佩！

三、戴震治孟解釋方法是互為表裡，除了自覺道統意識外更深刻廓清宋儒異說為使命。一來破除宋儒鑿空言理意見誤理；二則提出孟學新釋途徑，以「訓詁與義理」解釋治經，以自身「作者視域」進入「孟學意義視域」，自覺決取《孟子》字句以融鑄闡釋孟學。戴震試圖取代朱熹註孟的官學權威，一方面尊經《孟子》捍衛釋孟的合理性；另一方面則對《孟子》創新解讀，昭顯清代孟子學轉移的時代性意義。戴震表述釋孟的解經立論，「凡學始乎離詞，中乎辨言，終乎聞道」，實際上即肯定《孟子》文本本義（original meaning）和孟子原意（original intention）存在，這原意體現了戴震疏證孟學的立基點，從考據字義小學著手，立言故訓通乎聖賢之志，以字義為先而次通文理，終達聖人之道。「終乎聞道」解釋立論，體乎聖賢心志成為最終目標，「聖人之道在六經也」就「字」、「詞」、「心」、「道」，論述經典文本結構語言和心理相滲關係，同如孟子「以意逆志」相接以心。戴震詮釋經典建立「以文字以通於語言，由語言以通乎古聖賢之心志」的經解方法，回歸儒學正統，故訓明則古經明實證，既具系統性義蘊，實際上也是「終乎聞道」回歸聖賢經典的解釋目的。

四、戴震《孟子字義疏證》中以「理」為首綱，旁及「天道」、「性」、「才」、「道」、「仁義禮智」、「誠」、「權」範疇，釐清宋儒辯「理」可謂是孟學詮釋的最首要工作。依此訓詁字義所論證的理，此理乃「理義於事」是「事物之理」，理是事物之「分理」、「條理」並非宋明儒所言沖漠無朕之「性理」，「理」只是氣化之物之條理。《孟子字義疏證》匠心獨運在核心範疇下，以「問答」條例自問自答，廣徵博引《孟子》和儒家經典條縷辨析論證概念。環繞三命題核心：即「天道」、「人性」、「人道」分述不同概念進行疏義，論「天道」命題：運用道、氣、理、神、化、器；論「人性」命題以性、命、才、知、情、欲；論「人道」命題，以仁、義、禮、智、權、善逐一加以界說，系統性地詮解儒學，對峙宋明理學的廓清工作上開展孟學新釋，以考據儒學、復歸孟學，揭櫫程朱理學偏閏以恢復儒學本義，正本清源地為儒家學統發聲。

五、戴震孟學自我表現，求之古經「訓詁」作為克服古今懸隔歷史的方法，證得古經明則賢聖理義明。這創造亦相印於伽達默爾觀點，《孟子》經典的存有以「遊戲」方式表現自身，戴震正參與《孟子》理解的遊戲，由考據治經進入遺言垂訓以召喚義理，在清代歷史課題下回應了世人豐富不竭的孟學真理。由對《孟子》文本考證，引經據典臚列而治，根植「訓詁」明後「義理」明的客觀方法，相輔為治成為詮孟最適切的治經途徑。這途徑透過通經明道以證《孟子》，既超越了時間、空間的歷時性，又能破除《孟子》文本與戴震當下歷史橫亙的問題。不僅貫徹「返歸聖人之道」的詮孟宗旨，更是捍衛正統意識下自述《孟子字義疏證》續統的合理性，師效孟子闢楊墨，闢宋儒冥心求理臆斷之弊，在續統歷史地位上接續聖賢心志，跨越古今懸隔，融合「視域」進入《孟子》經典世界。

第三節：戴震「情欲釋孟」有別漢代趙岐孟學「政治釋孟」、宋代朱熹「以理釋孟」成為清代歷史視域下解孟的另一種途徑，可謂是時代的反映。戴震疏證孟學佐循治經方法與朱熹大同小異，皆融漢學以併宋學，只是側重所異，二家揭櫫的孟學關懷點不同，亦各彰顯孟學特色之所不同。

一、戴震疏解考覈重建孟學，如是道德意涵由宋儒形上超越面導入人倫實踐面，尊德性不再是程朱高舉形上的道德之理，也不淪為統治「以理殺人」工具。戴震孟學詮釋所展示心性論與孟子相較：孟子之「性」——「即心善言性善」四端之心生發良知主體創生道德善之意涵；戴震釋「性」——氣化言性「理存乎欲」血氣心知釋性，性不僅是人之本質亦是犬牛之性區分。孟子之「心」——「道德心」是內在固有之道德本心，自主自律本心即性，本心明覺即道德理義，即存有而活動之實體；戴震釋「心」——「認知心」心具認知職能決斷事理研判是非。孟子之「理」——「理義悅心」本心自宰道德臻達心即理，理義悅心，即是自律道德展現；戴震釋「理」——「理義於事」，理義存事物中，透過心知對事物條分縷析，微鑑密察證事物之理，此理是認知心所對，因此是他律道德之展現。孟子「尊德性」強調本心良知涵養擴充性善；戴震「道問學」德資於學，藉由知識擴充去蔽以彰顯內在德性，達致聖智神明。

二、雖然，戴震極力論證人性論與孟子性說相近，然事實上戴震性說意涵卻不同於孟子原意。從孟子系統看來，孟子言心性察而明照存在界，以貞定人倫價值秩序，此心性開啟通往生活世界，亦也成就人之為人正面意義。因於心性「明」、「察」認知發動，肯定良知主體，從而跨出對生活世界明察感通。孟子不僅重視良知主體，更是著重此良知能否「明於庶物」、「察於人倫」行仁義之舉，因此「明」與「察」實踐更是孟子著意之處！戴震釋孟著眼在心知察辨，側重在心知認知上，亦揭示「舜明於庶物，察於人倫。非行仁義，由仁義行。」由心知察照世界論證孟學道德意涵，推拓心知以感通外在世界，此與孟子原意是相通的。

三、戴震「理義於事」深刻洞悉孟子「理義悅心」，著重心知「明」與「察」上，從而微鑑密察事物之理，不僅可得以理義於事亦可悅及我心，理義悅心亦可遂其外。由是可見，戴震孟學闡揚「實踐之知」察照感通，強調當下存在的真實體驗，不再佐憑形上天理遙求而走向人物共存的客觀情境，亦可「理義於事」也蘊涵

「理義悅心」，以德攝智通向生活經驗界的攝取，終其達臻成就道德，所以不但未背離孟學精神，「不同理解」的孟學意涵將道德推拓心知察照，成就了通往具體情境的實踐之知。戴震孟學是否穩合「孟子原意」已不是論點著意之處，而是如何看待「不同理解」所透顯之特殊意義，才是更重要的目的。

四、戴震開創經驗價值的孟學意義，並非只是道德主體「逆覺體證」可窮盡，以智達德亦可通往豐盈不竭的道德理想。然必須強調，不論是「逆覺體證」或是心知「實踐之知」皆必須踐履在人我真實感通上，在當下生活歷史場域中而開展。所以，戴震深刻地洞悉道德實踐對人的重要，痛聲抨擊「存理去欲」無法獲得自我生命的踐履，「以理殺人」亦對人性造成宰制壓迫，因而提出「理存乎欲」呼籲「達情遂欲」的重要，主張「以情絜情」彰顯生命情欲的正面價值，在道德異化窘困時代下重建人我仁心互感之關懷。

五、明乎此，戴震強調「以情為體」回歸孔孟仁愛揭櫫生命價值，將愛人達人仁心擴充，達到人我絜情的互感互通，連繫己與他人生命的關懷建立一個眾人情欲遂達的理想社會。如是孟學重建之意義，不僅綰合「以情絜情」與「實踐之知」，更極力重塑儒家人我感通的有情世界，通過情欲遂達朝向生命具體情境，契接於穆不已的道德意涵。誠然可見，戴震試圖掙脫程朱重理輕欲的桎梏，重新復活孟子文獻，將孟子思想納入更開闊的時代脈絡，不僅由此詮釋孟學良知的另一種道德意涵，更是綰合道德／實踐之知在氣稟之性中安頓。明乎此，戴震孟學開展不僅著重歷史中道德實踐，對於當下現實社會更是稟忘深層的使命感，故對道德理義的普遍性不願寄託在抽象形上學，而是強調具體情境中人我物我感通一體暢遂其生。因此孟學新釋意義，迥然已將宋明儒百年爭論的形上道德追求，由一己狹隘內在破除走向情欲通達的人倫實踐。此不僅是戴震創見，更是如實呈現當代亟需關懷的命題，在尊孟的詮釋意識下所透顯創造之意蘊。

六、所以，戴震詮解不同於孟子原意的意涵上，這即說明當人性論歷經宋儒理欲之辨的解讀，通過「性即理」走向「存理去欲」，事實上也說明了宋明理學五、六百年完成「理」的體證，將「情」、「欲」釋「理」的空間遮蔽。戴震論性正是洞察此解讀空間，提出「理存乎欲」理欲合一的詮釋。「理欲合一」從不是將「理／欲」置在「應然／實然」二分下相敵對坐，而是以相互感通一體來呈現。換言之，理以規範之義召呼著欲，欲則在「歸於必然適完自然」敞開模式中，以當然之義回應著理，「歸」與「適」亦為自然也是必然，毋須截然割裂彼此關係，雖理／欲呈現方式上有所差異，究其實是相互連繫而共同隸屬。當然，戴震「理」的定義亦不如程朱所言之「天理」，而是體認「理」不是美名絕情滅欲的主宰，是真實參與血氣生命的具體呼應，是自然與「情」、「欲」相滲透而交融。所以「理欲合一」從欲中體證歸於必然理義，「歸於必然適於自然」亦可洞察戴震的苦心睿思。

七、戴震「以情絜情」不僅論證了理／欲關係闡釋人性說的可能，也推翻了道德價值根源於心的主張，終結宋儒理氣二分「存理去欲」說，走向「以氣論性」、「以欲釋理」思想理路，雖不同於孟子原意，然也彌補儒家長久重理輕欲的解釋真空。相顯之下，戴震這別異孟子原意而全面延伸的人性理論，「歸於必然適完自然」扣緊理欲合一歸於德止於善。這不同意涵的創造思想，亦也透顯清代歷史視域下普遍倫理的人性呼籲，不離人倫日常、民於庶物的人性主張更貼近了孟子精神，相較於宋儒懸隔思辨論性，雖然戴震的理解與孟子原意不同，「理存乎欲」、「達情遂欲」的經驗價值孟學更合乎人性自然。

八、戴震建立在「理存乎欲」基礎上的血氣心知，給予心知的認知義，心知明覺所認知客觀之理，殊異於理學「即心求理」蹈虛不實而走入博雅考據的實證，以「實」闢「虛」扭轉程朱理學「理」命題所發展的治經理路。於是乎，這實學思潮產生鮮明的徵實立場：在本體論上，置「理」在客觀事物中以理義於事，分殊條理以說明；在人性論上，「理」置在「欲」中，「理存乎欲」論證自然人性論；在倫理觀上，肯定性善立場，理同然於心

「以情絜情」建立達情遂欲的大同社會；在工夫論上，重視血氣心知認知義，導向德性資於學問「道問學」以實踐道德。

九、戴震釋孟試圖將此「尊德性」與「道問學」收攝在孟學系統中，一方面強調「德資於學」學問以德性來保證，另一方面「去蔽顯德」以理證，歸根究底「尊德性」／「道問學」在詮釋系統中是一致。戴震不僅以返歸孔孟為宗旨，更將德性主體／知性主體融匯貫通，由「道問學」回歸「尊德性」，在孟學系統中得以全面性安頓貫通。戴震治孟結合考據與義理，強調經驗價值取代理學的形上價值，重視人性自然情欲，由復歸「天理」趨向「情理」闡揚，走過宋明理學道德形上學階段邁向清代新義理學。

十、戴震以徵實博證的考據為依據，佐訓詁證義理，在鮮明的道統立場上回歸儒家原典，將力闢理學的意涵建構在孟學詮釋活動，求觀聖人之道以接乎聖賢心志。所以不論從核心價值觀、治經方法到孟學義理重構，都是迥異於宋明理學，這不僅說明了戴震自述孟學職志，在返歸孔孟的立場下，解構「存理去欲」的官學理論，察照社會「以理殺人」價值失序的問題所出發，重建道德之理的釐正，關懷人倫經驗世界的理欲便成為孟學詮釋之核心。

綜結第四章之成果回顧，戴震孟學意義建立在批判宋明儒的基礎上，所展開復歸儒學之道，孟學系統層次井然，義理詮釋一致構築了孟學新情性學。戴震孟學體現了反封建、反權威，呼籲體民情、遂民欲，振臂高呼對峙高踞廟堂封建的理學，披露了長期官方意識型態下，假儒家綱常道德之理行宰制之實的統治教條，解放了數百年僵化的儒學意涵。戴震孟學詮釋目的不僅直指擺脫政治的束縛，亦是察照人倫社會「以理殺人」價值失序的問題，重建道德之理追求人性自然情欲的呼籲。這所開顯「不同理解」的孟學，清・洪榜贊曰：「夫戴氏論性道，莫備於其論《孟子》之書，而所以名其書者，曰《孟子字義疏證》焉耳。然則非言性命之旨也，訓詁而已矣，度數而已矣。要之，戴氏之學，其有功於六經孔、孟之言甚大，使後之學者無馳心於高妙，而明察於人倫庶物之間，必自戴氏始也。」[1]戴震回歸孔孟所重建之意義實是足以肯定！

第五章之結論

本章觀點承上述之討論，統攝全文研究成果為奠基，從西方詮釋學的爭議點展開反思，探究二家「返歸孟子」接續儒學「道統」傳承與孟子原意貼切與否？所詮釋孟學理解是「原意理解」？抑「更好理解」？或「不同理解」？鑑此之提問，茲分二節以論述：首節，即就朱熹、戴震孟學之異同與孟子「原意理解」做比較；次節，基於所有理解客觀評騭朱熹、戴震釋孟之歷史地位。此意義目的之所在，一方面對比朱熹／戴震孟學義理系統之異同，予以衡定詮釋應有評騭，另一方面則透過中西觀點的會通參照，釐定二家孟學開顯的歷史意義，藉此意義貞定宋至清代孟學系譜發展的思考向度。此章研究成果分述如下：

第一節：本節以孟子「原意理解」做為基礎，綜述朱熹、戴震孟學思想異同，說明二家詮釋意識經由各自立足時代關懷點所致，因而產生詮釋路數之不同，導致立論與詮釋結果之歧異，提出孟學詮釋比較說明。

一、依孟子「原意理解」，「即心言性」論人之性善，此心性皆是內在道德之主體，性由道德心以呈顯，從客觀說是「性」；從主觀說是「心」，二者主客觀合一，道德心與善性亦為一，此之立場為孟子論性善之原意。相較之下，朱熹註孟論述孟子心性論，將宋代的時代語彙「理學」帶入《孟子》經典「視域融合」，「以理釋性」成為回歸天理以呈顯道德的根據。基於此立場，以「理」做為人性的內涵，銜接人性／天理；人道／天道，亦以此表達人性價值的實現，因此原在孟子「原意理解」系統中，性善價值與道德實現根源，在朱熹孟學系統中轉成形上之理的型態。朱熹以「性即理」闡明孟子性善，在人之為道德實踐主體概念架構下論述「心」、「性」、「情」關係，提出「心統性情」說。

---

[1] 洪榜：《上笥河朱先生書》，《戴震全書》（七），頁141。

即如此詮解下，朱熹詮釋心性論將孟子心性合一的道德主體劃分為三，詮解「情」為已發之端緒；「性」為未發之道理；「情」乃形下之氣，而「性」乃成形上之理，如是「心統性情」收攝「性」、「情」安頓關係。

二、孟子「原意理解」性與情是不二分，性是道德創生實體，心性情本是一事，因此在孟子原創思想中，並無「性」／「情」異層分別，乃若其情皆可成善。但朱熹釋孟的詮釋顯然不同於孟子原意，安置「性」、「情」交予「心」裁制衡量，心統其性情，此心便從孟子道德本心轉而成認知明覺之心。「心」做為外在「理」的認知判斷，以知解理路詮釋心的能力，「心統性情」統攝「性」、「情」而合「理」發用，這差異之所在，乃源自朱熹的理論預設了人能體證「天理」為最高境界，將「心」做為回歸天理的動力，強調發用原理必然各自存在形上／形下之中。因此，孟子所言心性不二分的立場，自然在朱熹理論預設下必然無法保持原意，而詮釋「性即理」扣合「心統性情」，上接「理氣二分」以體證道德。

三、換言之，孟子系統強調心就是理，而朱熹只釋心存理，雖同於掌握心為性善的立場不變，然朱熹定位心的意義使孟子「原意理解」分論「大體／小體」；「心之官／耳目之官」；「理／欲」的問題安置於「心」來處理，以「道心」裁制道德發用；以「人心」主宰血氣生命，這與孟子「原意理解」迴然開出「不同理解」的解釋。因此，朱熹即在此認知下，「以理釋性」架構下安頓理氣問題，以「性即理」兼理／氣二面以論性，論證「天地之性」與「氣質之性」各有所指又相互依存，綰合回歸於道德發用最高根據之——「理」。如是，在朱熹孟學的架構中，以形上之「理」做為萬物存在原理之根據，此「理」靜態「存有不活動」超越萬物而為一，依附著形下之「氣」以生發，形氣絪縕交感而創生萬物。

四、朱熹「性即理」、「心統性情」、「理氣二分」之義理架構，遂決定「格物窮理」的工夫格局。理做為「存有不活動」靜態的實有，所以道德實踐由性體轉移至心體「存理去欲」涵養察識，以涵養居敬工夫顯心知靈明，使已發之「情」能合「理」中節，即物窮「理」以變化氣質。因此，順著朱熹「格物窮理」工夫以開出孟學思辨領域，雖仍以道德為其主要關懷，然致知格物進路亦以成就認知知識。職此分析下，孟子「原意理解」體證經驗世界中的德性完成，到了朱熹註孟的理解脈絡下，回歸形上「天理」做為義理系統之終極目的，雖同於關懷人性德性的彰顯，然因朱熹義理關懷點所異，以「理學」治孟創造轉化出通經明理的知識思辨孟學。朱熹這不同孟子「原意理解」而展開「不同理解」，顯然是扣合己意的哲學建構，理學語境開啟孟子性善以成「性即理」，透過「天地之性／氣質之性」建立在必然為善形上原理保證，「以理釋性」融合《孟子》經典創造孟學史上形上學意涵，此當為朱熹孟學厥功甚偉之開創意義。

五、孟子「即心言性」論人性道德的價值根源，預設了人因本心為善，故性善，強調心是道德價值發用之根據。其後，孟子心性論所延伸的詮釋，到了戴震釋孟的詮解下更是開啟「不同理解」的孟學意涵。戴震表述了對人的價值意義關懷，其釋孟的詮釋理路，迥然不同於朱熹以回歸形上天理為終極，而是扭轉了性善的道德實踐面，轉向形下生活客觀經驗上，由經驗世界的場域中踐履，正視起人性血氣心知的「氣化言性」，此詮解除了不同於孟子「原意理解」打破孟子不在血氣生命上論性的格局，也與朱熹「以理釋性」形上孟學的進路不同。戴震論性強調形下經驗價值的踐履，將血氣生命的形成闡釋為「氣化言性」生成意義，將人心與道德的詮解，同置於「氣化言性」的大前提下，「心」認知客觀理義，「理義於事」、「理存乎欲」迥然不同朱熹論心「存理去欲」的超越義。

六、戴震如此的詮釋背景下，蘊涵著捍衛儒學「道統」的使命，由對宋儒誤釋提出廓清之任務，先以解構宋儒理論為奠基，再以疏證孟學做為重構之工作，重新定位「理／氣一本」；「人欲／天理一本」；「自然／必然一本」，迥然樹立別異於宋儒二分論性的途徑，詮解藉於存有論與社會範疇間的一本意涵。這不同宋儒的論性，將人性論導向聖人之道的理路定義人性，強調氣化言性，血氣心知悅其理義，理義回歸血氣心知，「歸於必然適完自然」扣合了自然之「欲」與必然之「理」，「理欲合一」理歸於德止於善論證孟子性善，建立「情」、「欲」與「理」調和「理存乎欲」的倫理觀。雖然，戴震闡釋與孟子原意有所不同，然值得正視其「不同理解」的獨特處，是身處在統治者挾程朱理學風行之際，批判官學「存理去欲」的「以理殺人」背景。遂使戴震透過重構孟學以表達反抗，在理論上動搖「存理去欲」官學的桎梏，建構一個合乎人性「理存乎欲」民於庶物、察於人倫的社會呼籲。

七、雖然朱熹、戴震論心的詮釋皆「同」落在外在認知法則的理路上，然必須仔細區分，朱熹預設了人能體證「天理」為最高境界，將「心」做為回歸天理的動力，雖也強調惻隱、羞惡、辭讓、是非為形下「氣」之「情」表現，但仍置在形上／形下「理氣二分」的架構下，這與戴震孟學所預設道德發用源自人性「情」、「欲」的挺立，二家詮釋是相「異」的。其次，戴震論性相較於朱熹孟學立場，皆「同」主張氣化言性的形上根源是天，然相異朱熹詮釋之所「異」處，是不建立在形上之理回歸上來保障性善之價值，而是另闢蹊徑開顯另一種異趣的經驗價值孟學。所以，朱熹和戴震分別基於各自人性價值之預設的不同，將孟子對於人性定義「原意理解」，因秉持各自理論預設相異，因而開顯出「不同理解」之孟學意涵。

八、再者，就詮釋目的而言，朱熹、戴震皆試圖推拓道德在經驗世界中尋求普遍法則做為實踐的意義，此是毋庸置疑的。然就朱熹孟學詮釋來看，其義理系統架構的道德法則仍是建立在經驗之「理」上，以追求形上之「理」為最終目標；而戴震則顯然不同，道德法則推溯在經驗世界，建立在眾人普遍認知「以情絜情」、「達情遂欲」同然的判斷上。因此，孟子「原意理解」論道德法則所發展「盡心知性知天」，盡心則能知性，知性而後知天的理路，原是論證以道德本心的呈顯以完成作為天的意義規範。然孟子此之原意，因朱熹預設立場以《大學》詮解《孟子》，因而創造倒轉成先「知性」之理，方可後「盡心知天」的「不同理解」。而戴震詮釋重心，也因預設立場始終置在形下經驗世界中，著意是人之自然之性做為「實踐之知」的道德踐履。因此，依其理義建立在眾人「達情遂欲」目標上，以「欲」、「情」遂達至「理」體證，「理存乎欲」銜接至血氣之性的層次上，回歸人性自然生命的呼籲，應合道德之「理」。

九、誠然，朱熹／戴震孟學各領一代風騷，分占宋／清二代思想巨擘，雖然二家孟學評價互見，但其開創意義皆引得後代孟學詮釋者的注目，雖二家「同」皆主張孟子性善論，然因預設詮釋立場所「異」故詮解不同。二家相較之下，朱熹孟學所架構是形上思辨價值的孟學，探討的是形上學問題，說明人性必然可為善的形上理據，針對性善價值原理的討論提出了「性即理」、「心統性情」，而不是在形下生活世界實踐上探求。而相顯之下，戴震孟學所選取進路則迥然不同，扣緊孟學道統詮釋意識，立基對程朱「理氣二分」、「存理去欲」的批判上，由義理闡清工作一改理學形上體證之進路，轉而趨向形下經驗世界的實踐層面上論性善，定義人性「性善」、「理欲」的存在價值，抉發「理存乎欲」、「達情遂欲」的孟學實踐，以綰合自然情性論，迥然不同於朱熹孟學對形上價值原理的探究。

十、二家孟學相較，朱熹主張「存理去欲」強調修身治己，建構思辨知識孟學；戴震主張「理存乎欲」強調達情遂欲，開顯經驗價值孟學，二家孟學關懷點不同，亦各有其無法取代的歷史性意義。雖然，朱熹、戴震因預設立場不同，開展截然不同的孟學意涵，然二家孟學詮釋終極目的，皆源於對人性生命關懷的表現。至此，孟子「原意」呈顯德性為主理想人格，到了朱熹孟學的詮釋下人的價值成為「以理釋性」、「存理去欲」、「格物窮理」，回歸形上之理以體證道德知性的表現；而戴震孟學的理解下，更將人的終極價值成為「氣化言性」、「理存乎欲」、「達情遂欲」以己情絜他情、推己及人同然道德的表現。

第二節：中國經解傳統參照西方詮釋學觀點，透過中西對話，釐清解經傳統中「名實之辨」、「言意之辨」、「義理與考據之辨」詮釋論題。中國經典悠久歷史，自先秦孔子「述而不作」編纂六經以來，歷代經解家踵武前修至清末，詮釋系譜始終附在經學的發展上，這代有解人經註的傳統，承續著「述而不作」經解的一貫宗旨，闡發義理成為中國經註發展的主流。「經典註疏」與「哲學建構」相互為體，解經中創新思想，朱熹與戴震即為此典型思想家代表之一，本節綜合各章之討論，基於所有理解以評騭朱熹、戴震釋孟歷史地位。

一、朱熹、戴震分別以「集註」、「疏證」方式追隨孔孟，企慕聖賢經典以聞道，探尋孟子「作者原意」與《孟子》視域融合的可能，召喚經典中言外意蘊。所以，環諸二家研究文獻所見，皆不離藉助講學、問答、書信、辯難等方式，對「經典註疏」進行義理體系的「哲學建構」。這特點呈顯中國經典的註疏傳統，「述而不作」與「寓作於述」的解釋體系是相合的，這說明了詮釋者總在「述」中之「作」逼近作者原意，詮釋並非作者「原意理解」完全再現，而是融鑄詮釋者自得義理創造「更好理解」或「不同理解」。因此在中國經典註疏傳統上，思想家圍繞「經典」展開經註，作為自身「哲學建構」背後的權威依據，所以經學家也多是哲學家，這則是中國哲學不同西方哲學的重要特點，而朱熹、戴震「經學與哲學」綰合治孟，亦是依循此解經的方式開啟繼承儒學道統之大業。

二、就孟學詮釋史立場而言，朱熹與戴震的孟學詮釋使命，分別立足在歷史時代氛圍下面對佛老思想挑戰、夷夏文化衝擊、異端之說混淆、聖人之道不傳的社會，皆感懷憂國從而進行文本的經註事業，力辨廓清「返歸孔孟」，這詮釋的開創性亦也是作為一個歷史性的意義存在。因為，作為「詮釋者」的朱熹、戴震以歷史視域解讀《孟子》，自然探尋與《孟子》經典所寄寓的意蘊，借鑑經典「原意理解」用意出發，注入了自身「前理解」當下時代更關注的期待視域。這期待視域始終環繞著當時的歷史氛圍、時代課題，自然依其不同的關懷解讀《孟子》經典，「述而不作」經解活動，「以意逆志」創造了朱熹、戴震「詮釋者」與孟子作者「原意」視域融合。這說明了「詮釋者」以預取問題意識帶入詮釋立場，追問聖賢經典的當代意義，將聖賢之道詮解屬於己意的「言外之意」，同時這解釋也意謂著《孟子》等聖賢經典的文本，始終以開放視域為立足點，召喚著歷代詮釋者以不同視野進入經典脈絡，聆聽「問題視域」展開經典意義的探索之旅。

三、既然經典文本沒有唯一的定見，因此亦當不能僅視朱熹、戴震孟學詮釋純然是一種文本的傳意活動，而更應正視朱熹《孟子集註》、戴震《孟子字義疏證》的意義實非對孟子「原意理解」的再現，而是融注「寓作於述」的創造闡釋。這闡釋著眼從當時「歷史視域」處境出發，分別面對不同時代挑戰下，如何回應轉化便是二家詮釋目的著意之處，所以立基在文化命脈的傳承「道統」上，尊奉儒家聖賢經典，借鑑歷史沿著「述而不作」而「寓作於述」，抉發《孟子》創造時代課題「意以載道」的意蘊。所以，由朱熹《四書集註》所闡發理學思想，創造了中國政統合膺六百多年的主導思想；戴震《孟子字義疏證》「求遂其欲而天下治」、「達情遂欲」聖人之治的呼籲，啟後孟學新義接軌邁入近現代，二家孟學詮釋皆清楚獲證中國經註傳統的詮釋特色，始終印證經學為治的哲學家，透過經學為註展現經世致用之鴻志，始終不變是孟學詮釋精神之核心。

四、所以，從朱熹到戴震孟學發展的變革興衰來看，朱熹回應佛老挑戰，以集註儒家《四書》繼承道統並發揚儒家文化；而後，戴震孟學詮釋可謂是對朱熹理學官衙化的一種反動。依此脈絡發展軌跡足以窺見二家延續的共通點，皆是扣緊儒家《孟子》經典，藉著文本經註活動，融合特定「歷史視域」突破時代舊有挑戰的格局。那麼，在西方詮釋學的觀點參照下，朱熹／戴震儒學「道統」傳承，所詮釋「返歸孟子」與孟子原意貼切與否？獲致孟學理解是「原意理解」？抑「更好理解」？或「不同理解」？即就孟子「原意理解」對比討論如上，朱熹／戴震孟學之評議得以獲得皆是「不同理解」。

五、經典存在唯一不變的本意來自「作者原意」，因此尋求經典作者「原意理解」是歷代經註家對於經解上一元性的主張。這前提下應注意的是，任何解釋都只不過是對經典文本「原意理解」的一種復歸，經典做為一個自明性的歷史存在，它的理解視域始終是開放，因此經典意涵並不侷限於一家之解，所以歷代註疏家對經典意涵所延伸「不同理解」自是必然。更明確說，中國經典註疏傳統的形成，就其形式為了解釋「經典原意」與「作者原意」，然實質上則是歷代經註家通過經典權威的理解視域，「寓作於述」提供一套回應當代社會倫理秩序的規範之道。這表明了，中國經典註疏傳統對解經者、詮釋者具有一種強烈憂世憂民的「實踐」傾向，這傾向相繫作者原意「解釋」與「詮釋」解經者的創造，建立在「理解」、「解釋」與「應用」的結合基礎上。

六、因此，朱熹／戴震孟學詮釋，雖皆依循儒家經註傳統傳承孔子「述而不作」以解孟，然「以意逆志」以不同關懷點所預取的「前理解」進入經典脈絡，「寓作於述」闡發「不同理解」孟學意涵。這說明朱熹／戴震召喚《孟子》至自身的實踐應用，不僅重構孟學更著意詮釋實踐的活動，開顯了《孟子》經典與當代歷史視域的融合，此「理解」、「解釋」、「應用」實踐與伽達默爾「哲學詮釋學」主張亦有不謀而合之意趣。

七、職是來看，朱熹／戴震孟學實踐直指當時生活世界「在於此世」（Being-in-the-word）的經世致用，關注的是歷史課題下佛老挑戰、夷夏之辨，正統文化話權之爭的經典實踐。因此立足在自身情境出發，藉通經以致用，參與《孟子》經典意識視域的理解，分別詮解《孟子》在宋／清二代「不同理解」（Adverserverstehen）的「實踐哲學」，此不僅效法孟子「闢楊墨」精神，亦也是反映對現實社會的關懷，深表知識分子對社會憂切的苦心。二家孟學雖是「不同理解」，然相同之處詮釋精神皆蘊涵著豐富的實踐性，通過西方詮釋學的參照對比下，顯然是「哲學詮釋學」立場，雖以「原意理解」做為詮釋目標，然「寓作於述」不是複製孟子「原意理解」而是創造「不同理解」。因此持平地論，二家詮釋解讀之差異並無所謂優劣之分，更重要是各為自身所處的時代脈絡下，開啟了《孟子》經典的當前適用性，以「集註」、「疏證」的經解方法，召喚《孟子》經典至前與時代意義視域融合，開顯《孟子》在不同歷史時代下「不同理解」的孟學蘊涵，此才是二家孟學獨特的歷史意義。

八、因此，中國經解傳統無有西方詮釋學方法論、本體論之爭議，而彰顯經解的註疏傳統，在「經典」與「解經者」之間始終建立一種詮釋意義的「連續性」，這說明了經典意涵論述空間永遠保有不同對話的張力，因此中國經解的歷史始終能夠不斷地緜延傳承下去。而本書研究透過中西對照觀點，援引西方詮釋學理路以廓清朱熹／戴震孟學，與其說裨益還原二家詮釋之真相；毋寧說通過此參照以衡定二家孟學定位，更清楚地揭櫫二家殊異的詮釋視域，立足從屬在不同歷史情境下的思想背景，因而展開孟學詮釋的不同精彩處。本書研究無意評議優劣之分，因為《孟子》經典無止盡地敞開，孟子「原意理解」的本懷始終保有詮釋論述之開放性，所以朱熹、戴震分別為關懷課題下彰顯孟學「不同理解」的豐富意涵。

綜結第五章之成果回顧，總地來說，朱熹孟學以經學志業傳承儒學道統，高舉儒家旗幟回應時代佛、老思想的挑戰，以「理學」註孟，解經立場建立在永恆普遍的天道性命信念上，總結宋代理學思想以註孟，架構起以理釋性「性即理」、「心統性情」、「格物窮理」形上思辨的知識孟學。朱熹通經明理以「集註」的體例疏通儒家哲學體系，兼采了漢學、宋學融舊鑄新以治經，完成《四書集註》大成取代了隋唐傳統《五經》系統成為儒家經註的詮釋中心，《孟子集註》更確立孟子在儒學的正統地位。隨後，各朝代歷經政統與治統合膺推舉，科舉功令附庸所致，士人莫不趨之若鶩，更開啟了元、明、清朱註官學的獨尊地位。

相對來說，戴震孟學歷經了明至清思潮的轉變，由形上之「理」到形下之「氣」的核心演進，從宋學到漢學治經學風之嬗變，這註孟背景的思潮典範轉移，建立「始乎離詞，中乎辨言，終乎聞道」的解經立論。戴震以「故訓以明理義」力闢宋儒異說之弊，不僅批判政治官衙化「以理殺人」，詮釋方法更重新以「疏證」體例廓清儒學範疇成《孟子字義疏證》，彰顯清代「理存乎欲」、「以情絜情」、「實踐之知」的經驗價值孟學。戴震孟學之意義，扭轉了數百年理學形上之理的側重，轉向形下客觀經驗的道德進路，揭櫫孟學隱而未彰的情性意涵，解放了數百年政教扭曲下的僵固理學，不僅「寓作於述」返歸孔孟聖人之道，更巍然樹立總結考據所成，創造孟學新體例典範，不愧蔚為清代皖派之大師。

職是至此，朱熹、戴震二家孟學之異同，「同」於儒學道統立場上接《孟子》，然「異」於義理預設立場、詮釋核心、關懷意識之不同，各自揭櫫出孟學蘊涵的不同理趣。在此截然異趣下，戴震「理存乎欲」以情欲釋孟的走向，也代表了朱熹「存理去欲」舊傳統已式微，另一重「氣」、「欲」、「情」人性價值的抬頭，更說明了孟學詮釋歷史更迭的意義。

第二節　儒家心性論系譜之再造

《孟子》經典世界的意涵，既不是疊床架屋嚴峻法則也不是束之高閣的倫理教條，而是深植在生活世界體現人倫日用的道德真理。很顯然，朱熹／戴震孟學展示除了透過孟學的再認識，揭示聖人之道，更進一步將《孟子》經典意涵再次展現，除了破除經典個別主體性的時空橫亙，同時也援古釋今，使詮釋者與經典千年相與謦欬於一堂，在自我理解中展開《孟子》文本的真理對話。近年來，西方詮釋學譯介和傳播成為當代活力哲學思潮，以詮釋學為參照背景的中國哲學正悄然展開，中國幾千年來積累相當豐厚的經典注譯，若能參照西方詮釋學的角度來重新梳通，待以時日對經典闡揚，必然可提供更多創造性的理解契機，而本書研究的提出則是一種新的嘗試！

這證明了《孟子》經典本身即是一種文本的範例，它的意義與歷代經解者相覷對坐，經典意義的創造抉發，必須透過經解者不斷地提問，經典內在的意涵才能向當前世界源源不竭地開顯。這即是說，做為理解與詮釋者進入經典文本脈絡，意義的召喚依其問題意識得以呈現，聖賢之道始能被顯題並為後人所聆聽。換言之，詮釋學所理解的文本意義是在不斷地提問理解中，新的詮釋得以實現，此意對伽達默爾而言，即是進入詮釋「歷史視域」交流：

> 視域就是看視的區域（Gesichtskreis），這個區域囊括和包容了從某個立足點出發所能看到的一切。[2]

> 當我們的歷史意識置身於各種歷史視域中，這並不意味著走進了一個與我們自身世界毫無關係的異己世界，而是說這些視域共同地形成了一個自而運動的大視域，這個大視域超出現在的界限而包容著我們自我意識的歷史深度。事實上這也是一種唯一的視域，這個視域包括了所有那些在歷史意識中所包含的東西。[3]

文本屬於整個傳統，不同的理解者置於此大視域對文本所召喚意義亦不同，因此經典意義體現在後人無限的歷史視域之中，理解無所謂體現的偶然性，在時間的長河中連綿不絕中自生自現，所有的理解皆無疑置身在這歷史的大視域中。換言之，當詮釋活動的自身參與此視域，即是說明它展現另一個真理的可能性，這也意味從再詮釋的視域過程中，學會更適切的脈絡視野參與經典世界。所以，經典意義永遠存在並不斷地再現，經典作者與詮釋者視域融合，不是複製而始終是重構與創造。這說明了經典歷史有無限開展的可能，除了「原意理解」外，文本更存有「更好理解」、「不同理解」的創造性，卻沒有唯一亙古不變的原意解釋，它始終日新不已立足在開放視域中，追問聖賢之道的當代意義。所以經典意義即在每一次「視域融合」的對話提問中，再次地展現經典召喚世人的豐盈意涵。

朱熹／戴震孟學意涵深遠，本書研究探索分析勢必難以周延，即使透過思想史的脈絡回溯，也難以達到掌握「整體」思想史之要求。然而，本書研究無法亦不必要求形式上達到「完整」，只希冀是否掌握文獻論述主題的一致性，二家孟學思想還原是否貼切，進而達到本書研究論旨所需

[2] 伽達默爾著、洪漢鼎譯：《真理與方法》（第一卷），頁395。

[3] 同註2，頁398。

對應之「完整」，還原心性蘊涵下進而探討影響二家孟學詮釋歷史之因，諸此皆為本書研究之目的。此義誠如馮友蘭先生言：「中國哲學史工作者的一個任務，就是從過去哲學家們沒有形式上的系統的資料中，找出其實質的系統，找出他的思想體系，用所能看見的一鱗半爪，恢復一條龍出來。」[4]哲學家在面對某一問題時，得到了一個結論，經過理論思維的反覆思考始至結果，然此論證過程並未明確的揭示，此過程之還原即為研究者面對研究課題所須窮盡致力之職責。本書繼各章義理開展後，盡可能掌握論題之焦點，而種種研究成果展現，亦是回應研究動機曾有的提問，最後延伸本書研究矢向，溯源近年來大陸郭店楚簡、上海博簡出土文獻的考察，展望孟學理解視域，再探儒家心性系譜的可能意涵與向度。延伸追問朱熹／戴震孟學詮釋「不同理解」，在楚簡參照下何者較逼近先秦儒家心性論「原意理解」、「更好理解」或「不同理解」，做為延續本書未來研究發展之前瞻。

二十世紀九〇年代，在大陸湖北荊門地區先後出土了大量戰國的楚簡文獻，據考證以判，流傳抄寫時間應早於西元前三百年，已為學界所公認。由這批文獻所見，主要為儒／道二家思想的重要佚籍，經由整理者的編製以成《郭店楚墓竹簡》[5]與《上海博物館藏戰國楚竹書（一）》公告出版[6]，此蔚為學術界之大事。現就楚簡所探，均顯示出儒家早期哲學探討的原初思想，尤以〈性自命出〉和〈性情論〉二篇，所論心／性／情說竟有大量相似之處。根據楚簡傳抄年代以判，時代當為孔孟之間，然孔子主「仁」重「禮」罕少論「心」、言「性」、說「情」，何以孔子後楚簡所見竟如此重性貴情？孔子後一百九十年，孟子大論心性並由情引發良知道德本體，由良知善性自覺體切仁禮境界。我們要問這發生緣起為何？其緣起的轉承性與過渡性所涉中國心性哲學系譜又有何影響？此二者脈絡歷來模糊未清亦未見有力文獻辯清，幸得楚墓出土當可為思想軌跡援以輔證。

---

4 馮友蘭：〈研究中國哲學史的特殊任務〉，《中國哲學史新編》（第一冊）（台北：藍燈文化事業股份有限公司，1991年12月），頁39。

5 1993年10月湖北荊門市郭店一號楚墓出土，根據整理者的編製所見主要是，共計十六篇。荊門博物館：《郭店楚墓竹簡》（北京：文物出版社，1998年5月）。

6 《上海博物館藏戰國楚竹書（一）》（上海：古籍出版社，2002年11月）。

由楚簡的回溯，顯豁出孔孟之間在心、性、情上的轉承性，亦可為孔子其後儒學心性發展，對性情的探源提出更明確的對照。此不僅溯清了中國心性論思想的理路更可由簡書客觀的檢證還原理解，從而架構孔子後禮崩樂壞——上博／郭店楚簡年代，直至孟子論心言性的系譜。延續未來研究課題有二：首先，從郭店楚簡檢視儒家心性論，就「道統」說的再確問題提出辨正，冀能更釐清儒家心性論意涵。其次，在郭店、上海博簡的楚簡文獻對比下，進而對照朱熹／戴震孟學「不同理解」的差異性做更深入地廓清，擬以楚簡〈性自命出〉、〈性情論〉的「原意」展現，審視二家詮釋「更好理解」或「不同理解」的可能。意義其一，廓清從先秦孟學到宋明以至清代詮釋轉變；其二，重探儒家心性論系譜及其上溯孔孟儒學「道統」，也藉此進一步討論「儒家詮釋學」建立之可能。針對儒家心性論系譜之再造，未來研究發展方向著力之處，概述於下：

首先，從郭店、上海博簡的楚簡探究儒家心性論。[7]從楚簡出土顯豁儒家原貌有了一個劃時代的嶄新線索，這先後出土上博〈性情論〉及郭店〈性自命出〉二篇，更是提供了戰國早中期儒家心性論的寶貴資料。[8]相較上海博物館所展出〈性情論〉圖版[9]所對照郭店荊門〈性自命出〉篇，簡次編連互有殊異，然其簡本所論性情命題卻基本相近。[10]由於竹簡出土原無篇名，編輯者分以命名以區之，我們從這不同時期簡書的佚籍，試追溯孔子

7 羅雅純：〈以情釋性——試探儒家楚簡性情論的可能意涵〉《第五屆東亞人文學會國際學術大會論文集》（日本：東北大學東亞細亞研究中心，2004年12月17-19日）。

8 先秦孔子思想闡揚著重在主「仁」重「禮」，在世之際少談心論性，旁涉於情也很有限，但自孔子之後一百九十年，孟子卻大論心性並由情引發良知道德本體，不禁令人懷疑，孔子倡導「禮」、「仁」道德法則，在周天子權威崩潰以及封建體制瓦解，面對蕩然無存的戰爭紛亂，如何奉守主仁重禮的道德？如何抽離生命情境的當下歷史體證道德法則？孟子力倡道德本體的自覺如何體切「仁」、「禮」法則。此二間的學術脈絡歷來模糊未清，亦未見有力文獻的辯清，幸得上海博簡及郭店楚簡的出土，正可為此思想流變痕跡做一輔證。

9 2000年8月19-22日在北京達園賓館召開的新出簡帛國際學術研討會，上海博物館的馬承源、陳佩芬、濮茅左先生在北京大學賽克勒考古與藝術博物館在香港收購的戰國竹簡《性自命出》篇的圖版。《上海博物館藏楚簡〈性情論〉圖版》（上海：北京大學賽克勒考古與藝術博物館，2000年8月）。

10 上海簡〈性情論〉篇的內容與郭店〈性自命出〉簡本編次結構上有不同，其不同集中在簡21以下，以郭店簡本來說，就是所謂上篇的編次結構基本相同，而下篇的編次結構不同。除了書寫的異文，簡書的編次上不同，其思想基本上相同。對於簡本之異處，已有學者探原考證，詳見於廖名春著、丁原植主編：《新出楚簡試論——出土思想文物與文獻研究叢書（三）》（台北：台灣古籍出版公司，2001年5月），頁251-256。

之後中國哲學發展心性論的建構關係。但是心性論所論及範疇廣泛，如：「心」、「性」、「情」、「天」、「道」等等，而在這範疇我們要問的是，簡書中所探析心性概念原貌為何？其意涵與其後心性體系的建構又有何關係？細譯後發現，除了章序上的差異[11]，關於心性情說其內在邏輯皆相同，都相關「性情」與「人道」的辨析與關涉：

> 喜怒哀悲之氣，性也。及其見于外，則物取之。[12]

> 性自命出，命自天降。道始於情，情生於性。始者近情，終者近義，知情者能出之，知義者能納之。[13]

簡書所示的不僅如此，再仔細推敲其意涵，隱然揭櫫了「人性」與「人道」、「天道」的邏輯辨證，呈顯明晰的脈絡關係。天→命→性→情→道：「性自命出，命自天降。道始於情，情生於性。」天／人兩大範疇分判構成了「降／所降」的相應關係。此中，「性情」與「人道」、「天道」的辨析與轉折充分地展現，性乃由命出，命由天降是本然所生，「性情」不僅銜接承降天道，並呈顯性所展現的人道，是所謂「道始於情，情生於性」。如此說來，緊密地扣緊「天道」與「人道」的範疇，「人道」成為對「性情」的貞定，這貞定關係中呈顯人的應然價值，同時也影響其後先秦心性體系的建構，走向應然／實然區隔的論辯上。

在先秦言性之論辯上，孟子與告子雖同論性，然孟子論性重在「乃若其情，皆可為善」應然意味的社會之性；而告子所言乃「食色，性也」實然意味的自然之性，二者大為不同。但在簡書年代的當時，論性是不甚區別並沒實然／應然論性之分判。簡書中細覽而知，「性」字共出現了二十五次，均寓有豐富思辨的哲學意涵，「性」本然質素的概念界限了整個性情說的範疇，成為當時心性論的思想核心。然「性」字在上博簡中多

[11] 上博簡與郭店簡文章序編排之異，參見丁原植：《楚簡儒家性情說研究》（台北：萬卷樓出版，2002年5月），頁264-265。

[12] 上博楚簡簡1相當郭店本的第一「凡」。簡文可參見李零：《上博楚簡三篇校讀記》（台北：萬卷樓圖書公司，2002年3月），頁66。

[13] 上博楚簡簡2相當郭店本的第一「凡」。簡文參見同前註。

作「生」或「眚」；而在郭店簡中也多為「眚」，二者皆不從「心」字旁。雖是如此，在文字學上可循藉著通假字義來說明，或就中國哲學脈絡來探究其意，姑不論從字面意義或脈絡意義來看，不論通假或從心字旁與否，「生」與「心」概念的結合，「生」納入「心」相融成「性」，故由此端倪可再探儒家心性論的發軔。

其次，探討論儒簡「性情說」與孟子性善論之關聯。簡書以「喜怒哀悲之氣」和「好惡」來界定性，如此揭示的內容也道出了「性有善有不善」之可能。人性有好惡情感之偏向，乃是與生俱來人之所為人的特質，這特質乃是人性內在的本能，也是性所蘊涵的情氣。氣存於內，形發於外，雖受外在客觀之誘使，然內在的主宰仍是天命所降的人性，因此，「性」與「情」的區別只在未發／已發上論。由是可見，簡書年代論性的理路以「情氣釋性」，這以情釋性，指性為情，無所謂善惡與否的問題，乃提供人性一些可以為善或為惡的素材，這些素材都是天命之所降，無論是食色自然之性或是善惡道德之性，都是性自命出，命自天降。天降命，命出性，性雖不離情氣且附著於內，然這性不僅具有自然情欲，也蘊含了道德情感，爾後孟子性善說的提出，便是於此著力發揮，上升道德理性以論性。「性自命出，命自天降，道始於情，情生於性。」[14]性稟受命出，命乃源由天降，在「天——命——性」的關係中，從天的角度來看，性是一種現成不可改變的「給定」；但從人的位置上觀之，性乃是一種具有無限可能的「變體」。

顯然，在簡書的性情思想中，「性」是指人本然作為始源的質素，而「情」乃按此本然質素以顯示的實情。在這樣關係中，「道始於情」說明了人道的始源在於「情」而非自然之性，「情」做為生命內在情感的抒發，它是一切情緒的究極根源，是人自身存在的真實顯現：

> 凡人情為可悅也。苟以其情，雖過不惡；不以其情，雖難不貴。未言而信，有美情者也。未教而民恒，性善者也。[15]

---

[14] 上博楚簡簡1相當郭店本的第一「凡」。簡文參見同前註。

[15] 上博楚簡簡21相當郭店本的第十六「凡」。簡文參見同前註，頁75。

簡書釋性為情，將「情」的地位得以高揚，凡人情為可悅也，真情流露就是率性，這即是說明，人性展現是自然的情態，而「情」成為人與人間心靈溝通的中介。易言之，簡書中所言「悅」的本質成為當時論性中重要的標準，所以當「悅」在互信構通通達下，自然產生了人情可悅的感受，由此可見，「悅」字與否在「情」的各種表現中最受到重視。顯而證明，這樣思想也在《論語》：「學而時習之，不亦說乎？」中看到（「說」同「悅」），「悅」是情感的自然流露，學習活動當也有此悅之樂！亦如同孟子言：「理義之悅我心，猶芻豢之悅我口。」[16]釋性為情思想清晰可見。〈性自命出〉簡書一開始也言：「凡人雖有性，心亡定志，待物而後作，待悅而後行，待習而後定。」[17]進一步探析，「作」、「行」是身體動作的實踐；「物」、「悅」皆是性、心、志之發顯於實踐力行的必要條件，如是性情同源，在動態的歷程中進入了道德實踐，二者不相離故相輔而成。

由此可知，儒家心性論「貴情」誠信不偽情性一致，「情」不僅成為判斷人誠信與否的標準，也肯定了「性」的應然存在。「貴情」思想不僅為簡書所傳承，情性一體的論述也影響了其後孟子論性，甚而對性進行「善」的價值規定。孟子即心言性，以四端之心論證性善，將惻隱、羞惡、辭讓、是非做為道德之性挺立的標準，「乃若其情，則可以為善矣；乃所謂善也。」[18]融合道德情感和道德理性，可謂為情理，故即就簡書所疏解，可就此論題更進一步延伸，再探儒簡性情說與孟子性善之關聯。

復次，分別「從朱熹孟學重勘郭店、上海博簡楚簡之探微」；「從戴震孟學重溯郭店、上海博簡楚簡之考察」二進路再探朱熹／戴震孟學。值至楚簡文獻出土，足以證先秦儒家確有一套豐富人性論，簡書〈性自命出〉「天——命——性——情——道」的邏輯結構，已然接連「人之性——人之情——人之道」，天道與人道合一在性情說的形上學中各立貞定，此說不僅承傳孔子「性相近，習相遠」，儼然是簡書年代、孟子之前儒家人性說的主流。從「性」、「情」的顯現，論證「心」善清楚地架構

16 史次耕：〈孟子・告子篇〉《孟子今註今譯》（台北：商務印書館，1984年1月），頁292。

17 上博楚簡簡1相當郭店本的第一「凡」。簡文參見同前註，頁66。

18 同註16，頁289。

了性情說的系統，「凡人之情，為可悅也」更道盡其情可悅必然走向具體生活中踐履。這一方面肯定性的自然質素，也承認本然之性中真實面對的經驗世界，在這踐履中開展了儒家心性實踐的進路，於是「悅」情感由實踐中得以朗現道德。更值得關注的是，周文疲弊禮樂崩壞失序，是孔子與簡書年代歷史視域，對此人倫世界之拯治，孔子提出了以仁禮重建的人文秩序；簡書年代更為具體，所要問的是如何在一個動蕩不安的年代，重塑真情率性的人道世界，扎根人文價值得以支持的道德規範，是人之所為人生命實存面向的關照。換言之，〈性自命出〉楚簡透顯了先秦人性論的意涵，實是孟子以前儒家人性說主流，亦是孟子、荀子、告子心性論型態的背景。〈性自命出〉：「性自命出，命自天降，道始於情，情生於性」其「天——命——性——情——道」邏輯結構深具豐富的哲學意蘊。值得注意是，此與《中庸》「天命之謂性」形式相似，據此楚簡亦可一掃學界懷疑《中庸》晚出之問題做深入考究。幸見簡書出土，得以為孔孟之間未能確解的心性系譜獲以釐清，追溯「以情釋性」的理路，正為儒家心性論系譜脈絡得以重釋之可能。

復次，可承上再延續「朱熹／戴震孟學『道統』系譜再探之研究向度」。〈性自命出〉之「凡人，情為可悅也。」即明確昭顯儒學心性論是一條從心、性到情，再由心性敬誠，情的覺悟體現的性情形上學。這具有道德義蘊性情形上學，既可超越人的感性性情，卻又不離自然性情真實性，既肯定對性情提升道德性，又真實感通踐履在人我生活世界。這說明，儒學心性論既不是西方哲學建構的純粹知性攀籬，而是具體本有性情，在體證當下即與生活場域感悟結合，既無程朱理欲對峙而是重視性情的真實體驗。因此，楚簡「道始於情，情生於性」、「凡至樂必悲，哭亦悲，皆至其情也」、「凡人，情為可悅也。」「情本體」亦立基在此，闡揚儒學心性結構所蘊涵的道德，著重人「性」到人「情」，「情本體」落在生活世界同戴震孟學「以情絜情」說，達己情亦達他情；遂己欲亦遂他欲，推己及人仁心對生活場域付出關懷，所以楚簡所示心性概念即著重實存生活的真實體驗。

因此，儒簡所透顯情理共濟的倫理精神，與其說是《中庸》天道性命形上訴求，毋寧說是更深刻扎根在人我相通的經驗世界。而從朱熹／戴震孟學見宋／清心性脈絡義涵的差異，從性二元論到性一元論；從偏重形上本體的探討到形下經驗世界上立論；從氣質有惡到氣質無不善；從存理去欲到理存乎欲，清儒人性論和理學人性論宛如針鋒相對，各彰顯不同意趣。但若細究以觀二家人性論亦難以迴然割離，因為戴震立足在宋明理學基礎上提出修正與批判，崇實黜虛重視人倫日用經驗的踐履。然就戴震心性論發展，不在形上玄遠難明天理上追求，轉由形下氣、情、才、欲上論性，更是貼切先秦儒學之意涵。

「道統」最初由唐・韓愈提出，由朱熹完成理論體系，然此道統並非是朱熹所謂「十六字心傳」，而是「大同說」社會理想與「禪讓說」政治思想與「重情說」人性哲學所共同構成的思想體系。然研究過程中發現，朱熹、戴震孟學詮釋皆以接續「道統」為詮釋意識，孰家詮釋較近先秦儒學道統蘊涵是「原意理解」？「更好理解」？「不同理解」？儒家道統體系傳承否仍為舊說：「孔子——曾子——子思——孟子」的系譜？能否是「孔子——子游——子思——孟子」系譜改寫？今日楚簡所見，這批重要史料佐證勢必對儒學道統說進行一番討論。而延續朱／戴孟學理解討論，佐循楚簡文獻就「道統」說提出辨正，冀能更加釐清儒家心性系譜說。儒家心性意涵意義深遠，在孟學詮釋史上沉浮變化，歷代思想家在闡釋孟學意涵亦不同，正也因此儒家心性發展，納百川匯入大海，歟歟盛哉！

唐君毅先生曾言：「世間根莫有所謂只是已成，而只屬於過去世界之單獨自已存在之一件一件之歷史事實之絕對的真相，可分別為歷史學所研究之一一對象」[19]，「歷史學便不能說是只以已成之過去的歷史事實本身之意義，為其研討之對象。此乃因所謂歷史事實之本身之意義，即原須透過此方生的及現在與未來之事實之相續發生，而後次第決定，而未嘗有一最後之決定也。」[20]從唐先生角度觀本書研究成果，雖是一已知之歷史事實，但絕不是最後之真理，而所未抉發之意義，乃待由日後不斷的研究交相辯證而開啟，所以「每一部作品的意義都是潛在地無限的，因而每一種詮釋都是有限的和暫時的。」[21]因此本書研究成果，抑或有其所限待於日後更進

[19] 唐君毅：《中華人文與當今世界》（台北：學生書局，1988年11月），頁133。

[20] 同前註，頁134。

[21] 韋恩斯摩（Joel Weinsheimer）著、岑溢成譯：〈解釋學〉，收錄在張雙英著、黃景進主編《當代

一步再探，縱上為郭店楚簡、上海博簡文獻所見儒家的心性論意涵，欲擬未來研究延伸之矢向，冀能立基於此預做一前瞻之展望。

文學理論》（台北：合森文化事業，1991年9月），頁194。

參考書目

凡例說明

一、「古籍文獻資料」部分的排列方式：首先依文獻年代時間為序，其次，再依文獻作者年代時間為序。

二、「近世研究論著」部分，區分「現代論著書籍」、「博碩士學位論文」與「期刊及研討會會議論文」三部分。

（一）「現代論著書籍」，排列方式依其作者姓名筆畫為序。同一作者之書目再依其出版的年代為序。

（二）「博碩士學位論文」，排列方式依論文時間為序。

（三）「期刊及研討會會議論文」，又區分「期刊論文」、「會議論文」二部分。

1.「期刊論文」，依論文發表的時間為序。

2.「會議論文」，舉凡學術會議論文、研討會議論文皆歸於此，排列方式依其會議舉辦的時間為序。

一、古籍文獻資料

荊門博物館：《郭店楚墓竹簡》（北京：文物出版社，1998年）。

上海博物館藏《楚簡圖版》（上海：北京大學賽克勒考古藝術博物館，2000年）。

上海博物館藏《藏戰國楚竹書（一）》（上海：古籍出版社，2002年）。

《十三經注疏‧論語注疏解經卷》（台北：藝文印書館，1997年）。

《十三經注疏‧孟子注疏解經卷》（台北：藝文印書館，1997年）。

《四庫全書》（台北：商務印書館，1983年）。

唐・孔穎達：《五經正義》（台北：藝文印書館，1997年）。
唐・陸德明：《經典釋文》（台北：藝文印書館，1996年）。
唐・韓愈：《韓昌黎全集》（北京：中國語言文化大學出版社，1990年）。
唐・韓愈撰、朱熹考異：《朱子校昌黎先生集傳》（北京：北京圖書館出版，2006年）。
宋・王應麟：《困學記聞》（瀋陽：遼寧教育出版社，1998年）。
宋・朱熹撰、徐德明校點：《四書章句集注》（上海：古籍出版社，2001年）。
宋・朱熹：《朱子全書》（一）至（四十三冊）（上海：古籍出版社，2002年）。
宋・黃幹：《宋史》（台北：台灣商務印書館，1983年）。
宋・張載：《張載集》（台北：漢京文化事業有限公司，1983年）。
宋・葉適：《習學紀言・序目》（北京：中華書局，1977年）。
宋・程顥、程頤：《二程集》（一）（台北：漢京文化出版，1983年）。
宋・朱熹著、黎靖德編：《朱子語類》（北京：中華書局，1986年）。
元・虞集：《道國學古錄》（上海：中華書局，據明刻本校刊，未註明出版年月）。
明・王陽明：《王陽明全集》（上海：古籍出版社，1992年）。
明・宋濂：《元史》（北京：中華書局，1997年）。
明・胡廣：《四書大全》（山東：友誼書局，1989年）。
明・柯維騏：《宋史新編》（台北：新文豐出版，1974年）。
明・陳白沙：《陳獻章集》（北京：中華書局，1987年）。
明・顧炎武：《原抄本日知錄》（台北：文史哲出版社，1979年）。
明・顧炎武：《顧亭林詩文集》（台北：漢京文化事業有限公司，1984年）。
清・聖祖：《清聖祖實錄選輯》（台北：台灣銀行經濟研究室，1963年）。
清・聖祖：《康熙起居注》第二冊（北京：中華書局，1984年）。
清・世祖：《清世祖實錄選輯》（台北：台灣銀行經濟研究室，1963年）。

清・世祖：《雍正硃批奏摺選輯》（台北：台灣銀行經濟研究室，1972年）。
清・王夫之：《張子正蒙注》（下冊）（台北：世界書局，1970年）。
清・王夫之：《讀四書大全說》（台北：中國船山學會自由出版社，1972年）。
清・方苞：《望溪集》（台北：商務印書館，1986年）。
清・方東樹：《漢學商兑》（北京：三聯書店，1998年）。
清・王懋竑撰、何忠禮點校：《朱熹年譜》（北京：中華書局，1998年）。
清・甘鵬雲：《經學源流考》（台北：學海出版社，1967年）。
清・江藩：《國朝宋學淵源記》卷上（上海：三聯書店，1998年）。
清・朱彝尊：《經義考》《四部備要》本（台北：中華書局，1981年）。
清・皮錫瑞：《經學歷史》（台北：藝文印書館，1996年）。
清・全祖望、朱鑄禹彙校集注：《鮚琦亭集外編》（上海：古籍出版，2000年）。
清・阮元：《揅經室集》卷二（台北：藝文印書館，1967年）。
清・李塨：《明末顏習齋先生年譜》（台北：商務印書館，1978年）。
清・余嘉錫：《四庫提要辨證》（台北：中華書局，1974年）。
清・紀昀：《四庫全書總目提要》（台北：台灣商務印書館，2001年）。
清・姚永概：《孟子講義》（六）（安徽：黃山書社，1999年）。
清・俞樾：《茶香室續鈔》（台北：世界書局，1963年）。
清・徐世昌：《清儒學案》（上海：中國書店，未載出版日期）。
清・陳確：《陳確集》（北京：中華書局，1979年）。
清・黃宗羲：《宋元學案》（台北：正中書局，1976年）。
清・黃宗羲：《南雷集》（台北：商務印書館，1979年）。
清・黃宗羲：《黃宗羲全集》第七冊（台北：里仁書局，1987年）。
清・章學誠、葉瑛校注：《文史通義校注》（上）（台北：里仁書局，1984年）。
清・章太炎：《章氏叢書》（台北：世界書局，1958年）。
清・章太炎：《章太炎全集》（上海：古籍出版社，1984年）。

清・康有為：《孟子微》（台北：商務印書館，1970年）。
清・焦循：《雕菰集》（台北：商務印書館，1966年）。
清・焦循：《孟子正義》（北京：中華書局，1987年）。
清・馮登府：《石經叢刊》（台北：信誼書局，1994年）。
清・趙翼：《陔餘叢考》（台北：新文豐出版，1975年）。
清・趙爾巽等撰：《清史稿》（台北：洪氏出版社，1981年）。
清・盧文弨：《抱經堂文集》（台北：商務印書館，1979年）。
清・錢大昕：《十駕齋養新錄》（台北：世界書局，1963年）。
清・錢大昕：《潛研堂文集》（台北：商務印書館，1979年）。
清・錢大昕：《嘉定錢大昕全集》（七）（江蘇：古籍出版社，1997年）。
清・戴震：《戴震全書》（一）至（七）冊（安徽：黃山書社，1995年）。
清・戴震：《戴震文集原善孟子字義疏證》（台北：河洛圖書出版，1975年）。
清・戴震、戴震研究會編纂：《戴震全集》（北京：清華大學出版社，1991年）。
清・顏元：《四存編》（台北：廣文書局，1975年）。
清・蘇輿：《春秋繁露義證》（北京：中華書局，1992年）。

二、近世研究論著

（一）現代論著書籍

丁四新：《郭店楚墓竹簡思想研究》（北京：東方出版社，2000年）。
丁原植：《楚簡儒家性情說研究》（台北：萬卷樓出版社，2002年）。
小野澤精一、福永光司、山井湧等著，李慶譯：《氣的思想》（上海：人民出版社，1980年）。
中國哲學編輯部、國際儒聯學術委員會：《郭店楚簡研究》（遼寧：教育出版，1999年）。
中國哲學編輯部、國際儒聯學術委員會：《郭店簡與儒學研究》（遼寧：教育出版，2000年）。

孔恩（Thomas Kuhn）著、王道還編譯：《科學革命的結構》（台北：允晨出版社，1985年）。

王茂、蔣國保、余秉頤、陶清：《清代哲學》（安徽：人民出版社，1992年）。

王國維：《王國維遺書》（上海：商務印書館，1940年）。

王邦雄、曾昭旭、楊祖漢等合著：《孟子義理疏解》（台北：鵝湖出版社，1985年）。

王邦雄：《21世紀的儒道：儒道兩家思想的現代出路》（台北：立緒文化出版，1999年）。

王臣瑞：《倫理學》（台北：學生書局，1988年）。

王開府：《儒家倫理學析論》（台北：學生書局，1988年）。

方利山、杜英賢：《戴學縱橫》（北京：中國文聯出版社，1999年）。

方俊吉：《孟子學說及其在宋代之振興》（台北：文史哲出版社，1993年）。

卡勒：《論解構》（北京：中國社會科學出版，1998年）。

史次耘：《孟子今註今譯》（台北：商務印書館，1984年）。

布魯格編著、項退結編譯：《西洋哲學辭典》（台北：先知出版社，1976年）。

牟宗三先生七十壽慶論文集編輯組編：《牟宗三先生的哲學與著作》（台北：學生書局，1978年）。

牟宗三：《從陸象山到劉蕺山》（台北：學生書局，1979年）。

牟宗三：《康德的道德哲學》（台北：學生書局，1982年）。

牟宗三：《中國哲學十九講》（台北：學生書局，1983年）。

牟宗三：《圓善論》（台北：學生書局，1985年）。

牟宗三：《道德的理想主義》（台北：學生書局，1992年）。

牟宗三：《心體與性體》（一）至（三）（台北：正中書局，1995年）。

成中英：《中國哲學的現代化與世界化》（台北：聯經出版，1985年）。

成中英：《知識與價值——和諧、真理與正義探索》（台北：聯經出版，1989年）。

成中英：《世紀之交的抉擇——論中西哲學的會通與融合》（上海：知識出版社，1991年）。
成中英主編：《本體論詮釋學》（北京：三聯書店，2000年）。
利科爾（Paul Ricoeur）著、陶遠華等譯：《解釋學與人文科學》（河北：人民出版社，1987年）。
朱維錚：《走出中世紀》（上海：人民出版社，1987年）。
安平秋、章培恒：《中國禁書大觀》（上海：文化出版社，1990年）。
余允文：《尊孟辨》叢書集成初編本（北京：中華書局，1985年）。
余英時：《歷史與思想》（台北：聯經出版社，1976年）。
余英時：《中國知識階層史論（古代篇）》（台北：聯經出版社，1980年）。
余英時：《中國思想傳統的現代詮釋》（台北：聯經出版社，1987年）。
余英時：《論戴震與章學誠——清代中期學術思想史研究》（台北：東大圖書出版，1996年）。
沈清松：《現代哲學論衡》（台北：黎明文化出版，1990年）。
李開：《戴震評傳》（南京：南京大學出版社，1992年）。
李零：《上博楚簡三篇校讀記》（台北：萬卷樓圖書公司，2002年）。
李紀祥：《明末清初儒學之發展》（台北：文津出版社，1992年）。
李明輝：《孟子思想的哲學探討》（台北：中央研究院，1985年）。
李明輝：《康德倫理學與孟子道德思考之重建》（台北：中央研究院，1994年）。
李明輝：《儒家經典詮釋方法》（台北：喜瑪拉雅基金會發行，2003年）。
李威熊：《中國經學發展史論》（台北：文史哲出版社，1988年）。
李澤厚：《論語今讀》（台北：允晨文化出版，2000年）。
李錦全：《人文精神的承傳與重建》（廣東：人民出版社，1995年）。
何淑靜：《孟子道德實踐理論之研究》（台北：文津出版社，1988年）。
伽達默爾（Hans-Georg Gadamer）著，夏鎮平、宋建平譯：《哲學解釋學》（上海：上海譯文化出版，1994年）。
伽達默爾（Hans-Georg Gadamer）著、洪漢鼎譯：《真理與方法》（第一卷）（台北：時報文化出版公司，1999年）。

伽達默爾（Hans-Georg Gadamer）著、洪漢鼎譯：《真理與方法》（第二卷）（台北：時報文化出版公司，1999年）。
伽達默爾：《科學時代的理性》（The MIT Press, Cambridge , Massa-Chusehs, London, 1981年）。
格魯吉亞（Georgia Warnke）著、洪漢鼎譯：《伽達默爾詮釋學、傳統和理性》（北京：商務印書館，2009年）。
孟森：《清代史》（台北：正中書局，1974年）。
林漢仕：《孟子探微》（台北：文史哲出版社，1978年）。
林慶彰：《中國經學史論文選集冊》（台北：文史哲出版社，1992年）。
林安梧：《中國近現代思想觀念史論》（台北：學生書局，1995年）。
林聰舜：《明清之際儒家思想的變遷與發展》（台北：學生書局，1990年）。
金春峰：《朱熹哲學思想》（台北：東大圖書出版，1998年）。
周天令：《朱子道德哲學研究》（台北：文津出版社，1999年）。
周予同：《周予同經學史論著選集》（上海：人民出版社，1996年）。
周兆茂：《戴震哲學新探》（安徽：人民出版社，1997年）。
范文瀾：《中國通史簡編》（上海：上海書店，1989年）。
范壽康：《朱子及其哲學》（台北：開明書店，1964年）。
柳詒徵：《中國文化史》（下）（台北：正中書局，1989年）。
胡適：《胡適文存》（台北：遠東圖書出版，1979年）。
胡適：《胡適作品集》（台北：遠流出版社，1986年）。
胡適：《戴東原哲學》（上海：商務印書館，1927年）。
胡楚生：《清代學術史研究》（台北：學生書局，1993年）。
洪漢鼎：《詮釋學——它的歷史和當代發展》（北京：人民出版社，2001年）。
洪漢鼎：《詮釋學史》（台北：桂冠圖書，2002年）。
洪漢鼎：《中國詮釋學》（第一輯）（山東：人民出版社，2003年）。
洪漢鼎：《中國詮釋學》（第二輯）（山東：人民出版社，2004年）。
洪漢鼎：《中國詮釋學》（第三輯）（山東：人民出版社，2006年）。
姜廣輝：《理學與中國文化》（上海：人民出版社，1994年）。

韋政通：《中國思想的批判》（台北：水牛出版社，1992年）。
侯外廬：《中國思想通史》第五卷（北京：人民出版社，1958年）。
侯外廬：《宋明理學史（下）》（北京：人民出版社，1997年）。
祝平次：《朱子學與明初理學的發展》（台北：學生書局，1994年）。
唐君毅：《中國哲學原論——導論篇》（台北：學生書局，1980年）。
唐君毅：《中國哲學原論——原教篇》（台北：學生書局，1990年）。
唐君毅：《中華人文與當今世界》（台北：學生書局，1988年）。
夏鎮平、宋建平：《哲學解釋學》（上海：譯文出版社，1994年）。
夏傳才：《十三經概論》（台北：萬卷樓圖書出版，1996年）。
袁保新：《老子哲學之詮釋與重建》（台北：文津出版，1991年）。
袁保新：《孟子三辨之學歷史省察與現代詮釋》（台北：文津出版，1992年）。
高柏園：《中庸形上思想》（台北：東大圖書出版，1988年）。
高柏園：《孟子哲學與先秦思想》（台北：文津出版社，1996年）。
徐復觀：《兩漢思想史》（台北：學生書局，1984年）。
徐復觀：《中國人性論史》（台北：商務印書館，1984年）。
徐復觀：《學術與政治之間》（台北：學生書局，1985年）。
徐復觀：《中國經學史的基礎》（台北：學生書局，1990年）。
殷鼎：《理解的命運》（北京：三聯書店，1988年）。
馬宗霍：《中國經學史》（北京：商務印書館重印本，1998年）。
馬丁・海德格（Martin Heidegger）著，王慶節、陳嘉映譯：《存在與時間》（台北：桂冠圖書出版，1994年）。
張立文：《朱熹思想研究》（台北：谷風出版社，1986年）。
張立文：《戴震》（台北：東大圖書出版，1995年）。
張立文：《朱熹評傳》（南京：南京大學出版社出版，1998年）。
張汝倫：《意義的探究——當代西方釋義學》（遼寧：人民出版社，1986年）。
張隆溪：《道與邏各斯》（四川：人民出版社，1998年）。
張岱年：《中國倫理思想研究》（上海：古籍出版社，1989年）。
張春興：《張氏心理學辭典》（台北：東華書局，1989年）。

張麗珠：《清代義理學新貌》（台北：里仁書局，1999年）。
張麗珠：《清代義理學——傳統與現代的交會》（台北：里仁書局，1999年）。
張雙英、黃景進譯：《當代文學理論》（台北：合森文化事業，1991年）。
張躍：《唐代後期儒學》（上海：人民出版社，1994年）。
陳植鍔：《北宋文化史述論》（北京：中國社會科學出版社，1992年）。
梁啟超：《先秦政治思想史》（台北：中華書局，1966年）。
梁啟超：《近代中國學術論叢》（香港：崇文書店，1973年）。
梁啟超：《荀子簡釋》（台北：華正書局，1974年）。
梁啟超：《戴東原》（台北：中華書局，1979年）。
梁啟超：《飲冰室合集》（五）（北京：中華書局，1989年）。
梁啟超：《中國近三百年學術史》（台北：華正書局，1994年）。
梁啟超：《梁啟超國學講錄二種》（北京：中國社會科學出版，1997年）。
梁啟超：《清代學術概論》（上海：古籍出版社，1998年）。
陳來：《朱熹哲學研究》（台北：文津出版社，1991年）。
陳榮捷：《陽明學論文集》（台北：中華學術院，1972年）。
陳榮捷：《朱熹》（台北：東大圖書出版，1990年）。
陳榮捷：《朱學論集》（台北：學生書局，1982年）。
陳榮捷：《朱子門人》（台北：學生書局，1982年）。
陳榮捷：《朱子新探索》（台北：學生書局，1988年）。
陳榮華：《葛達瑪詮釋學與中國哲學的詮釋》（台北：明文書局，1998年）。
陳德和：《儒家思想的哲學詮釋》（台北：洪葉文化出版，2003年）。
陳福濱主編：《本世紀出土思想文獻與中國古典哲學研究論文集》（上、下冊）（台北：輔仁大學出版社，1999年）。
陸寶千：《清代思想史》（台北：廣文書局，1978年）。
黃仁宇：《萬曆十五年》（北京：中華書局，1982年）。
黃俊傑：《孟學思想史論》卷一（台北：東大圖書出版，1991年）。

黃俊傑：《孟子思想的歷史發展》（台北：中央研究院，1995年）。
黃俊傑：《孟學思想史論》卷二（台北：中央研究院，1997年）。
黃俊傑：《儒家思想在現代東亞：日本篇》（台北：中央研究院，2000年）。
黃錦鋐：《莊子讀本》（台北：三民書局，1997年）。
黃冕堂：《明史管見》（山東：齊魯書社，1985年）。
黃愛平：《四庫全書纂修研究》（北京：中國人民大學出版社，1989年）。
黃慶明：《實然應然問題探微》（台北：鵝湖出版社，1985年）。
黃鴻壽：《清史紀事本末》（台北：三民書局，1973年）。
曾昭旭：《道德與道德實踐》（台北：漢光文化公司，1983年）。
曾春海：《儒家哲學論集》（台北：文津出版社，1989年）。
馮友蘭：《中國哲學史新編》（第五冊）（台北：藍燈文化出版，1991年）。
勞思光：《新編中國哲學史》（一）至（三）（台北：三民書局，1995年）。
傅偉勳：《從西方哲學到禪佛教》（北京：三聯書店，1989年）。
傅偉勳：《創造的詮釋到大乘佛學》（台北：東大圖書出版，1990年）。
傅偉勳：《批判的繼承和創新的發展》（台北：東大圖書出版，1991年）。
傅偉勳：《學問的生命與生命的學問》（台北：正中書局，1994年）。
傅偉勳：《佛教思想的現代探索》（台北：東大圖書出版，1995年）。
蒙培元：《理學的演變》（台北：文津出版社，1990年）。
楊伯峻：《論語譯注》（北京：中華書局，1980年）。
楊儒賓：《朱子學的開展——東亞篇》，（台北：漢學研究中心，2002年）。
葛懋春、李興芝編輯《胡適哲學思想資料選》（上）（上海：華東師範大學出版社，1981年）。
路德・賓克萊著，孫彤、孫南樺譯：《二十世紀倫理學》（河北：人民出版社，1988年）。

溝口雄三著、林右崇翻譯：《中國前近代思想的屈折與展開》（台北：國立編譯館，1994年）。
趙雲田：《中國社會通史・清前期卷》（山西：教育出版社，1986年）。
赫施：《解釋的有效性》（香港：三聯書店，1991年）。
熊十力：《讀經示要》（台北：樂天出版社，1973年）。
廖名春著、丁原植主編：《新出楚簡試論——出土思想文物與文獻研究叢書（三）》（台北：台灣古籍出版公司，2001年）。
蔡仁厚：《宋明理學》（南宋篇）（台北：學生書局，1977年）。
蔡仁厚：《孔孟荀哲學》（台北：學生書局，1984年）。
楊志玖：《元史三論》（上海：人民出版社，1985年）。
劉述先：《朱子哲學思想的發展與完成》（台北：學生書局，1982年）。
劉述先、梁元生：《文化傳統的延續與轉化》（香港：中文大學出版社，1999年）。
劉述先：《儒家思想在現代東亞：中國大陸與臺灣篇》（台北：中央研究院，2000年）。
劉述先：《中國文化的檢討與前瞻》（美國：八方文化企業公司，2001年）。
劉復生：《北宋中期儒學復興運動》（台北：文津出版社，1991年）。
劉澤華：《中國政治思想史・隋唐元明清卷》（浙江：人民出版社，1996年）。
鄭宗義：《明清儒學轉型探析——從劉蕺山到戴東原》（香港：中文大學出版社，2000年）。
霍伊（D. C. Hoy）著、陳玉蓉譯：《批評的循環》（台北：南方出版社，1988年）。
錢穆：《中國學術通義》（台北：學生書局，1975年）。
錢穆：《宋明理學概述》（台北：學生書局，1977年）。
錢穆：《中國學術思想史論叢》（台北：東大圖書出版，1980年）。
錢穆：《朱子新學案》下冊（成都：巴蜀書社，1986年）。
錢穆：《孔子與論語》（台北：學生書局，1986年）。
錢穆：《中國近三百年學術史》（上冊）（台北：商務印書館，1996年）。

錢穆：《國學概論》（北京：商務印書館，1997年）。

錢穆：《兩漢經學今古文評議》（台北：商務印書館，2001年）。

錢鍾書：《管錐編》（北京：中華書局，1986年）。

鍾彩鈞：《朱子學的開展——學術篇》（台北：漢學研究中心，2002年）。

戴學研究會：《戴震學術思想論稿》（安徽：人民出版社，1987年）。

戴學研究會：《戴學新探》（安徽：南京大學學報編輯部，1991年）。

羅家祥：《北宋黨爭研究》（台北：文津出版社，1997年）。

R・G・柯林武德著，何兆武、張文杰譯：《歷史的觀念》（北京：中國社會科學出版社，1987年）。

湯姆・L・彼切姆著，雷克勤、郭夏娟、李蘭芬、沈玨譯：《哲學的倫理學》（北京：中國社會科學出版社，1990年）。

（二）博碩士學位論文

劉昭仁：《戴東原思想研究》（台北：師範大學國文研究所碩士論文，1974年）。

王梓淩：《戴震孟子字義疏證研究》（台北：台灣大學中文研究所碩士論文，1975年）。

張樹榮：〈《孟子》朱《注》性命論綜釋〉（台北：政治大學中文研究所碩士論文，1976年6月）。

鮑國順：《戴東原學記》（台北：政治大學中文研究所博士論文，1978年）。

簡宗修：《朱子的理氣說》（台北：台灣大學中文研究所博士論文，1982年）。

羅聖：《戴東原性善論之研究》（台北：台灣大學哲學研究所碩士論文，1983年）。

胡森永：《朱子思想中道德與知識的關係》（台北：台灣大學中文研究所碩士論文，1983年）。

文炳道：《從道德哲學的觀點論朱子理氣論及心性論》（台北：台灣大學哲學研究所碩士論文，1985年）。

何佑森：《朱子與戴震思想之比較研究》（台北：台灣大學中文研究所碩士論文，1986年）。

元鍾實：《朱熹之心性論》（台北：政治大學中文研究所碩士論文，1987年）。

胡健財：《戴震反程朱思想之研究》（台北：政治大學中文研究所碩士論文，1989年）。

劉錦賢：《戴東原思想析論》（台北：師範大學國文研究所博士論文，1989年）。

李相勳：《朱子心性思想之研究》（台中：東海大學哲學研究所碩士論文，1989年）。

高在旭：《戴東原哲學析評》（台北：輔仁大學哲學研究所博士論文，1990年）。

崔知泰：《由朱熹形上結構解析其心性論》（台北：輔仁大學哲學研究所博士論文，1990年）。

祝平次：《朱子的理氣心性說與明初理學的發展》（台北：台灣大學中文研究所碩士論文，1990年）。

施輝煌：《王安石與北宋孟子學》（台南：成功大學中文研究所碩士論文，1990年）。

楊雅婷：《朱子思想中「心」的意義與問題》（台北：台灣大學中文研究所碩士論文，1991年）。

周國良：《論戴震對孟子及朱子之「理」的詮釋》（香港：新亞研究所博士論文，1991年）。

賴賢宗：《康德倫理學「自律」問題研究——兼論與朱熹「心統性情」比較》（台北：台灣大學哲學研究所碩士論文，1991年）。

王惠青：《孟子心性論和朱、戴二家詮釋之比較》（嘉義：中正大學中文研究所碩士論文，1991年）。

歐昭賜：《朱熹心性論研究》（台北：輔仁大學哲學研究所博士論文，1992年）。

甯慧如：《北宋進士科考試內容之演變》（台北：台灣大學歷史研究所碩士論文，1993年）。

林鯤洋：《戴震之哲學思想研究——以性論為中心》（台北：文化大學哲學研究所碩士論文，1994年）。
王志銘：《朱熹與康德道德哲學之比較研究》（台北：台灣大學哲學研究所博士論文，1994年）。
沈享民：《朱熹理一分殊哲學之溯源與開展》（台北：台灣大學哲學研究所碩士論文，1994年）。
馮筱庭：《宋初經學發展述論》（台北：東吳大學中文研究所碩士論文，1995年）。
趙世瑋：《戴震倫理思想研究》（高雄：中山大學中文研究所碩士論文，1995年）。
朴龍模：《朱熹「理氣」哲學思想之研究》（台北：輔仁大學哲學研究所博士論文，1995年）。
柯雅卿：《戴震孟子學研究》（台南：成功大學中文研究所碩士論文，1996年）。
陳志信：《朱熹經學志業的形成與實踐》（嘉義：中正大學中文研究所博士論文，1998年）。
胡元玲：《朱熹思想中「存天理去人欲」之研究》（台北：師範大學國文研究所碩士論文，1999年）。
黃順益：《惠棟、戴震與乾嘉學術研究》（高雄：中山大學中文研究所博士論文，1999年）。
羅雅純：《戴東原孟子學之研究——一項從詮釋學的觀點所展開的批判與重建》（台北：淡江大學中文研究所碩士論文，2001年）。

（三）期刊及研討會會議論文

1. 期刊論文

韋政通：〈東原思想中的一個基本觀念：「血氣心知」之解析〉，《民主評論》第十二卷四期（1961年7月）。
潘重歸：〈五經正義源頭〉，《華岡學報》第一卷（1965年6月）。
周世輔：〈朱子的人生觀與人性論〉，《生力月刊》第四期（1971年3月）。

周世輔：〈朱子的道德觀與修養論〉，《生力月刊》第四期（1971年5月）。
黎華標：〈朱子理氣系統之疏解〉，《新亞書院學術年刊》第十三期，（1971年9月）。
彭品光：〈孟子的正統地位不容摘貶〉，《國魂》第三一六卷（1972年3月）。
陳立夫：〈亞聖孟子對中國道統的貢獻〉，《光復大陸》第六十七卷（1972年7月）。
陳立夫，〈亞聖孟子對中國道統的貢獻及紀念孟子的意義〉，《光復大陸》第六十七卷（1972年7月）。
李日章：〈朱子理氣觀討論〉，《大陸雜誌》第四十五卷五期（1972年11月）。
蔡仁厚：〈朱子理氣論的幾個要點〉，《哲學與文化》第二卷二期（1975年2月）。
蔡仁厚：〈「性即理」的兩個層次與朱子學之歧義〉，《鵝湖》第一卷八期（1976年2月）。
傅偉勳：〈Creative Hermeneutics〉，《Journal of Chinese philosophy》（1976年3月）。
宋淑萍：〈《孟子集注》補正〉，《中國書目季刊》第十一卷第一期（1977年6月）。
張德麟：〈論朱子之中和舊說〉，《孔孟月刊》第十五卷十一期（1977年7月）。
薩孟武：〈看朱子如何批評韓愈並論古人「親盡」之說〉，《法論》第八期（1977年12月）。
朱廷獻：〈孟子源流考〉，《孔孟月刊》總第十六卷第七期（1978年3月）。
王孺松：〈朱子心學發凡〉，《師大學報》第二十三期（1978年6月）。
陳榮捷：〈論戴震諸言與孟子私淑錄之先後〉，《大陸雜誌》第五十七卷三期（1978年9月）。
佘陽：〈孟子研究〉，《香港浸會學院學報》第六卷（1979年）。
莊金津：〈從朱注中庸「天命之謂性，率性之謂道，修道之謂教」管窺朱子思想〉，《孔孟月刊》第十七卷五期（1979年1月）。

蔡仁厚：〈朱子的中和舊說與新說——關於朱子思想的演變發展與完成〉，《孔孟學報》第三十七期（1979年4月）。
劉述先：〈朱子早年的教育環境與思想發展轉變的痕跡〉，《幼獅學誌》第十五卷三期（1979年6月）。
郭清寰：〈朱子之人性論〉，《高雄師院學報》第八期（1980年）。
郭振武：〈朱子「道心人心之辨」的研究〉，《中國國學》第十六期（1980年）。
黃俊傑：〈戴東原、伊藤仁齋、丁茶山的孟學解釋——中日韓近世儒學史比較研究〉，《韓國學報》第一期（1981年4月）。
林營明：〈試析論朱子對惡的看法〉，《鵝湖》第六卷十期（1981年4月）。
何佑森：〈近三百年朱子學的反對學派〉，《幼獅學誌》第十六卷四期（1981年12月）。
劉述先：〈朱子建立道統的理據問題之省察〉，《新亞書院學術年刊》第三期（1982年）。
黃懿梅：〈戴東原哲學之評析〉，《國立台灣大學哲學論評》第五期（1982年1月）。
曾春海：〈朱子德性修養論中的「格物致知」教〉，《哲學與文化》第九卷三期（1982年3月）。
張學波：〈孟子思想的架構、影響及其價值之研究〉，《國文學報》第十一卷（1982年6月）。
黃俊傑：〈從《孟子集注》看朱子思想中舊學與新知的融會〉，《史學評論》第五期（1983年1月）。
成中英：〈論孔子之知與朱子之理：並申論知識與道德之互基性〉，《孔孟月刊》第二十一卷九期（1983年5月）。
王孺松：〈朱子論陰陽〉，《教學與研究》第五期（1983年6月）。
張金鑑：〈孟子的學術地位與思想〉，《中華文化復興月刊》總第一八六卷（1983年9月）。
李威熊：〈兩宋治經取向及其特色〉，《中華學苑》第三十期（1984年12月）。

林安梧：〈知識與道德之辯證性結構：對朱子學的一些探討〉，《鵝湖》第十卷六期（1984年12月）。
孫寶琛：〈朱子的理氣學說〉，《孔孟學報》第四十九期（1985年4月）。
夏長樸：〈孟子與宋儒〉，《幼獅學誌》第十八卷第三期（1985年5月）。
汪惠敏：〈唐代經學思想變遷之趨勢〉，《輔仁大學國文學報》第一卷（1985年6月）。
曾昭旭：〈朱子格物之再省察〉，《鵝湖》第十一卷三期（1985年9月）。
何佑森：〈論「形而上」與「形而下」：兼論朱子與戴東原〉，《台大中文學報》第一期（1985年11月）。
袁保新：〈人的存在問題〉，《中國文化月刊》第八十一期（1986年）。
蔡仁厚：〈朱子心性之學綜述〉，《東海學報》第二十七期（1986年6月）。
夏長樸：〈王安石思想與孟子的關係〉，《江西文獻》第一二五卷（1986年7月）。
陳榮捷：〈朱熹與新儒學：國際朱子學研討會論文集導言〉，《哲學與文化》第十三卷十期（1986年10月）。
黎建球：〈朱子理形論〉，《哲學與文化》第十四卷六期（1987年6月）。
方蕙玲：〈朱子的認知哲學〉，《中國文化月刊》第九十五期（1987年9月）。
張素卿：〈朱子以「至知、物格」解「盡心、知性」說〉，《中國文化月刊》第二期（1988年5月）。
黃俊傑：〈朱子對孟子知言養氣說的詮釋及其迴響〉，《清華學報》第十八卷二期（1988年12月）。
李瑞全：〈朱子道德學形態之重檢〉，《鵝湖學誌》第二期（1988年12月）。
Torbjorn Loden：〈戴震與儒家思想的社會工作〉，《中華文史論叢》第一期（1989年）。
王開府：〈戴東原性理思想述評〉，《師大國文學報》第十八期（1989年6月）。
黃克武：〈清代考證學的淵源——民初以來研究成果之評介〉，《中國史近代研究通訊》第十一期（1990年3月）。

鮑國順：〈戴東原著作考述〉上，《孔孟學報》第五十九期（1990年3月）。
黃克武：〈清代考證學的淵源——民初以來研究成果之評介〉，《中國史近代研究通訊》第十一期（1990年3月）。
李明輝：〈朱子的倫理學可歸入自律倫理學嗎？〉，《鵝湖學誌》第四期（1990年6月）。
鮑國順：〈戴東原著作考述〉下，《孔孟學報》第六十期（1990年9月）。
張慧芳：〈朱子的理氣觀〉，《靜宜人文學報》第二期（1990年10月）。
袁保新：〈孟子道性善的釐清與辨正〉，《鵝湖學誌》七期（1991年）。
張壽安：〈程瑤田的義理學：從理到物則〉，《漢學研究》第九卷第二期（1991年2月）。
林耀潾：〈論孟子的歷史解釋及其影響（上）〉，《孔孟學報》總第六十二卷（1991年9月）。
林耀潾：〈論孟子的歷史解釋及其影響（下）〉，《孔孟學報》總第六十三卷（1992年3月）。
楊雅婷：〈朱子對於「孟子」中心性觀念的詮釋〉，《中國文學研究》第六期（1992年5月）。
張亨：〈朱子的志業——建立道統意義之探討〉，《台大中文學報》第五期（1992年6月）。
陳寒鳴：〈宋儒孟子觀述論〉，《中國哲學史》第一期（1993年）。
蔡介裕：〈朱子「仁說」思想大要——中和新說後之思想歸結〉，《中國文化月刊》第一五九期（1993年1月）。
黃俊傑：〈中國古代儒家歷史思維的方法及其運用〉，《中國文哲集刊》第三期（台北：中央研究院中國文哲研究所籌備處，1993年3月）。
林安梧：〈「以理殺人」與道德教化——環繞戴東原對於朱子哲學的批評而展開對於道德教育的一些理解與檢討〉，《鵝湖學誌》第十期（1993年6月）。
陳榮華：〈葛達瑪藝術哲學：欣賞與瞭解〉，《哲學雜誌》第六期（1993年6月）。
田浩：〈八十年代中葉以來美國的宋代思想史研究〉，《中國文哲研究通訊》第三卷第四期（1993年12月）。

張壽安：〈以禮代理——凌廷堪與清中葉儒學思想之轉變〉，《中央研究院近代史研究所專刊》第七十二期（1994年）。
周昌龍：〈戴東原哲學與胡適的智識主義〉，《漢學研究》第十二卷第一期（1994年6月）。
鍾彩鈞：〈西方朱子學論著兩種述評〉，《朱子學刊》第一輯（1995年）。
曾昭旭：〈論儒道兩家之互為體用義〉，《宗教哲學》第一卷第一期（1995年）。
黃瑩暖：〈朱子對孟子心性觀及工夫論的理解〉，《國立台灣師範大學國文研究所集刊》第三十九期（1995年6月）。
毛文芳：〈朱熹「周敦頤事狀」一文的解析——兼論朱子儒學詮釋典範的建立〉，《孔孟學報》第七十期（1995年9月）。
袁保新：〈天道、心性與歷史——孟子人性論的再詮釋〉，《哲學與文化》第二十二卷第十一期（1995年11月）。
張岱年：〈理學的歷史意義〉，《學術研究》第一期（1996年）。
高柏園：〈論孟子思想中「逆覺體證」之二義及其發展〉，《淡江學報》第三十五期（1996年2月）。
童小鈴：〈「飲食男女」是天理或是人欲？——朱子觀點的檢討〉，《孔孟月刊》三十四卷十期（1996年2月）。
黃永年：〈論韓愈在中國思想史上的地位〉，《陝西師範大學學報》第二十五卷第一期（1996年3月）。
黃俊傑：〈孟子學研究的回顧與展望〉，《台大歷史學報》第十九卷（1996年6月）。
張慧芳：〈朱子的心性觀與格物致知〉，《靜宜人文學報》第八期（1996年7月）。
林正三：〈朱子的格物致知說〉，《德明學報》第十二期（1997年3月）。
黎建球：〈朱子理形論〉，《哲學與文化》第十四卷六期（1997年6月）。
楊澤波：〈孟子經權思想探微〉，《學術論壇》（1997年6月）。
夏長樸：〈司馬光疑孟及其相關問題〉，《台大中文學報》第九卷（1997年6月）。

尹元鉉：〈朱子學中「天人」架構之意義與特色〉，《鵝湖學誌》第十期（1997年6月）。

楊海文：〈戴東原：重構孟子性善論〉，《漢學研究》第七十四期（1997年9月）。

張鼎國：〈詮釋學、詮釋論、詮釋哲學〉，《國立政治大學哲學學報》第四期（1997年12月）。

陳來：〈郭店楚簡之「性自命出」篇初探〉，《孔子研究》第三期（1998年）。

湯一介：〈能否創建中國的解釋學？〉，《學人》第十三期，（1998年3月）。

張麗珠：〈焦循發揚重智主義道德觀的「能知故善」說〉，《漢學研究》第十六卷一期（1998年6月）。

岑溢成：〈戴震一本論的淵源和特點〉，《鵝湖學誌》第二十期（1998年6月）。

林文華：〈戴東原哲學析論〉，《中國文化月刊》第二百二十期（1998年7月）。

周鳳五：〈郭店楚簡「忠信之道」考釋〉，《中國文字》第二十四期（1998年12月）。

陳來：〈荊門竹簡之《性自命出》篇初探〉，《郭店楚簡研究》第廿輯（1999年）。

李學勤：〈荊門郭店楚簡中的《子思子》〉，《文物天地》第二期（1999年）。

郭齊勇：〈郭店儒家簡與孟子心性論〉，《武漢大學學報》第五期（1999年）。

杜維明：〈郭店楚簡與先秦儒道思想的重新定位〉，《中國哲學》第二十輯（1999年1月）。

陳麗桂：〈郭店儒簡「性自命出」所顯現的思想傾向〉，《中國學術年刊》第二十期（1999年3月）。

曾春海：〈帛書易說中是否有儒法合流的思想〉，《哲學與文化月刊》第三百期（1999年5月）。

陳麗桂：〈從郭店竹簡《五行》檢視帛書《五行》說文對經文的依違情況〉，《哲學與文化月刊》第三百期（1999年5月）。

潘小慧：〈《五行》的人學初探——以「心——身」關係的考察為核心展開〉，《哲學與文化月刊》第三百期（1999年5月）。

郭梨華：〈簡、帛《五行》的禮樂考述〉，《哲學與文化月刊》第三百期（1999年5月）。

周鳳五：〈郭店楚墓竹簡「唐虞之道」新釋〉，《中央研究院歷史語言研究所集刊》第七十卷第三期（1999年9月）。

李淑珍：〈美國學界關於中國註疏傳統的研究〉，《中國文哲研究通訊》第九卷三期（1999年9月）。

黃俊傑：〈從儒家經典詮釋史觀點論解經者的「歷史性」及相關問題〉，《台大歷史學報》第二十四期（1999年12月）。

黃甲淵：〈從「心具理」觀念看朱子道德哲學的特性〉，《鵝湖學誌》第二十三期（1999年12月）。

郭齊勇：〈郭店楚簡的研究現狀〉，《中國文哲研究通訊》第九卷第四期（台北：中央研究院中國文哲研究所，1999年12月）。

袁保新：〈「什麼是人？」——孟子心性論與海德格存有思維的對比研究兼論當代孟子心性論詮釋的困境及其超克〉，《東海哲學研究集刊——第七輯》（2000年）。

湯一介：〈再論創建中國解釋學問題〉，《中國社會科學》第一期（2000年）。

湯一介：〈三論創建中國解釋學問題〉，《中國文化研究》夏之卷（2000年）。

湯一介：〈關於僧肇注《道德經》問題——四論創建中國解釋學問題〉，《學術月刊》第七期（2000年）。

岡田武彥：〈戴震與日本古學派的思想——唯氣論與理學批判論的展開〉，《中國文哲研究通訊》第十卷二期（2000年6月）。

楊儒賓：〈水月與記籍——理學家如何詮釋經典〉，《中央大學人文學報》第二十及二十一期合刊（2000年12月）。

景海峰：〈中國哲學的詮釋學境遇及其維度〉，《天津社會科學》第六期（2001年）。
李傳印：〈孟子在唐宋時期社會和文化地位的變化〉，《中國文化研究》總第三十三期（2001年）。
杜保瑞：〈對牟宗三宋明儒學詮釋體系的方法論探究〉，《哲學雜誌》第三十四期（2001年4月）。
杜保瑞：〈當代宋明儒學研究與中國形上學問題意識〉，《輔大哲學論集》第三十四期（2001年7月）。
李傳印：〈歷史上的尊孟與非孟思潮〉，《中國文化月刊》總第二百六十卷（2001年11月）。
王邦雄：〈論孔孟儒學的安身立命之道〉，《鵝湖》第三百一十八期（2001年12月）。
洪漢鼎：〈從詮釋學看中國傳統哲學『理一而分殊』命題的意義變遷（上）〉，《北京行政學院學報》第二期（2002年）。
蔡方鹿：〈朱熹經典詮釋學之我見〉，《文史哲》第二期（2003年）。
賈紅蓮：〈中國解釋學與解釋學在中國化〉，《江海學刊》第四期（2003年）。
白悉：〈從孟子到程朱——儒家仁學的詮釋與歷史發展〉，《首都師範大學學報》總第一五五期（2003年）。
楊朝亮：〈試論宋初三先生在儒學發展史上的歷史地位〉，《中國社會科學院研究生院學報》第三期（2003年）。
方漢文：〈中國傳統考據學與西方闡釋學〉，《安徽師範大學學報》第四期（2003年）。
吳展良：〈合符於聖人之心：朱子以生命解經的中心目標〉，上海復旦大學《新宋學》第二期（2003年）。
杜保瑞：〈對勞思光宋明儒學詮釋體系的方法論反省〉，《世界中國哲學學報》第七期（2003年1月）。
羅雅純：〈真理的對話遊戲——從哲學詮釋學重釋戴震孟子學〉，《淡江大學中文學報》第八卷（2003年7月）。

李明輝：〈朱子的「仁說」及其與湖湘學派的辯論〉，《中國詮釋學》第一期（濟南：山東人民出版社，2003年10月）。

陳惠美：〈東海圖書館藏孟子書目——漢至唐之部〉，《東海大學圖書館館訊》總第三十二卷（2004年5月）。

吳展良：〈聖人之書與天理的普遍性：論朱子的經典詮釋之前提假設〉，《台大歷史學報》第三十三期（2004年6月）。

黃俊傑：〈東亞儒家經典詮釋傳統研究的現況及其展望〉，《臺灣東亞文明研究學刊》第一卷第一期（2004年6月）。

陳惠美：〈十二種見於別集類的宋人孟子著述〉，《東海大學圖書館館訊》總第三十五卷（2004年8月）。

杜保瑞：〈朱熹哲學的研究進路〉，《哲學與文化》第三百七十四期（2005年7月）。

羅雅純：〈朱熹註《孟子》歷史脈絡之探賾〉，《東吳中文線上學術論文》第二期（2008年6月）。

羅雅純：〈論朱熹詮孟之意涵〉，《淡江中文學報》第20期（2009年6月）。

John B. Herderson, "Touchstones of Neo-Confucian Orthodoxy", in Ching-i Tu ed, Classics and Interpretations: the Hermeneutic Traditions in Chinese Culture.

Matthew Arnold Levey, "Chu His Reading the Classics: Reading to Taste the Tao-'This is a Pipe 'After All" in Ching-i Tu ed, Classics and Interpretations: the Hermeneutic Traditions in Chinese Culture.

Jonathan R. Herman, "To Know the Sages Better than They Knew Themselves: Chu His's Romantic Hermeneutics'" in Ching-i Tu ed, Classics and Interpretations: the Hermeneutic Traditions in Chinese Culture.

John Berthrong, "Expanding the Tao: Chu Hsi's Commentary on the Ta-hsueh" in Classics and Interpretations: the Hermeneutic Traditions in Chinese Culture.

Chung-ying Cheng, "The Daxue at Issue: An Exercised of Onto-Hermeneutics (On Interpretation of Interpretations)" in Classics and Interpretations: the Hermeneutic Traditions in Chinese Culture.

2. 會議論文

黃懿梅：〈王船山與戴東原哲學之異同〉，《國際中國哲學研討會論文集》（台北：國立台灣大學哲學系，1985年11月3-7日）。

黃俊傑：〈孟子學的幾個方法論問題〉，《民國以來國史研究的回顧與展望研討會文集》（台北：國立台灣大學歷史系，1989年）。

鮑國順：〈戴震與孟荀思想的關係探究〉，《第一屆清代學術研討會——思想與文學論文集》（高雄：國立中山大學中國文學系，1989年11月）。

袁保新：〈試論孟子心身觀在其人性論上之蘊含〉（台北：當代新儒學國際研討會1990年）。

辛冠潔：〈朱熹研究回顧〉，《朱子學新論——紀念朱熹誕辰860周年國際學術會議論文集》（上海：三聯書店，1991年12月）。

袁保新：〈盡心與立命——從海德格基本存有論重塑孟子心性論的一項嘗試〉，《孟子學國際研討會》（台北：中央研究院中國文哲研究所籌備處，1994年5月20-21日）。

龐樸：〈竹帛五行篇與思孟五行說〉，《本世紀出土思想文獻與中國古典哲學研討論文》上冊（台北：輔仁大學出版社，1999年4月）。

陳昭瑛：〈性情中人：試從楚文化論《郭店楚簡・性情篇》〉，《郭店楚簡國際學術研討會論文集》（湖北：人民出版社，2000年5月）。

武漢大學中國文化研究院編：《郭店楚簡國際學術研討會論文集》（湖北：人民出版社，2000年5月）。

袁保新：〈從「義命關係」到「天人之際」——兼論「自由」在孔孟儒學中的兩重義涵〉，《第一屆倫理思想與道德關懷學術研討會會議論文》（台北：淡江大學通識與核心課程組，2000年5月5-6日）。

羅雅純：〈從倫理學視野——重塑戴東原「理欲觀」之試探〉，《第四屆文學與文化學術研討會論文集》（台北：淡江大學中國文學系，2000年5月18-19日）。

邵東方：〈朱子讀書解經之詮釋學分析——與伽達默爾之比較〉，《朱子學與東亞文明研討會——紀念朱子逝世八百週年朱子學會議論文》（台北：漢學研究中心，2000年11月）。

鄭宗義：〈論朱子對經典解釋的看法〉，《朱子學與東亞文明研討會——紀念朱子逝世八百週年朱子學會議論文》（台北：漢學研究中心，2000年11月）。

林啟屏：〈乾嘉義理學的一個思考側面——兼論「具體實踐」的重要性〉，《乾嘉學者之義理學第四次研討會會議論文》（台北：中央研究院中國文哲研究所籌備處，2000年12月16日）。

張立文：〈超越與創新——20世紀朱子學研究的回顧與展望〉，《朱子學的回顧與二十一世紀的展望學術研討會論文集》（2000年12月22日）。

高柏園：〈論朱子的「心不即理」義〉《第五次「儒佛會通」學術研討會》（台北：華梵大學哲學系，2001年4月28-29日）。

吳展良：〈朱子理氣論新詮：以朱子對北宋經典之詮釋為中心〉，《中國的經典詮釋傳統第十次學術研討會論文集》（台北：台灣大學，2002年12月）。

林維杰：〈主觀與客觀解釋——徐復觀文史論述中的詮釋學面向〉，《「當代儒學與西方文化」國際研討會》（台北：中央研究院中國文哲研究所，2003年1月15-17日）。

高柏園：〈論朱子對《四書》之理解態度〉，《第一屆經學國際學術研討會》（台北：師範大學國文系，2003年11月30日）。

羅雅純：〈以情釋性——試探儒家楚簡性情論的可能意涵〉，《第五屆東亞人文學會國際學術大會研討會論文集》（日本：東北大學東亞細亞研究中心，2004年12月17-19日）。

高柏園：〈論朱子對孟子「盡心知性知天」之理解〉，《第八屆東亞漢學學術會議》（台北：淡江大學中文系，2005年5月28-29日）。

羅雅純：〈「求觀聖人之道，必自孟子始」——論戴震孟學詮釋之理解〉，《第一屆新儒家與新道家國際學術研討會》（台北：淡江大學文學院，2011年7月6日）。

羅雅純〈論戴震遂情達欲的新孟學〉，《實踐博雅學報》第十七期（2012年1月31日）。

實踐大學數位出版合作系列
哲學宗教類　PA0051

朱熹與戴震孟子學之比較研究
——以西方詮釋學所展開的反思

作　　者 / 羅雅純
統籌策劃 / 葉立誠
文字編輯 / 王雯珊
封面設計 / 賴怡勳
執行編輯 / 鄭伊庭
圖文排版 / 鄭佳雯
封面完稿 / 蔡瑋中

發 行 人 / 宋政坤
法律顧問 / 毛國樑　律師
印製出版 / 秀威資訊科技股份有限公司
114台北市內湖區瑞光路76巷65號1樓
電話：+886-2-2796-3638　傳真：+886-2-2796-1377
http://www.showwe.com.tw
劃撥帳號 / 19563868　戶名：秀威資訊科技股份有限公司
讀者服務信箱：service@showwe.com.tw
展售門市 / 國家書店（松江門市）
104台北市中山區松江路209號1樓
電話：+886-2-2518-0207　傳真：+886-2-2518-0778
網路訂購 / 秀威網路書店：http://www.bodbooks.com.tw
國家網路書店：http://www.govbooks.com.tw
圖書經銷 / 紅螞蟻圖書有限公司
114台北市內湖區舊宗路二段121巷28、32號4樓
電話：+886-2-2795-3656　傳真：+886-2-2795-4100

2012年5月BOD一版
定價：430元

國家圖書館出版品預行編目

朱熹與戴震孟子學之比較研究：以西方詮釋學所展開的反思 / 羅雅純著. -- 一版. -- 臺北市：秀威資訊科技, 2012. 05

面； 公分. -- (實踐大學數位出版合作系列)(哲學宗教類；PA0051)

BOD版

ISBN 978-986-221-814-3(平裝)

1. (宋)朱熹 2. (清)戴震 3. 孟子 4. 學術思想 5. 研究考訂

121.267 101001865

讀者回函卡

感謝您購買本書，為提升服務品質，請填妥以下資料，將讀者回函卡直接寄回或傳真本公司，收到您的寶貴意見後，我們會收藏記錄及檢討，謝謝！

如您需要了解本公司最新出版書目、購書優惠或企劃活動，歡迎您上網查詢或下載相關資料：http:// www.showwe.com.tw

您購買的書名：________________________________

出生日期：________年________月________日

學歷：☐高中（含）以下　☐大專　☐研究所（含）以上

職業：☐製造業　☐金融業　☐資訊業　☐軍警　☐傳播業　☐自由業

☐服務業　☐公務員　☐教職　☐學生　☐家管　☐其它_____

購書地點：☐網路書店　☐實體書店　☐書展　☐郵購　☐贈閱　☐其他

您從何得知本書的消息？

☐網路書店　☐實體書店　☐網路搜尋　☐電子報　☐書訊　☐雜誌

☐傳播媒體　☐親友推薦　☐網站推薦　☐部落格　☐其他__________

您對本書的評價：（請填代號　1.非常滿意　2.滿意　3.尚可　4.再改進）

封面設計____　版面編排____　內容____　文／譯筆____　價格____

讀完書後您覺得：

☐很有收穫　☐有收穫　☐收穫不多　☐沒收穫

對我們的建議：________________________________

____

____

____

請貼
郵票

11466
台北市內湖區瑞光路 76 巷 65 號 1 樓
秀威資訊科技股份有限公司 收
BOD 數位出版事業部

（請沿線對折寄回，謝謝！）

姓　　名：＿＿＿＿＿＿＿＿　年齡：＿＿＿＿　性別：□女　□男

郵遞區號：□□□□□

地　　址：＿＿＿＿＿＿＿＿＿＿＿＿＿＿＿＿

聯絡電話：(日)＿＿＿＿＿＿＿＿(夜)＿＿＿＿＿＿＿＿

E-mail：＿＿＿＿＿＿＿＿＿＿＿＿＿＿＿＿